TYP. DRAEGER ET LESIEUR, 118, RUE DE VAUGIRARD.

# SOUVENIRS
# DU RÈGNE
## DE LOUIS XIV

TOME VIII

## OUVRAGES DU MÊME AUTEUR
### OU PUBLIÉS PAR LUI

**Souvenirs du règne de Louis XIV.** Renouard, éditeur, 1866-1882. 8 vol. in-8. Première série comprenant l'histoire de la Fronde. Prix de chaque volume.................................... 7 fr. 50
— Et pour quelques volumes tirés sur vélin à très petit nombre. 12 fr.

**Mémoires de Daniel de Cosnac,** archevêque d'Aix, conseiller du roi en ses conseils, commandeur de l'ordre du Saint-Esprit. Renouard, éditeur. 2 vol. in-8. Prix............................... 24 fr.
— Avec supplément très rare, tiré du Bulletin de la Société de l'histoire de France. Prix............................... 30 fr.

**De la Décentralisation administrative.** Dentu, éditeur. Paris, 1844. Brochure.

**Questions du jour : République, Socialisme et Pouvoir.** Lecou, éditeur. Paris, 1849, à présent chez Douniol. 1 volume. Prix. 2 fr.

**Question romaine, Croisades.** Douniol, éditeur. Paris, 1860. Brochure. Prix............................... 1 fr.

**Discours à la Commission de Décentralisation.** Dentu, éditeur, 1870. Prix............................... 1 fr.

**L'Évangéliste de la Guyenne** (Nouvelle édition d'une *Mazarinade*), 1872. Librairie ancienne de A. Claudin, 3 et 5, rue Guénégaud.

**Midas ! Le roi Midas a des oreilles d'âne !** Dentu et Douniol, éditeurs, 1873. Prix............................... 2 fr.

**Mémoires du marquis de Sourches,** précédés d'une INTRODUCTION, 17 vol., sous presse, publiés avec le concours de M. Arthur Bertrand, archiviste paléographe. Librairie Hachette et Cie.

# SOUVENIRS
# DU RÈGNE
## DE LOUIS XIV

PAR

### LE COMTE DE COSNAC
(GABRIEL-JULES)

CHEVALIER DE LA LÉGION D'HONNEUR
ET DE LA COURONNE DE CHÊNE (PAYS-BAS)
ANCIEN MEMBRE DE LA COMMISSION EXTRA-PARLEMENTAIRE
DE DÉCENTRALISATION DE 1870
ANCIEN CONSEILLER GÉNÉRAL

Ouvrage honoré de la souscription des Ministères de l'Instruction
publique, des Affaires étrangères et de la Guerre.

TOME HUITIÈME

## PARIS
### LIBRAIRIE RENOUARD
HENRI LOONES, SUCCESSEUR,
LIBRAIRE DE LA SOCIÉTÉ DE L HISTOIRE DE FRANCE
6, Rue de Tournon, 6

1882

# AVIS AUX LECTEURS

Ce huitième volume termine la première série de notre ouvrage Souvenirs du règne de Louis XIV. La continuité de nos recherches, en nous procurant la connaissance d'une foule de documents inédits, nous a entraîné à des développements inattendus. Nous en avons conçu quelque effroi pour l'immensité de notre œuvre, si nous la continuions dans les mêmes proportions ; le temps lui-même nous aurait fait défaut. Nous n'aborderons donc que par épisodes plus abrégés la suite du grand règne.

Ces considérations nous ont déterminé à présenter comme un ensemble distinct cette première série de huit volumes consacrée à l'important épisode de la Fronde traité, nous le croyons, sur bien des points, d'une manière plus complète qu'il ne l'avait été jusqu'à ce jour, et sous des aspects nouveaux. Si l'épuisement de cette première édition nous permet d'en donner une seconde, elle paraîtra avec ce sous-titre : La Fronde.

# CHAPITRE LXIX

Siège de Libourne. — La garnison prise de vin capitule à des conditions peu honorables. — M. de Majac disculpé par Lenet et par le comte de Maure. — Inopportunité d'entreprendre le siège de Périgueux. — Instructions royales aux ducs de Vendôme et de Candale pour s'emparer de Bordeaux de vive force. — Ordre d'attaquer sur trois points différents. — Le marquis de Sauvebeuf chargé de conduire des renforts aux armées royales. — Fonds pour les dépenses de cette entreprise. — Rôle important réservé au comte d'Estrades dans l'attaque de Bordeaux. — Instructions aux deux généraux en chef pour ne pas accorder des conditions trop indulgentes aux habitants de Bordeaux. — Opérations pour cerner Bordeaux de plus près : attaque du château de Vayres; prise de la Teste-de-Buch et du château de Certes. — L'ardeur des partisans de la paix augmente dans Bordeaux. — Lenet suspecte et dénonce tout le monde au prince de Condé; il est suspecté lui-même. — Sa lettre inédite au prince de Condé, du 17 juillet. — Conseil du comte de Marsin d'arrêter le prince de Conti. — Il signale Daniel de Cosnac et Sarrasin comme les dangereux conseillers de ce prince. — Le chevalier de Feuquières donne avis à Daniel de Cosnac de ces projets. — Prudence de la conduite du prince de Conti; il reçoit une députation des couvents et fait exposer le Saint-Sacrement dans la cathédrale de Saint-André. — Daniel de Cosnac et Sarrasin redoublent d'efforts pour dépopulariser Marsin et pour encourager le parti de la paix. — L'évêque de Tulle et le P. Berthod se rendent à bord du vaisseau amiral. — Le parti belliqueux dresse une batterie sur les rives du fleuve. — Le 17 juillet, la bourgeoisie se saisit de l'Hôtel-de-Ville. — Le colonel Balthasar sort de Bordeaux. —

La batterie des Bordelais est foudroyée. — Le 19 juillet, les assemblées de la Bourse et du Palais se fondent en une seule. — Assemblée générale à la Bourse, opposition inutile du chevalier de Thodias, discours de Lauvergnac, résolutions prises. — Députation au prince de Conti. — Ce prince se déclare ouvertement en faveur de la paix. — Manifestations enthousiastes dans la ville de Bordeaux. — Les chefs de la populace gagnés. — Le P. Ithier, Dussaut et Fillot mis en liberté, le 20 juillet. — Proclamation de l'*Union*. — L'Ormée abolie. — La couleur blanche arborée, la couleur verte foulée aux pieds. — Tentative de réaction, le 21 juillet; conseillers intimidés. — Nouvelle assemblée à la Bourse; désaveu de l'ambassade envoyée en Angleterre; déclaration au nom des protestants. — Choix de trois envoyés pour s'aboucher avec le duc de Candale. — Arrivée de Gourville à Bordeaux. — Diversité de l'accueil qu'il y reçoit. — Son adresse auprès de Daniel de Cosnac. — Le prince de Conti remet à Daniel de Cosnac le brevet de premier gentilhomme de sa chambre. — Gourville choisi pour traiter avec le duc de Candale.

(1653.)

Le dernier succès des armes royales avait été la prise de la ville de Bourg ; aussitôt après le duc de Vendôme fit marcher ses troupes sur la ville de Libourne pour en entreprendre le siège. Ce général ne partit pas avec elles, une fluxion sur les yeux le retenant à Bourg, et le duc de Candale revint à son camp de Bègle [1] pour observer de près les mouvements de la ville de Bordeaux. Le comte d'Estrades chargé de la conduite des troupes, ayant

[1] Village proche de Bordeaux, situé en amont sur la rive gauche de la Garonne.

sous lui le comte de Montesson, maréchal de camp, et le colonel Dillon qui venait d'être pourvu de la charge de maréchal de camp dans les armées du roi, mit trois jours à exécuter la marche de Bourg à Libourne, en sorte que le duc de Vendôme, remis de son mal, put arriver en même temps que lui devant la place. Les préparatifs du siège commencèrent le 13 juillet, jour où la tranchée fut ouverte. On ne forma que deux attaques en raison du petit nombre des troupes assiégeantes, deux mille quatre cents hommes seulement. Le 15, la première batterie ouvrit son feu, et le 16, la demi-lune fut emportée. Le mineur était prêt à attacher au corps de la place et une brèche dans le rempart permettait de faire passer quinze hommes de front, lorsque les assiégés, pour éviter un assaut, demandèrent à parlementer. Le duc de Vendôme, accueillant cette ouverture, envoya un officier, M. de Saint-Romain, qui venait de se distinguer au siège de Bourg, accompagné de Butin, son secrétaire, afin de régler les conditions de la capitulation. Ils trouvèrent la garnison prise de vin dans un tel désordre que le commandant de la place, M. de Majac, pleurant et désespéré, se vit réduit à l'impuissance de stipuler une capitulation honorable. Il signa les conditions suivantes : que la garnison sortirait sans armes, sans vivres, sans munitions de guerre, sans bagages, sans chevaux ; les équipages du comte de Maure étaient compris dans la capitulation ; par une convention additionnelle une exception fut faite pour les équipages de M. de Majac et de onze officiers à son choix. Tous les officiers durent prendre l'engagement par écrit de ne plus porter les armes contre le service du Roi [1]. Le duc de Vendôme fit son entrée par la brèche qu'il avait fait élargir à coups de canon [2].

Comme pour la capitulation de Bourg, le commandant de la place fut accusé de n'avoir pas employé toutes ses ressources pour une longue et vigoureuse défense.

L'indigne conduite de la garnison vient à l'appui de la correspondance de Lenet pour disculper la conduite de M. de Majac. Le comte de Maure, gouverneur, qui ne s'était pas rendu à Libourne pour défendre sa place, s'attacha aussi à disculper son lieutenant. Il le lui devait en toute justice, car il fallait toute la gravité de la situation de la ville de Bordeaux où il se trouvait, pour le disculper lui-même. La fatalité qui le poursuivait voulait en quelque sorte justifier une fois de plus le fameux triolet du prince de Condé [3], dont nous avons vu qu'il

[1] Voy. cette capitulation inédite, *Archives nationales,* kk. 1220, f° 326.
[2] Faits tirés en partie de la *Gazette* qui commet sur un point une erreur que nous avons rectifiée sur preuves authentiques, lorsqu'elle assure qu'il n'y eut point de capitulation.
[3] Tom. I$^{er}$, p. 216.

ressentait vivement la mortifiante plaisanterie.

En dehors de Bordeaux une seule ville importante, Périgueux, restait désormais en possession de la Fronde des princes ; mais elle était trop éloignée du théâtre principal de la guerre pour qu'il fût opportun d'aller l'attaquer, il aurait fallu dégarnir de troupes les alentours de Bordeaux et le moment semblait approcher d'entreprendre contre cette ville un suprême et décisif effort. Tel était alors le sentiment de la Cour; elle voulait même une attaque subite et de vive force pour enlever Bordeaux par un coup de main, de préférence à un siège en règle que pouvait rendre long et d'une issue incertaine l'étendue du périmètre à investir, la facilité que pouvait donner aux communications extérieures sa position sur un fleuve large et profond, ses abondants approvisionnements. Des instructions dans ce sens furent transmises aux ducs de Vendôme et de Candale. Cependant l'entreprise qui leur était prescrite était subordonnée à la condition que l'armée navale d'Espagne n'aurait pas encore paru à l'embouchure de la Gironde ; l'attaque de Bordeaux devait être alors différée, parce que l'espoir d'un prompt secours rendrait aux habitants une énergie nouvelle. Dans ce cas, après avoir laissé dans les tranchées et les forts construits aux alentours des garnisons suffisantes pour en assurer la conservation, il fallait renforcer la flotte royale en y embarquant les troupes qui resteraient disponibles, et aller livrer combat à la flotte d'Espagne. Après avoir victorieusement chassé celle-ci, l'armée viendrait reprendre ses positions pour combiner trois attaques simultanées. Un point d'attaque était spécialement désigné, celui de la Bastide, pour être confié à M. de Comminges, lieutenant général, sous la direction immédiate du duc de Vendôme, qui devait se faire appuyer par le canon de ses vaisseaux embossés dans la rivière. Les deux autres attaques étaient laissées au choix des ducs de Vendôme et de Candale; mais celles-ci devaient être particulièrement confiées au duc de Candale chargé de diriger l'une d'elles, tandis que l'autre serait conduite par le comte d'Estrades. Il était prescrit aux deux généraux en chef de se concerter pour toutes choses et d'utiliser, avec les munitions de guerre qui suivaient leurs armées, toutes celles qu'ils avaient trouvées dans la place de Bourg. Si celles-ci ne suffisaient pas, le comte d'Estrades devait en tirer de la place de Brouage où elles seraient remplacées plus tard sur les fonds destinés à la cavalerie. Enfin si les troupes elles-mêmes étaient en nombre insuffisant, le marquis de Sauvebeuf avait ordre, suivant la réquisition qui lui en serait faite, d'amener du Périgord tout ou partie de son infanterie et de sa cavalerie.

Un fonds de soixante mille livres comptant était fait pour subvenir aux dépenses de cette entreprise, mais ne devait être mis à la disposition des chefs que lorsqu'elle serait commencée. En outre la solde et la subsistance de l'armée navale étaient assurées jusqu'au mois de septembre [1].

D'après les instructions que nous venons de faire connaître, le comte d'Estrades passait de l'armée du duc de Vendôme dans celle du duc de Candale pour seconder celui-ci dans les attaques de la rive gauche de la Garonne, du côté de l'assiette de la ville de Bordeaux. Nous savons déjà toute la confiance qu'inspirait à la Cour la capacité éprouvée du comte d'Estrades, auquel, pour faire plus d'honneur, elle transmit des ordres directs, par une lettre du roi [2].

A la suite de toutes ces mesures, la Cour envisageait avec espoir le moment prochain où, de vive force ou par un traité, elle serait maîtresse de la ville de Bordeaux ; déjà même elle se sentait assez assurée du succès pour prescrire aux deux généraux en chef de ne lui accorder aucunes conditions de nature à porter préjudice au plein exercice de l'autorité royale dans l'œuvre de la répression. Elle leur adressa donc à la même date que les instructions pour l'attaque de Bordeaux, une

---

[1] Voy. ces instructions inédites à l'*Appendice*.
[2] Voy. cette lettre inédite à l'*Appendice*.

lettre qui leur interdisait toute promesse de ne pas construire une citadelle destinée à l'avenir à tenir cette ville en respect, toute promesse de rétablissement dans Bordeaux du Parlement, de la Cour des Aides et autres compagnies judiciaires ; enfin toute promesse d'exempter d'une punition méritée les fauteurs les plus compromis de la rébellion [1].

Pour se conformer aux ordres de la Cour, le duc de Vendôme dirigea immédiatement sur Bordeaux le corps de troupes qui venait de s'emparer de Libourne, en laissant en passant un détachement pour former l'attaque du château de Vayres situé à une lieue et demie à l'ouest de Libourne dans le pays d'Entre-deux-mers, château qui gardait le souvenir récent encore du séjour de Henri IV avant la bataille de Coutras. Ce château était important à emporter pour assurer à l'armée royale la possession paisible, couverte par deux fleuves, de ce pays d'Entre-deux-mers qui devenait son centre de ravitaillement et sa base d'opérations contre Bordeaux. Le duc de Vendôme, sans s'arrêter lui-même devant le château de Vayres, s'établit momentanément à Bourg. Le comte de Comminges battait la campagne aux alentours, dévastait les récoltes et faisait de nombreux prisonniers. Le duc de Candale, de son quartier de Bègle, envoyait de

---

[1] Voy. cette lettre inédite à l'*Appendice*.

nombreuses reconnaissances et il dirigea sur la Teste-de-Buch, sous la conduite de Marin qui l'emporta d'emblée, une expédition d'une conséquence majeure, puisqu'en perdant ce port, Bordeaux perdait la dernière communication qui lui était restée avec la mer. Marin sur son chemin prit en vingt-quatre heures le château de Certes avec un seul canon [1].

La chute des places de Bourg et de Libourne, la perte de la Teste, et cette énergie nouvelle des résolutions de la Cour qui transpirait au dehors, augmentaient d'autant plus dans la ville de Bordeaux l'ardeur des partisans de la paix. Lenet ne savait plus à quelles résolutions il pourrait s'arrêter et quelles digues il pourrait opposer aux difficultés croissantes; il suspectait et dénonçait tout le monde au prince de Condé et n'échappait pas au sort de voir les soupçons auxquels il avait été lui-même en but grandir contre lui. On l'avait précédemment accusé de vouloir se ménager un accommodement avantageux par l'entremise de l'abbé de Guron, le nouvel évêque de Tulle; on l'accusait alors d'employer au même but, d'un côté M. de la Guette, de l'autre le gouverneur du jeune Mancini, neveu du cardinal, M. de Baas, dont le frère servait en Guyenne dans l'armée des princes. Lenet

---

[1] Nous avons tiré principalement de la *Gazette* la série de faits que nous venons de rapporter.

protestait auprès du prince de Condé de sa fidélité garantie par ses vieux services, tout en donnant à entendre qu'elle était peut-être un peu trop méconnue ; puis il émettait des insinuations sur le compte du prince de Conti en raison de ses entrevues fréquentes avec un père minime, saint homme, dit-il, qui passait pour faire des miracles et pour connaître l'avenir, et avec le comte d'Auteuil, l'objet constant de son antipathie. Ces conciliabules dans lesquels l'avocat Vilars jouait, paraît-il, un rôle mal défini, lui paraissaient d'autant plus suspects qu'il n'en pouvait pénétrer le but. Laissons-le parler lui-même :

« Je finiray en disant à Vostre Altesse que plusieurs lettres sont venues de Paris qui disent que M. le prince de Conty traite par Chouppes; et madame de Longueville, par la Croissette. Ce sot bruit de la Guette continue toujours. Vous croyez bien, Monseigneur, que c'est une pure sottise. On m'a fait aussy l'honneur (dont on ne s'estoit pas encore avisé) de me traiter en homme d'importance en disant que je traitois par Baas, gouverneur du petit Manciny. Je ne scay si c'est qu'on m'aye voulu associer ou si le Cardinal n'auroit pas fait courir ce bruit à dessein de me rendre suspect après avoir refusé toutes les entrevues proposées par l'évesque de Tulle (qui ne pouvoient avoir que ce mesme objet) et mesme j'ay creu qu'il avoit obligé ledit sieur de Baas d'escrire icy à son frère, luy disant qu'après avoir eu si peu de recognoissance des services qu'il a rendus à V. A. Son Éminence qui scait bien qu'il n'est pas homme à rien faire contre son devoir a creu pouvoir maintenant luy offrir quelque establissement considérable, comme charges, gouvernements, etc. A quoy il respondit avec tout l'honneur que V. A. peut s'imaginer, après avoir montré sa lettre à M. de Marsin et à moy. La mesme lettre portoit qu'il n'estoit pas le seul maltraitté et que sy je scavois ce qu'il scavoit de vostre mecognoissance (c'est ainsy qu'il parloit) envers moy, je serois au désespoir. Vostre Altesse me fera bien la justice, Monseigneur, que je ne suis point trop homme à tomber dans de tels panneaux, et j'ose luy respondre que la plus cruelle de toutes les morts me seroit plus douce que telle infamie. Je suis ce que je vous estois il y a vingt-deux ans, et ce qu'il ne tiendroit qu'à V. A. que je sois toute ma vie, et quand elle m'obligeroit au contraire, par Dieu j'en aurois grand mal de cœur. Je supplie pourtant V. A. de ne point parler de tout cecy, car j'ay promis que cela ne passeroit pas sa personne.

« Jamais homme n'a esté en plus grande faveur que M. d'Auteuil avec le prince de Conty qui est enfermé cinq ou six fois le jour avec luy et un minime nommé père Romain, homme de sainte vie, faisant mesme des miracles et voyant clair dans l'avenir. Messieurs de Massip et de Mestivier entrent dans cette liaison ; je ne scais sy Vilars en est en tout ou en partie. Chacun tasche à deviner d'où vient cette grande confidence et personne ne le devine.

« Dieu conserve Vostre Altesse et luy donne toute prospérité [1]. »

Le secret que Lenet ne pouvait pénétrer d'abord devint bientôt plus transparent à ses yeux, et un jour il réunit chez lui une assemblée des fidèles du prince de Condé pour leur faire part de sa fâcheuse découverte qui devenait celle de tout le monde, car le mystère de l'entente du prince de Conti avec le duc de Candale commençait à transpirer. Lorsque Lenet eut parlé, le comte de Marsin prenant la parole dit qu'il avait acquis la certitude que cet élan pour la paix qui se manifestait de la part des habitants de Bordeaux était l'ouvrage du prince de Conti, et il leur en donna pour preuve la conduite que ce prince avait tenue lors de la première sédition des bourgeois, à la suite de laquelle, au lieu de réclamer une punition exemplaire, il avait seulement opiné pour le bannissement des plus coupables ; il formula même des accusations sur des points auxquels le prince de Conti n'avait songé lui-même et arriva à

---

[1] Fragment d'une lettre inédite de Lenet au prince de Condé datée de Bordeaux, le 17 juillet 1653. Bibliothèque nationale, fond français, 6716, f° 37.

cette conclusion qu'il fallait s'assurer de la personne de ce prince ; que néanmoins on le traiterait avec tout le respect dû au frère et à la sœur de leur maître commun, et qu'un jour le prince de Conti leur serait reconnaissant de l'avoir mis dans l'impossibilité de se manquer à lui-même et à la fidélité qu'il devait à son frère. Il leur signala Daniel de Cosnac et Sarrasin comme les deux grands coupables qui avaient influencé les résolutions du prince, et appuya sur la nécessité de se défaire surtout du premier qu'il considérait comme ayant été gagné par la Cour. Ces propositions furent reçues par les uns, avec une satisfaction accompagnée d'invectives contre le prince de Conti et contre son conseiller ; par les autres, avec un silence approbateur. Néanmoins toute décision fut ajournée pour être subordonnée aux événements décisifs qui ne pouvaient manquer de se produire.

Le chevalier de Feuquières s'empressa d'aller prévenir Daniel de Cosnac des projets concertés dans ce dangereux conciliabule, bien moins par le motif de quelque liaison d'amitié qu'il avait avec lui, que par l'horreur que lui inspiraient ces machinations ténébreuses. Comme cet avis l'exposait aux plus graves conséquences, s'il en avait été reconnu l'auteur, il exigea de ne pas être nommé. Daniel de Cosnac le lui promit et, pour tenir fidèlement un engagement si mérité, se fit écrire cette révélation par une main inconnue ; il l'apporta ensuite au prince de Conti en lui en garantissant la vérité. Ce prince fut surpris du danger qui le menaçait et auquel il était loin de s'attendre; mais, sans perdre son sang-froid, il avisa aux mesures nécessaires pour se précautionner [1].

Ce prince en effet, bien que soupçonné, ne se découvrait pas, et, la veille encore, il avait continué son double jeu avec son habileté accoutumée ; recevant une députation composée des supérieurs des couvents de la Merci, des Carmes, des Augustins, des Capucins, auxquels s'étaient joints un grand nombre de notables bourgeois venus pour lui demander de leur procurer la paix si ardemment désirée, il leur avait répondu par ces phrases qui satisfont sans engager à rien et il faisait exposer pendant ce temps le Saint-Sacrement dans la cathédrale de Saint-André pour implorer du ciel la prompte arrivée de l'armée navale d'Espagne, afin d'anéantir la flotte du duc de Vendôme [2].

Pendant que le prince de Conti tenait la conduite prudente exigée par sa situation, ses conseillers, qui pouvaient se découvrir davantage, puisque le prince avait au besoin la ressource de les désavouer, marchaient résolûment en avant. Sarrasin, son secrétaire des commandements, parlait aux officiers

---

[1] Voy. les *Mémoires* de Daniel de Cosnac.
[2] Voy. la *Gazette*.

qu'il connaissait pour les plus dévoués, afin de les animer contre le comte de Marsin, du projet de celui-ci d'attenter à la personne du prince ; et, pour leur rendre Marsin suspect, il leur disait que l'on avait découvert son accommodement avec la Cour. Il les exhortait à se serrer autour du prince de Conti à l'occasion des dangers qu'il pouvait courir. Daniel de Cosnac poursuivant le même but de dépopulariser Marsin s'y prenait par une autre voie : il faisait répandre par Barberin le bruit que Marsin voulait éterniser la guerre, parce qu'il ne pouvait espérer aucun pardon de la Cour après sa conduite perfide en Catalogne ; et, qu'étant étranger, peu lui importaient les ruines que pouvait accumuler la continuation des désordres civils [1].

Ces propos habilement propagés augmentaient d'autant plus l'ardeur du parti de la paix que l'attitude de l'entourage du prince de Conti ne laissait guère douter que ce prince apporterait au moment opportun un décisif concours.

Pour se tenir plus à portée de correspondre avec le mouvement de l'opinion qui se manifestait, l'abbé de Guron, évêque de Tulle, et le père Berthod se rendirent à bord du vaisseau amiral, et le duc de Vendôme, quoique malade, quitta Bourg pour rejoindre son quartier général à Lormont. Il faisait

---

[1] Voy. les *Mémoires* de Daniel de Cosnac.

appuyer à dessein la propagande des partisans de la paix d'un grand bruit de l'artillerie de ses vaisseaux ; et l'on entendait de Bordeaux la canonade dirigée contre le château de Vaires qui ne pouvait tarder à succomber. Le parti belliqueux tâchait pendant ce temps de compenser son amoindrissement par des actes et il se mit à dresser sur la rive du fleuve une batterie vis-à-vis du lieu où l'on pensait que la flotte espagnole viendrait livrer combat à la flotte royale de France. Nous ne tarderons pas à voir le mauvais succès de cette tentative.

La tension devint alors extrême dans la ville de Bordeaux ; nous allons y suivre, jour par jour, pas à pas, la marche des événements.

Le 17 juillet, les bourgeois portés pour la paix, ayant appris que le colonel Balthazar devait occuper l'Hôtel-de-Ville, s'y transportèrent en foule ; les plus jeunes se saisirent des avenues et des portes et ne permirent au prince de Conti qui, depuis la recrudescence des troubles, y faisait sa résidence, de n'y rentrer pour la nuit qu'avec une suite de douze personnes. Le colonel Balthazar, qui n'aurait pu y pénétrer qu'en tentant une lutte qu'il ne jugea pas à propos d'engager, sortit de Bordeaux avec sa cavalerie, et alla se poster à Floirac [1].

Le lendemain, dès l'aube, le duc de Vendôme fit

---

[1] Village situé sur la rive droite de la Garonne, à 4 kilomètres au delà de la Bastide.

diriger le feu de son artillerie sur la batterie à laquelle travaillait depuis deux jours le parti belliqueux et qu'il n'avait pas eu le temps d'achever ; cette batterie était placée en face du vaisseau amiral *le Jupiter*, commandé par La Giraudière. Les travaux des Bordelais furent foudroyés; travailleurs et défenseurs s'enfuirent avec perte de trente hommes, de leur officier, et d'un capitaine Irlandais.

Cet échec anima encore davantage la bourgeoisie qui avait manifesté la veille, elle s'assembla à la Bourse pour aviser aux moyens de s'organiser solidement, et l'un de ces bourgeois, La Crompe, signalé par son énergie, ayant reçu un passe-port avec ordre de sortir immédiatement de Bordeaux, la jeunesse s'y opposa et le porta en triomphe.

Le 19, au matin, la bourgeoisie s'assembla de nouveau à la Bourse, pendant que les officiers de justice, les avocats, procureurs et notaires se réunissaient au Palais. Ces deux assemblées, mues par les mêmes intentions, s'apercevant que leur séparation ne pouvait qu'apporter du retard aux résolutions qu'elles voulaient prendre, se décidèrent à se réunir. Une députation de l'assemblée du Palais vint apporter à l'assemblée de la Bourse la proposition que tous les corps s'assemblassent en un même lieu sans prendre garde à aucun rang; elle fut reçue avec acclamation et l'assemblée générale fut fixée pour le même jour à deux heures après midi.

A l'heure convenue la bourgeoisie et tous les corps s'assemblèrent à la Bourse au nombre de deux à trois mille personnes ; les trésoriers de France y avaient aussi envoyé leurs députés, bien qu'ils ne formassent plus un corps à Bordeaux depuis leur translation à Agen.

La séance était à peine commencée que l'on vit arriver le chevalier de Thodias, l'un des jurats, accourant dans l'intention de prévenir ou de paralyser toutes les résolutions. Il commença par feindre d'admirer et de louer le zèle de l'assemblée et finit par proposer de surseoir à toute délibération jusqu'au lendemain, jour auquel le prince de Conti avait convoqué une assemblée. Pas un des assistants ne voulut consentir à sa proposition.

Le sieur de Lauvergnac, avocat au Parlement, prit alors la parole, et, après un excellent discours applaudi par l'assemblée, il lui fit voter les résolutions suivantes :

« L'abolition du nom de l'*Ormée* et la dissolution de ce parti ;

« La formation d'une *Union* des notables bourgeois et de tous les gens de bien ;

« Le renouvellement de tous les capitaines et officiers de la ville ; ceux en exercice devant être cassés en raison de leur affiliation à l'*Ormée* et parce qu'ils s'étaient fait allouer une paye mensuelle, tandis que ce service était obligatoirement gratuit ;

« Une demande au prince de Conti de faire sortir les troupes qui étaient dans la ville pour les envoyer occuper les postes à l'extérieur ;

« Une demande au même prince pour qu'il donnât les mains à la conclusion de la paix et qu'il agréât que des mandataires fussent nommés pour en traiter les conditions. »

Immédiatement une députation se rendit auprès du prince de Conti pour lui faire connaître ces résolutions, et, en attendant la réponse du prince, l'assemblée se maintint en permanence [1].

Le prince de Conti jugeant le moment venu pour se déclarer ouvertement répondit à la députation qu'il allait lui-même se rendre à l'assemblée. Après s'être fait précéder de ses gardes pour occuper les entrées, ce prince parut bientôt au palais de la Bourse où il fut accueilli par ce cri sortant de toutes les poitrines : *la paix, la paix !* Le prince se retira dans une salle particulière avec quelques-uns des principaux de la bourgeoisie et du parti, afin d'y délibérer ; mais l'impatience était trop grande au dehors pour permettre de prendre le temps néces-

[1] Voy. la *Gazette*.

saire à une délibération; vainement le prince envoya-t-il deux fois quelques-uns des plus notables pour calmer un tumulte qui ne permettait même pas de s'entendre dans la salle où l'on conférait, il fallut sortir sans avoir pu convenir des moyens par lesquels on procéderait pour conclure les conditions de la paix, et l'on remit à aller se réunir en petit nombre à l'Hôtel-de-Ville où logeait le prince de Conti.

Lorsque le prince de Conti sortit de la salle où il s'était renfermé, il se fit dans l'assemblée un moment de profond silence dont le prince profita pour faire sa première et décisive déclaration en disant : « Messieurs, vous aurez la paix. » A ces paroles répondit cette acclamation immense : « Vive M. le prince de Conti ! » et tout le cortège des Jurats, des principaux habitants et de la foule accompagna le prince jusqu'aux portes de sa demeure [1].

Pendant toute la soirée de ce jour, la ville de Bordeaux se livra à l'allégresse; un nombre immense de personnes de toute condition et de tout âge s'assembla au quartier Saint-Michel, portant l'épée au côté, des rubans blancs et agitant des mouchoirs blancs; des étendards blancs, en signe de paix, furent arborés sur les clochers de Saint-Michel, de Saint-Rémi et sur nombre d'autres

---

[1] Voy. les *Mémoires* de Daniel de Cosnac.

points élevés par une foule qu'on n'évaluait pas à moins de quatre mille personnes et qui criait : « Vive le roi, la paix et point d'Ormée ! »

Le lendemain, 20 juillet, les manifestations continuèrent et le parti de la paix vit augmenter ses adhérents. La jeunesse de la ville se mit en armes sous la conduite du sieur Ferrand, au nombre de trois ou quatre mille hommes; les suspects expulsés de Bordeaux rentraient la tête haute et grossissaient le nombre des manifestants, enfin les directeurs du mouvement avaient gagné les chefs de la populace appelés les *Baïles* [1], et il se fit entre tous l'échange du serment de ne point se désunir jusqu'à ce que la paix fût conclue. Des manifestations qui n'avaient été jusqu'alors que bruyantes, la foule passa bientôt aux actes d'autorité ; elle arracha des prisons de l'Hôtel-de-Ville où il était détenu depuis sa condamnation, le malheureux père Itier, qui, après avoir été plus que personne à la peine, méritait bien d'être au triomphe le premier ; elle lui rendit ses habits de cordelier dont il avait été dépouillé. Dussaut, avocat général, et Filliot furent également rendus à la liberté. La propagande pour la paix faisant d'irrésistibles progrès, l'association qui venait de se former sous le nom d'*Union* déclara qu'elle accueillerait dans son sein

---

[1] Voy. la *Gazette*.

les *Ormistes* convertis. L'Ormée se trouva ainsi définitivement abolie et ses deux chefs principaux, Vilars et Dureteste, s'éclipsèrent dans l'ombre pour ne plus se montrer. Les rubans blancs se multiplièrent aux chapeaux et aux boutonnières, et la couleur verte fut foulée aux pieds.

Le 21 juillet, une tentative de réaction voulut se produire. Quelques conseillers au Parlement, frondeurs endurcis, qui, n'ayant pas voulu obéir à l'ordre du roi qui transférait leur compagnie à Agen, étaient demeurés à Bordeaux, résolurent de rendre un arrêt portant défense de toutes les assemblées. Ils espéraient par ce moyen apporter une entrave aux négociations pour la paix; mais quelques bourgeois prévenus de leur intention se rendirent chez eux et les intimidèrent si fort qu'ils renoncèrent à leur projet.

Ce même jour, les bourgeois et les marchands tinrent une nouvelle assemblée à la Bourse. Le portrait du roi, entouré d'une couronne de lauriers fut placé sur la porte d'entrée. Un Ormiste ayant proposé d'y substituer celui du prince de Condé faillit être assommé; on lui donna la chasse en criant : *à l'Ormiste!* Dussaut, avocat général, proposa le désaveu de l'ambassade envoyée en Angleterre. M. de Bacalan, avocat général de la Chambre de l'Édit de Guyenne, au nom des protestants, déclara que ses coréligionnaires n'y avaient pris aucune part, et le désaveu fut acclamé. L'Assemblée passa ensuite au choix des personnes à envoyer au duc de Candale pour s'entendre sur les conditions de la paix ; le chevalier de Thodias, premier jurat, MM. de Virelade et de Bacalan furent désignés.

Pendant ce temps, on ne restait pas inactif dans l'entourage du prince de Conti. En se prononçant ouvertement pour la paix, ce prince avait donné toute latitude aux habitants de Bordeaux pour en traiter les conditions au mieux de leurs intérêts ; mais il lui restait à ménager les siens, ceux des princesses, ceux enfin des personnes de leurs maisons et de la sienne.

Précisément était arrivé depuis quelques jours à Bordeaux un homme dont la merveilleuse souplesse et l'habileté dans l'intrigue ont fait la célébrité ; nous avons nommé Gourville [1]. Comme tous les symptômes annonçaient un prochain dénouement de la guerre civile, personne ne pouvait être surpris de le voir accourir à Bordeaux dans l'espoir d'y utiliser

---

[1] Jean Hérault, sieur de Gourville, né en 1625, d'abord valet de chambre du duc de la Rochefoucauld, puis son secrétaire, ensuite attaché à la personne du prince de Condé, avait pris la part la plus active aux événements de la Fronde. Depuis que le duc de la Rochefoucauld s'était rapproché de la Cour, Gourville avait suivi cet exemple. Son heureuse entremise dans la paix de Bordeaux lui valut définitivement la confiance du cardinal Mazarin qui ne cessa plus de l'employer dans de nombreuses affaires, de finances particulièrement, pour lesquelles Gourville avait une aptitude toute spéciale.

ses aptitudes. Il venait de mener à bonne fin une négociation difficile, l'accommodement du duc de la Rochefoucauld avec la Cour, à la suite duquel le célèbre auteur des *Maximes* s'était retiré dans sa terre de Verteuil, en Poitou. Pour obtenir ce résultat, Gourville avait dû applanir de trois côtés les plus sérieux obstacles : obtenir l'assentiment du prince de Condé, résilier avec l'Espagne les engagements pris, surmonter les vifs ressentiments de la Cour. Le cardinal Mazarin éprouvait une vive répulsion pour tout rapprochement avec le duc de la Rochefoucauld; aussi, en cédant presque malgré lui, n'avait-il pu s'empêcher de reconnaître l'adresse du négociateur, à tel point qu'il avait immédiatement résolu de l'employer pour son propre compte. C'était donc avec une mission secrète du cardinal Mazarin que Gourville s'était rendu à Bordeaux. Il avait pris pour raison ostensible de son voyage le retrait des meubles que le duc de la Rochefoucauld avait laissés dans cette ville; mais pour faire connaître qu'on pourrait bien l'utiliser à des affaires toutes différentes, il se plaisait à dire que son étoile le faisait trouver partout où il se passait quelque chose de considérable, et qu'elle lui avait donné occasion, depuis quelque temps, de se mêler des négociations les plus importantes [1]. Gourville était entré dans

---

[1] Voy. les *Mémoires* de Daniel de Cosnac.

Bordeaux avec un laisser-passer envoyé par Lenet et Marsin qui le reçurent à bras ouverts, car ils appréciaient son aménité et son esprit et savaient qu'il n'avait négocié l'accommodement du duc de la Rochefoucauld que du consentement du prince de Condé. Ils avaient passé une partie de la nuit à causer avec le nouvel arrivant et ne lui avaient pas dissimulé leurs embarras.

De la part du prince de Conti l'accueil ne pouvait être le même, le ressentiment de la conduite du duc de la Rochefoucauld à l'égard de la duchesse de Longueville devait nécessairement rejaillir sur Gourville. Celui-ci le sentait si bien que, n'osant se présenter directement chez le prince, il voulut le rencontrer comme par hasard pour savoir sur quelle réception il pouvait compter. S'étant trouvé sur le passage du prince au moment où il montait en carrosse avec l'abbé de Cosnac et Sarrasin pour se rendre à la messe, le prince, l'ayant aperçu, lui dit d'un air goguenard : « Apparemment que vous venez ici pour quelque bonne affaire. » « Elle n'est pas grande, lui répondit Gourville, puisque ce n'est que pour retirer les meubles de M. de la Rochefoucauld. » Un tel préambule eût sans doute découragé tout autre que Gourville, d'autant plus que Marsin et Lenet craignaient sur toutes choses qu'une entente entre le prince de Conti et Gourville ne leur dérobât la conduite de quelque négociation dont ils avaient le pressentiment. Pour le détourner de chercher aucun rapprochement avec le prince de Conti, ils lui racontèrent que dès que certaines personnes de l'entourage du prince avaient appris son arrivée à Bordeaux, elles avaient dit qu'il fallait le jeter à la rivière, et ils lui avaient nommé Daniel de Cosnac, Sarrasin et Guilleragues comme ayant tenu ce propos[1]. Quoiqu'ils pussent dire, ils ne découragèrent pas Gourville.

Pour se faire bien voir du prince, Gourville était persuadé qu'il fallait d'abord se mettre en bons termes avec son alentour et particulièrement avec Daniel de Cosnac, dont l'influence n'était un mystère pour personne ; il tenta l'aventure.

Après une réception assez glaciale faite à ses premières avances, il s'avisa, pour se faire mieux voir, d'un expédient qui lui réussit. Seul il savait encore à Bordeaux que l'abbé de Sillery, dont l'abbé de Cosnac exerçait les fonctions par *interim*, avait pris l'amnistie. Sillery n'avait pu obtenir que par ce moyen de sortir du château de Pierre-Encise où il avait été enfermé alors qu'il se rendait à Rome pour traiter de l'affaire du chapeau de cardinal en faveur du prince de Conti. Gourville ne doutait pas que le prince de Conti, dès qu'il en apprendrait la nouvelle, ne donnât la charge de premier gentil-

---

[1] Voy. les *Mémoires* de Gourville.

homme de la Chambre à celui qui, depuis le baptême du petit duc de Bourbon, en remplissait les attributions. L'adresse de Gourville consista à ménager la connaissance qu'il avait de cette nouvelle pour s'en faire un mérite auprès de celui dont il voulait gagner la confiance. Dans une visite qu'il lui rendit, il lui dit que bien que l'abbé de Sillery fût allié au duc de la Rochefoucauld, il ne pouvait s'empêcher de le trouver un si pauvre homme et si peu capable de bien remplir sa charge, qu'il l'assurait de la lui faire obtenir en peu de jours s'il voulait lui promettre d'être de ses amis; qu'il ne demandait pas autre chose que le plaisir de lui être agréable. Daniel de Cosnac ne lui dissimula nullement la satisfaction qu'il éprouverait s'il était définitivement pourvu d'une charge qui pouvait lui échapper si elle ne lui était pas donnée avant la paix. Gourville termina l'entretien en lui disant : « Laissez-moi faire, je ne vous demanderai rien entre-cy que j'aie réussi, ce que j'espère faire en moins de vingt-quatre heures, que de dire à M. le prince de Conti quelque bien de moi, en cas que l'occasion s'en présentât naturellement. Je ne désire de vous que des louanges générales, encore je ne les demande que pour mieux et plus facilement réussir dans votre affaire [1]. »

---

[1] Voy. les *Mémoires* de Cosnac.

Daniel de Cosnac avait assez d'esprit pour introduire sans affectation dans sa conversation avec le prince quelque éloge de Gourville, mais pour craindre en même temps d'être la dupe d'un intrigant qui ne voulait que se servir de lui ; aussi fut-il fort sobre de louanges.

Le soir même, comme il était à table, on l'avertit que Gourville était chez le prince de Conti; quelques instants après on vint le prévenir que le prince le demandait. Lorsqu'il entra dans la chambre, le prince lui dit : « Monsieur l'abbé, je m'en vais vous apprendre une nouvelle qui ne vous déplaira pas : J'ai commandé qu'on vous expédiât les lettres de maître de ma chambre. » Daniel de Cosnac lui répondit : « Quand Votre Altesse me donneroit tous les biens du monde, elle ne me feroit pas une plus grande grâce, ni qui me plût davantage, puisqu'elle m'attache à son service pour le reste de ma vie. » Le prince lui apprit ensuite que l'abbé de Sillery avait pris l'amnistie et que, justement mécontent de son abandon, il avait été bien aise de disposer de sa charge sur-le-champ.

Gourville ayant si exactement tenu sa parole, Daniel de Cosnac fut avec lui dans des termes meilleurs qu'auparavant, et lorsqu'il se proposa pour aller faire le traité de paix avec le duc de Candale, bien que trouvant, suivant le terme qu'il emploie, qu'il y avait effronterie de sa part à briguer une telle

mission, il ne voulut point lui nuire par aucune
opposition. D'ailleurs, dit-il dans ses *Mémoires*, il
ne désirait point cet emploi peu important à côté
de ce qu'il avait fait pour faire concourir toutes choses au dénouement de la paix dont le traité n'était
plus qu'une simple conséquence. Gourville, du reste,
s'était si bien fait valoir auprès du prince, que celui-ci
était persuadé qu'il s'acquitterait mieux de cet emploi
que nul autre. En ce qui concernait le prince de
Conti, il ne s'agissait que d'obtenir qu'il pût jouir
des avantages de l'amnistie ; quant à la princesse de
Condé, au comte de Marsin et à Lenet, il n'était pas
question pour eux de prendre l'amnistie, mais seulement de la faculté de partir pour l'Espagne afin de
rejoindre ultérieurement le prince de Condé ; la duchesse de Longueville demandait à se retirer dans
une de ses maisons.

# CHAPITRE LXX

L'ère des négociations. — Suite de la rivalité des ducs de Vendôme et de Candale. — Deux députations envoyées, l'une au duc de Candale, l'autre au duc de Vendôme. — Le chevalier de Mun apporte au prince de Conti une lettre du duc de Candale. — Lettre du duc de Vendôme à la bourgeoisie, du 23 juillet. — Les aventures de Butin, porteur de cette lettre. — Manifestations de la bourgeoisie à l'assemblée de la Bourse. — Lettre du duc de Candale au cardinal Mazarin, du 23 juillet. — Désir de Lenet au sujet de l'initiative de la paix par le prince de Condé. — Projet inconsidéré du prince de Conti de s'échapper secrètement de Bordeaux avec les princesses. — Daniel de Cosnac découvre ce projet et le lui fait abandonner. — Il est en but à de vives attaques comme promoteur des événements. — Gourville, de retour de sa mission, fait connaître les excellentes dispositions du duc de Candale. — Arrivée de la flotte espagnole à l'embouchure de la Gironde. — Lettre inédite du duc de Saint-Simon au comte de Servien, du 24 juillet. — Il ambitionne le gouvernement de la ville de Bordeaux, et, à son défaut, celui de la ville de Bourg. — Le tardif secours de l'Espagne est impuissant à ranimer dans Bordeaux le parti de la guerre. — Lenet et Marsin, dans l'intérêt de leur sûreté, présentent leur justification à l'assemblée de la Bourse. — Conseil de guerre à bord du vaisseau amiral du duc de Vendôme. — Le P. Itier conduit au duc de Vendôme. — Articles préliminaires du traité de paix signés par le duc de Candale, rapportés par Gourville. — Texte de ces articles, du 24 juillet. — Ces articles sont remis entre les mains de Daniel de Cosnac. — Le duc de Candale se résout à aller trouver lui-même le duc de Vendôme pour lui faire approuver ces articles. — Autres propositions préliminaires apportées au duc de Vendôme par une députation de la bourgeoisie. — Texte de ces propositions. — Le duc de Vendôme fait le plus mauvais accueil à ces propositions. — Les membres de la députation appartenant à la bourgeoisie désavouent ces propositions. — Lettre du duc de Vendôme au cardinal Mazarin, du 24 juillet.

(1653.)

Après de si longues péripéties de sièges, de combats et de troubles, nous sommes arrivés à l'ère des négociations qui devait enfin apporter un terme à tous ces maux. Elle ne fut pas exempte de quelques complications. La jalousie qui, malgré de cordiales apparences, n'avait pas cessé de régner entre les ducs de Vendôme et de Candale, se réveilla plus vive à l'occasion des préliminaires d'un traité de paix dont chacun d'eux aurait voulu se réserver l'exclusif honneur. Celui de ces deux généraux en chef qui y avait certainement le plus de droit, était le duc de Candale. L'entente secrète qui s'était établie entre lui et le prince de Conti avait été la source d'où découlait le courant pacifique et fécond qui allait renouveler la face des choses. Aussi c'était à lui d'abord que les habitants de Bordeaux, de même que le prince de Conti, avaient songé à adresser leurs députés. Le duc de Vendôme ne manqua pas d'en être froissé, et comme la Cour lui avait envoyé pour traiter des pouvoirs semblables à ceux qu'elle avait adressés au duc de Candale, si l'on avait su mettre à profit leur rivalité, ainsi que le fait observer Daniel de Cosnac dans ses *Mémoires*, les princes et princesses, de même que la ville de Bordeaux, auraient pu obtenir de leur concurrence des conditions bien plus avantageuses que celles qui furent stipulées. La précipitation d'en finir n'y fit pas même songer.

Pendant que la députation officiellement nommée par l'assemblée de la Bourse se rendait à Bègle, le 22 juillet, auprès du duc de Candale, une autre députation se forma spontanément pour aller trouver à Lormont le duc de Vendôme ; elle était composée de trente ou quarante jeunes gens des meilleures familles, ceux-là même qui s'étaient mis à la tête des récentes manifestations. Cette démarche sans mandat était le résultat de l'élan indiscipliné de leur ardeur. Ces jeunes gens se présentèrent au duc de Vendôme la cocarde blanche au chapeau et ils furent admirablement accueillis, le duc se rendit avec empressement à leur demande de ramener avec eux à Bordeaux le P. Berthod et M. de Boucaud, pour qu'ils pussent juger de l'état des esprits.

Cette députation de la jeunesse fut cause que la députation choisie pour aller trouver le duc de Candale, dans le but de ménager la susceptibilité du duc de Vendôme, détacha deux de ses membres,

MM. de Bacalan et Ferrand, pour se rendre auprès de ce général qui se trouva ainsi placé sur le même pied apparent que le duc de Candale pour les négociations qui allaient s'ouvrir.

Lorsque les députés qui étaient allés trouver les deux généraux en chef furent de retour et qu'ils eurent fait le récit des bonnes dispositions qu'ils avaient rencontrées, la bourgeoisie adressa séparément aux ducs de Vendôme et de Candale, au nom de la ville, une lettre de protestations de fidélité au roi signée par Dubourgdieu, jurat commis à cet effet [1].

Les députés furent suivis de près dans Bordeaux par le chevalier de Mun, capitaine des gardes du duc de Candale, porteur d'une lettre de congratulation pour le prince de Conti.

Le lendemain, 23 juillet, le duc de Vendôme craignant que les négociations de la paix ne vinssent à lui échapper si elles étaient conduites seulement avec le prince de Conti, envoya à Bordeaux Butin, son secrétaire, chargé de présenter de simples civilités aux princes et aux princesses, mais porteur d'une lettre qu'il devait remettre à la bourgeoisie assemblée à la Bourse. Dans cette lettre il s'appliquait surtout à dissiper la croyance de toute mésintelligence entre lui et le duc de

---

[1] Voy. la *Gazette*.

Candale, parce qu'il savait que la connaissance de ce fait était cause que l'on préférait traiter avec le duc de Candale qui passait pour avoir des dispositions plus favorables. Voici la teneur de cette missive :

*A Messieurs les jurats, bourgeois et habitants de la ville de Bourdeaux.*

Messieurs,

« Messieurs, j'ai avis que quelques esprits mal affectionnez au service du roi et qui ne souhaitent pas prendre repos, essayent par leurs mauvais discours de persuader qu'il y a de la mésintelligence entre M. le duc de Candale et moy. Sur cela je suis bien aise de vous dire que la correspondance et l'union qu'il y a entre nous sont si parfaites que je ne feray rien sur le sujet de ce qui m'a esté proposé de vostre part par M. de Bacalan, votre député, que conjointement et de concert avec M. le duc de Candale. Nous avons l'un et l'autre les mesmes pouvoirs; mais aussy ne se peut-il rien faire qu'avec tous deux ensemble. Cela vous sera encore plus particulièrement expliqué par le sieur Butin, secrétaire de nos commandements, auquel me remettant, il ne me reste qu'à vous assurer qu'en toutes occasions vous m'esprouverez sincèrement,

« Messieurs, votre très humble serviteur,
« César de Vandosme.

«·Lormont, ce 23 juillet (1). »

Butin en descendant du bateau qui l'avait amené de Lormont se présenta à la porte de Chartreux pour entrer dans Bordeaux. Il trouva dans une maison voisine M. de Bacalan qui se disposait à se rendre une seconde fois auprès du duc de Vendôme accompagné de cent cinquante jeunes gens les plus distingués de la ville. Après qu'ils eurent conféré quelques instants, ils se quittèrent pour se rendre chacun où leur mission les appelait. Butin fit sonner le trompette du duc de Vendôme qui l'accompagnait, et se dirigea vers le palais de la Bourse aux cris de vive le Roi! vive Son Altesse de Vendôme! et la paix! répétés par une centaine des jeunes gens qui s'étaient séparés du cortège de M. de Bacalan, et par tous les habitants qui se rencontrèrent sur son passage. Comme la distance à parcourir était longue, la Bourse était située sur la place du Palais, près du quai et de la belle porte gothique du Palais ou du Calhau, qui existe encore [2], Butin arriva après midi, trop tard pour

[1] *Archives nationales*, kk, 1220, f° 354. Cette lettre fut publiée dans la *Gazette*.

[2] Le palais de la Bourse avait été bâti en 1571. Deux colonnes décoraient la porte d'entrée, portant chacune une inscription

trouver assemblée la bourgeoisie qui s'était séparée depuis une demi-heure, et qui ne devait revenir que sur les trois heures, après avoir dîné. Les jeunes gens conduisirent Butin chez Rodorel, l'un d'entre eux, qui s'était le plus signalé dans les derniers événements, chez lequel on lui fit faire grande chère ; ensuite Butin, pour utiliser le temps qui lui restait avant la réunion de l'assemblée, alla présenter les compliments du duc de Vendôme à la princesse de Condé chez laquelle il fut introduit par madame de Tourville, puis au duc d'Enghien auquel le présenta le comte d'Auteuil, enfin lorsqu'il se rendait chez le prince de Conti, il le rencontra sur son chemin et lui présenta de la part du duc

latine à la Piété et à la Justice. Au milieu, sous l'écusson royal, une autre inscription rappelait les noms des trois consuls de la Bourse (un juge et deux conseillers) Jean Riniac, Pierre Sauvage et Jean Duprat, qui avaient présidé à la construction de l'édifice faite aux frais des marchands de Bordeaux. Deux inscriptions à droite et à gauche de ce joli petit monument de la seconde renaissance portaient,
à droite :

> Ton Dieu surtout aime d'amour extrême,
> Et ton prochain ainsi comme toi-même.

à gauche :

> Au magistrat rends humble obéissance ;
> Il a de Dieu cest honneur et puissance.

Le vandalisme moderne a rasé cet édifice dans ces dernières années pour le remplacer par une maison.
Voy. *Les anciens voyageurs à Bordeaux*, par M. le baron de Verneilh. Bordeaux, 1879.

de Vendôme les compliments dont il était chargé.
Ce prince répondit d'un ton fort aigre en ajoutant
que les affaires n'étaient pas assez avancées encore
pour que l'on pût pénétrer ainsi dans Bordeaux
sans passe-port. Le comte de Marsin, qui accompagnait le prince de Conti, renchérit sur ses propos.
Butin surpris et fort embarrassé répondit que le duc
de Vendôme avait cru pouvoir l'envoyer sans passe-port parce qu'il n'était porteur que de simples
compliments. Le prince de Conti voulait bien se contenter de ces raisons, lorsque Marsin, moins accommodant, déclara qu'il fallait faire accompagner Butin
d'une personne chargée de l'observer et le mettre
dans un carrosse, qui le conduirait sur le port pour
l'embarquer, ainsi que l'on avait fait la veille pour le
chevalier de Mun. Si les choses se fussent passées
ainsi, Butin remportait la lettre du duc de Vendôme
sans avoir pu la communiquer à la bourgeoisie et sa
mission était manquée. Heureusement Butin, sans
perdre sa présence d'esprit, fit signe à un homme
qu'il avait amené avec lui d'aller prévenir à la Bourse
de ce qui se passait, puis, pour gagner du temps, avant
de monter dans le carrosse qu'on avait fait avancer,
il engagea une longue conversation avec le comte
d'Auteuil sur des sujets indifférents. Marsin fort impatienté obligea au bout d'une demi-heure Butin à
monter dans le carrosse avec deux surveillants, et
le carrosse roula vers le port. Il avait atteint déjà le

bas de la rue du Chapeau-Rouge lorsqu'il fut arrêté par un attroupement d'environ trois cents personnes dont une centaine avaient des épées nues à la main. On fit descendre Butin du carrosse en lui disant qu'on l'attendait à la Bourse. Ses deux acolytes prirent la fuite, et toute cette troupe lui fit escorte, grossie bientôt d'une foule énorme qui le conduisait comme en triomphe aux cris de vive le Roi ! Ces cris redoublèrent sur la place de la Bourse. Lorsque Butin fut monté dans la grande salle où près de deux mille personnes étaient assemblées, le chevalier de Thodias, premier jurat, tout dévoué au prince de Condé, s'écria : « Prenons garde, Messieurs, cet homme est venu peut-être pour nous trahir et nous faire mettre la corde au col. » Butin protesta que c'était bien mal interpréter les intentions du duc de Vendôme qui étaient de procurer aux habitants la paix et le repos ; ensuite il remit la lettre dont il était porteur. L'assemblée transportée exigea que Butin rendît compte de la réception qu'il avait reçue chez les princes et les princesses. Le prince de Conti averti arriva en toute diligence accompagné des comtes de Maure et de Marsin ; mais les cris de : fore Marsin ! se firent entendre ; et ceux mille fois répétés de Vive le Roi et Son Altesse de Vendôme ! terminèrent la séance. On obligea même le chevalier de Thodias à délivrer un passe-port à Butin que son escorte de trois cents jeunes gens ramena sur le port où il s'embarqua [1].

L'accueil désobligeant et hostile fait à l'envoyé du duc de Vendôme par Lenet, Marsin et les principaux chefs du parti contraints à la paix malgré eux, n'a rien qui puisse surprendre ; mais ce même accueil de la part du prince de Conti s'explique par la crainte qu'il ressentit que les bons effets de son entente avec le duc de Candale ne reçussent quelque atteinte par la malencontreuse intervention du duc de Vendôme.

Cette immixtion dans les négociations de la paix de la part du duc de Vendôme fit éprouver au duc de Candale un profond déplaisir. La lettre qu'il écrivit au cardinal Mazarin, témoignage de sa vive jalousie, prouve à quel point Daniel de Cosnac avait jugé la situation avec sagacité, lorsqu'il parle dans ses *Mémoires* de tout le parti qu'il eût été possible de tirer, dans l'intérêt du prince de Conti, de la rivalité des deux généraux en chef des armées royales, si l'on avait eu seulement la patience nécessaire. Les deux généraux en chef ont soin de déclarer dans les lettres qu'ils écrivent que leur bonne intelligence est parfaite et qu'ils ne feront rien l'un sans l'autre ; mais, en réalité, chacun d'eux tenait à attirer à lui les négociations de la paix.

Dans la lettre adressée par le duc de Candale au

---

[1] Voy. à l'*Appendice* la relation inédite de la mission de Butin à Bordeaux.

cardinal Mazarin, il est à remarquer qu'il y passe sous silence le nom de Gourville, et ne nomme que MM. de Virelade et de Baas comme envoyés de la part des princes. M. de Virelade avait été adjoint à Gourville pour conférer des intérêts de la ville de Bordeaux, et M. de Baas, pour conférer des questions qui concernaient les troupes. — Le duc de Candale ne trouvait pas sans doute Gourville un personnage assez important pour traiter avec lui, justifiant ainsi l'opinion émise par Daniel de Cosnac, que cet habile intrigant avait fait preuve d'une réelle impertinence en s'offrant pour remplir une mission dont il s'acquitta, du reste, avec son bonheur accoutumé.

LETTRE DU DUC DE CANDALE AU CARDINAL MAZARIN.

« Au camp de Beigle, ce 23 juillet 1653.

« Monsieur,

« J'envoie le sieur comte de Cugnac pour donner avis à Vostre Éminance comme ceux de Bordeaux m'envoièrent hier au matin un député pour traiter la paix avec moy. Messieurs les princes m'en envoièrent un autre. M. de Virlade-Salomon, jadis avocat-général au Grand Conseil, fust député pour la ville et M. de Baas, mareschal de camp de l'armée des princes, pour eux. J'ay demeuray un jour sans vouloir en rien mander à Vostre Éminance, parce que je respondis aux députés que je ne leur pouvois respondre que de concert avec M. de Vandosme. Il a bien respondu qu'il feroit aux gens que l'on luy a députtés la mesme chose ; mais j'ay appris qu'il n'en a pas usé comme moy, et qu'il a envoyé à la court faire savoir la nouvelle, et je m'asseure qu'il n'en aura pas manquay de se faire de feste. Pour moy je ne prendray pas ce party là ; car je le tiens trop audessous des gens qui ont le cœur bien fait, et je me contenteray de servir avec zèle et peut estre avec autant de fruit que les autres, sans chercher de fausses vanités. Je supplie Vostre Éminance de n'estre point en peine que nous nous puissions brouiller, M. de Vendosme et moy ; car j'ay trop le service du Roy à cœur pour rien faire qui y puisse nuire. J'aurois trop peur que M. de Beaufort se mesla de l'affaire. Cela me retient tout à fait et fera que j'en userai avec M. de Vandosme de la manière que vous le pouvés souhaiter : dès que j'auray veu M. de Vandosme de concert avec M. d'Estrade, je vous dépescherai un courrier ; le pauvre M. de Langlade eust esté bien propre à faire savoir mille particularités qu'il faut que Vostre Éminance sache, mais il est tombé malade.

« Il faut que je vous dise que le prince de Conty, à mon instigation, a fait des merveilles pour la paix. Il m'a engagé à luy donner seureté pour sa personne. Avant que de rien faire, j'ay creu ne pouvoir pas luy refuser ce qu'il me demandoit, et toutes les personnes de cette armée m'ont conseillé de le faire parce que s'il se fust joint au peuple et se fust accomodé avec M. de Marsin, et introduit les gens de guerre qu'ils ont dans les faubourgs, nous estions fort esloignés de la paix. J'informeray Vostre Eminance au plus tost des choses qu'il sera nécessaire. Cependant je la supplie de me croire au dernier point,

« Monsieur, votre très-humble et très-obéissant serviteur,

Le duc de Candalle[1]. »

Dans la lettre du duc de Candale nous soulignons ce passage : « *Il faut que je vous dise que M. le prince de Conty, à mon instigation, a fait des merveilles pour la paix.* » Le duc de Candale se vantait beaucoup en attribuant à son habileté un mérite bien exagéré, lorsque l'on sait par quelle impulsion se dirigeait le prince de Conti, et combien il était difficile à cette impulsion elle-même de maintenir le prince dans la ligne dont il tendit plus d'une fois à s'écarter. Nous en avons eu la preuve, lorsqu'après son traité secret avec le duc de Candale, le prince de Conti avait été si près d'accéder aux conditions posées par Cromwell pour accor-

---

[1] Lettre inédite; *Archives nationales*, KK, 1220, f° 346.

der l'alliance de l'Angleterre ; nous allons en apporter une autre preuve en racontant l'étrange incident qui se passait, bien à l'insu du duc de Candale, au moment même où il écrivait sa lettre.

La perte désormais inévitable du parti des princes avait jeté une profonde douleur dans le palais de l'archevêché. La princesse de Condé était désespérée d'être obligée de prendre la mer avec son fils le duc d'Enghien pour aller chercher un refuge sur un sol étranger ; la perspective d'y retrouver le prince de Condé plus malheureux encore qu'elle-même lui faisait verser d'abondantes larmes. Madame de Longueville, Marsin et Lenet étaient dans l'abattement le plus profond. Lenet aurait désiré que le prince de Condé eût pris lui-même l'initiative des négociations de la paix en se fondant, pour rompre ses engagements avec l'Espagne, sur l'inexécution par cette puissance de ses propres engagements [1]. Mais la précipitation avec laquelle les événements se déroulaient ne pouvait permettre, en raison des distances, d'obtenir à temps une réponse, et il se trouvait réduit, ainsi que Marsin qui partageait ses sentiments, à la responsabilité de ses propres résolutions. Ils entouraient la princesse, lorsque le prince de Conti se présenta chez elle ; son arrivée fit redoubler les pleurs

[1] Lettre inédite de Lenet au prince de Condé, du 24 juillet 1653. *Bibliothèque nationale;* Papiers de Lenet, 6716, f° 41.

et la conversation reprit plus lugubre encore. Les reproches ne furent pas épargnés au prince de Conti ; on l'accusa d'être l'auteur de tous ces maux. Ce prince en fut si sensiblement touché qu'il tenta de se justifier et proposa de partir lui-même pour l'Espagne pour y conduire la princesse et son fils. L'accomplissement d'un pareil projet nécessitait que le prince de Conti, oublieux de tous ses engagements, sortît secrètement de Bordeaux avec la princesse qu'il voulait accompagner. L'entreprise était hasardeuse ; il fallait se dérober à la vigilance des habitants qui gardaient exactement les portes. Le meilleur expédient parut de descendre, la nuit, par les fenêtres de l'archevêché qui donnaient sur les fossés de la ville, de faire trouver des chevaux sur le bord opposé et de gagner l'armée navale d'Espagne dont on venait d'apprendre la tardive arrivée à l'embouchure de la Gironde. Le comte de Marsin qui redoutait le refus de la Cour de le comprendre dans le traité, et qu'elle donnât même l'ordre de l'arrêter, fût certainement celui qui poussa le plus à cette extrême résolution. Pendant cette conférence, Daniel de Cosnac, avec l'escorte du prince, attendait dans la grande salle de l'archevêché, éprouvant d'autant plus d'inquiétude qu'il n'était pas accoutumé à voir le prince faire en ce lieu de si longues visites. Connaissant les projets qu'avait formés naguère le comte de Marsin, il appréhendait qu'on ne se saisît de sa personne ; aussi, se rapprocha-t-il à plusieurs reprises de la porte de la chambre de la princesse de Condé. La voix du prince de Conti qui se faisait entendre de temps en temps le rassurait un peu, parce qu'elle lui paraissait être dans son ton naturel.

Après deux heures de cette anxieuse conversation, le prince sortit seul ; son premier gentilhomme de la chambre l'ayant abordé comme à son ordinaire, fut frappé de son air contraint et embarrassé. Le prince fit plusieurs tours dans la salle, parlant à diverses personnes, avec si peu de suite et d'attention que son fidèle conseiller démêla sans peine qu'il s'était passé quelque chose qui le jetait dans une préoccupation étrange. Le prince alla s'appuyer sur l'une des fenêtres qui donnaient sur les fossés, paraissant en mesurer la profondeur, cet acte fut une révélation. Elle fut confirmée par un changement de résolution du prince qui au lieu de se rendre chez madame de Calvimont, ainsi qu'il en avait annoncé le projet, dit qu'il avait une migraine violente et voulait aller se reposer deux ou trois heures dans son lit, devant revenir le soir même à l'archevêché pour savoir ce que Gourville aurait fait.

Dès que le prince de Conti fût au lit, il voulut congédier son premier gentilhomme de la chambre ; mais celui-ci, outré de voir au prince des airs de mystère si contraires à sa confiance habituelle lui adressa d'amers reproches, se plaignant d'un oubli si prompt de ses services et termina par ces mots : « Quoi ! monsieur, vous êtes trois heures enfermé avec des personnes qui ne m'aiment pas, parce que je suis trop à vous, et vous me faites finesse de ce qui s'est passé dans un si long entretien, à moi, monsieur, de vos plus grands secrets le grand dépositaire. » Le prince lui fit cette froide réponse : « On n'a pas seulement nommé votre nom ; on a bien d'autres choses à songer dans l'état où nous sommes qu'à vous nuire. » Cette affirmation du prince était de tous points contraire à la vérité ; Daniel de Cosnac, dans cette conférence, avait été violemment attaqué par M. de Saint-Martin, conseiller au Parlement, et défendu du reste avec vivacité par le prince de Conti. M. de Saint-Martin avait accusé Daniel de Cosnac, non sans raison, le lecteur a pu s'en convaincre, d'avoir contribué pour une grande part aux mouvements qui avaient rendu la paix inévitable [1].

---

[1] Daniel de Cosnac ignora toujours l'attaque dont il fut l'objet, nous en avons la preuve dans le silence de ses *Mémoires* sur ce point. Nous n'avons dû la révélation de cet incident qui confirme la grande part qu'il prit à la préparation des événements qu'à une lettre inédite de Lenet, du 24 juillet (*Bibliothèque nationale*, papiers de Lenet, 6716, f° 41). Nous en détachons ce passage :

« M. le prince de Conty est en colère de ce que M. Saint-Martin, le conseiller, s'emporta un peu dans l'Archevesché disant que M. l'abbé de Cosnac et Sarrasin avoient fort contribué à tous les désordres ici ; et aujourd'huy Son Altesse a man-

Sans se laisser rebuter, Daniel de Cosnac insista
plus fortement encore en disant : « N'espérez pas
m'abuser. Il faut nécessairement de deux choses
l'une : ou qu'on vous ait fait prendre quelque résolution contre moi, ou qu'on vous ait engagé à ne
pas signer le traité de paix et à vous en aller en
Espagne. » Ces paroles renfermaient une véritable
divination dont le prince ne put dissimuler son
extrême surprise ; son trouble même confirma la
vérité : mais, ne voulant rien avouer, il interrompit
avec colère par ces mots : « Ce sont là de vos visions;
laissez-moi en patience. » Sans se décourager davantage, Daniel de Cosnac ajouta pour réflexion
dernière : que le prince avait tort de se cacher,
que son zèle et sa fidélité lui étaient assez connus,
et que s'il avait dessein d'aller en Espagne, il l'y
suivrait d'aussi bon cœur qu'à Paris ; mais qu'à le
tromper, il n'y songeât pas, car il resterait attaché
à toutes ses démarches. Le prince de Conti radouci
lui dit : « Mais qui peut vous avoir donné cette

dé à l'Hostel-de-Ville toute l'assemblée de la Bourse pour les dé-
sabuser de tous les bruits qui courent de son accommodement
et leur protester de ne se désunir en rien, ny pour rien, sans
eux. Leurs Altesses ont desclaré n'avoir aucunes prétentions
dans le traité, ni vouloir autre chose sinon la liberté et seureté à Madame et à Monseigneur le duc d'aller rejoindre Vostre Altesse par mer ou par terre à leur choix ; madame de Longueville
dans l'une de ses maisons, *idem* à M. le prince de Conty et de là
à Tours, si bon luy semble ; M. de Marsin à Liège ; moy vous aller rendre compte de mon administration. »

pensée ? » Daniel de Cosnac lui répondit que son inspection attentive de la hauteur des fenêtres de l'archevêché, ses rêveries, sa feinte maladie, son retour projeté chez la princesse de Condé, lui avaient inspiré ces soupçons. Alors le prince de Conti lui avouant toute la vérité lui dit qu'il croyait son honneur engagé à mettre sa famille en sûreté ; qu'après ce devoir accompli il reviendrait jouir du repos qu'il souhaitait.

La confidence du prince permit à Daniel de Cosnac de lui représenter les raisons qui ne pouvaient lui permettre de donner suite à un semblable projet : ses engagements avec la Cour et par parole et par écrit. Ce manque de foi aurait deux effets : le premier, de le perdre de réputation dans l'Europe entière ; le second, de le mettre hors d'état de jamais obtenir son retour en France. Quelle figure alors ferait-il en Espagne, chez un peuple qui donnait tous les jours tant de mécontentements au prince de Condé, chez lequel il n'aurait d'autre emploi que de solliciter des pensions qui encore lui seraient mal payées, chez une nation qui finirait par le traiter comme une personne inutile et à charge, en sorte qu'il courait imprudemment à d'étranges misères. Daniel de Cosnac fit enfin observer au prince qu'il n'était pas chargé de madame la princesse de Condé, ni du jeune duc d'Enghien, puisque M. le prince de Condé lui avait témoigné si peu de confiance qu'il s'était toujours adressé, non seulement à son exclusion, mais même à son insu, à Madame de Longueville, à Lenet et à Marsin ; que par conséquent c'était remplir suffisamment son devoir que de leur procurer par un traité la liberté de se retirer, et que sa personne n'était nullement nécessaire pour assurer leur retraite ; que s'il tentait une si folle entreprise, elle aboutirait à un résultat bien contraire au but proposé, car il ne pouvait manquer d'être arrêté, soit par les bourgeois de Bordeaux, soit par les troupes royales, ce qui entraînerait la perte de sa liberté, de celle de Madame la princesse et de son fils.

Par ces raisons dites avec force et entraînement le prince se laissa convaincre ; et avec mille amicales protestations pour son conseiller, il lui déclara qu'il renonçait à son projet. Il lui avoua que s'il ne l'eût pas deviné, il l'aurait exécuté sans lui en parler, et cet aveu dans lequel Daniel de Cosnac crut entrevoir une réelle ingratitude au fond du cœur du prince, diminua quelque peu chez lui le degré d'attachement qu'il lui avait voué ; mais les paroles du prince étaient si obligeantes qu'il se contint pour n'en rien laisser paraître.

Cette conversation se terminait lorsque Gourville revint de sa mission dont il rendit le meilleur compte : le duc de Candale avait une telle impatience de terminer la guerre qu'il ne demandait qu'une chose, qu'on lui remît les articles dressés et qu'il les signerait. Le prince de Conti envoya Gourville porter cette nouvelle à Madame de Longueville, à Marsin et à Lenet, en leur donnant rendez-vous chez Madame la Princesse où il allait se rendre lui-même. Pendant que le prince se levait et s'habillait pour sortir, Daniel de Cosnac lui fit renouveler sa promesse de ne pas aller en Espagne. Gourville était de retour avant même que le prince fût sorti. Il raconta qu'il avait trouvé chez Madame de Longueville, M. de Marsin, et que celui-ci avait témoigné une joie d'autant plus vive de la bonne tournure des négociations que ses craintes personnelles avaient été plus grandes; il n'était pas en effet de précautions pour sa sûreté qu'il n'eût chargé Gourville de solliciter pour lui : outre la parole du roi qu'aucun obstacle ne serait mis à sa retraite, il demandait un engagement personnel du duc de Candale qui s'obligerait encore à en faire prendre un semblable au duc de Vendôme.

Lorsque le prince de Conti arriva à l'archevêché, la duchesse de Longueville, Marsin et Lenet l'y avaient précédé; Daniel de Cosnac eût bien voulu suivre le prince dans le cabinet de la princesse de Condé, comme il le faisait quelques fois; mais le prince s'y opposa, ne voulant pas qu'il parût que c'était par ses conseils qu'il renonçait à la résolution naguère arrêtée. Gourville ayant fait le récit de sa négociation, il fut résolu que les articles seraient dressés dans la journée, et que Gourville repartirait le lendemain pour les faire signer.

Quand Gourville fut sorti, on reparla du projet de s'échapper pendant la nuit par les fossés de la ville ; mais ce fut pour l'abandonner, sans que le prince de Conti fût mis dans la nécessité de déclarer qu'il se serait délié d'un engagement pris dans un mouvement d'entraînement irréfléchi. Le comte de Marsin rassuré sur son propre sort par la tournure favorable de la négociation de Gourville, n'avait plus aucun intérêt à compromettre avec lui les princesses et les princes dans les chances d'une fuite périlleuse, puisque le duc de Candale consentait par un traité à laisser ouverte à tous la voie d'une facile retraite[1].

L'Espagne cruellement avertie par la perte de Bourg avait encore en perspective la perte de la Guyenne, mettant fin à l'utile diversion qui ne permettait pas au gouvernement royal de France de porter vers le nord-est toutes ses forces militaires pour les concentrer sous la main du maréchal de Turenne. Cette dangereuse extrémité la réveilla de la torpeur qui lui avait fait employer tant de mois au radoub de ses vaisseaux dans les ports du Passage et de Saint-Sébastien.

[1] Voy. sur tout cet incident du projet de fuite les *Mémoires* de Cosnac.

Sa flotte, forte de vingt-huit voiles [1], avait pris la mer, commandée par le marquis de Sainte-Croix, avec des troupes de débarquemet sous les ordres du baron de Vatteville, et elle venait de mouiller en face de Royan, à l'embouchure de la Gironde. Le plan depuis longtemps concerté de prendre entre deux feux la flotte du duc de Vendôme placée dans une situation difficile dans un fleuve où elle ne pouvait pas manœuvrer, entre une flotte composée de vaisseaux nombreux et bien armés et la flottille des Bordelais dont les navires légers n'en étaient que plus redoutables contre de gros vaisseaux immobiles, semblait toucher au moment de son exécution. Matériellement la chose eût été possible encore, moralement elle ne l'était plus. L'ardeur des Bordelais même les plus exaltés jusqu'à ce jour était abattue, le courage des partisans de la paix, en s'affirmant, avait acquis une irrésistible force, des engagements avaient été pris ; et pour les Espagnols le mot fatal de la situation était : il est trop tard !

Le duc de Saint-Simon était convaincu que la flotte espagnole ne pousserait pas la hardiesse jusqu'à remonter assez près, pour qu'il pût la canonner du haut des remparts ébréchés et mal armés de sa citadelle de Blaye ; son dévoûment au roi se ré-

---

[1] Voy. la *Gazette*.

jouissait de voir l'insurrection bordelaise devenue impuissante, et sa sollicitude pour ses propres intérêts lui faisait juger le moment venu pour rappeler quelque vieille promesse qui lui avait été faite du gouvernement de Bordeaux, promesse qui fut sans doute considérée comme prescrite, car, malgré son rappel, il n'en fut tenu nul compte. Il écrivit au comte de Servien :

«Blaye, 24 juillet 1653.

« Monsieur,

« Je ne vous diray rien du bon estat des affaires de Bourdeaux puisque M. de Bourgon vous informera fort bien de toutes choses, je m'en réjouis seulement avec vous et de voir cette rebelle réduite comme elle est, et le Roy estant en pouvoir de chastier les coupables de toutes sortes de crimes. Il semble que les Espagnols ne sont venus en rivière que pour augmenter la gloire des armes de Sa Majesté et embellir l'histoire. Nous ne les croyons pas redoutables pour le secours des Bourdelois et ils ne paroisteront pas encore quoyque le vent soit très favorable pour monter. Je me prépare pourtant, et de bon cœur, à les saluer ; mais je doute fort qu'ils osent passer devant Blaye, quoyque nous y soyons en mauvais estat. Vous savez bien, Monsieur, que ce n'est pas ma faute.

« Voyant Bourdeaux sur la fin et que je ne reçois

nul ordre, je suis en peine de ce que j'auray à faire avec cette commission que j'ay pour y commander, ce n'est pas que j'affecte cet employ, mais il me semble que, sans me bien maltraiter, il ne peut pas être donné à un autre, ou sans me donner ailleurs quelque satisfaction[1]. »

Le duc de Saint-Simon avait la passion des faveurs en général et des gouvernements en particulier ; à défaut de celui de Bordeaux qu'au fond il n'espérait guère, il se fût rabattu volontiers sur celui de Bourg, la chûte était grande et pourtant une déception l'attendait encore : ce gouvernement fut donné au comte de Montesson, et alors il exhala ses plaintes au cardinal Mazarin[2].

Les bons bourgeois de Bordeaux ne laissèrent pas de concevoir des inquiétudes de l'arrivée du secours d'Espagne, et, connaissant la versatilité du prince

[1] Lettre inédite : *Archives du ministère des Affaires étrangères*, France, vol. 149. Nous ne donnons pas la suite de cette lettre qui n'a trait qu'à des intérêts personnels ; elle est écrite en entier de la main de son auteur. La correspondance du duc de Saint-Simon dément quelque peu les assertions de son illustre fils qui dit dans ses *Mémoires* que son père était dégoûté des faveurs et de la Cour, à la suite du subterfuge qui lui avait ravi la charge de grand écuyer que Louis XIII lui avait donnée à son lit de mort ; mais il faut reconnaître que les Mémoires du fils sont d'une exactitude incontestable lorsqu'ils affirment l'inébranlable fidélité de son père. Si celui-ci, par ressentiment, eût embrassé la cause des princes qui l'en avaient vivement pressé, la possession de Blaye leur eût assuré une situation pour ainsi dire inexpugnable dans la Guyenne.

[2] Lettre inédite : *Archives nationales*, KK, 1220, f° 373.

de Conti, ils commencèrent par s'assurer, au moyen d'une députation qu'ils lui envoyèrent, qu'il ne leur faillirait pas, en protestant eux-mêmes qu'ils ne lui failliraient point. Dans un sens contraire les Frondeurs violents et incorrigibles avaient au premier moment songé à tomber sur les bourgeois partisans de la paix, afin d'abattre leur parti ; mais ils durent immédiatement renoncer à cette entreprise en présence d'un mouvement de l'opinion qu'ils ne pouvaient plus dominer et de la déclaration du colonel Balthazar, disant qu'il voulait retourner à Tartas et qu'il ne se battrait jamais contre les habitants.

Toutes les oppositions rentrèrent donc dans l'ombre et dans le silence, et il fut accepté par tous qu'il fallait profiter des trois jours de trêve accordés par les généraux en chef des armées royales pour arriver à conclure, avant l'expiration de ce délai, le traité de paix le plus avantageux possible. Lenet et Marsin qui redoutaient, avec de sérieuses raisons, d'être livrés par les partisans de la paix aux mains du duc de Vendôme, jugèrent nécessaire, pour désarmer l'hostilité de l'opinion sur leur compte, de démentir les bruits fâcheux qui avaient couru sur leurs projets. Ils se rendirent dans ce but, le 24 juillet, à l'assemblée de la Bourse, où le premier déclara que si d'impérieuses nécessités l'avaient obligé à contracter des emprunts pour le soutien des affaires, il ne partirait pas sans avoir satisfait les créanciers ; et le second se justifia de tous mauvais desseins contre la ville et contre ses habitants.

Dès le premier avis de l'arrivée de la flotte espagnole, le duc de Vendôme s'était rendu à bord de son vaisseau amiral pour tenir un conseil de guerre dans lequel furent arrêtées les dispositions nécessaires pour combattre. Il détacha le chevalier de Carteret avec quelques chaloupes et brigantins pour aller observer l'armée navale d'Espagne ; renforça les équipages de ses vaisseaux de douze cents hommes d'infanterie ; et disposa ses troupes de terre sur les deux rives du fleuve, de manière à appuyer de leurs feux de mousqueterie les forts et les batteries qu'il avait fait construire[1]. A l'issue de ce conseil, il reçut quelques jeunes gens qui lui amenaient le P. Itier.

Nous détachons d'une lettre du duc de Vendôme au cardinal Mazarin un passage dans lequel il lui donne cette nouvelle et l'assure que si l'armée navale d'Espagne tente une attaque, elle sera vigoureusement reçue :

« Jeudy les mesmes députez devoient revenir, et, au lieu d'eux, vinrent sept ou huict jeunes hommes qui amenèrent le P. Itier qu'ils ont, par leur ferme résolution, mis en liberté, et ils le mirent entre les

---

[1] Voy. la *Gazette*.

mains de M. de Comminges, parcequ'il l'avoit demandé au nom de la Reyne à laquelle ils furent bien aises de rendre ce respect et ce service. Ils me vinrent trouver à l'Admiral où je suis allé pour donner mes ordres et tenir conseil général avec les capitaines et officiers de marine, sur l'advis certain que je reçus que les Espagnols sont avec leur armée navale au nombre de trente ou trente-cinq voiles vers Royan... Chacun est icy bien résolu à faire son devoir, et s'ils viennent, certainement le combat sera le plus chaud et le plus mémorable qui se soit jamais veu [1].

Ce même jour, 24 juillet, Gourville, parti le matin pour le camp de Bègle, rentrait à Bordeaux; il avait apporté au duc de Candale, revêtus de la signature des princes et des princesses, les articles préliminaires du traité de paix qui avaient été réciproquement arrêtés, et il rapportait le double revêtu de la signature du duc de Candale. Voici la teneur de ces articles :

« Nous soussignés déclarons que pour parvenir à la paix de Bordeaux, sommes demeurés d'accord et avons promis d'observer inviolablement ce qui suit, à savoir :

« Nous, duc de Candale, général des armées du roi en Guienne, promettons au nom de Sa Majesté

[1] Lettre inédite datée de Lormont, le 24 juillet 1653. *Archives nationales*, KK, 1220, f° 367.

et au nôtre particulier, de donner et faire donner les escortes, sauf-conduits et passe-ports ci-après spécifiés, et de faire jouir de l'effet d'iceux sincèrement et de bonne foi, à quoi nous engageons notre honneur et parole, sur laquelle tout ce qui s'en suit a été accordé :

« Premièrement, à madame la princesse et à M. le duc d'Enghien, son fils, à tous leurs domestiques [1], officiers de troupes, train et équipage, pour s'en aller par mer ou par terre, à leur choix, à Stenay-sur-Meuse, ou près de la personne de M. le prince de Condé, en quelque lieu qu'il puisse être, tant dedans que dehors le royaume.

« A M. Lenet, conseiller d'État ordinaire, sera donné semblable passe-port pour suivre madame la Princesse audit voyage, ou s'y rendre de son chef par les chemins que bon lui semblera, comme aussi au sieur chevalier de Thaudias.

« A M. le prince de Conti, pour se retirer dans telle de ses maisons qu'il lui plaira, avec ses domestiques, officiers de ses troupes, train et équipage, en prenant toutefois l'amnistie, du fruit de laquelle il jouira pleinement.

---

[1] Nous n'avons sans doute pas besoin de rappeler que la qualification de domestiques c'est-à-dire personnes de la maison, s'appliquait chez les princes aux gentilshommes attachés à leur personne et chez de hauts personnages moins qualifiés, aux personnes de petite noblesse parfois, qui leur étaient également attachés. La dénomination de valets s'appliquait aux serviteurs proprement dits.

« A madame la duchesse de Longueville, pour se retirer à Neufchâtel, ou dans telle de ses maisons qu'il lui plaira, avec ses domestiques, train et équipage, en prenant aussi l'amnistie.

« A M. de Marsin, capitaine général, pour se retirer, par mer ou par terre, en ses terres de Liège ou en Hollande, à son choix, et à madame sa femme, pour se retirer dans une de ses terres en Normandie, où elle jouira pareillement de l'amnistie, en l'acceptant, chacun d'eux avec leurs domestiques, trains et équipages.

« A M. le comte de Maure, général de M. le Prince, et à M. le comte de Matha, pour se retirer avec leurs domestiques, trains et équipages, en tel lieu que bon leur semblera.

« A tous autres officiers généraux sera accordé semblable passe-port, et aussi à tous bourgeois de Bordeaux qui voudront se retirer; sera aussi accordé aux troupes de cavalerie et d'infanterie étant aux environs de Bordeaux, sauf-conduits, route et étape pour aller joindre l'armée de M. le prince de Condé, en quelque lieu qu'elle puisse être, tant dedans que dehors le royaume. Toutefois, si quelques-uns des officiers généraux en particulier veulent prendre l'amnistie, elle leur sera accordée pour se retirer chacun ès lieux de leur domicile.

« Et nous, princesse de Condé, duc d'Enghien, prince de Conti et duchesse de Longueville, permettons et engageons nos honneur et paroles de consentir, comme dès à présent nous consentons, au traité de la paix de Bordeaux, et d'y porter et disposer nos serviteurs et amis, et d'y travailler, conjointement et de concert avec eux et MM. les bourgeois de Bordeaux, le plus promptement et sincèrement qu'il se pourra ; et au cas que la paix ne soit pas conclue le 17 août prochain, nous promettons de sortir de Bordeaux et de nous retirer ès lieux et en la manière ci-dite, et, toutefois, si, pour le repos de Bordeaux, nous sommes obligés d'en sortir plus tôt, M. le duc de Candale sera tenu de nous donner les sûretés ci-dessus exprimées à la première réquisition, et au cas que lesdits passe-ports de Sa Majesté ne fussent pas arrivés, il nous donnera les siens, comme dit est, et les fera valoir, tant par mer que par terre, et même fera donner des vaisseaux équippés et propres à porter ceux d'entre nous qui voudront faire voyage par mer.

« Nous promettons aussi d'envoyer, suivant le passe-port qui, pour ce, nous sera accordé, un homme à l'armée navale d'Espagne, pour révoquer les ordres que nous avons pu donner à ceux qui la commandent, et les avertir que nous ne pouvons plus les assister d'aucune chose, particulièrement des vaisseaux et troupes que nous avons en notre pouvoir, attendu la trêve accordée et le présent traité ; afin que si nonobstant le premier article ils venoient à donner combat ou à faire d'autre acte d'hostilité, il ne nous en puisse être imputé aucune chose, voulant de bonne foi et avec sincérité exécuter le traité ci-dessus, pour sûreté de quoi nous engageons tous de part et d'autre nos honneur, paroles et confiances.

« Fait et arrêté par nous, princes et princesses ci-dessus nommés, et ceux étant sous notre charge, à Bordeaux, d'une part, et par nous, duc de Candale, d'autre, à Beigle, ce 24 juillet 1653.

« Gaston de Foix de la Valette [1]. »

Ces articles contenaient les dispositions les plus favorables pour les princes, les princesses, les personnes de leur maison et les troupes de leur parti. Libre à chacun de prendre ou de ne pas prendre l'amnistie; les premiers pouvant se retirer, soit dans leurs terres, soit à peu près où bon leur semblerait, les seconds ayant la faculté d'aller rejoindre le prince de Condé et de continuer la guerre. L'obligation de prendre l'amnistie n'était formulée que pour le prince de Conti, qui ne demandait pas autre chose, et pour la duchesse de Longueville qui n'avait aucune raison pour sortir de France. Le duc de Candale n'avait pas marchandé les conditions, autant à cause de l'urgence de terminer la guerre, car les secours de

---

[1] Document publié dans les *Mémoires* de Cosnac.

l'Espagne et de l'Angleterre pouvaient à tout instant modifier la situation, que par son vif désir de n'être pas prévenu par le duc de Vendôme dans l'initiative de la paix.

Le prince de Conti remit l'exemplaire signé par le duc de Candale entre les mains de Daniel de Cosnac qui depuis le conserva toujours précieusement [1].

Gourville donne dans ses *Mémoires* un résumé de ces articles à peu près conforme au texte que Daniel de Cosnac a donné dans les siens; sauf qu'il émet une erreur manifeste quand il indique Pezenas comme lieu désigné pour la retraite du prince de Conti; aucun lieu ne fut spécifié, et ce fut librement que ce prince fit le choix de Pezenas. Nous avons rencontré dans les papiers de Lenet la minute même de ces articles parfaitement conforme au texte donné par Daniel de Cosnac, sauf quelques différences insignifiantes dans la forme, résultat évident de leur mise au net [2].

Il fallait que ces articles fussent approuvés et signés par le duc de Vendôme, dont l'intervention était indispensable pour la délivrance des passeports. Le duc de Candale se résolut au procédé de les lui apporter lui-même à signer, afin d'adoucir par cette démarche l'inévitable amertume que son

---

[1] Ce fait est confirmé par les *Mémoires* de l'abbé de Choisy.
[2] *Bibliothèque nationale*, fond français, 6716, f° 110.

collègue ressentirait en apprenant que la paix en définitive avait été faite sans lui. Cette démarche pouvait l'empêcher de susciter des obstacles. De plus, pour ménager davantage encore la susceptibilité du duc de Vendôme, le duc de Candale chargea Gourville de recommander au prince de Conti d'envoyer à ce général une personne chargée de lui demander des passe-ports pour la princesse de Condé, le duc d'Enghien, le comte de Marsin, Lenet et toute leur suite.

Le duc de Candale avait attiré à lui les prémices et le principal même des négociations de la paix[1], car les articles signés avec les princes en emportaient la conclusion, attendu que sans le prestige de leurs personnes et sans leurs troupes la ville de Bor-

[1] Le principal mérite lui en revenait réellement par les facilités d'accommodement qu'il avait offertes au prince de Conti et par toutes les intelligences qu'il avait entretenues dans la ville de Bordeaux ; aussi ceux avec lesquels il avait formé quelque entente, quelque obscurs qu'ils soient demeurés, se crurent généralement tous les auteurs de la paix. Une liasse de vieux papiers du château de Montbreton, près de Pressac de Gensac, Gironde, intitulée, *titres de la famille de Mondenis*, a fait récemment retrouver les noms de deux négociateurs en sous-ordre dont le zèle ne saurait être mis en doute, puisque ces documents établissent qu'ils furent en récompense anoblis après la paix. L'un était André Merlaud, sieur de Mondenis, major dans le régiment du marquis de Théobon, l'autre Jean de Litterie, procureur au siège présidial de Bazas; l'auteur de cette intéressante découverte, M. Léon Drouyn, a bien voulu nous écrire pour nous la faire connaître, en nous envoyant la communication faite par lui à l'Académie de Bordeaux.

deaux ne pouvait songer à prolonger sa résistance ; néanmoins les circonstances firent que le duc de Vendôme y put prendre sa part. En même temps que Gourville était allé faire signer les articles au duc de Candale, M. de Bacalan, accompagné de deux bourgeois, en avait apporté d'autres au duc de Vendôme au nom de la ville de Bordeaux. Ces articles contenaient des précautions pour l'alimentation des habitants avec faculté de leur part d'envoyer à la Cour pour traiter directement ; ils stipulaient des garanties jusqu'à la conclusion définitive de la paix et des réserves pour communiquer avec le prince de Condé. Ces réserves dénotaient l'influence du comte de Marsin, bien que le duc de Vendôme ait cru reconnaître dans l'écriture, outre l'écriture de Marsin, celle du secrétaire du prince de Conti. Mais ce prince y était certainement complètement étranger, nous en trouvons une double preuve dans le silence des *Mémoires* de Daniel de Cosnac sur ce fait et dans l'intérêt de se servir exclusivement des bonnes dispositions du duc de Candale, car il était alors trop tard pour obtenir des conditions plus avantageuses encore de se servir du stratagême qui eût consisté à mettre en concurrence, comme nous l'avons observé, les rivalités des deux généraux en chef.

Voici la teneur des propositions que M. de Bacalan venait soumettre à l'approbation et à la signature du duc de Vendôme :

PROPOSITIONS FAITES PAR LE SIEUR DE BACALAN, DÉPUTÉ
DE BORDEAUX, LE 24ᵉ JUILLET 1653.

Messieurs les députés de la ville de Bordeaux demandent :

« Une surséance d'armes et cessation de tous actes d'hostilité jusqu'à la conclusion de la paix ou de la rupture sans aucune communication entre les gens de guerre ny habitants de Bordeaux qu'avec la permission de Messieurs les généraux ;

« Qu'après l'esloignement des troupes ennemies, il sera donné des quartiers pour les nostres à trois ou quatre lieues de Bordeaux dans l'endroit où il sera convenu ;

« Que durant la trève, il y aura liberté pour tous ceux qui voudront porter des vivres à Bordeaux, de quelque nature qu'ils soient, tant par mer que par terre ;

« Qu'il sera deslivré passeport pour envoyer à Monseigneur le prince en quelque lieu qu'il soit pour lui donner avis du présent traité ;

« Un autre passeport pour un habitant de Bordeaux pour aller en cour ;

« Un passeport pour M. Balthazar affin de se retirer à Tartas avec cent maistres à cheval ;

« Un passeport pour une autre personne qui doit aller à l'armée navale révoquer les ordres que S. A.

de Conty a donnés; et leur donner avis que nous ne les assisterons de rien[1]... »

Après avoir fait retirer les députés pour délibérer avec son conseil composé de l'abbé de Guron, des comtes d'Estrades, de Comminges et de Montesson, le duc de Vendôme les fit rappeler et leur remit leur cahier, en marge duquel il avait fait écrire la réponse suivante :

« Le mémoire estant escrit de la main du secrétaire de M. le prince de Conty et de celle de M. de Marsin, ce ne sont point les propositions de la bourgeoisie ny de la brave jeunesse de la ville de Bordeaux, et par conséquent S. A. de Vendosme ne les peut accepter ny admettre. »

Les députés accueillirent cette réponse avec une véritable stupeur; mais pour obtenir que le duc de Vendôme, sur des explications de leur part, adoucît ses résolutions, ils étaient dans un cruel embarras; car ils étaient loin d'être libres de leurs actions et de leurs paroles. Lenet et le comte de Marsin les avaient fait accompagner de deux officiers pour surveiller de près leurs démarches : l'un, M. de Galapian, frère du marquis de Lusignan; l'autre, M. de la Guette[2]. Nous savons que Lenet considérait ce dernier comme un négociateur peu habile; mais le dévouement de sa femme au parti royal avait fait espérer

[1] Document inédit: *Archives nationales*, KK, 1220, f° 361.
[2] Voy. les *Mémoires* du colonel Balthazar.

qu'il serait vu d'un meilleur œil que tout autre. Pour s'expliquer en toute liberté, les trois députés bordelais durent s'esquiver de la présence de leurs deux compagnons. Le duc de Vendôme va nous raconter lui-même comment les choses se passèrent :

« L'après-dînée, M. de Bacalan et deux bourgeois vinrent encore en députation vers moi ; ils estoient accompagnés du sieur de Galapian, frère de Lusignan, et d'un officier de cavalerie de Marsin. Ils me rendirent une lettre de la Ville, me firent mille civilités de sa part, et ensuite Bacalan fist lecture des articles dont je vous envoie copie, et puis les députtés se retirèrent pour donner la liberté de résoudre ma réponse avec MM. de Tulle, d'Estrades, de Comminges, comte de Montesson et autres qui servent ici le Roy avec moi. Après avoir bien discuté toutes choses, il fut arresté que je respondrois que ces articles estant escrits de la main du secrétaire de M. le prince de Conty et appostillés de celle de Marsin, ce n'estoient point les demandes de la bourgeoisie et qu'ainsy je ne les pouvois accepter, ny écouter ; que je m'estonnois de ce que les députtés s'en estoient chargés et que cela estoit si contraire aux belles dispositions qu'ils m'avoient fait paroistre, que j'avois quelque sujet de croire que la venue de l'armée navale d'Espagne avoit esté cause de quelque changement ; que nous estions bien résolus de la combattre et de l'empescher de passer, et qu'après cela nous pourrions escouter leurs propositions; que cependant ils se retirassent, et que si demain midy, ils ne parloient d'autre manière, que je romprois toute suspension, et que j'agirois comme auparavant avec toute sorte d'hostilité.

« Cette response faite avec beaucoup de fermeté estonna tellement les députés qu'estant descendus en bas, ils trouvèrent moyen de se dérober de Galapian et de l'officier de Marsin pour revenir me dire qu'ils n'avoient pu s'empescher de se charger de ces articles; mais que la bourgeoisie estoit résolue de se rendre maîtresse et de se mettre en estat de rentrer dans son devoir : que pour y parvenir, ils vouloient chasser Marsin et sa femme, et qu'ils me supplioient de leur donner deux passeports pour la retraite du premier au pays de Liège, et de l'autre dans sa maison, en Normandie. Je le leur accorday et creus le pouvoir faire sans la participation de M. de Candale, puisqu'il avoit signé une suspension sans moy.

« Toute la nuict la bourgeoisie a esté sous les armes. Nous ne savons point encore ce que cela aura produit. Les pères Itier et Berthod veulent y aller pour leur donner chaleur; je les voy si zélés que je pourray bien le leur permettre.

« Ce matin M. de Candale m'a envoyé une barque

pour l'apporter icy[1] et venir concerter avec moy. Je l'attends... [2]. »

[1] Il faut induire de ce fait et d'autres faits subséquents que le duc de Candale se rendit à cheval, en contournant la ville de Bordeaux, de son camp de Bègle à la rive de la Garonne en face de Lormont. Il avait envoyé cette barque pour traverser le fleuve et pour s'en servir éventuellement au retour, comme il le fit, en remontant la Garonne jusqu'à Bègle.

[2] Lettre inédite du duc de Vendôme au cardinal Mazarin, datée de Lormont, le 24 juillet 1653. *Archives nationales*, KK, 1220, f° 367.

# CHAPITRE LXXI

Daniel de Cosnac envoyé en mission par le prince de Conti auprès du duc de Vendôme. — Présence du duc de Candale. — Propositions apportées par deux députés de la ville de Bordeaux. — Émotion causée dans Bordeaux par la vue du duc de Candale. — Lettre inédite de l'abbé de Guron, évêque de Tulle, au cardinal Mazarin, du 27 juillet. — Rédaction en trente-cinq articles du projet de traité de paix. — Lettre inédite du roi au duc de Candale, du 27 juillet. — Prescriptions rigoureuses de la cour. — Mémoire contenant les intentions du roi touchant la réduction de la ville de Bordeaux, du 28 juillet. — Mémoire particulier et secret pour les ducs de Vendôme et de Candale, du 28 juillet. — Appréhensions du cardinal Mazarin; sa lettre inédite au duc de Saint-Simon, du 29 juillet. — Le conseiller Trancas. — Illusions du prince de Condé; ses deux lettres inédites au prince de Conti et à Villars, du 29 juillet. — Opérations militaires du prince de Condé. — Lettre inédite de Caillet à Lenet, du 29 juillet. — Le prince de Condé donne à Lenet la confiscation des biens du président de Pontac. — Dépêche inédite de Lenet à M. de Saint-Agoulin, du 28 juillet. — Dépêche inédite de Lenet au prince de Condé, du 29 juillet. — Suite des négociations pour la paix. — Les ducs de Vendôme et de Candale repoussent certaines conditions demandées. — L'assemblée de la Bourse accepte les restrictions apportées, à l'exception d'une seule. — Réponse du duc de Vendôme faisant connaître le contenu d'une lettre interceptée. — Cette fermeté fait taire toute opposition à l'assemblée de la Bourse du 30 juillet. — Les suspects sont chassés de l'assemblée. — Toutes les modifications apportées aux articles du traité de paix sont acceptées. — Texte du traité de paix. — Les généraux envoient ce traité au roi pour le soumettre à sa ratification. — Lettre inédite du duc de Vendôme au cardinal Mazarin, du 30 juillet. — Lettre inédite de l'abbé de Guron au cardinal Mazarin, du 31 juillet. — Proclamation de la paix à Bordeaux, le 31 juillet.

(1653.)

Le mauvais accueil fait par le duc de Vendôme aux propositions apportées au nom de la ville de Bordeaux, par M. de Bacalan, laissaient la première place aux articles préliminaires signés entre le prince de Conti et le duc de Candale. Ce général, conformément à sa résolution d'apporter lui-même ces articles au duc de Vendôme pour les lui faire approuver, s'était mis en chemin pour se rendre à Lormont, et son collègue dans le commandement suprême des armées royales, prévenu à l'avance, l'attendait pour conférer avec lui.

De son côté, le prince de Conti, pour se conformer aux recommandations du duc de Candale, d'envoyer quelqu'un de sa part à Lormont pour demander au duc de Vendôme les passeports qui devaient être délivrés suivant la teneur des articles convenus, avait fait choix, pour remplir cette mission, de Daniel de Cosnac. Plusieurs motifs l'avaient porté à le préférer : il avait en lui plus de confiance qu'en toute autre personne, son zèle à préparer les événements dont la paix allait devenir le couronnement méritait bien cette récompense, enfin ses fonctions de premier gentilhomme de sa chambre le rendant le premier officier de sa maison, en l'envoyant, il honorait davantage le duc de Vendôme.

Comme pour se rendre de Bordeaux à Lormont la distance n'est que d'une lieue et que Daniel de Cosnac pensait avec raison qu'il serait plus avantageux de donner au duc de Candale, qui s'y rendait de plus loin, le temps d'arriver le premier, il ne partit en bateau, accompagné de deux ou trois de ses amis, qu'à dix heures du matin ; avant midi il mettait pied à terre. Son débarquement ayant excité la curiosité, beaucoup de gens accoururent sur la rive pour s'informer des motifs qui l'amenaient ; il leur dit simplement qu'il apportait au duc de Vendôme les compliments du prince de Conti. On lui répondit qu'on allait prévenir ce général, et que, s'il voulait avancer, il trouverait le duc de Candale qui se promenait avec beaucoup d'officiers. Lorsque Daniel de Cosnac eut abordé le duc de Candale, celui-ci lui demanda tout haut des nouvelles de M. le prince de Conti ; puis, lorsque Daniel de Cosnac voulut s'éloigner, il s'avança comme pour l'accompagner, de manière à se séparer de toutes les personnes présentes, et lui dit assez bas : « J'ai trouvé ici le plus difficile homme du monde ; ne lui dites point qu'il y ait aucun traité signé avec moi, et faites comme si vous veniez lui demander toutes les sûretés nécessaires pour la mer. » Daniel de Cosnac ayant répondu par un signe de tête, le duc de Candale dit tout haut : « Monsieur, vous êtes moins fatigué que moi, vous n'avez pas la botte ; je m'en vais vous suivre un peu plus à mon aise ; M. de Vendôme est déjà averti que vous êtes ici ; il vous attend sans doute. »

A la porte du duc de Vendôme le premier gentilhomme de la chambre du prince de Conti, qu'avaient suivi un grand nombre d'officiers, trouva les gardes rangés sous les armes, et leur capitaine vint le recevoir en cérémonie d'ambassadeur. Le duc de Vendôme s'avança lui-même au-devant de lui dans la salle où il l'attendait. Daniel de Cosnac avait eu à peine le temps de s'acquitter des compliments du prince de Conti, que le duc de Candale, étant arrivé, dit que l'on serait mieux en particulier dans la chambre du duc de Vendôme. On y entra et l'on s'assit ; alors Daniel de Cosnac s'exprima en ces termes, nous empruntons ici le texte même de ses *Mémoires :* « que le prince de Conti avait pris la résolution de remettre la ville de Bordeaux dans l'obéissance du roi, et qu'il espérait de la bonté de Sa Majesté qu'elle lui accorderait l'amnistie ; et que comme madame la princesse se trouvait engagée par son devoir d'aller trouver M. le prince et d'y mener son fils, que même M. de Marsin et beaucoup d'autres étaient dans les mêmes engagements, il venoit supplier M. de Vendôme de vouloir bien donner les sûretés, les passe-ports et quelques commodités pour faire le voyage par mer en Espagne. »

Le duc de Vendôme répliqua par un grand compliment et de grands respects pour M. le prince de Conti et madame la princesse, plaignant leur malheur et exprimant son désir de pouvoir l'adoucir sans manquer à la fidélité qu'il devait au roi ; enfin il assura qu'il était prêt à faire pour eux avec joie tout ce qu'il pourrait faire avec honneur. Daniel de Cosnac lui répondit que le prince de Conti s'était bien attendu à toutes les civilités qu'il lui faisait, qu'il en aurait sans doute toute la reconnaissance possible et qu'il allait lui donner lecture d'un mémoire contenant le détail de toutes les choses qu'il avait à demander. Après la lecture qu'il avait écoutée sans l'interrompre, le duc de Vendôme s'exprima ainsi : « Je n'ai pas seulement l'honneur d'être Amiral de France, j'ai encore celui d'être généralissime des troupes du roi, et j'ai commandement sur la terre comme sur la mer. Il se pourroit faire que, si on ne prenoit des sûretés que pour la mer, les troupes arrêteroient même les navires où madame la Princesse seroit, y ayant des forts sur la rivière. Il y a encore d'autres inconvénients où il est bon de pourvoir. »

L'interlocuteur du duc de Vendôme resta quelques instants sans répondre, car il était évident que le duc de Candale avait quelque intérêt à cette remontrance; mais, celui-ci gardant le silence, Daniel de Cosnac reprit la parole : « Messieurs, dit-il, l'intention de M. le prince de Conti est assurément de prendre toutes les sûretés possibles pour lui, pour madame la Princesse et pour les autres personnes du parti, et si vous jugez celles que vous me proposez nécessaires, vous aurez, s'il vous plaît, la bonté de me les donner. On obtiendra aussi, je crois, de M. de Candale toutes les mêmes sûretés. »

Par cette réplique adroite, l'intervention du duc de Candale se trouva utilement amenée. Ce général aussitôt s'empressa de dire que le duc de Vendôme et lui avaient toujours agi avec une telle entente que celle-ci ne se démentirait certainement pas dans la présente conjoncture; qu'il était venu précisément à Lormont pour concerter avec le duc de Vendôme, conformément aux pouvoirs qu'ils avaient l'un et l'autre reçus du roi, sur les moyens de donner satisfaction au prince de Conti et à son parti.

Le duc de Vendôme, après avoir demandé que le Mémoire dont il était porteur lui fût remis, chargea Daniel de Cosnac d'assurer le prince de Conti qu'il n'oublierait rien pour lui prouver sa considération pour sa personne, et il ajouta que, pour mieux témoigner à ce prince son respect, il répondrait par un gentilhomme qui rapporterait le Mémoire avec sa réponse. Sur cette assurance, l'envoyé du prince de Conti se retira.

Outre le Mémoire du prince de Conti, les deux généraux en chef des armées royales eurent à examiner d'autres propositions formulées l'avant-veille dans un conseil tenu à l'Hôtel-de-Ville de Bordeaux et que deux députés, MM. de Thodias, premier jurat, et de Boucaud, conseiller au Parlement, avaient apportées la veille, et qui étaient demeurées sans réponse.

La confusion qui avait présidé aux conspirations pour la paix, s'étendait aux négociations pour l'obtenir ; chaque corps, les assemblées de la Bourse et de l'Hôtel-de-Ville, chaque groupe même d'habitants, voulait agir d'une manière indépendante et sans concert suffisant, rendant ainsi d'autant plus belle la partie de l'autorité royale pour les conditions qu'il lui plairait d'imposer.

Nous donnons ici ce Mémoire que les généraux renvoyèrent avec leurs réponses inscrites à la marge :

### MÉMOIRE [1].

Réponses des ducs de Vendosme et de Candale, généraux des armées du roy, aux articles présentés de

Du 23 juillet 1653 à l'hostel-de-ville de Bourdeaux où se tient le conseil appelé de traité, de toute

---

[1] Document inédit ; *Archives nationales*, KK, 1220, p. 371.

la part de la ville de Bourdeaux le 24 juillet 1653.

la bourgeoisie, et ledit conseil assemblé où a présidé,

M. de Thodias, premier jurat.

M. de Boucaud, conseiller du roy au parlement de Guyenne, a esté député par ledit conseil pour demander :

### 1

Le premier article est accordé à la charge qu'il y aura toute liberté d'aller et venir, tant par eau que par terre, pour la communication des quartiers des deux armées, avec la seureté convenable pour l'abréviation du traité.

### 1

Une suspension d'armes et de tous actes d'hostilité jusqu'à la conclusion de la paix ou à la rupture, sans aucune communication entre les gens de guerre, ny habitants de Bourdeaux qu'avec la permission de MM. les généraux ;

### 2

Dans les suspensions d'armes et trêves, chacun garde ses postes. Si toutes fois MM. de Bourdeaux désirent que les troupes des princes s'éloignent de quatre lieues de la ville, on leur donnera des quartiers à condition qu'ils leur fourniront des vivres, et que les troupes vivront dans l'ordre.

### 2

Qu'après l'esloignement des troupes du roy, il sera donné des quartiers pour les autres à trois ou quatre lieues de Bourdeaux, où il sera convenu ;

### 3

Ne se peut accorder.

### 3

Que, durant la trêve, il y aura liberté pour tous ceux qui voudront porter des vivres à Bourdeaux de quelque nature qu'ils soient, tant par mer que par terre.

### 4

Quand les articles du traité de la ville seront accordés et les hostages donnés, on donnera passeport pour envoyer vers M. le Prince.

### 4

Qu'il sera délivré passeport pour envoyer à monseigneur le prince de Condé, en quelque lieu qu'il soit, luy donner avis du traité de la paix.

### 5

*Idem* comme au précédent.

### 5

Un autre passeport pour un habitant de Bourdeaux pour aller en cour.

### 6

M. Balthazar s'adressant à M. le duc de Candale, il y sera pourveu.

### 6

Autre passeport pour M. Balthazar pour se retirer à Tartas avec cent maistres à cheval.

### 7

Nous apportant l'acte de révocation et renonciation en bonne forme, ce passeport sera accordé.

Fait à Lormont, le 24 juillet 1653.

### 7

Autre passeport pour autre personne qui doit aller à l'armée navale espagnole, s'il y en a, révoquer les ordres que S. A. de Conty a

Signé :
CÉSAR DE VENDOSME et GASTON DE FOIX DE LA VALETTE et plus bas par nosseigneurs BUTIN et GIRARD.

donnez et donner avis que la ville ne les assistera de rien, comme les bourgeois, avant de savoir les députations faites en Espagne et en Angleterre.
Signé : DARRICT.

Daniel de Cosnac était, avant trois heures, de retour à Bordeaux; il rendit compte au prince de Conti de sa mission. Deux heures après arrivait le capitaine des gardes du duc de Vendôme, porteur des compliments du duc pour le prince de Conti et pour les princesses, et de tous les passeports demandés.

Ce capitaine des gardes, à son retour à Lormont, rendit aux généraux en chef des armées royales un compte si satisfaisant de la bonne réception qu'on lui avait faite et des excellentes dispositions des habitants dont il avait remarqué toute la joie, qu'il les assura qu'il ne tiendrait qu'à eux d'aller coucher à Bordeaux le soir même.

Cette assurance fut cause d'une imprudence qui aurait pu avoir des suites regrettables. Le duc de Candale pensa qu'elle pouvait lui permettre de profiter de la marée pour retourner en bateau à son camp de Bègle, situé une lieue au-dessus de Bordeaux; il évitait ainsi un détour de trois lieues à cheval, qu'il avait fait le matin pour venir traverser le fleuve en face de Lormont. Ce bateau, monté par un brillant état-major d'officiers, attira l'attention dès qu'il fut en vue de Bordeaux ; la curiosité pour savoir ce qu'il venait faire fit accourir de toutes parts ; la foule encombra le port, et le prince de Conti lui-même s'y rendit. Lorsque le bateau fut en face de la ville, le duc de Candale fut reconnu à sa bonne mine, à sa chevelure blonde, au respect que lui témoignaient les officiers qui se tenaient découverts autour de lui, tandis qu'il avait seul son chapeau sur la tête. Il passa sans aborder, et le prince de Conti et lui se saluèrent sans pouvoir se parler. Cette vue parut changer en un instant les dispositions de la foule ; la haine invétérée pour le duc d'Épernon se réveilla ; on disait de toutes parts que son fils passait ainsi en triomphe pour braver les habitants. Les murmures s'élevèrent si haut que, si les négociations pour la paix n'étaient parvenues à un tel point, la rébellion eût trouvé dans cette circonstance un nouvel aliment ; mais, le bateau disparu, les murmures se calmèrent et l'on revint aux idées de paix [1].

L'abbé de Guron, le nouvel évêque de Tulle, avait profité des facilités de pénétrer dans Bordeaux pour s'y rendre, afin de renseigner exactement le cardinal Mazarin sur la situation, ce qu'il fit par l'intéressante lettre qui va suivre :

[1]. Voy. sur cet incident les *Mémoires* de Cosnac.

## LETTRE DE L'ABBÉ DE GURON, ÉVÊQUE DE TULLE, AU CARDINAL MAZARIN.

27 juillet 1653.

« Monseigneur,

« V. Ém. aura appris par M. de Las ce qui s'est fait jusqu'à son départ. Depuis, M. le premier président de Pontac est arrivé à la prière de M. de Vendosme, avec lequel on a concerté des moyens de tenir cette ville dans l'obéissance et dans le repos. Un des premiers est de purger la ville des principaux factieux et les faire sortir ; et on a résolu de le faire par la voie des Jurats et à leur demande. A quoi présentement ils travaillent, et nous les ferons assister de toute la jeunesse qui ne demande pas mieux que d'avoir cet emploi avec la différence du passé que la rigueur extraordinaire n'y sera pas meslée.

« M. de Candale se résoult d'aller attaquer Villeneuve, et de concert M. de Vendosme demeurera jusqu'à ce qu'il ait pleu à V. E. d'envoyer les ordres du Roy.

« L'armée d'Espagne est tousjours à Royan. Elle descendit hier de Castillon où elle estoit montée pour prendre madame la princesse, Marsin et Lenet. On dit que Marsin demeurera dans cette armée en attendant deux mil chevaux que le Roy d'Espagne doit envoyer, lesquels, par le bruit, sont à Saint-Sébastien. Cette princesse s'en va à Dunkerque. Cette armée est composée de vingt gros vaisseaux, douze bruslots et trois frégates ou autres bâtiments qui font trente-une voiles.

« Le Parlement est à purger, non pas seulement ceux qui sont ici ; mais mesme de quelques-uns qui sont à la Réole. Je ne trouve rien de si prodigieux que Espagnet, Le Duc, Massip, et des plus illustres, qui sont à toute heure chez moi pour s'efforcer à me persuader que le Roy leur est obligé et que la pente et la conclusion leur sont deües, quoyque je leur responde perpétuellement qu'ils sont bien malheureux puisque personne ne le croit, et qu'au contraire on les montre au doigt comme les chefs de parti.

« Dans les maisons religieuses, il faut apporter du changement, car il y en a plusieurs qui méritent châtiment. Enfin, Monseigneur, si on n'y apporte de la vigueur et si on flatte mal, nous sommes en estat d'une recheute, car quoique les plus honnestes gens veuillent absolument la paix, le menu peuple est encore infecté, et la fermeté et le ressort qu'on met en œuvre par le moyen des Jurats et de la jeunesse apporteront et le calme et la soumission.

« Le sieur de Pardejeu estant allé reconnoistre l'armée d'Espagne leur prist deux chaloupes, dont l'une est de l'Admiral. C'est, Monseigneur, de

V. Ém. le très humble, très obéissant et très fidelle serviteur.

« GURON, ÉV. DE TULLE.

« A Bourdeaux, ce 27° juillet 1653 [1]. »

Tous les préliminaires de la paix étant arrêtés, il fallait qu'avant l'expiration de la trêve le traité de paix lui-même eût été conclu. Une commission réunie à l'Hôtel-de-Ville arrêta en trente-cinq articles les conditions qui seraient soumises à l'approbation des généraux des armées royales, et une députation fut chargée de leur apporter ce projet.

A cette époque, où l'absence du télégraphe et des chemins de fer ne permettait pas les communications rapides, la Cour ignorait encore à quel point, depuis quelques jours, la face des affaires s'était modifiée à Bordeaux ; toutefois, par une sorte de pressentiment, elle conçut la crainte que ses généraux ne se laissassent aller à trop de condescendance pour la rébellion.

Le duc de Candale, dont le faible pour la personne du prince de Conti était particulièrement appréhendé, reçut cette lettre du roi :

---

[1] Document inédit; *Archives nationales*, KK, 1220, p. 282.

LETTRE DU ROI AU DUC DE CANDALE.

« Du 27 Juillet 1653.

« Mon cousin, ayant considéré que ce que je vous ai cy-devant mandé touchant les traités que vous pouviez faire avec le prince de Conty ne doit avoir lieu, qu'en cas que ladite ville vienne à estre secourue par les espagnols et qu'à présent il n'y a point d'apparence que cela puisse arriver, je vous fais cette lettre pour vous dire que je n'entends estre obligé à aucune chose envers ledit prince de Conty si le secours des espagnols n'a point son effect et si ladite ville vient à se remettre d'elle-mesme par la disposition en laquelle les habitants bien intentionnés y réduiront toutes choses, soit par la force ; et qu'à l'esgard dudit prince de Conty je veux que le mémoire que je vous adresse touchant les conditions qui doivent estre observées pour la réduction de ladite ville soit ponctuellement suivy. C'est ce que je vous dirai par cette lettre, priant Dieu... [1]. »

Cette lettre prouve de quelle importance il avait été pour le prince de Conti que la ville de Bordeaux ne traitât pas sans lui, autrement il se serait trouvé à la merci des ressentiments de la cour.

---

[1] Minute inédite ; *Archives du Ministère de la guerre*, vol. 140.

Les généraux avaient agi prudemment en faisant des réserves sur les conditions de la paix et en remettant la validité de l'ensemble du traité à l'approbation royale. Ils reçurent des instructions qui constatent avec quelle fermeté la Cour voulait que les choses fussent conduites; elles sont contenues dans les deux mémoires qui suivent datés du même jour. Le second mémoire surtout, concernant les instructions secrètes, est d'une importance majeure ; il exclut nominativement de l'amnistie, Dureteste, Vilars, le chevalier de Thodias, premier jurat, le marquis de Lusignan, Trancas, conseiller au Parlement, et les autres députés partis pour l'Angleterre, enfin tous ceux, tant du Parlement que de la ville, qui seront reconnus, après une enquête faite sur les lieux, pour avoir été les plus séditieux. La propriété des charges des conseillers qui, n'ayant pas obéi à l'ordonnance de transfèrement du Parlement à Agen, sont restés à Bordeaux, n'est pas garantie. Le roi se réserve même de transférer définitivement de Bordeaux, dans telle ville qu'il lui plaira, les compagnies souveraines, ainsi que les compagnies subalternes. Une clause expresse défend aux généraux de laisser rien transpirer des sévérités prescrites, elles pourraient raviver la rébellion ; elles ne devront être connues qu'au moment où elles seront exécutées, alors que maîtresse de Bordeaux, l'autorité royale n'aura plus à redouter aucune résistance possible. Quant aux princes et princesses, aux personnes de leur suite et aux deux principaux personnages du parti, Marsin et Lenet, nulle condition ne doit leur être accordée, si ce n'est de leur remettre des passeports pour se retirer ; à moins que l'on ne puisse obtenir des habitants qu'ils ne s'emparent de vive force de leurs personnes et ne les livrent à discrétion.

### MÉMOIRE CONTENANT LES INTENTIONS DU ROY TOUCHANT LA RÉDUCTION DE LA VILLE DE BORDEAUX.

« Comme par les nouvelles que Sa Majesté reçoit du tumulte continuel qui est dans ladite ville, de l'augmentation qui se fait de jour en jour de ceux qui se déclarent pour Sa Majesté, du discréditement des autres apellez de l'*Ormée* et de tous les mal intentionez, de la diminution du pouvoir du prince de Conty, il y a sujet de croire que les bien intentionnez prévaudront au premier jour sur ceux qui leur sont contraires, et que chacun voyant les progrès des armées de Sa Majesté dans la Guyenne, la force de son armée nouvelle et la manière avantageuse en laquelle elle est postée devant ladite ville de Bordeaux, en sorte que les efforts des Espagnols pour la secourir seront inutiles, l'on viendra à faire des ouvertures de la part des habitans pour être reçeus à capituler de bonne heure ; mais comme ce ne sera ny la faim ny la force qui les y porteront, il ne faut pas douter qu'ils ne proposent des conditions qu'ils sauront leur estre avantageuses et qui seroient très préjudiciables au service de Sa Majesté, sy bien qu'elle n'y pourroit consentir en façon quelconque, parce que si son autorité n'est pleinement rétablie en ladite ville, elle ne sçauroit la garantir présentement avec toute la province de Guyenne, comme c'est son principal dessein, du mal qu'elle souffre et l'empêcher d'y retomber à l'avenir. Sa Majesté voulant donc prévenir les inconvénients qui en pourroient arriver, estime qu'il vaut bien mieux attendre deux mois ou davantage la réduction de ladite ville et la réduire à une composition convenable, en sorte que chacun rende à Sa Majesté en effet l'obéissance qui lui est deue et qu'elle puisse solidement rétablir son autorité dans ladite ville, que d'accepter par quelqu'avance des soumissions par lesquelles l'on ne rendroit à Sa Majesté qu'une obéissance apparente, ce qui ne serviroit qu'à y laisser les semences de rébellion et de division qui l'ont réduite dans le mauvais état où elle se trouve, dont il arriveroit peut estre dans peu de tems des effets encore pires que ceux du passé, et auxquels il pourroit encore estre plus difficile d'y remédier.

« Et comme Sa Majesté est bien informée qu'il est entré des vivres dans ladite ville pour deux mois ou plus, soit par le haut de la rivière, soit du pays d'Entre-deux-Mers, par la Bastide, soit des environs de ladite ville, par la récolte qu'on y a faite, quoy qu'on ne puisse rien ajouter à la vigilance que MM. de Vendosme et de Candale ont apportée pour l'empêcher, elle juge que l'on ne peut avoir ny exécuter de dessein plus avantageux à son service dans la conjoncture présente que de presser ladite ville et faire tout ce qui sera humainement possible pour la réduire aux termes de subir, comme il se doit, la loy de son maître, en sorte que Sa Majesté y puisse ordonner de toutes choses selon la raison et comme le propre bien de ladite ville, ainsy que celui de son service, le requièrent.

« C'est pourquoy Sa Majesté s'affermit de plus en plus dans la résolution qu'elle a prise et qu'elle a fait sçavoir auxdits sieurs ducs de Vendosme et de Candale, par le retour du sieur de Las, de faire attacquer ladite ville par force, veu même qu'en l'état auquel toutes choses sont par delà, il y a lieu d'en espérer un prompt et heureux succès et par lequel l'autorité de Sa Majesté se fera reconnoître avantageusement non seulement par ladite ville, mais par tout l'État. Fait à Ribemont, le 28ᵉ juillet [1]. »

[1] Document inédit; *Archives du Ministère de la guerre*, vol. 140.

MÉMOIRE PARTICULIER ET SECRET POUR MESSIEURS LES DUCS DE VENDOSME ET DE CANDALLE CONTENANT CE QU'ILS AURONT A OBSERVER LORS DE LA RÉDUCTION DE LA VILLE DE BORDEAUX.

« Le Roy voyant qu'il y a lieu d'espérer qu'avec l'assistance divine ladite ville sera réduite dans l'obéissance de Sa Majesté, soit par le moyen des habitans d'icelle bien intentionnez pour son service et par la bonne disposition à laquelle toutes choses tendent dans ladite ville, soit parce que chacun sera contraint par la force à se remettre en son devoir, et Sa Majesté désirant y rétablir entièrement son autorité, ainsi qu'il est convenable pour le propre bien et repos de ses sujets comme pour son service, elle a bien voulu faire entendre précisément ses intentions auxdits sieurs généraux sur une affaire de cette conséquence pour estre ponctuellement suivies par eux sans qu'ils s'en puissent aucunement départir, soit que les habitans de ladite ville soient contraints par la force à capituler, soit qu'ils s'y portent dès à présent ou cy après d'eux-mêmes :

« Premièrement qu'ils ne s'obligent à aucune chose qui puisse lier les mains à Sa Majesté et l'empêcher de faire faire les forteresses qu'elle jugera nécessaires dans ladite ville et d'en faire démolir les murailles et toutes les fortifications et combler les fossez et d'uzer à l'esgard des privilèges de ladite ville ainsy que Sa Majesté jugera plus à propos.

« En second lieu, qu'encore que Sa Majesté trouve bon qu'ils promettent de sa part à tous les habitans de ladite ville l'abolition, oubly et pardon de tout ce qui a été fait et entrepris contre son autorité et service à l'occasion des mouvements passez et présents en ladite ville et hors d'icelle, en cas toutes fois qu'ils capitulent d'assez bonne heure pour mériter cette grâce, néantmoins Elle entend qu'ils stipulent que les nommez Dureteste et de Villars, Thodias, premier jurat, et de Lusignan, avec quelqu'autres des plus séditieux, soit du Parlement, soit de la ville, dont ils auront une connoissance certaine et plus particulière sur les lieux soient exceptez nommément de ladite abolition; que pareillement le député de l'Ormée qui est allé depuis peu en Espagne ou Saint-Sébastien solliciter le secours des Espagnols comme aussi Trancas, conseiller audit Parlement, et ceux qui sont allez avec lui en Angleterre pour y demander du secours à des conditions qui vont à détruire entièrement la sujection que les Bordelois doivent à Sa Majesté, en soient exceptez, se réservant Sa Majesté à déclarer sa volonté à l'esgard des charges des Présidents, Conseillers et autres Officiers du Parlement de Bordeaux qui ne se sont point rendus en la ville d'Agen suivant les lettres patentes qui en ont été expédiées et publiées.

« En troisième lieu, que Sa Majesté demeure en pouvoir de transférer de ladite ville de Bordeaux et établir ailleurs où bon luy semblera non seulement la Cour de Parlement et les autres Cours et Compagnies souveraines qui y étoient cy-devant, mais aussy les Compagnies d'officiers subalternes.

« Et comme rien ne peut contribuer davantage à la conclusion d'un traité qui soit à la satisfaction de Sa Majesté que de cacher aux habitans de Bordeaux le dessein qu'elle a d'empêcher par ces précautions que la ville ne retombe une autre fois dans la rébellion, Sa Majesté recommande très expressément le secret auxdits sieurs ducs de Vendosme et de Candalle, même de rien proposer et faire dire qui puisse donner à connoître le moins du monde auxdits habitans son intention sur ce sujet, observant seulement de prendre bien garde qu'il ne leur soit rien accordé qui puisse ôter à Sa Majesté la liberté de faire les choses cy-dessus, sans y contrevenir en aucune façon.

« Et il est facile à juger qu'après une rébellion si opiniâtre et si extraordinaire que celle de la dite ville et après tant de récidives et de mépris qui y ont été pratiqués contre l'autorité de Sa Majesté et pour toutes les grâces qu'elle lui a voulu faire par le passé et qui lui ont même été offertes depuis les derniers troubles, si Sa Majesté n'étoit pas en pleine autorité lors de la réduction de la dite ville d'y ordonner de toutes les choses susmentionnées selon son bon plaisir, le succès que l'on auroit de tant de soins, de travaux et de dépenses par mer et par terre faites pour cette entreprise seroit plustôt préjudiciable qu'avantageux au service de Sa Majesté et ruineux à la province et à tout l'Etat.

« Quant à ce qui regarde les Princes et Princesses qui sont en ladite ville et tous ceux de leur suite, compris Marsin et Lenet, Sa Majesté n'entend point qu'il leur soit accordé d'autre condition que de se retirer en seureté dans l'Espagne, si ce n'est qu'arrivant quelque révolution dans la dite ville, l'on peut porter les habitans à remettre les dits Princes et Princesses et tous ceux de leur party et suite au pouvoir de Sa Majesté ce qui seroit à désirer pour le plus grand avantage de son service. Fait à Ribemont, le 28 juillet 1653[1]. »

Le cardinal Mazarin avait conçu une vive alarme que l'arrivée de la flotte espagnole ne vînt ranimer la Fronde expirante ; nous en trouvons la preuve dans cette lettre qu'il adressa au duc de Saint-Simon :

---

Document inédit ; *Archives du Ministère de la guerre*, vol. 140.

A MONSIEUR LE DUC DE SAINT-SIMON.

« A Paris, le 29 juillet 1653.

« Je me resjouis de tout mon cœur avec vous que l'on ayt descouvert la dernière conjuration qui s'étoit formée pour surprendre Bordeaux et remettre la Guienne dans de plus grands troubles que jamais ; et je vous asseure que le bonheur que vous avez eu d'éviter le péril dont vous estiez menacé, a fait une des plus sensibles parties de ma joye. Je croy que l'on n'oubliera rien pour sçavoir les circonstances d'un si meschant dessein, et que la punition des coupables affermira pour un long temps le repos dans la province. La prise de Trancas ne contribuerait pas peu, et je m'asseure que sur l'avis que vous a donné M. d'Estrades qu'il n'estoit qu'à huict lieues de Blaye, vous aurez fait toutes les diligences imaginables pour l'attraper. L'on pourvoira autant qu'on le pourra aux nécessités de vostre place et en toutes choses vous esprouverez que je suis[1]... »

La conjuration à laquelle le cardinal Mazarin fait allusion dans sa lettre, ne peut être que la tentative aussitôt abandonnée de ranimer le parti de la guerre

---

[1] Minute inédite; *Archives nationales*, KK, 1221, f° 507.

à Bordeaux lorsque la nouvelle de l'arrivée de la flotte espagnole à l'embouchure de la Gironde y était parvenue. Cette lettre nous apprend en même temps un fait que nul autre document ne nous a signalé, c'est que le conseiller Trancas avait quitté l'Angleterre pour revenir dans la Guyenne où l'on espérait s'emparer de sa personne.

Si la cour avait été tardivement informée des événements qui s'accomplissaient à Bordeaux, il est moins surprenant que le prince de Condé, plus éloigné, le fût plus tardivement encore; alors que tout est perdu pour lui à Bordeaux, il est encore rempli d'illusions et il écrit les deux lettres suivantes, l'une, au prince, son frère, qui vient de se soustraire au joug auquel il lui prescrit encore de se soumettre; l'autre au méprisable Vilars qu'il comble d'éloges, afin de réchauffer son zèle.

LETTRE DU PRINCE DE CONDÉ AU PRINCE DE CONTI.

« Je vous escris rarement ; mais je crois que le comte de Fiesque vous aura instruit de touttes choses. J'attens de vous que vous adjouterés entière créance à ce que MM. Lenet, de Marsin et luy vous diront de ma part; que vous me continuerés tousjours vostre amitié et que vous serés bien persuadé

que personne ne vous peut aimer à l'esgal de moy.
« Louis de Bourbon:

« Au camp de Fonsomme, ce 29 juillet 1653 [1]. »

### LETTRE DU PRINCE DE CONDÉ A VILARS.

« Monsieur de Vilars, je n'ay receu que depuis peu de jours vos deux lettres des 2 et 16 juin; je sçay bien de quelle vigueur et résolution vous travaillez à maintenir Bourdeaux, et quand vos lettres n'en feroient aucune mention, je n'aurois pas laissé d'en estre bien informé par M. Lenet qui ne m'escrit aucune lettre qu'il ne me parle de vostre conduite avec tous les advantages possibles. Je vous prie de soustenir les affaires jusqu'au bout avec la mesme fermeté que vous avez toujours fait et de croire que je seray toujours,

« Monsieur de Vilars, Vostre très affectionné amy,
« Louis de Bourbon.

« Du camp d'Esdin, près Saint-Quentin, le 29 juillet 1653 [2]. »

Pendant que le prince de Condé écrivait les deux

---

[1] Lettre inédite en entier de la main du prince de Condé; papiers de Lenet, *Bibliothèque nationale*, fonds français, 6716, f° 61.

[2] Lettre inédité; papiers de Lenet, *Bibliothèque nationale*, fonds français, 6716, f° 66. La suscription de la lettre est celle-ci : A monsieur de Vilars, advocat en Parlement, à Bourdeaux.

lettres qui précèdent, Caillet, son secrétaire, mandait à Lenet les nouvelles les plus encourageantes pour ranimer l'ardeur des habitants de Bordeaux.

Depuis le commencement de l'année les armées du nord, par l'effet d'un réciproque épuisement, étaient presque constamment restées dans une attitude expectante, prolongeant bien au delà de la saison accoutumée leurs cantonnements dans leurs quartiers d'hiver. Elles ne s'étaient mises en mouvement qu'au commencement de juillet, époque où le maréchal de Turenne avait assiégé Réthel qu'il emporta sur le marquis de Persan, l'ancien défenseur de Montrond [1]. Le 16, le roi s'était rendu à son armée avec le cardinal Mazarin ; et, pour cinquante mille écus donnés à Manicamp [2], il s'était assuré de la Fère que ce gouverneur était sur le point de livrer au prince de Condé. Le 25, le roi, après avoir vu son armée rangée en bataille au camp de Saint-Algis, sous les ordres des maréchaux de Turenne et de la Ferté, alla camper avec elle à Ribemont ; et, le 29, il la quittait pour retourner à Paris [3].

A ce moment le prince de Condé avait pris l'offensive ; après avoir joint ses troupes à l'armée espa-

---

[1] Voy. tom. IV, chap. xxx.
[2] Achilles de Longueval, seigneur de Manicamp, gouverneur de Colmar et de la Fère, dont la fille Gabrielle fut la troisième femme de François-Annibal duc d'Estrées, maréchal de France. Voy. l'*Histoire généalogique* du P. Anselme.
[3] Voy. les *Mémoires* de Montglat.

gnole commandée par le comte de Fuensaldagne, et
à l'armée lorraine, sous les ordres du chevalier de
Guise, il avait franchi la frontière de France et était
allé camper à Fonsomme avec le projet de s'avancer
à Magny pour entreprendre ensuite le siège de Noyon.
Le prince de Condé commandait en chef trente-
cinq-mille hommes ; l'armée française n'en comptait que dix-huit mille. Aussi Caillet annonçait avec
assurance que le prince de Condé dicterait bientôt les conditions de la paix.

### LETTRE DE CAILLET A LENET.

« Au camp d'Esdin près St-Quentin, le 29 juillet 1653.

« L'armée de Son Altesse est jointe depuis quatre
ou cinq jours avec celle de M. le comte de Fuensaldagne et les Lorrains, et toutes trois ensemble
sont plus de trente-cinq mille hommes. Nous
sommes campés entre Fonsomme et Saint-Quentin,
tout le long de la petite rivière de Somme, et il n'y
a que cette rivière-là qui nous sépare d'avec l'armée
de France, laquelle est campée à Ribemont à deux
lieues de celle-cy, où l'on dit qu'ils se retranchent
de crainte que nous n'allions à eux. Ils n'ont pas au
plus dix-huit mille hommes ; jugez de là ce que
nous pouvons faire ou plus tost ce que nous pouvons ne point faire si tout le monde veut faire son

devoir. Nous pouvons prendre en moins de six jours la meilleure ville de la frontière de France, et puis aller droit à Paris demander la paix, les forces en main. Ce seroit une conjoncture très asseurée pour la faire, et elle ne peut arriver, qu'elle ne soit avantageuse à toute la chrétienté. Dieu nous la veuille envoyer. Les ennemis envoyèrent avant hier mil ou douze cents chevaux à Saint-Quentin à dessein d'incommoder nos fourrageurs qui alloient jusqu'aux portes de la ville. C'est Grandpré qui commande cette cavalerie. Il sortit hier avec cinq ou six escadrons; au mesme temps Son Altesse monta à cheval, et ayant fait advancer de la cavalerie les fit charger de telle sorte, elle-mesme estant à la teste, que le comte de Grandpré fust contraint de se retirer en diligence dans Saint-Quentin ; ce qu'il ne fit pas sans perte de près d'une centaine de cavaliers et de plus de dix des principaux officiers qui estoient avec luy, et de quelques volontaires de condition.

« Le Roy estoit, il y a trois jours, en personne à l'armée, et l'on dit qu'il a repris le chemin de Paris.

Caillet.

« Le Roy est encore à l'armée [1]. »

[1] Lettre inédite; papiers de Lenet; *Bibliothèque nationale*, fonds français, 6716, f° 63. La suscription porte : A Monsieur, Monsieur Lenet, conseiller ordinaire du Roy en son Conseil d'Estat, à Bourdeaux.

Cette lettre étoit close par quatre cachets en cire rouge, cha-

Le prince de Condé ne s'en rapporta pas uniquement à Caillet pour informer Lenet de ces importantes nouvelles qu'il considérait comme devant changer complètement la face des affaires; le même jour, il adressa lui-même à Lenet une lettre chiffrée pour la plus grande partie, également datée du camp d'Esdin, dans laquelle, dans son ignorance de ce qui se passait à Bordeaux, il exprime sa satisfaction de ce que la situation s'y améliore, comptant pour beaucoup, vu l'illusion dans laquelle Lenet l'avait entretenu à ce sujet, sur l'accord prétendu qui s'était établi entre son frère, sa sœur, Marsin et Lenet. Pour donner à ce dernier un témoignage palpable de la satisfaction qu'il éprouve de ses services il lui dit : « Je vous envoie le brevet que vous m'avez demandé des biens du président Pontac [1]. » Il prévient Lenet qu'entrant en campagne, sa correspondance deviendra plus irrégulière. Ce prince était loin de se douter que cette lettre serait la dernière qu'il lui adresserait à Bordeaux.

Heureusement pour Bordeaux et pour la France, toutes ces lettres et les nouvelles qu'elles contenaient devaient arriver trop tard. Par une antithèse cu-

cun d'une empreinte différente. L'un d'eux représente un ange terrassant un monstre avec cette exergue : *en despit de l'envie*.

[1] Lettre inédite; papiers de Lenet, *Bibliothèque nationale*, fonds français, 6716, f° 58.

rieuse, nous allons mettre en présence des lettres du prince de Condé et de son secrétaire, deux dépêches de Lenet, l'une à M. de Saint-Agoulin, en Espagne, dans laquelle il lui déduit les raisons qui ont rendu la paix de Bordeaux inévitable, l'autre, au prince de Condé, dans laquelle il l'entretient des derniers événements de Bordeaux ; des quelques villes qui restent encore au parti, mais qui seront perdues bientôt ; de la défection du colonel Balthazar, malgré un présent considérable ; des hésitations de l'armée navale d'Espagne ; de certaines difficultés faites au comte de Fiesque et au comte de Maure :

### LETTRE DE LENET A M. DE SAINT-AGOULIN.

« A Bourdeaux, ce 28ᵉ juillet 1653.

« Je reçus hier la lettre que M. de Vatteville m'a escrit du 15ᵉ du courant et celle de M. de Lonchamps du 16, où tous deux me parlent de l'armée navale comme si elle estoit en rivière et victorieuse ; nous n'en avons pourtant appris aucune nouvelle depuis l'arrivée de M. le comte de Fiesque qui est icy depuis vingt-deux jours, sinon qu'on dit maintenant qu'elle bat la mer à l'embouchure de la rivière. Cependant ce retardement, ainsy que je vous ay mandé par ma précédente, par cette mesme voye, nous a couppé la gorge et à toute la famille et à tout le parti de M. le prince. Vous aurez donc desjà appris comme le pain, l'argent et le secours de mer nous ayant manqués tout à coup, par un soulèvement général, les gros bourgeois, après avoir cassé l'Ormée, les capitaines de la ville et les soudoyers que nous y avions, ont voulu et demandé la paix. Hommes et femmes et enfants ont arboré le ruban et le drapeau blanc. Nous avons esté contraints de consentir aux propositions de la paix et d'y entrer conjointement avec la bourgeoisie. La trêve a esté conclue et les députés partirent hier pour la paix qui se traite à Lormont avec MM. de Vendosme et de Candale. Tous les intérêts de la maison de M. le prince qui ne consistent qu'en leur sûreté et à obtenir des passe-ports pour aller joindre Vostre Altesse vers Stenay, par la mer ou par terre, sont entre les mains des bourgeois, n'y ayant voulu envoyer aucun député de nostre part pour leur tesmoigner confiance. Nous envoyrons advertir l'armée navale de Sa Majesté Catholique que nous sommes en traité et que la tresve est conclue ; de conséquence nous ne pouvons l'assister de ce qui despend de nous, afin que si elle se vouloit porter dans la rivière pour incommoder ou combattre l'armée de M. de Vendosme, on ne nous en puisse rien imputer contre la bonne foy. L'on scait bien que les vaisseaux espagnols et françois sont naturellement ennemis et qu'il ne despend pas de nous de les faire ou de les empescher de combattre; mais en l'estat auquel nous sommes, vous jugez bien que nous devons en user en gens d'honneur et bonne foy, ayant tant d'obligation à Bourdeaux que d'avoir attendu la dernière extresmité de vivres par la passion que les bourgeois ont pour M. le prince, nonobstant toutes les ruines qu'ils ont souffertes depuis trois ou quatre ans. Vous voyez bien que j'avois raison de tant presser Votre Excellence par toutes mes lettres et sans doubte c'est un miracle que cela ne soit pas arrivé six mois plus tost. Au nom de Dieu, mon cher, faites que de bonne foy on acquitte tout ce que les marchands et bourgeois ont avancé icy pour Sa Majesté Catholique, sur les lettres de don Louis et mes promesses. Ce seroit une grande infidélité que de ruiner des gens qui ont tant d'amytié pour M. le prince et qui la conserveront toute leur vie. Adieu, mon cher, je vous escriray avant mon départ, lequel ne sera que la paix conclue. Je crois que ce sera bien tost; car, de gré ou de force, on ne peut s'empescher de la faire dans l'extresmité où l'on est, et Son Altesse aura grand sujet de se plaindre de ce qu'on a si fort abandonné une ville qui luy est si chère. Dieu nous donne une bonne paix honorable pour la satisfaction de tous les gens de bien. M. de Longchamps fera voir cette lettre à M. le baron de Vatteville et autres ministres de Sa Majesté Catholique et la fera tenir à son adresse par voye prompte et assurée. M. don Joseph Osorio en rendant Bourg, nous a perdus. Adieu[1]. »

LETTRE DE LENET AU PRINCE DE CONDÉ.

« A Bordeaux, le 29 juillet.

« Despuis les lettres cy jointes escrites, les députés pour la paix, à la teste desquels est le chevalier de Thodias qui se conduit avec honneur et fermeté, mais qui est entraisné par la pluralité, sont allés et venus diverses fois à Lormont et enfin retournèrent hier au soir pour venir proposer une alternative ou de laisser toutes les troupes ennemies aux environs de Bordeaux sans nous laisser passer aucuns vivres attendant la ratification du roy des articles accordés par MM. de Vendosme et de Candale, ou de faire retirer les troupes sans attendre ladite ratification à condition que lesdits sieurs ducs entreroient dans Bordeaux avec chacun cent gardes qui seroient relevés tous les jours, les lieutenants-généraux, autres officiers et leurs domestiques seulement, pour chanter le *Te Deum* de la paix et établir

---

[1] Lettre inédite; papiers de Lenet, *Bibliothèque nationale*, fonds français, 6716, f° 51. La suscription porte à M. de Longchamps; mais il suffit de lire la lettre pour se convaincre que M. de Longchamps devait la transmettre à M. de Saint-Agoulin, le destinataire véritable.

l'austorité du roy. Le désir de la paix est si grand et l'on craignoit si peu les suites d'une paix précipitée que toute la ville penchoit tout à fait à ce dernière advis; mais M. le prince de Conty ayant esté à la Bourse où j'ay eu l'honneur de le suivre pour assister à cette délibération, la chose a esté débatue de part et d'autre et enfin il a passé à dire que la paix dès à présent demeuroit conclue, censée pour telle, et signée pour les articles accordés, et, qu'en rapportant la ratification d'iceux, on l'exécuteroit; que cependant on donneroit des ôtages, qu'on éloigneroit les troupes, qu'on donneroit route et étappe à vos gardes, gendarmes et chevaux-légers, et à Anguien [1].

« Quant aux articles accordés ils sont fort peu considérables, car on renvoye tout ce qu'il y a d'important comme les debtes, les chasteaux, les fonds nouvellement faits, le Parlement, la Cour des Aydes, le Présidial de Libourne et un article qui regarde le retour de Vostre Altesse en son gouvernement, devers le roy.

« Quant à ce qui nous regarde, on est d'accord que Madame et M. le duc iront vous rejoindre et moy aussi; M. de Marchin, en Liège; madame sa femme, en Normandie; madame de Longueville en l'une de ses maisons et M. le prince de Conty dans l'une des siennes. De sorte que quand nous aurons

---

[1] C'est-à-dire au régiment d'Enghien.

des passe-ports et une ratification du roy, nous sommes en seureté autant qu'on peut y apporter de précautions parmy les hommes, pourveu qu'on demeure ferme dans la délibération de ce matin ; mais je vous assure que dans l'humeur où l'on est, si MM. Vendosme et de Candale veulent autre chose, ils n'ont qu'à proposer et ils seront obéis.

« Au reste vous serez bien étonné quand je vous diray qu'après avoir faict de vostre part un présent à M. Balthazar de douze mille escus par une bonne obligation par devant notaire et m'avoir fait les plus grands remerciments du monde, il a fait son traité par lequel on luy laisse le gouvernement de Roquefort et de plus on luy promet la moitié d'une imposition qui avoit esté faite en ce pays-là de la somme de six mille livres pour fournir aux frais du siège qu'on vouloit faire de Tartas, et on fait espérer de luy donner le commandement de la cavalerie en Catalogne. Voilà comme va le monde.

« On nous dit que Bergerac et Saint-Foy traiteront aussi dans peu de temps; pour Chanlot, qui est à Périgueux, et M. d'Aubeterre, qui est à Villeneuve, ils feront assurément tout ce qui est faisable, s'ils sont les plus forts. Enfin, Monseigneur, Vostre Altesse ne voit que trop l'accomplissement complet de tant de mauvais augures que je vous ay fait depuis longtemps. Je vous en dirai davantage quand j'aurai l'honneur de voir Vostre Altesse. Cependant je ne suis pas peu embarrassé de contenter nos créanciers et tant d'officiers qui ont bien servi et qui n'ont pas un quart de sou.

« Je ne puis dire l'obligation que vous avez à Bordeaux d'avoir souffert toutes les ruines imaginables et d'estre venu au dernier morceau de pain pour vostre service; que je blasme au dernier point les Espagnols qui sont encore rodans vers la tour de Cordouan, sans entrer, ni se poster. Vostre Altesse se souviendra de ce que je luy ai tousjours mandé : Vous debvez, ce me semble à tous, d'escrire et remercier le général et le particulier de Bordeaux qui regrettent ce qu'ils sont contrains par la nécessité de faire et qui croyent qu'ils le regretteront encore bien davantage. Ceux qui ont conclu avec eux la paix ont pourtant trop d'honneur pour leur manquer de parole comme ils l'appréhendent.

« M. le comte de Fiesque a un passe-port pour retourner en Espagne par terre; on n'a pas voulu le laisser passer par l'armée navale, craignant qu'au lieu de dire à M. le marquis de Sainte-Croix que nous ne pouvions l'assister de rien, il luy diroit de venir, de combattre et de se poster en rivière pour prendre ses avantages sur l'armée de Vendosme et mesme sur Bordeaux; mais Vostre Altesse scait que nous ne sommes pas gens à en user de la sorte.

« On ne veut point donner de passe-port à M. le comte de Maure qu'en prenant l'amnistie qu'il se résout de prendre et de vous aller voir en suite pour vous informer de tout et particulièrement de Libourne, et, en attendant, ce porteur vous dira le destail de toutes choses.

« Je prie Dieu, Monseigneur, qu'il conserve Vostre Altesse [1]. »

Après ces appréciations et ces récits de la situation tracés de la main des personnages qui jouèrent le rôle le plus important dans ces événements, revenons aux négociations entamées pour la conclusion de la paix. Une députation composée du chevalier de Thodias, premier Jurat, du président de la Tresne, du conseiller de Boucaut, d'Alaire, de Lauvergniac, Dulon, Beautiran, Baritaut, lieutenant particulier, Mercier, Bacalan et Rodorel [2], avait apporté aux ducs de Vendôme et de Candale le projet de traité en trente-cinq articles arrêtés dans l'assemblée tenue à l'Hôtel de ville ; mais les généraux en chef que les instructions de la Cour obligeaient à se montrer rigoureux, trouvèrent que les Bordelais faisaient les conditions trop belles pour les princes et pour eux-mêmes. Ils déclarèrent ne pouvoir jamais consentir à des conditions telles que le rétablissement du prince de Condé dans toutes ses charges et gouvernements, la démolition des forts construits

---

[1] Minute inédite ; papiers de Lenet, *Bibliothèque nationale*, fonds français, 6716, f° 59.

[2] Voy. la *Gazette*.

par les armées royales, le rétablissement dans Bordeaux du Parlement et des autres compagnies judiciaires, la suppression de divers impôts.

Les députés peu satisfaits revinrent à Bordeaux rendre compte de l'accueil fait au projet de traité. Une assemblée générale de la bourgeoisie se réunit à la Bourse pour entendre leurs communications. Ils rapportèrent qu'ils n'avaient pas obtenu sur tous les points l'assentiment qu'ils espéraient, le duc de Vendôme leur ayant déclaré que Bordeaux ne devait pas avoir de plus grands privilèges que d'autres villes qui s'étaient soumises au roi sans faire de conditions ; que néanmoins les deux généraux avaient consenti à examiner les articles proposés et qu'ils les avaient accordés à l'exception de quelques-uns qu'ils avaient jugé à propos de renvoyer à l'approbation du roi ; et qu'enfin ils leur avaient fait deux propositions : la première, qu'ils ne s'opposassent pas à leur entrée avec leurs gardes dans Bordeaux, avant la ratification du traité, pour faire chanter un *Te Deum* et publier la paix, et qu'ils éloigneraient leurs troupes de la ville ; la seconde condition, à défaut d'acceptation de la première, qu'ils attendraient, avant d'entrer, l'arrivée de la ratification royale ; mais que, dans ce cas, leurs troupes garderaient tous les postes qu'elles occupaient présentement.

Une discussion confuse suivit ce rapport : les uns

disaient qu'il fallait faire la paix sans marchander sur les conditions ; les autres protestaient en disant qu'il ne fallait pas témoigner tant de chaleur. Le prince de Conti et le duc d'Enghien survinrent au milieu de ce tumulte, accompagnés de Lenet, et des comtes de Maure et d'Auteuil ; quelques assistants crièrent qu'il fallait faire sortir ces derniers et ne souffrir par respect que la présence des princes. Ils restèrent, mais ils durent assister en silence aux discussions. On reconnut que, malgré l'arrivée au bas de la rivière de la flotte espagnole, ce secours tardif ne devait pas faire changer les résolutions prises pour la paix, et l'avis de la majorité fut d'accepter l'offre des deux généraux en chef à la seule condition qu'ils feraient leur entrée dans Bordeaux, sans être accompagnés de leurs gardes. Les députés furent chargés de rapporter à Lormont le résultat de cette délibération [1].

Ils s'acquittèrent de cette mission le 29 juillet ; mais la restriction dont ils étaient chargés ne plut pas et ils revinrent à dix heures du soir à Bordeaux, rapportant cette seule réponse du duc de Vendôme qu'une lettre interceptée adressée d'Espagne au comte de Marsin par un de ses agents, portait que Sa Majesté Catholique l'avait fait capitaine général dans ses armées ; qu'après une semblable révélation,

---

[1] Voy. la *Gazette*, article intitulé : *L'entrée des ducs de Vendôme et de Candale à Bordeaux.*

si les bourgeois de Bordeaux voulaient obtenir la ratification du traité de paix, ils devaient commencer par chasser tous les suspects. Cette désignation de suspects, avec le changement des circonstances avait naturellement changé d'application quant aux personnes, elle avait cessé de s'appliquer aux partisans du roi pour tomber sur les partisans des princes.

L'assemblée de la Bourse réunie le lendemain, 30 juillet, pour connaître la réponse, fut altérée, mais se sentit, comme il arrive d'ordinaire, d'autant plus portée aux concessions qu'elle rencontrait vis-à-vis d'elle plus de vigueur ; elle n'hésita pas à expulser sur-le-champ de son sein l'avocat général Doussault avec son fils, Nort, avocat du roi au bureau des finances, Voisin et quelques autres, et décida qu'elle n'admettrait plus de conseillers au Parlement, puisque pas un d'eux, s'il eût obéi à l'ordonnance du transfèrement à Agen, ne devrait être présent à Bordeaux. Le conseiller Massiot, qui venait d'arriver en poste d'Agen sur la nouvelle des changements qui s'opéraient, s'étant présenté, se vit même refuser l'entrée, bien qu'il fût le héros et la victime de l'une des plus notables conspirations.

La ferme réponse du duc de Vendôme eut une influence majeure sur la promptitude de la solution ; les princes et les princesses et les principaux chefs ne songèrent plus qu'à quitter Bordeaux au plus vite. Quant au prince de Conti qui se séparait du parti, il était d'autant plus impatient d'en finir ; aussi était-il loin de vouloir profiter des délais que lui accordait son traité particulier. Nous verrons, lorsque nous nous occuperons de lui plus spécialement sur ce point, les mesures qu'il prit pour hâter son départ.

Cette assemblée de la Bourse était encore en séance lorsque le prince de Conti s'y rendit. Son arrivée donna une ardeur plus grande encore aux partisans de la paix, et il fut décidé que les députés repartiraient sur-le-champ pour Lormont afin de signer les articles tels que les voulaient les généraux. Ils revinrent à huit heures du soir, leur mission remplie. Ils avaient arrêté avec les généraux que la publication solennelle de la paix se ferait le lendemain, 31 juillet, dans Bordeaux, et que les généraux y feraient leur entrée le 3 août suivant [1].

Voici le traité tel qu'il fut signé avec les modifications apportées en marge des articles par les ducs de Vendôme et de Candale :

[1] Voy. sur ces négociations et faits l'article de la *Gazette* intitulé : *L'entrée des ducs de Vendôme et de Candale à Bordeaux*.

## TRAITÉ DE PAIX [1].

**1**

. L'amnistie generalle sera prinse en la mesme forme qu'elle fût accordée aux habitants de Bourdeaux par Sa Majesté estant dans la ville de Bourg le premier d'octobre 1650.

**2**

Que la déclaration qui sera baillée par Sa Majesté sera confirmative des trois précédantes des vingt-troisième et vingt-sixième décembre 1649 et premier d'octobre 1650 et des responses de Sa Majesté aux cayers qui lui furent présentés par les desputés de la ville le dix-septième may 1650.

**3**

Que Monseigneur le prince de Condé, Monseigneur le prince de Conty, et Madame la duchesse de Longueville en prenant l'amnistie seront remis et restablis dans leurs charges, honneurs, gouvernements, dignités, bénéfices et générallement dans tous les biens qu'ils avoient avant la desclaration de Sa Majesté et l'arrest du Parlement de Paris, du....; et pour leur intérest particullier et des seigneurs et gentilshommes qui les ont suivis, la déclaration qui sera baillée par Sa Majesté sera enregistrée et vériffiée au Parlement de Paris.

**4**

Que Madame la princesse et Monseigneur le duc d'Anguien, son fils, pourront demeurer dans la ville de Bourdeaux en toute

**1**

**2**

Accordé par leurs Altesses de Vandosme et de Candalle qu'il sera dressé une amnistie générale dans laquelle tous les cas particuliers contenus en divers articles de ce cayer seront exprimés.

**3**

Cet article doibt estre renvoyé vers le Roi et pour faire entendre à M. le prince l'estat du traité, Leurs Altesses bailleront passeport pour un courrier pour aller vers le Roi et le courrier prendra passeport du Roi pour aller trouver ledit seigneur prince; et pour Monseigneur le prince de Conty et Madame de Longueville, attendu qu'ils ont déclaré voulloir estre compris dans la même admnistie, ils y seront comprins et pour leur intérest particullier l'adresse de la déclaration de Sa Majesté sera faite au Parlement de Paris.

**4**

Pour Madame la princesse et Monseigneur le duc d'Anguien leur seront donnés passeports nécessaires pour la seureté de leurs

---

[1] Document inédit; *Archives nationales*, KK, 1219, f° 518.

seureté et en cas que Leurs Altesses se veuillent retirer hors ladite ville, leur seront fournis tous les passeports nécessaires pour le service de leurs personnes et de leur maison pour se rendre près la personne de mondit Seigneur le prince de Condé ou en telles de leurs maisons ou places qu'il leur plaira choisir pour leur retraitte.

personnes et pour leur retraite où bon leur semblera.

Cet article est compris dans celui de l'amnistie.

5

Les seigneurs comte de Marchin, capitaine général, comte de More et marquis de Luzignan, lieutenants-généraux, les sieurs jurats de Bourdeaux et officiers de ladite ville et généralement tous les seigneurs, gentilshommes, officiers, domestiques de Leurs Altesses, et tous les autres qui voudront prendre l'amnistie de quelque quallité et condition qu'ils soient sans aucuns exceptés qui ont prins ou porté les armes pour le party de Monseigneur le prince de Condé et ville de Bourdeaux et prins part auxdits mouvements, traité ou négotié avecq les Espagnols, Anglois ou autres estrangers directement ou indirectement, faict ligues, unions ou associations tant de dedans que dehors le royaume, ou cognoissance des dits traictés, ligues ou négociations pendant lesdits mouvements, reçu des subsides d'Espagne, jouiront de l'effect et bénéfice de l'amnistie et seront remis, en leurs charges, biens et dignités avecq liberté d'aller et venir et demeurer dans le royaume et partout ailleurs où bon leur semblera.

5

Aux sieurs comte de More et marquis de Lusignan en prenant l'admnistie, leur seront donnés les passeports nécessaires.

6

Sera donné tout passeport audit sieur comte de Marchin pour se retirer dans ses terres au pays de Liège avecq ses domestiques, train et équipage sans qu'il luy soit donné aucun trouble ny empes-

6

Sera baillé passeport au sieur de Marchin pour s'en aller au pays de Liège par mer ou par terre.

chement pour quelque cause et occasion que ce soit, ny mesme soubz prétexte qu'il s'est retiré avecq ses troupes de la ville de Barcelonne; sera aussy donné passeport à la dame comtesse de Marchin, sa femme, pour aller faire son séjour en telle de ses terres qu'elle voudra choisir avec ses domestiques, train et équipage, et le sieur de Peranisse, secrétaire dudit sieur de Marchin, demeurera absous de l'accusation qui lui avoist été mise sus et des poursuites qui ont esté faictes contre luy pardevant le surintendant de la justice de Languedoc et les choses qui luy feurent prinses luy seront rendues.

7

Pareillement sera donné passeport au sieur Laisnet, conseiller ordinaire du Roy en ses conseils, pour se rendre près la personne dudit seigneur prince de Condé avec ses domestiques, hardes, équipage, sans qu'ill uy soit donné aucun trouble ou empeschement sous quelque prétexte que ce soit ni même à l'occasion des traités, questions et négociations qu'il peut avoir faict en Espagne, Angleterre et ailleurs, tant dedans que dehors le royaume.

8

Aux gendarmes, compagnie d'ordonnance, chevaux-légers et gardes de Monseigneur le prince de Condé sera baillé passeport et route pour aller joindre ledit seigneur prince; les régiments des sieurs de La Marcousse et Marche auront aussy passeport pour aller à Tartas, Rocquefort ou Périgueux; les régiments d'infanterie d'Anguien et Galapian auront aussy passeport pour se randre à Tartas et sy quelqu'un desdittes troupes se veut retirer et prandre l'am-

7

Sera donné passeport au sieur Laisnet.

8

Route sera donnée aux gendarmes, guardes et chevaux-légers de M. le prince de Condé et aux régiments d'Anguien pour aller à Stenay; les régiments de la Marcousse et Marche licenciés, si le Roy ne les rétablist point; et pour les Irlandois route pour s'en aller en Espagne avec un commissaire.

nistie, il le pourra faire, et les Irlandois, qui sont à Bourdeaux et sont des troupes auxiliaires d'Espagne, pourront aller en Flandre et leur seront fournis des vaisseaux pour leur retraitte et des vivres.

9

Que le sieur de Trancas, conseiller, Blaru, Desert, bourgeois de Bourdeaux, et autres qui sont allés en Angleterre pour demander secours et le sieur Clairac, advocat, qui est allé en Espagne pour le mesme subject, jouiront du bénefice de l'amnistie.

9

Compris dans l'amnistie.

10

Que tous ceux qui se sont engagés directement ou indirectement à demander lesdits secours en Espagne ou Angleterre, soit jurats de la ville de Bourdeaux, juge et consuls de la Bourse et autres personnes publiques constituées en dignité ou charge séculière où ecclésiastique ou personnes particulières sans aucune exception, jouiront du mesme bénefice.

11

Comme aussy tous les bourgeois et habitants de Bourdeaux lesquels ont faict ci-devant une union appelée l'union de l'Ormée et toutes les actions commises par ceux qui se sont engagés dans ladite union demeureront éteintes et oubliées comme sont l'abattement du château du Hà et austres châteaux et maisons particullières hors et dans la ville, bruslement, meurtres, pillages, levée, exaction de deniers, roullement du canon par la ville, séditions et esmotions, expulsions viollantes, prinse de deniers royaux par quelque voye que ce soit, jugements civils et criminels, condamnation et amandes en payement d'icelles, et au-

11

Compris dans l'amnistie.

tres actes par eux commis de quelque nature et quallitté qu'ils puissent estre, sans aucune exception, l'interdiction obtenue par ceux de ladite union et l'évocation demandée pardevant autres juges que ceux du Parlement de Bourdeaux révoquées, ensemble toutes autres évocations qui pourront estre fondées sur lesdits troubles soit généralles ou particullières.

### 12

Tous arrêts, sentences et autres jugements de condamnation à mort ou autres peines afflictives et amandes réellement exécutés ou donnés par deffaudz ou contumas, et toutes délibérations prinses en conseils de guerre ou autres quels qu'ils soient, seront pour nuls et non advenus et les désnommés en ces jugements et condamnations remis et restablis en leurs biens, bonne fame et renommée, deschargés desdites amandes et la mémoire de ceux qui ont esté exécuttés par vertu desdittes condamnations, purgée et restablie avec deffances à toutes sortes de personnes d'improcher lesdites condamnations aux desnommés en icelles, ny les exécutions, ny de se quereller et offancer pour raison de ces points; et tous ceux qui ont assisté auxdits jugements de condamnation soit en quallité de juges ou de commissaires de quelque quallitté ou condition qu'ils soient, ne pourront estre recherchés en façon que'conque par les condamnés, leurs veufves, enfants ou héritiers pour raison desdites condamnations et exécutions; et tous ceux qui ont prins ou reçu des deniers en vertu desdites condamnations et ceux qui ont donné les ordonnances pour ce subject, prins et enlevé des papiers appartenant à des particulliers en de-

### 12

Compris dans l'amnistie.

meureront vallablement deschargés, comme aussy de celles qui ont esté données par l'Intendance de marine et pour le faict de ladite direction et Intendance.

13

Toutes les confiscations à opérer sur des officiers, bourgeois et habitants de Bourdeaux et autres qui ont esté faittes à l'occasion des présents mouvements par droit de représailles ou autrement demeureront pour nulles et resvoquées, et ce qui aura esté prins par les bourgeois de Bourdeaux sur les autres bourgeois soubz prétexte d'absance ou des pertes qu'ils prétandent avoir souffertes ès autres à la campaigne, sera rendu de bonne foy, s'il est en nature, non vandu, ny à livrer, à la réserve de l'artillerie, armes et chevaux.

13

Compris dans l'amnistie.

14

Tous ceux qui ont esté du party de M. le Prince qui ont prins ou retiennent quelque pièce de canon et artillerie seront tenus de les randre à la Ville, comme aussy les vaisseaux équippés en cuivre qui appartiennent à la Ville, soit navires, brigantins, galères ou galiotes, demeureront à la Ville en l'estat qu'ils sont.

14

Accordé en désarmant les vaisseaux.

15

Seront les châteaux et maisons prises pendant les mouvements randus et restitués de part et d'autre avecq les meubles et choses qui se trouveront en nature non vandus ni aliénés et remis de bonne foy en la possession des propriétaires, mesmo le château de Vaires entre les mains de M. le président de Gourgues.

15

Accordé.

16

Tous les prisonniers et autres qui sont détenus en raison desdits mouvements de part et d'autre

16

Accordé, et pour le sieur Voisin renvoyé au Roy.

seront mis en liberté, mesme les sieurs de Voisin, d'Aiguille et Brousse, conseillers, le sieur Hostain, président aux Aydes, le sieur chevalier de Feuquières qui est prisonnier de guerre soubz sa parolle et à présent en plaine liberté.

17

Que les gens de guerre des armées et troupes du Roy n'entreront point dans la ville de Bourdeaux ny dans les faubzbourgz et banlieue d'icelle et qu'à l'advenir aucune garnison ni gens de guerre ne pourront estre mis ni logés dans ladite ville, fauxbourgz et banlieue; que les gens de guerre ne pourront point loger ès dits lieux près ladite ville suivant l'exemption octroyée par le défunt Roy d'heureuse mémoire aux habitants de Bourdeaux et leur ancienne possession et privillège; Sa Majesté estant très humblement suppliée de s'assurer de la fidellitté des officiers, bourgeois et habitants de la ville.

18

Que le fort César, celuy de la Bastide et tous autres faicts le long de la rivière d'un costé et d'autre seront rasés et désmolis, mesme les fortiffications des villes de Bourg, Libourne et Bergerac.

19.

Que tous les privillèges ci-devant octroyé à la ville de Bourdeaux et aux habitants d'icelle demeureront conyrmés, mesme celuy des Francs-fiefs et les arrests et déclarations du Roy qui ont révoqué lesdits privillèges à raison des mouvements seront rétractés.

20

Que le Parlement de Bourdeaux sera restabli dans la ville comme il estoit avant la translation d'iceluy dans celle d'Agen, ensemble

17

Les seigneurs généraux entreront dans la ville sans troupes, logement, ni garnison et avec leurs gardes ordinaires seulement.

Pour cette exemption, renvoyer devers le Roy pour justifier du privillège.

18

Renvoyé vers le Roy comme ayant lesdits forts esté faits par ses ordres.

*Ajouté d'une autre écriture :*
et ordonné que le fort de la Bastide sera desmoli.

19

Accordé.

20

Accordé soubz le bon plaisir du Roy et moyennant que Sa Majesté soit à présent dans la mesme vollonté qu'elle tesmoigne par sa la Chambre de l'édict de Guyenne, le bureau des trésoriers généraux de France, le siège du sénéchal et présidial de Guyenne, la recepte généralle du bureau de l'élection et tous les officiers dépendant de ces compagnies, mesme la chancellerie qui est près ledit Parlement, aura tous les droits, privillèges et honneurs, prérogatives et émoluments et attributs de leurs charges et seront tous lesdits officiers de justice et de finance payés du mois d'octobre de l'an 1648, et des arrérages d'iceux sur les deniers du Convoy [1] et tous les officiers tant du Parlement que Chambre de l'édict qui ont demeuré dans Bourdeaux, seront restablis.

### 21

Les jugements, sentences et arrests qui auront esté donnés à Bourdeaux par les officiers du Parlement et austres qui sont demeurés et ceux donnés à Agen despuis ladite translation, s'ils ont esté randus contradictoirement, demeureront confirmés, et s'ils n'ont pas été randus avec toutes parties demeureront pour nuls et non advenus, comme aussy ceux qui ont esté donnés par les uns et par les autres à l'occasion des présans mouvements.

### 22

La suppression de la Cour des Aydes et incorporation d'icelle au Parlement comme elle a esté faitte autrefois, en remboursant les officiers des deniers qu'ils ont financé dans les coffres du Roy, lequel remboursement sera prins tant sur le fonds de leurs gages que sur

desclaration du 21 febvrier dernier :

*Ajouté d'une autre écriture:* et pour le sénéchal et le présidial de Guyenne sera restabli dans Bourdeaux pour exercer la justice jusqu'à ce que autrement par Sa Majesté ait esté ordonné.

### 22

Renvoyé par devers le Roy.

---

[1] Le Convoi de Bordeaux était une ressource financière considérable provenant du prélèvement d'une taxe sur les navires de commerce qui appareillaient du port de cette ville, en paiement des frais d'escorte des navires de guerre, escorte qui était effective à l'origine seulement.

toutes les eslections qui composent le ressort de ladite Cour des Aydes, jusqu'à ce que ledict remboursement aura esté faict.

23
La suppression du sénéchal et siège présidial de Libourne et la réunion des juridictions qui composent ladite sénéchaussée aux sièges dont elles ont esté tirées en remboursant les officiers des sommes qu'ils ont mis dans les coffres du Roy, lequel remboursement sera prins sur les sénéchaussées desquelles les juridictions qui ont composé ladite sénéchaussée de Libourne ont esté tirées.

23
Renvoyé par devers le Roy.

24
La révocation des nouvelles impositions et levées qui se font à Blaye.

24
Accordé soubz le bon plaisir du Roy.

25
La confirmation de la révocation des deux escus par tonneau cidevant octroyée par le Roy.

25
Accordé soubz le bon plaisir du Roy.

26
La suppression de la subsistance qui a esté prinse depuis quelques années dans Bourdeaux, et qu'on ne pourra point à l'advenir faire d'impositions nouvelles ni extraordinaires sur ladite ville et habitants d'icelle pour quelque cause que ce soit.

26
Renvoyé vers le Roy.

27
La suppression et révocation des nouveaux droits et augmentation d'iceux sur la taxe des lettres de chancellerie et réduction desdits droits comme ils estoient avant l'an 1612.

27
Renvoyé vers le Roy.

28
Permission aux habitants de Bourdeaux d'imposer et lever pendant dix ans sur les marchandises d'entrée et de sortie les sommes nécessaires pour payer les debtes de la ville et les sommes prinses ou empruntées tant du général que

28
Accordé soubz le bon plaisir du Roy en conséquence de la desclaration du 21 février dernier.

des particulliers à raison des mouvements et pour le dédommagement de ceux dont les biens et possessions ont esté murés dans les fortiffications ou ruinés ou bruslés à raison desdites fortifications.

### 29

Les officiers qui ont donné les arrests pour la levée des tailles dans l'estandue du gouvernement, deniers du Convoy ou autres, ne pourront aussy estre reschercliés des deniers qu'ils ont levés sur les droits et attributs au bureau des courrettiers et augmentation d'iceux en conséquence des arrests et autres commissions données dont ils demeureront plainement deschargés et ceux qui ont faict la recette et contrôle ne pourront estre recherchés à l'avenir pour raison dudit maniement, ny aussy ceux qui ont levé ou manié d'autres deniers publics ou ecclésiastiques ou les commis en la place d'iceux qui en ont ordonné dans l'estandue du gouvernement ou ailleurs, mesme les jurats qui ont ordonné des deniers de l'Hostel-de-Ville ne pourront estre attirés en la chambre des Comptes pour randre compte dudit maniement dont le Roy les deschargera par exprès avis; ils rendront seullement compte de leur maniement conformément aux responses de Sa Majesté aux cayers présantés par les députtés de la ville au mois de may de l'an 1650 et leur sera alloué en leur compte tout ce qui se trouvera avoir esté payé et délivré en conséquence des ordres de Nosseigneurs les princes ou du Parlement, des généraux ou des commissaires par eux députtés.

### 29

Cet article sera compris dans l'amnistie.

### 30

Les ecclésiastiques qui ont payé des décimes ordinaires ou extraordinaires en conséquence des ordonnances de Monseigneur le

### 30

Cet article sera compris dans l'amnistie.

prince, des retenues par lui commises ou par les généraux ou par les commissaires, seront deschargés des sommes par eux payées et ne pourront estre reschercés à l'advenir pour les payer une seconde fois.

31

Comme aussy les recepveurs et cottisatteurs des paroisses qui ont payé et deslivré des deniers des tailles en conséquance des ordonnances de mondit Seigneur le prince et Monseigneur le prince de Conty, des généraux, gouverneurs et commissaires par eux establis pour faire ladite recepte, seront vallablement deschargés et ne pourront estre recherchés.

32

Le Bureau des Courretiers sera accordé à la ville et la levée des deniers attribuée audit bureau pour les affaires de la ville et jusques au remboursement des Courretiers.

33

Les Villes et Sénéchaussée de Guyenne seront deschargées pendant dix ans du paiement des tailles et du taillon à la réserve des gages et droits des officiers, et qu'après les dix ans la taille et le taillon seront remis au pied qu'ils estoient ès années 1609 et 1610 sans que ledict pied puisse estre augmenté à l'advenir, comme aussy Messieurs du Clergé de Bourdeaux et du diocèse seront deschargés pendant ledit temps du paiement des décimes et seront deschargés des arrérages tant des tailles que des décimes.

34

La liberté du commerce restablie dans Bourdeaux et permis de traffiquer avecq toutes sortes de personnes en observant les règlements faits par le Roy sur le faict du commerce tant pour l'intérest

31

Cet article sera compris dans l'amnistie.

32

Renvoyé vers le Roy.

33

34

Accordé.

des naturels françois que pour l'intérest des estrangers, et seront les bourgeois de ladite ville de Bourdeaux deschargés de toutes impositions extraordinaires soit pour le droict de taxe foraine ou autres quels qu'ils soient, et d'autant qu'il y a eu diverses entreprises sur la juridiction des juge et consuls de la Bourse, ils seront maintenus dans tous les droits qui leur sont attribués par l'Edict de leur création et arrest de vérification d'icelluy.

35

Tous les officiers, gentilshommes et autres particulliers de quelle quallité et condition qu'ils soient qui sont dans le service de M. le prince et qui ne sont à présant dans la ville de Bourdeaux jouiront du bénéffice de l'amnistie en desclarant dans quinzaine pardevant les sénéchaux ou baillifs plus prosche des lieux qu'ils veulent prandre l'amnistie, lequel délai ne courra que du jour de la publication de la desclaration du Roy.

Sur tous lesquels articles Sa Majesté sera très humblement suppliée de bailler sa desclaration en la meilleure forme, laquelle sera vériffiée et enregistrée tant au Parlement de Paris qu'à celuy de Bourdeaux et autres lieux où il appartiendra.

35

Cet article sera compris dans l'amnistie.

CÉSAR DE VENDOSME ; GASTON DE FOIX DE CANDALLE ; Guron, évesque de Tulle; La Tresne, président au Parlement de Guyenne, député; le chevalier de Thodias, député ; Boucaut, conseiller au Parlement, député ; Salomond de Virelade, conseiller du Roy en ses conseils, député ; de Pontac, député; de Bacalan, advocat-général, député ; de Baritaut, lieutenant particulier au siège de Guyenne, député ; Ballonte, député ; Martini, député; Mebert, député ; de Rodorel, député ; de Mestivier, député ;

Lauvergnac, député et secrétaire de la députation.

Par Nosseigneurs
Butin,   Bertrandy.

Les princes, les princesses et leurs principaux partisans n'avaient plus qu'à faire leurs préparatifs de départ ; la princesse de Condé avec le duc d'Enghien, son fils, allait s'embarquer pour rejoindre en Flandre le prince de Condé, le comte de Marsin et Lenet devaient l'accompagner ; la duchesse de Longueville se disposait à aller à Plassac attendre les ordres de la cour et les volontés de son mari, enfin le prince de Conti comptait se rendre à Cadillac et provisoirement y rester.

Aussitôt après la signature du traité, un exempt des gardes du prince de Conti et un bourgeois de Bordeaux allèrent porter à l'armée navale d'Espagne le désaveu du secours qu'elle était venue apporter ; mais la réponse du marquis de Sainte-Croix fut qu'il ne lèverait l'ancre que s'il convenait au prince de Condé.

Le duc de Vendôme et le duc de Candale, afin de soumettre promptement le traité à la ratification du roi, firent partir en toute diligence pour la cour, le premier, le comte de Montesson, le second, le comte de Mérinville [1]. Le comte de Montesson

---

[1] Le comte de Mérinville, lieutenant-général, fut bientôt envoyé pour exercer un important commandement à l'armée de Catalogne. Voy. sur la maison des Monstiers-Mérinville les *Notes*, t. II, p. 272, t. V, p. 116, et le deuxième *Supplément* aux Mémoires de Daniel de Cosnac que nous avons publié dans le *Bulletin* de la Société de l'histoire de France, année 1876.

était porteur de cette lettre du duc de Vendôme au cardinal Mazarin :

« Monsieur,

« Vostre Éminence recevra cette lettre par les mains de M. le comte de Montesson que j'envoie de ma part, comme M. le duc de Candale fait de la sienne M. le comte de Mérinville, pour les articles que nous avons signés pour la réduction de Bordeaux en l'obéissance du Roy. Nous avons remis les principaux points à la décision de Sa Majesté.... [1]. »

Le lendemain l'abbé de Guron écrivait sur cet heureux événement de la paix au cardinal Mazarin ; nous donnons quelques passages de sa lettre, il y fait connaître que des considérations de prudence ont seules préservé le comte de Marsin d'un triste sort, et que le comte de Maure, gardant rancune au prince de Condé de son mordant triolet [2], veut bénéficier des avantages de la paix :

« Lormont, 31 juillet 1653.

« Monseigneur,

« Vostre Eminence apprendra par MM. les

---

[1] Lettre inédite ; *Archives nationales*, KK, 1220, f° 390.
[2] Voy. p. 4.

comtes de Mérinville et de Montesson le traité de Bordeaux fait par MM. les généraux ; l'un et l'autre le portent et en donneront le particulier ; ce que j'adjouterai à Vostre Eminence sera qu'il faut faire des Jurats attachés au service du Roy et qui n'ont pas désisté de leur devoir ; et comme les suites du traité ne lient point les mains, Vostre Eminence scaura qu'il est important de chasser de la ville et de chastier sévèrement douze ou quinze particuliers.

« Il n'a tenu qu'à nous que Marsin n'aît esté assommé ; mais on a appréhendé que ce peuple qui est furieux de son naturel, ne se portât à d'estranges extrémités.

« L'armée navale d'Espagne est au-dessus de Royan, qui n'a pas résolu de s'en aller sur l'ordre de M. le prince de Conti, ni sur la déclaration de la Ville, disant qu'elle avoit ordre de ne point s'en aller si M. le prince n'étoit content. Comme M. de Vendosme n'a à faire qu'à eux, il est résolu de les aller combattre luy-mesme en personne et de mettre sur les vaisseaux douze cents hommes. Personne ne doute que la victoire ne nous soit infaillible.

« M. le comte de Maure me priant de lui faire donner un passe-port pour aller rendre compte à M. le prince de ce qui se passoit, m'escrivoit qu'il consentoit à la paix, n'ayant pas oublié le triolet, non plus que le bruslé qu'il y avoit à la guerre de Paris.... ¹. »

Suivant les conventions arrêtées, la paix fut proclamée à Bordeaux le 31 juillet. Un trompette du roi et un trompette de la ville en firent la publication dans les carrefours au milieu des témoignages de l'allégresse publique ².

---

¹ Lettre inédite ; *Archives nationales*, KK, 1220, f° 392. Le brûlé dont il est question est une allusion évidente à l'incendie de l'Hôtel de ville de Paris.

² Voy. la *Gazette*.

# CHAPITRE LXXII

Journée du 1ᵉʳ août; messe solennelle célébrée à l'église de Saint-Éloi. — Entrevue du prince de Conti et du duc de Candale. — Journée passée par le prince de Conti chez M$^{me}$ de Calvimont. — Consultation sur le projet d'enlever M$^{me}$ de Calvimont. — Départ de M$^{me}$ de Calvimont portée en trousse par un exempt des gardes du prince. — Mystère fait à Daniel de Cosnac de cet enlèvement. — Sarrasin et du Mesnil se décident à le lui apprendre. — Projet de Gourville de conduire le prince de Conti à Verteuil chez le duc de La Rochefoucauld. — Repas donné par Daniel de Cosnac au prince de Conti. — Ressources de la ville de Bordeaux contre la famine. — Adieux du prince de Conti à la duchesse de Longueville. — Faux bruits sur la nature de cette entrevue; document inédit. — Lettre inédite du marquis de Bougy au cardinal Mazarin sur l'influence que pourrait exercer Daniel de Cosnac sur un mariage pour le prince de Conti, du 1ᵉʳ août. — Mémoire chagrin du duc de Vendôme au cardinal Mazarin, du 1ᵉʳ août. — La rivalité des ducs de Vendôme et de Candale s'accuse de nouveau au sujet du gouvernement de la Guyenne; document inédit. — Sortie du prince de Conti de Bordeaux, le 2 août. — Le duc de Candale montre au prince de Conti son armée rangée en bataille. — Influence exercée par cet aspect sur le prince de Conti. — Le prince de Conti se rend au château de Cadillac. — Sortie de Bordeaux, le 2 août, de la duchesse de Longueville, de la princesse de Condé, du duc d'Enghien, du comte de Marsin et de Lenet. — Lettre inédite du roi aux ducs de Candale et de Vendôme, du 2 août. — La remise de la place de Damvilliers est une des conditions posées au prince de Conti. — Réflexions sur les prescriptions envoyées par la cour. — Connexité de la Fronde bordelaise avec l'Espagne et l'Angleterre. — Correspondance inédite du ministre de France en Angleterre. — Effet produit sur Cromwell par la pacification de la Guyenne. — La pénurie du trésor ne permet pas de continuer les enrôlements d'Irlandais et d'Écossais. — Entrée solennelle à Bordeaux des ducs de Vendôme et de Candale, le 3 août. — *Te Deum* à l'église métropolitaine de Saint-André. — Sermon par le P. Itier. — Le P. Itier nommé à l'évêché de Glandèves. — Splendide souper à l'hôtel de la Bourse. — La journée du 4 août est encore consacrée aux réjouissances.

(1653.)

La journée du 1er août fut inaugurée à Bordeaux par une messe solennelle d'actions de grâces célébrée dans l'église Saint-Éloi, au milieu de l'affluence de la population. Le départ des princes, princesses et des chefs du parti était fixé au lendemain.

Bien que le prince de Conti eût obtenu par son traité particulier avec le duc de Candale un laps de temps de trois semaines pour sortir à loisir de Bordeaux, et qu'il eût droit à plus d'égards que les autres chefs, puisqu'il abandonnait le parti, néanmoins son impatience était telle qu'il ne voulut user d'aucun délai.

Le lendemain du jour où le duc de Candale avait passé en bateau en vue de Bordeaux, à son retour de la conférence de Lormont, le prince avait fait demander au duc une entrevue à Beigle, entrevue que celui-ci avait acceptée avec empressement. Leur conférence avait été aussi cordiale d'un côté, que respectueuse de l'autre. Il y avait été convenu que le prince de Conti sortirait de Bordeaux le samedi 2 août pour se rendre au château de Cadillac, où il attendrait, avant de se rendre dans l'une de ses maisons dont le choix n'était pas encore fixé, l'arrivée de ses équipages. Le duc de Candale devait venir au devant de lui, pour l'escorter, à une portée de mousquet de Bordeaux.

Le prince de Conti passa chez madame de Calvimont toute la journée du lendemain de cette entrevue ; le soir, rentré chez lui, il fit appeler Daniel de Cosnac et Sarrasin. Ayant donné des ordres pour que personne ne vînt l'interrompre, il commença par ces vers de Cinna :

« Vous qui me tenez lieu d'Agrippe et de Mécène, »

Puis il leur dit qu'il voulait prendre leurs conseils sur une affaire importante. Cette affaire consistait à décider s'il emmènerait ou non avec lui madame de Calvimont. Celle-ci avait supplié le prince de ne pas l'abandonner, non seulement comme témoignage de sa passion, mais aussi pour la soustraire à la fureur d'un mari qui la tuerait certainement, et qu'alors il aurait le remords d'être la cause de sa mort et la honte d'avoir abandonné une femme qui s'était perdue pour l'avoir trop aimé ; elle avait ajouté qu'en cas de refus elle était capable de s'ôter la vie, ou, tout au moins, de se laisser mourir de douleur pour avoir été si cruellement abusée.

Il était facile de reconnaître à l'accent du prince qu'il était sensiblement ému de pitié et de tendresse ; mais il déclara pourtant que son plaisir ne lui serait jamais aussi cher que son honneur, et que c'était sur ce point qu'il demandait conseil. Comme on peut s'y attendre, les avis des deux conseillers furent diamétralement opposés. Daniel de Cosnac fit observer quel retentissement aurait un enlèvement par un prince ecclésiastique; que quelle que fût la complaisance avec laquelle le fâcheux esprit du monde jugeait certaines galanteries, il n'allait pas jusqu'à couvrir de son indulgence un scandale public, et que la mode n'était pas encore reçue d'enlever la femme d'autrui sans encourir une espèce d'infamie. Subsidiairement encore, il fit observer au prince la mauvaise impression sur son compte qu'il donnerait pour jamais à la cour, et la pénible mesure à laquelle il s'exposait, si le mari allant se plaindre, cette femme lui était arrachée par un ordre royal. Sa conclusion fut qu'il fallait la mettre dans un couvent ou dans quelque autre lieu de sûreté ; l'assister de conseils, d'argent et de protection, sans s'embarrasser de sa personne; que le temps, les promesses ou tout autre moyen la réconcilieraient peut-être avec son mari. Sarrasin vit au contraire dans l'avis demandé par le prince une occasion avantageuse de lui faire sa cour en entrant dans des sentiments qu'il lui était facile de deviner. Il dit que le monde était un peu plus humain qu'un jeune bachelier de Sorbonne, et que s'il était assez porté à la critique pour blâmer cette action, le prince pourrait montrer la plus belle excuse qu'il fût possible. Bien que ce discours flattât la passion du prince, la franchise de celui qui l'avait précédé avait produit trop d'impression pour qu'il osât se déclarer sur-le-champ; il dit qu'ayant quelques jours devant lui avant d'être obligé de prendre un parti il réfléchirait.

Comme le prince de Conti était toujours préoccupé de cette affaire, il s'avisa de vouloir consulter du Mesnil[1], son capitaine des gardes. Celui-ci, bien que très attaché à l'honneur et à la personne du prince, n'était pas très scrupuleux en ces matières; il voulut donc payer en complaisance la faveur de cette confidence. Il conseilla de ne point abandonner madame de Calvimont, ajoutant ce seul tempérament qu'au lieu de l'emmener avec lui dans ses équipages, le prince devait la faire conduire à l'avance dans une de ses maisons où il se rendrait ensuite; il indiqua même le château de La Grange,

[1] Il appartenait à la maison du Mesnil-Simon, qui possédait la seigneurie de Beaujeu, en Berry; un de ses ancêtres fut chargé, sous Charles VIII, en 1501, d'arrêter Philippe de Commines.

auprès de Pézenas, comme un agréable séjour qui ne pouvait, en outre, inspirer au roi aucun soupçon. Il proposa de confier la conduite de la dame à de Menou[1], son cousin, exempt des gardes du prince, se faisant garant de sa fidélité. Sarrasin étant survenu pendant la conversation se joignit à du Mesnil dont l'avis fut définitivement adopté; le prince leur ordonna seulement le secret le plus absolu vis-à-vis de son premier gentilhomme de la Chambre.

Ce même jour, le jeudi, dernier jour du mois de juillet, madame de Calvimont partit pour Pézenas, portée en trousse sur le cheval de Menou ; un garde portait de même une espèce de demoiselle suivante qui entendait fort bien son métier. Nous rencontrons cet enlèvement confirmé dans une correspondance sans signature adressée de Bordeaux, le 4 août, au cardinal Mazarin, qui contient ce passage : « Une damoiselle de Bourdeaux, appelée de Calvimont, a suivy M. le prince de Conty, s'est habillée en garçon et a quitté son mary. C'est une des plus belles de cette ville[2]. »

Madame de Calvimont partie, Sarrasin et du Mesnil ne jugèrent pas à propos de garder plus long-

---

[1] La maison de Menou possédait des fiefs en Berry et en Tourraine. Le manuscrit des *Mémoires* de Daniel de Cosnac, par une altération de l'orthographe si fréquente alors pour les noms propres, porte Demeno ; nous avions reproduit dans leur publication cette altération que nous rectifions ici.

[2] Document inédit; *Archives nationales*, KK, 1220, f° 418.

temps le secret que le prince de Conti leur avait recommandé. L'un et l'autre, afin que Daniel de Cosnac en prît plus facilement son parti, s'attachèrent à lui démontrer qu'en faisant partir madame de Calvimont pour Pézenas, ils obligeaient en quelque sorte le prince de Conti à s'y rendre lui-même, le détournant ainsi d'accéder aux insinuations de Gourville qui, pour bien remettre le duc de la Rochefoucauld dans l'esprit du prince de Conti, s'efforçait de persuader à ce prince de se rendre à Verteuil, en Poitou, chez M. de la Rochefoucauld lui-même. Des plaintes réciproques au sujet de la duchesse de Longueville les auraient facilement portés à un rapprochement dont la faveur de Daniel de Cosnac, ainsi que la leur, aurait définitivement fait les frais ; M. de la Rochefoucauld n'aurait pas manqué de reprendre son ascendant d'autrefois, dont le premier usage aurait été d'environner le prince de ses parents et de ses créatures. Daniel de Cosnac avoue dans ses *Mémoires* que ces considérations, présentées avec toute l'adresse dont Sarrasin était capable, lui firent prendre plus facilement son parti ; du reste, il se promit de mettre fin à ce scandale aussitôt qu'il le pourrait, ainsi qu'il le fit plus tard.

Daniel de Cosnac parle, dans ses *Mémoires*, d'un repas qu'il donna chez lui au prince de Conti, deux jours avant son départ, comme preuve certaine que la crainte de la famine qui avait été mise en avant par les partisans de la paix et par lui-même comme une des nécessités impérieuses de la capitulation de Bordeaux, n'était qu'un prétexte dont on sut habilement se servir. « Il n'y manquoit rien, dit-il, pour le soin et la bonne chère, de ce que l'on auroit pu se procurer, même à Paris ; et cependant la trêve conclue jusqu'à la prise de possession de Bordeaux, au nom du roi, ne comportoit aucunement la libre introduction des vivres dans cette ville. » Ce détail d'un repas donné, quelque particulier qu'il puisse paraître, ne manque cependant pas d'un réel intérêt à ce point de vue qu'il constate que ce ne fut pas la crainte de la famine qui poussa les habitants de Bordeaux à ne pas prolonger leur résistance. On s'abusait beaucoup dans le camp royal sur leur dénûment supposé ; ainsi une correspondance, adressée au cardinal Mazarin, le 4 juillet précédent, l'assurait qu'il ne restait plus dans Bordeaux que sept mille sacs de blé et peut-être autant de farine, que les approvisionnements cachés chez quelques riches particuliers étaient fort restreints, et que les chevaux du prince de Conti ne mangeaient plus d'avoine ; enfin que, par économie, les princes et princesses n'avaient plus qu'une seule table [1].

Avant de quitter Bordeaux, le prince de Conti alla faire ses adieux à la duchesse de Longueville.

---

[1] Correspondance inédite sans signature; *Archives nationales*, KK, 1220, f° 268.

Il désira que Daniel de Cosnac fût présent à cette entrevue, que le bruit public fit passer pour avoir été remplie d'aigreur et de reproches violents. Le passage suivant d'une correspondance adressée de Bordeaux, le 4 août, au cardinal Mazarin, se fait l'un des nombreux échos de ce bruit :

« Samedy matin, le prince de Conty partit de cette ville avec toute sa maison pour se rendre à Cadillac, après avoir souffert une infinité de reproches des plus picants du monde que lui fit la duchesse de Longueville, sa sœur, sur ce qu'il avoit faict sa paix particulière, laquelle il avoit traictée dès longtemps à son insceu, et de madame la princesse et de cette ville qu'il abandonnoit, ne considérant que ses intérests particuliers. Elle luy dit mesme qu'il estoit indigne du sang de Bourbon, et qu'il avoit trahi M. le prince, son frère, et ruiné les affaires de sa maison, et mille autres paroles que la passion et le despit lui peurent suggérer [1]. »

L'abbé de Guron, sans pousser les choses aussi loin, écrivit au cardinal Mazarin : « M. de Chouppes dira à Votre Éminence le détail du traité de M. le prince de Conty et de la petite aigreur que ce prince a eue avec madame de Longueville [2]. »

---

[1] Correspondance inédite sans signature; *Archives nationales*, KK, 1220, f° 392.

[2] Lettre inédite datée de Bordeaux, le 4 août 1653; *Archives nationales*, KK, 1220, f° 414.

Le désir de rétablir les faits dans leur exacte vérité a été cause que Daniel de Cosnac a rapporté cette entrevue dans tous ses détails :

La princesse était seule toute habillée sur son lit ; le prince de Conti, après s'être assis dans la ruelle, commença par ces mots : « Ma sœur, je viens vous dire adieu. » Madame de Longueville, en l'interrompant : « Quand partez-vous, mon frère ? — Demain, à six heures du matin, dit le prince. — C'est bientôt, repartit madame de Longueville. — Quand on a une chose à faire, répliqua-t-il, de laquelle on ne peut se dispenser, il vaut autant la faire promptement que de la remettre. — Peut-on vous demander, dit-elle, où vous allez ? — En vérité, ma sœur, dit le prince, je ne suis pas encore bien déterminé ; peut-être que j'irai à quelqu'une de mes maisons proche Paris, peut-être en Languedoc. Je dois demeurer à Cadillac pendant huit ou dix jours ; là je prendrai ma résolution, et je vous la ferai savoir, si vous le voulez. — Vous m'obligerez, dit madame de Longueville, et je serais fort aise d'apprendre de vos nouvelles ; je n'ose pas dire de vous donner des miennes, vu le peu d'intérêt que je crois que vous y prenez. » M. le prince de Conti répondit qu'il aurait toujours pour elle tous les sentiments qu'un frère doit avoir pour une sœur. « Je m'estimerois bien heureuse si je pouvois en être persuadée, » lui dit-elle ; et ensuite il se fit une conversation qui me parut être assez pleine d'amitié. Ils se promirent de se donner avis des lieux où ils se retireraient et d'entretenir un commerce tel qu'il devait être entre deux personnes si proches. Madame de Longueville se leva pour saluer M. le prince de Conti ; ils s'embrassèrent, selon les apparences, avec beaucoup de tendresse. Elle vint accompagner son frère jusqu'à la porte de sa chambre [1].

Daniel de Cosnac était demeuré derrière le prince avec l'intention de le suivre, après avoir fait à la princesse un respectueux salut ; mais celle-ci s'en apercevant, ne voulant pas le laisser partir ainsi, lui dit gracieusement : « Non, monsieur, je veux vous saluer, » et elle s'avança, pour le faire, de toute sa personne. Daniel de Cosnac répondit par une inclinaison profonde, sans dire un seul mot, pensant que c'était la plus éloquente manière de reconnaître l'honneur que lui faisait la princesse, parce qu'elle était la plus respectueuse.

Le marquis de Bougy se fit aussi l'écho, auprès du cardinal Mazarin, de l'aigreur prétendue entre le prince de Conti et la duchesse de Longueville ; mais il se trompait moins lorsqu'il parlait de sa brouillerie avec le prince de Condé, puisque l'abandon de la cause de son frère faisait naturellement éclater entre

---

[1] Nous avons textuellement reproduit ce passage ; mais tout ce qui concerne l'épisode de M<sup>me</sup> de Calvimont est également tiré, sans l'être aussi textuellement, des *Mémoires* de Cosnac.

eux la plus complète des ruptures. Nous donnons le *post-scriptum* de la lettre de M. de Bougy dans laquelle il prévient le cardinal que l'on pourrait tirer un utile parti de l'influence de Daniel de Cosnac sur le prince. Le passage qui concerne la possibilité de porter le prince à un mariage fut le premier germe suggéré à l'ambition du cardinal d'unir une de ses nièces au sang royal, germe qui alla se développant. Le marquis de Bougy, circonstance ignorée jusqu'ici, eut donc l'initiative de cette pensée et puisqu'il déclarait que tout son bonheur serait de pouvoir imaginer quelque chose qui pût plaire au cardinal, il ne pouvait mieux rencontrer :

« J'adjoute ce mot à Vostre Éminence pour luy dire que j'ai remarqué Monseigneur le prince de Conty estre si brouillé avecq Monseigneur son frère, Madame sa sœur et toute sa famille, que pour poeu que l'on y veuille prendre de soin et de peine, je croy que l'on en fera tout ce qu'on voudra, en lui faisant voir d'un costez beaucoup de douceur de vie, dont il m'a tesmoigné estre fort désireux, des biens, de l'honneur et autres choses semblables, et luy fesant appréhender, de l'autre, un exil et le contrere de tous ces avantages. Je ne doute point que l'on ne le portast à tel mariage que l'on voudroit, voir mesme que l'abey de Cosnac et Sarrasin, qui sont les deux qui ont le plus de crédit auprès de luy, feroient à mon avis une bonne partie de ce que l'on voudroit. Le dernier est fort de mes amis, et je conois un peou l'autre. Je voudrois estre assez heureux pour pouvoir soeulement m'imaginer quelque chose qui fust au gré de Vostre Éminence, n'ayant point de plus forte passion que luy plaire, et de luy tesmoigner celle que j'ay pour son servisse [1]. »

Le duc de Vendôme, malgré la paix conclue, voyait les choses d'un œil assez chagrin ; il était mécontent au fond que le résultat obtenu fût bien plus l'œuvre du duc de Candale que la sienne ; il en voulait au prince de Conti de ne pas s'être adressé à lui de préférence. Dans son ressentiment, il ne craignit pas de formuler les accusations les plus mal fondées au sujet d'intelligences que ce prince se ménagerait encore en Espagne. Enfin, il dépeignait la situation au cardinal Mazarin sous les plus noires couleurs :

« Lormont, 1ᵉʳ aoust 1652.

« Depuis que je suis icy j'ay estudié mon Bourdeaux et l'humeur des habitants ; et je vois clair qu'ils ne se mènent que par la pure nécessité ; que l'esprit de rébellion y règne plus que jamais ; et que, les vendanges faites, sy, entre cy et là, vostre prudence n'y donne ordre, ils recommenceront de nouveau.

[1] Lettre inédite, datée du camp devant Bordeaux, le 1ᵉʳ août 1653 ; *Archives nationales*, KK, 1220, fº 394.

« M. le Prince de Conty, qui apparemment a trompé son party, ne s'en va toutes fois qu'à Pézenas, et retournera de là fort facilement, menasgeant ses intelligences en Espagne, comme il faict par le moyen du comte de Fiesque.

« Madame de Longueville ne va qu'à Plassac et peut très facilement se rendre à Bourdeaux; je suis seur qu'elle enrage, et qu'elle a l'esprit de rébellion si fort enraciné qu'il ne se peut davantage.

« Tous les Bourdelois sont si intéressez que l'argent d'Espagne les portera à ce que l'on voudra; outre qu'ils considèrent et craignent M. le prince en telle sorte qu'ils ne le veulent choquer en façon du monde.

« Ce plan d'affaire pronostique une prochaine récidive, et je ne vois rien qui en puisse garantir l'Estat qu'en conservant les avantages que Dieu a donnez aux armes du Roy. »

Le duc de Vendôme arrive à cette conclusion qu'il faut tenir les troupes à proximité de Bordeaux et donner le gouvernement de la Guyenne à quelqu'un qui n'ait nulle autre attache que le service du roi; il continue ainsi :

« Au lieu que s'il est tel que je le dis, en moins de deux mois il rendra le Roy maistre absolu de Bourdeaux, et, sans qu'il paroisse aucune violence, il fera que le peuple demandera par grâce : soit la démolition de leurs murailles, soit la construction d'une citadelle et la punition de quelques coupables. Dez cette heure, si je voulois les laisser faire, ils demanderoient que Dureteste et Vilars fussent chastiez; mais j'estime qu'il n'est pas temps, l'armée d'Espagne estant encore en rivière et ne se retirant pas, et la paix estant trop fraîche faite pour y faire aucune infraction ou apparente ou autre [1]. »

Il est certain que le duc de Vendôme pensait lui-même et voulait convaincre le premier ministre que lui seul pouvait répondre au programme nécessaire pour faire un bon gouverneur de Bordeaux et de la Guyenne; mais il ne sut y réussir. L'abbé de Guron dans ce passage d'une de ses lettres au cardinal Mazarin où il signale les sentiments royalistes et la bonne conduite des protestants, assure que le duc de Candale avait la même ambition :

« Messieurs les ducs de Candale et de Vendosme travaillent chacun pour son intrigue à rester gouverneur, l'un ou l'autre, par commission. Je n'en dis que cela à V. E., mais je suis bien obligé de lui dire que Messieurs de la religion ont admirablement bien servi, et qu'ils méritent qu'on le leur tesmoigne [2]. »

Ainsi qu'il avait été arrêté, le prince de Conti

---

[1] Fragments d'un *Mémoire* inédit du duc de Vendôme au cardinal Mazarin; *Archives nationales*, KK, 1220, f° 398.

[2] Lettre inédite datée de Bordeaux le 4 août 1653; *Archives nationales*, KK, 1220, f° 414.

sortit de Bordeaux, le samedi 2 août, dans la matinée ; il n'était accompagné que de Daniel de Cosnac et de Sarrasin, les autres personnes de sa maison étant encore demeurées pour mettre ordre à leurs affaires particulières. Vilars sortit de Bordeaux en même temps que le prince, jugeant prudent de disparaître. Le duc de Candale attendait le prince de Conti à deux mille pas de Bordeaux, à la tête de trois cents officiers de ses troupes. Il conduisit le prince dans une grande plaine où il avait fait ranger son armée en bataille ; tous les officiers s'étaient parés. Le prince fut ravi de ce beau spectacle et passa plusieurs heures à le considérer, répétant qu'il y avait bien de la différence entre de vieilles troupes et des troupes nouvellement levées. L'armée du duc de Candale était forte de huit mille hommes d'infanterie et de deux mille cinq cents chevaux, en comprenant, il est vrai, pour ces derniers, le corps que devait amener de Tartas le colonel Balthazar qui avait pris l'amnistie [1]. Ces troupes étaient en bien meilleur état que la pénurie du trésor et le désordre des temps n'auraient pu le faire supposer. Leur aspect inspira au prince le désir de pouvoir lui-même commander un jour une si belle armée et exerça une grande influence

---

[1] Lettre inédite du marquis de Bougy au cardinal Mazarin, datée du camp devant Bordeaux, le 1er août 1653 ; *Archives nationales*, KK, 1220, f° 394.

sur son avenir, puisqu'il le conduisit à renoncer à la carrière ecclésiastique, à laquelle, dès son enfance, il était destiné; à se marier; enfin à devenir, en Catalogne, général en chef des armées royales. Après avoir escorté le prince de Conti jusqu'à Cadillac, le duc de Candale revint à son camp d'où les circonstances ne pouvaient lui permettre de s'éloigner.

Madame de Longueville partit par eau pour aller mettre pied à terre à Plassac [1], et de là se rendre dans sa terre de Montreuil-Bellay, en Anjou [2].

Ce même jour, 2 août, sur les trois heures du soir, la princesse de Condé, avec le duc d'Enghien, quitta Bordeaux pour aller coucher à Blancquefort [3], et, de là, continuer sa route pour se rendre à Lesparre [4], où elle devait s'embarquer. Le comte de Marsin et Lenet accompagnaient la princesse.

Alors que par le départ des princes la pacification de Bordeaux était un fait accompli, la cour, qui ignorait que les événements eussent marché si vite, envoyait des instructions au sujet des conditions à accorder tant au prince de Conti qu'à la ville de Bordeaux. Nous y remarquons l'impor-

---

[1] Bourg à 3 kilomètres de Blaye.
[2] Petite ville à 20 kilomètres de Saumur; nous y avons visité les ruines restaurées du pittoresque château de cette princesse.
[3] Bourg à 10 kilomètres de Bordeaux.
[4] Ancienne ville fortifiée, capitale du Médoc, sous-préfecture aujourd'hui du département de la Gironde.

tance attachée à la remise de la place de Damvilliers entre les mains du roi, poste important comme point d'appui des opérations de l'armée du maréchal de Turenne; or il suffisait pour cela d'un ordre du prince de Conti, le marquis de Sillery, gouverneur de Damvilliers, frère de l'abbé de Sillery, étant, comme on disait alors, domestique de ce prince. Ces instructions étaient contenues dans une lettre adressée en double expédition aux ducs de Vendôme et de Candale, suivies d'un Mémoire que nous reproduisons également.

LE ROI AU DUC DE CANDALE.

« 2 août 1653.

« Mon cousin, encore que par le Mémoire que je vous ai fait adresser, en date du 28 du mois passé, touchant la capitulation à faire pour la reddition de la ville de Bordeaux, lequel doit être commun entre vous et mon oncle le duc de Vendôme, je vous fasse connoître que je ne désire point qu'il soit accordé autre chose au prince de Conty, sinon un passeport pour se pouvoir retirer en sûreté de Bordeaux en Espagne, néanmoins j'ai voulu vous faire cette lettre pour vous dire que je trouve bon que vous lui accordiez en mon nom la liberté de se retirer à Rome, le pardon, l'abolition et l'oubli de tout ce qu'il a fait ou entrepris contre mon service depuis les présents mouvements, la liberté de jouir de tous les biens qui lui sont écheus de sa maison, ensemble des revenus de ses bénéfices sans qu'il puisse prétendre de faire les fonctions ny de jouir des appointements de gouverneur de ma province de Champagne; à la charge toutes fois d'accepter pour lui le pardon que je lui accorde et de renoncer à toutes ligues, associations et traités qu'il peut avoir fait avec les ennemis et rebelles tant dedans que dehors le royaume et de remettre la place de Damvilliers en mon pouvoir pour estre gardée par celuy que je choisiray pour y commander tandis que la guerre actuelle durera, après quoy je la ferai rendre audit prince de Conty. Que s'il fait difficulté d'accepter le pardon en la forme cy-dessus et de remettre la place de Damvilliers en mon pouvoir, je désire qu'il lui soit seulement accordé un passeport pour se retirer à Rome sans pardon, ni jouissance de ses biens, et m'assurant que vous vous conformerez en ce qui est de ma volonté, je ne vous ferai cette lettre plus longue que pour prier Dieu qu'il vous aît en sa sainte et digne garde.

Louis.

« J'ai écrit une semblable lettre à celle cy-dessus à M. le duc de Vendosme ledit jour[1]. »

---

[1] Document inédit; *Archives du ministère de la Guerre*, vol. 140.

MÉMOIRE TOUCHANT LES ARTICLES PROPOSEZ PAR CEUX DE BORDEAUX ET LA RÉPONCE QUI Y A ÉTÉ DONNÉE PAR MESSIEURS LES DUCS DE VENDOSME ET DE CANDALLE ET SUR CE QU'ILS AURONT A FAIRE EN TRAITTANT DE LA RÉDUCTION DE LADITE VILLE.

« Du 2ᵉ aoust 1653.

« Le Roy, ayant eu sujet de croire, par les avis qui lui avoient été donnez de la disposition des choses dans Bordeaux, que la ville seroit bientôt obligée d'entrer en traité pour se remettre en son obéissance, Sa Majesté jugea à propos, outre les lettres qu'elle avoit fait adresser peu de jours auparavant au sieur d'Estrades pour n'estre conduites à MM. les ducs de Vendosme et de Candalle qu'alors qu'ils se parleront de la capitulation de la dite ville, de leur faire plus particulièrement sçavoir ses intentions sur ce sujet par deux mémoires dattez du 28ᵉ du mois passé, mais ayant sceu depuis ce qui s'est traitté le 26ᵉ dudit mois entre lesdits Sieurs ducs et lesdits habitans de ladite ville, bien qu'il ne se puisse rien ajouter au contenu desdits mémoires, néantmoins pour faire encore plus précisément connoître la volonté de Sa Majesté ausdits Sieurs ducs dans une affaire si considérable et importante, elle a désiré leur adresser le présent mémoire.

« Sa Majesté ayant considéré les articles envoyez ausdits Sieurs ducs de Vendosme et de Candalle par ceux de ladite ville de Bordeaux, elle ne peut croire qu'ils ayent été concertez avec les bien intentionez, mais seulement avec les factieux et les partisans des Princes, veu qu'outre qu'ils sont remplis d'insolence, ils ne tendent qu'à tirer en longueur une affaire qui se peut conclure en fort peu d'heures n'étant question que de se remettre dans l'obéissance de Sa Majesté en acceptant la grâce qui leur est offerte de sa part de les y recevoir, ainsy qu'il est plus particulièrement expliqué dans les dits mémoires du 27e du mois passé.

« La mauvaise intention des autheurs desdits articles en tirant l'affaire en longueur, se reconnoist non seulement en ce qu'ils voudroient par là empêcher Sa Majesté de prendre avantage sur les Espagnols en employant contre eux durant cette campagne les troupes qui sont maintenant occupées contre Bordeaux, si l'affaire estoit accomodée, mais en ce qu'ils espèrent que, durant une longue négotiation, pourroit arriver divers accidents qui pourroient changer la face des choses dont les Princes se pourroient prévaloir pour élever leur party dans Bordeaux et y entretenir la rébellion à quoy ils pourroient sans doute réussir :

« Soit que durant le traité les Espagnols fortifiassent leur armée navalle, en sorte qu'ils puissent la mettre en état de tenter de forcer celle de Sa Majesté avec apparence de succez, à quoy l'on scait qu'ils travaillent incessamment ;

« Soit que les Anglois, qui ont déjà donné secretement aux Espagnols la permission de fretter six frégattes dans leurs ports, vinssent par le tems à leur accorder un plus grand nombre de vaisseaux pour fortifier leur armée navale, ce que l'on doit appréhender avec d'autant plus de fondement que les Anglois sont persuadez que pour affermir l'établissement de leur république il leur est avantageux d'entretenir la guerre civile dans le royaume ;

« Soit comme il arrive ordinairement que, durant la chaleur et les autres incomoditez de la saison, les troupes de Sa Majesté vinssent à diminuer en sorte qu'elles ne fûssent plus en état de réduire par la force la ville de Bordeaux, ce qu'elles peuvent présentement ;

« Soit qu'il arrivast quelque avantage au prince de Condé, ailleurs qu'en Guyenne, qui obligeast ceux des habitans de Bordeaux qui se sont séparez de ses intérests à s'y attacher de nouveau, comme il pourroit arriver, les peuples n'agissant ordinairement que par chaleur et ne demeurant pas en même assiette.

« Par toutes ces considérations lesdits Sieurs ducs de Vendosme et de Candalle doivent avoir pour but d'abréger la négotiation et de profiter de la bonne disposition présente des habitans de Bordeaux pour la terminer, leur fesant entendre qu'ils ont ordre exprez de Sa Majesté de conclure le traitté dans trois jours durant lesquels Elle trouve bon qu'ils leur accordent une trève et non pour plus de temps, et qu'après ce terme ils ne pourront plus écouter aucune proposition. Sa Majesté voullant en effet qu'aussitôt qu'il sera expiré, s'il n'a pu rien estre conclud, lesdits Sieurs ducs s'employent incessament, suivant les ordres qu'Elle leur a cy-devant fait envoyer, à l'attaque par force de ladite ville de Bordeaux ne doutant point qu'ils n'ayent profité du tems de la négotiation pour disposer les préparatifs nécessaires pour commencer l'entreprise.

« Pour diriger cette bonne disposition des peuples pour l'accomodement, Sa Majesté estime que rien n'y peut estre plus utile que de leur faire perdre le respect et la defference qu'ils conservent encore pour les Princes et pour y parvenir que les dits Sieurs ducs de Vendosme et de Candalle se peuvent dispenser d'envoyer faire des civilitez aux Princes et Princesses qui se trouvent dans Bordeaux pour ne pas augmenter par leur exemple la soumission que les habitans de la ville font paroître pour eux.

« Et afin de détacher encore davantage lesdits habitans des intérests desdits Princes et les rendre plus hardis à consentir aux choses que Sa Majesté desire d'eux pour leur propre bien et le rétablissement de son autoritée, elle juge à propos que lesdits Sieurs ducs de Vendosme et de Candalle publient que jamais Sa Majesté ne rétablira le Prince de Condé dans le gouvernement de Guyenne et qu'en même tems ils essayent par toutes les voyes possibles de porter les peuples à faire quelque action par le moyen de laquelle ils croyent estre irréconciliables avec ledit Prince.

« Au surplus Sa Majesté est très satisfaite de la responce que lesdits Sieurs ducs ont faite aux propositions qui leur ont été envoyées par écrit de la part de ceux de Bordeaux pour la réduction de la ville, reconoissant qu'ils ont agy en cela avec toute la prudence et le zèle possibles pour le bien de son service et elle desire qu'ils observent trois choses qu'elle juge absolument nécessaires pour faire réussir l'entreprise à l'avantage de Sa Majesté :

« La prudence doit entretenir l'union et la correspondance si nécessaires entre les personnes de leur condition qui agissent pour une même fin, ce qu'ils ont heureusement fait jusques icy et que pour cet effet ils ne tendent à aucune proposition de vive voix, ny par écrit, concernant la réduction de Bordeaux, qu'en présence l'un de l'autre, dont il arrivera infailliblement que les habitans de Bordeaux perdant l'espérance d'obtenir plus de l'un que de l'autre, ils se résoudront plutôt et plus volontiers à donner les mains à la conclusion de l'affaire.

« La seconde, que, pour quelque considération que ce puisse estre, lesdits Sieurs ducs n'accordent des vivres à ceux de Bordeaux, non pas même pour un seul jour.

« Et la troisième, qu'ils ne promettent en aucune façon aux députtez de ladite ville de venir vers Sa Majesté non seulement jusqu'à ce que le traitté soit conclud et signé, mais jusqu'à ce qu'il soit entièrement exécuté, ce qui s'entend jusqu'à ce que les dits Sieurs ducs soient absolûment les maîtres de la ville.

« Sa Majesté se proposant d'employer les forces de mer et de terre qui sont présentement devant Bordeaux à quelque effet important à son service, lorsque ladite place sera réduite, et de profiter de la saison, fera au premier jour envoyer ses ordres aux dits Sieurs ducs.

Fait à Paris, le 2ᵉ jour d'aoust 1653 [1]. »

La lettre et le mémoire que l'on vient de lire prouvent à quel point la cour s'attendait peu à un dénouement si rapide, puisqu'elle était convaincue que les articles du traité proposés par la ville de Bordeaux, articles qu'elle trouvait remplis d'insolence, n'étaient qu'un moyen dilatoire pour donner le temps aux forces navales combinées de l'Espagne

---

[1] Document inédit; *Archives du ministère de la Guerre*, vol. 140.

et de l'Angleterre de tenter un commun effort, et à l'armée royale de s'affaiblir par les maladies causées par les grandes chaleurs de la saison. La cour voyait encore dans les lenteurs qu'elle redoutait un perfide calcul, celui d'immobiliser en Guyenne des troupes dont il serait si utile de renforcer ses armées du Nord insuffisantes pour garder une frontière que le prince de Condé venait de franchir. Ces calculs vrais peut-être de la part de quelques-uns des députés de la ville de Bordeaux, qui agissaient sous la secrète impulsion de Lenet et de Marsin, avaient été rendus inutiles par la franchise que le prince de Conti apporta à la fin dans sa résolution de traiter pour la paix, et par son impatience d'en finir ; mais la cour qui ne faisait nul fonds sur cet auxiliaire qu'elle était même disposée à traiter sévèrement, dans l'ignorance où elle était encore de l'immense service dont elle lui était redevable, donnait ses instructions à ses deux généraux en chef pour déjouer le calcul qu'elle appréhendait, et à cette époque où le respect était élevé à la hauteur d'une des plus fortes institutions politiques, elle jugeait toute l'importance qu'il y avait à enlever aux princes ce respect qui faisait leur point d'appui de résistance au milieu des fluctuations anarchiques de la démagogie bordelaise ; elle prescrivait donc à ses généraux de ne leur en témoigner aucun. Si cette partie des instructions devenait désormais sans objet, il n'en était pas de même, pour assurer les effets de la paix, de celle qui faisait connaître que le prince de Condé ne serait jamais rétabli dans le gouvernement de la Guyenne. La croyance qu'après la crise passée il y reprendrait son autorité, engageait les habitants à ne guère se hasarder à lui déplaire de crainte que quelque jour il ne leur en témoignât son ressentiment.

Une lettre de Le Tellier adressée en double exemplaire aux ducs de Vendôme et de Candale vint encore confirmer les instructions royales, en prescrivant de faire connaître hautement l'intention de Sa Majesté de ne jamais rétablir le prince de Condé dans le gouvernement de la Guyenne [1].

La cour approuvait les réponses faites par les généraux aux propositions de la ville de Bordeaux, en sorte que ceux-ci purent se tenir pour doublement satisfaits de l'approbation donnée et d'avoir à un tel point devancé toutes les prévisions. En effet, lorsque ce Mémoire dut leur parvenir, leur entrée dans Bordeaux était un fait accompli.

Une des observations les plus intéressantes à faire sur ce Mémoire se rapporte au point de vue diplomatique de la connexité de la Fronde bordelaise

---

[1] Le Tellier, en ministre subordonné, avait fourni une copie de sa lettre au cardinal Mazarin, dans les *Archives* duquel nous avons rencontré ce document inédit. *Archives nationales*, KK, 1220, f° 432.

avec l'Espagne et l'Angleterre. Ces deux puissances avaient un intérêt égal à soutenir en France la guerre civile pour atteindre chacune un but qui leur était avantageux. Deux vieilles rivalités nationales contre la France se trouvaient ravivées : l'Espagne, par une diversion puissante dans la Guyenne, empêcherait que toutes les forces militaires de la France concentrées dans la main du maréchal de Turenne ne vinssent faire un redoutable échec à ses armées de Flandre placées sous le commandement du prince de Condé. L'Angleterre, s'appuyant sur des traditions que nous avons signalées dans la Guyenne, n'était pas éloignée de croire qu'elle y pourrait faire revivre ses vieux droits périmés par le temps et par la victoire. De plus à l'appui de la revendication de droits féodaux elle joignait, comme nous l'avons vu, au moyen de sa propagande républicaine et protestante, le dangereux dissolvant des théories révolutionnaires. Ainsi que le fait observer le Mémoire, la République d'Angleterre jugeait utile pour sa consolidation de miner par la guerre civile le gouvernement royal de France. Ces deux puissances, l'Espagne et l'Angleterre, que guidait un même intérêt, n'atteignirent pas leur but parce que leur action fut trop tardive ; elles avaient compté, l'une et l'autre, sur une plus longue résistance de la ville de Bordeaux. Le retard de l'Espagne provenait de son épuisement, le retard de l'Angleterre, de sa lutte maritime avec la Hollande qui ne lui avait pas permis de diviser ses forces ; sa politique, en attendant son traité de paix avec la Hollande dont les préliminaires étaient fort avancés, avait été de gagner du temps par les interminables négociations que nous connaissons, d'un côté, avec les deux résidents du prince de Condé et les trois envoyés bordelais ; de l'autre, avec M. de Bordeaux, le représentant officiel du gouvernement royal de France.

Rapprochons du Mémoire royal le contenu des lettres écrites par le ministre de France à son gouvernement.

Dans ces lettres [1], M. de Bordeaux fait savoir que si les Anglais avaient cru à la chute si prompte de la ville de Bordeaux, ils n'eussent pas hésité, afin de l'empêcher, à agir avec promptitude et résolution pour soutenir cette ville, quels que fussent leurs embarras causés par leur guerre avec la Hollande. Si la pacification de la Guyenne a pour effet de relever l'espoir des partisans de l'alliance de la France, pour ses adversaires plus nombreux, l'effet est diamétralement contraire : ce succès augmente leurs appréhensions. Jamais Cromwell n'a témoigné tant de froideur en réponse à ses instances pour conclure enfin une alliance avec la France, il a été jusqu'à

---

[1] Voy. les lettres de M. de Bordeaux à l'*Appendice*.

lui dire en empruntant une citation latine, que mieux valait la guerre qu'une paix douteuse. Ce n'est pas que pour amener Cromwell à ces sentiments, le ministre de France lui ait ménagé des compliments qu'il ne méritait pas, entre autres celui de n'avoir pas permis d'embarquer des matelots pour équiper les six frégates que des négociants anglais avaient louées à l'Espagne pour le secours de Bordeaux. La vraie raison était que l'Angleterre avait tous ses marins à bord de ses vaisseaux de guerre, et que l'emploi sur ces frégates des matelots hollandais prisonniers avait soulevé de la part des ambassadeurs des Provinces-Unies des protestations, non écoutées d'abord, auxquelles il avait été ensuite déféré. Le ministre de France, pour conclure une alliance dont son désir personnel si accentué par sa correspondance était de ne pas marchander le prix, déclarait nettement que, pour désarmer les ressentiments de l'Angleterre, il fallait restituer les prises maritimes du prince Rupert, abandonner Charles II et même sa malheureuse mère ; le simple asile qui lui était accordé au Palais-Royal faisait ombrage à Cromwell.

Ces lettres de M. de Bordeaux nous apprennent encore à quelle pénurie la guerre civile et la guerre étrangère avaient réduit le trésor royal de France ; ses coffres, paraît-il, étaient plus vides encore que les coffres de l'Espagne, puisque la France, faute d'argent, ne put pas profiter d'enrôlements de troupes irlandaises et écossaises que le ministre de France avait éventuellement conclus à des conditions avantageuses, et que ce fut l'Espagne qui, se substituant à ce marché, fit partir ce renfort pour grossir les rangs de l'armée du prince de Condé.

Après cette lumière diplomatique d'une teinte quelque peu attristante jetée sur la situation au milieu même de l'éclat d'un heureux triomphe, revenons aux derniers événements qui signalèrent la paix de Bordeaux.

Le dimanche, troisième jour du mois d'août, avait été fixé pour la prise de possession de la capitale de la Guyenne par l'autorité royale. Dans la matinée, les ducs de Vendôme et de Candale, arrivant de Lormont, débarquèrent ensemble sur le quai des Chartreux où ils furent reçus par les Jurats qui leur adressèrent un discours. Les deux généraux en chef montèrent ensuite à cheval et firent une marche triomphale au milieu d'une double haie des compagnies bourgeoises assemblées sous les armes ; ils furent salués sur leur passage des cris mille fois répétés de : Vive le roi ! Ils allèrent descendre à l'église métropolitaine de Saint-André où fut chanté un *Te Deum* avec accompagnement d'un double chœur de musique. Après le *Te Deum*, un prédicateur monta en chaire, ce prédicateur était le P. Itier lui-même. Ce religieux, en rappelant dans un style émouvant les événements passés[1], n'eut pas de peine à tirer du contraste présent des accents éloquents qui produisirent sur l'auditoire une émotion profonde. Peu de jours après le P. Itier reçut l'évêché de Glandèves[2], comme récompense de ses souffrances et de ses services[3].

Le reste de cette journée se passa en réjouissances et en harangues qui, suivant la coutume traditionnelle, ne furent pas épargnées aux deux représentants de l'autorité souveraine[4]. Le soir, un souper magnifiquement servi fut offert à l'hôtel de la Bourse par la bourgeoisie aux ducs de Vendôme et de Candale[5].

La journée du lendemain fut encore consacrée aux manifestations de l'allégresse publique.

[1] Voy. la *Relation* inédite, *Bibliothèque nationale*, Fonds de Sorbonne, art. sous la rubrique : *de Bordeaux*, le 4 aoust 1653.

[2] Évêché supprimé aujourd'hui ; les habitants eux-mêmes chassés par les inondations du Var se sont retirés à Entrevaux, à 2 kilomètres de leur ancienne ville.

[3] Voy. à l'*Appendice* une lettre du cardinal Mazarin au P. Itier.

[4] Voy. dans la *Gazette* l'article intitulé : *L'entrée des ducs de Vendôme et de Candale à Bordeaux*.

[5] Correspondance sans signature adressée au cardinal Mazarin, Bordeaux, 4 août 1653. *Archives nationales*, KK, 1220, f° 418.

# CHAPITRE LXXIII

Les Jurats de Bordeaux sont obligés de se démettre de leurs fonctions. — Élection de nouveaux jurats. — Expulsions faites par la nouvelle Jurade. — Mission de Rodorel. — Articles du traité de paix rejetés ou inobservés par la cour. — Exceptions à l'amnistie. — Jugement inédit du cardinal Mazarin sur le comte de Marsin et sur le colonel Balthazar. — Différence du sort de Vilars et de Dureteste. — Refus de l'enregistrement de l'amnistie par le Parlement de Guyenne. — Reconstruction des châteaux Trompette et du Hà. — Capitulation de Bergerac, de Sainte-Foy et de Villeneuve-d'Agen. — Traitement rigoureux infligé à cette dernière ville. — Destruction des fortifications de Tartas. — Le duc de Candale prend ses dispositions pour assiéger Périgueux. — Le marquis de Chanlot, gouverneur de Périgueux, découvre une conspiration de Bodin, procureur du roi, pour livrer la ville. — Sanglante échauffourée; Chanlot est tué. — Bodin ouvre les portes au comte de Chavagnac. — L'entrée de Périgueux refusée au marquis de Sauvebeuf. — Le duc de Candale fait pendre quatre habitants. — Indiscipline d'un corps de troupes du duc de Vendôme mise en relief par le duc de Candale. — Le duc de Candale obligé de se défendre contre de malveillantes insinuations. — Sa lettre inédite au cardinal Mazarin, du 19 septembre. — Récompenses accordées ou refusées à l'abbé de Guron de Rechigne-Voisin, à Daniel de Cosnac, au P. Itier et au P. Berthod. — Lettre inédite, du 31 août 1653, du cardinal Mazarin au duc de Vendôme. — Lettre inédite du cardinal Mazarin au P. Itier, du 31 août 1653. — Lettre inédite du P. Berthod au cardinal Mazarin, du 23 septembre 1653. — Les trois députés envoyés par la ville de Bordeaux en Angleterre sont exclus de l'amnistie. — Attitude de l'Angleterre vis-à-vis de la France après la paix de Bordeaux. — L'Angleterre rendue plus intraitable par une victoire navale sur les Hollandais. — Désir de médiation de la reine Christine de Suède. — Projet de traité entre la France et l'Angleterre inutilement rédigé par M. de Bordeaux. — Correspondances diplomatiques. — La patience recommandée à M. de Bordeaux par M. de Brienne et les concessions offertes par le cardinal Mazarin. — La flotte espagnole quitte sans combat son mouillage à l'embouchure de la Gironde, à l'approche de la flotte du duc de Vendôme. — Le gouvernement de la Guyenne refusé à la compétition des ducs de Vendôme et de Candale. — Ce gouvernement est rendu au duc d'Épernon. — Le comte d'Estrades nommé maire perpétuel de Bordeaux. — Destruction des registres du Parlement.

(1653.)

Bien que les Jurats de la ville de Bordeaux eussent dans les derniers jours activement participé à la paix, leur projet de traité jugé factieux et irrévérentieux, projet dont un grand nombre d'articles avaient été modifiés ou rejetés par les généraux ou par la cour, leur élection faite sous l'influence du parti des princes, ne pouvaient permettre qu'ils conservassent leurs fonctions après le rétablissement de l'autorité royale ; aussi le premier acte de cette autorité fut-il de faire procéder à des élections pour leur renouvellement intégral. Les ducs de Vendôme et de Candale avaient fait connaître à l'avance les choix qui seraient agréables, et les six noms préférés sortirent triomphants des urnes électorales. Aussi l'évêque de Tulle qui se présenta dans l'assemblée, aussitôt l'élection terminée, put-il dire en toute assurance que ces choix seraient agréés par le roi [1].

Ces élus furent les sieurs de Saint-Clément, Dulon et Pissebœuf, présentés par le duc de Vendôme, et les sieurs Pillot, Lauvergnac et Mercier, présentés par le duc de Candale [2]. La nouvelle Jurade inaugura sa prise de possession administrative par l'expulsion de Bordeaux de vingt-cinq des principaux factieux [3]. Lorsque toutes les soumissions exigées eurent été faites, le roi consentit, ce qu'il avait refusé jusques là, à recevoir un député de cette ville chargé de lui apporter l'expression de la fidélité des bons habitants. Cette mission fut remplie par Rodorel que désignait le zèle royaliste dont il avait fait preuve [4].

Le désir d'en finir avait, dans les derniers jours, précipité la solution à un tel point que la ville de Bordeaux n'ayant pas attendu pour ouvrir ses portes la ratification du traité par le roi, il s'en suivit que la cour put se donner toute latitude à l'égard de son

---

[1] Voy. la *Gazette*, art. sous la rubrique : Bordeaux, 7 aoust 1653; voy. aussi les *Mémoires* du P. Berthod.

[2] Voy. la *Relation véritable de tout ce qui s'est passé à la réduction de la ville de Bordeaux*. Document imprimé, Archives nationales, KK, 1220, f° 511.

[3] Lettre inédite de l'abbé de Guron au cardinal Mazarin, Bordeaux, 11 août 1653. *Archives nationales*, KK, 1220, f° 456.

[4] Voy. la *Gazette*, art. sous la rubrique : Paris, 16 août 1653.

observation. Non seulement la plupart des articles réservés par les généraux à l'approbation royale ne furent pas acceptés, mais ceux-mêmes qu'ils avaient accordés en vertu de leurs pouvoirs ne furent généralement pas observés. Comme on devait s'y attendre, le prince de Condé, en première ligne fut exclu de l'amnistie, le roi était résolu à ne lui accorder aucun pardon. Le rétablissement du Parlement à Bordeaux ne fut pas agréé davantage, il fut jugé nécessaire de priver pour un temps encore indéterminé cette ville du bénéfice et de l'honneur de lui servir de résidence. Ce corps alors errant et fort désorganisé venait d'être chassé d'Agen par une terrible maladie contagieuse que l'on prétendait être la peste, et s'était réfugié à la Réole. Enfin la cour refusa de comprendre dans l'amnistie le premier Jurat, le chevalier de Thodias, et le remuant frondeur, aux voyages incessants à Madrid, le marquis de Lusignan, ainsi que l'avocat Clérac qui remplissait à ce moment une mission en Espagne. La cour se réservait encore de prononcer telles autres exceptions à l'amnistie qu'elle jugerait convenables.

Les deux chefs militaires les plus éminents de la Fronde de Guyenne, le comte de Marsin et le colonel Balthazar, prirent chacun un parti différent. Marsin, après sa conduite en Catalogne, ne pouvait espérer de rentrer en grâce ; il se rendit d'abord en Espagne et accentua sa rébellion en acceptant un grade étranger, celui de capitaine général des armées espagnoles; le colonel Balthazar, au contraire, prit l'amnistie. Il est curieux de connaître quels étaient à l'égard de ces deux hommes l'appréciation et les sentiments du cardinal Mazarin :

« Je suis bien aise que l'on traite avec Balthazar, c'est un fort bon officier ; mais il n'y a pas sujet de s'y fier, et au contraire sa conduite passée donne lieu de croire qu'il changera de party autant de fois qu'il y trouvera son compte.

« Pour Marchin sa trahison a esté si noire et si infâme qu'il ne faut rien oublier pour tascher de l'exclure du traitté [1]. »

Nous avons vu que Vilars s'était enfui de Bordeaux sans attendre qu'il fût prononcé sur son sort ; quant au boucher Dureteste qui, plus violent sans doute, n'était au fond pas plus coupable que son collègue, avocat ambitieux et sans conscience, traître à tous les partis, il paya pour deux : découvert dans une charrette de foin dans laquelle il tentait de se sauver, il fut arrêté, condamné et roué vif dans le quinconce de l'Ormée auprès de l'église Sainte-Eulalie, sur le théâtre même de ses tristes exploits ; ses quatre membres furent pla-

[1] Minute inédite d'une lettre du cardinal Mazarin au duc de Candale, du 6 août 1653. *Archives nationales*, KK, 1221, f° 443.

cés sur quatre portes de Bordeaux. Vilars au contraire qui s'était dérobé en se confondant avec des personnes de la suite du prince de Conti, trouva moyen de se faire gracier plus tard. Il paraît qu'il dut cette faveur à une trahison nouvelle à l'égard du prince de Condé. La correspondance de Lenet élève à cet égard une accusation que le caractère du personnage permet aisément de transformer en certitude : pour obtenir sa grâce après avoir trahi le roi lui-même, Vilars en paya le prix par quelque révélation. Cet exemple des plus graves responsabilités éludées par le plus ancien de nos avocats politiques, ambitieux sans convictions, a porté de tristes fruits ; si Vilars eût reçu le châtiment qu'il avait mérité, il n'aurait pas été suivi par tant d'imitateurs.

Le Parlement mécontent des restrictions apportées à l'amnistie, mais plus mécontent encore de la prolongation apportée à son exil, refusa l'enregistrement des Lettres-Patentes du roi d'une manière indirecte, en y mettant entre autres conditions d'ajournement, celle d'être transféré auparavant dans un lieu plus convenable pour tenir ses audiences. Les généraux en chef des armées royales passèrent outre en faisant enregistrer ces Lettres d'amnistie par le sénéchal de Guyenne, et ils les firent publier ensuite par les Jurats. L'exil eut raison de l'hostilité systématique de la majorité des conseillers ; leurs habitudes et leurs intérêts froissés les rendirent soumis, et le roi crut pouvoir sans danger rétablir le Parlement à Bordeaux au mois de décembre de l'année suivante.

Pour tenir en bride, à l'avenir, la population remuante de Bordeaux plus sûrement qu'elle ne l'avait été par le passé, des travaux furent immédiatement entrepris pour rétablir les châteaux Trompette et du Hâ sur un plan plus vaste et plus redoutable qu'autrefois.

Il ne restait plus que quatre villes qui reconnussent encore l'autorité du prince de Condé : Bergerac, Sainte-Foy, Villeneuve-d'Agen et Périgueux. A la nouvelle de la capitulation de Bordeaux, les trois premières se rendirent. Villeneuve-d'Agen, pendant cette longue guerre, était restée la ville imprenable ; deux fois le comte d'Harcourt avait échoué sous ses murs ; elle dut à cette circonstance un traitement sévère qu'un ordre royal prescrivit en ces termes au duc de Candale :

« Du 7 aoust 1653.

« Mon cousin, ayant appris que la ville de Villeneuve d'Agenois prétend l'abolition de sa rébellion en posant seulement les armes, je vous fais cette lettre pour vous dire que mon intention est que les murailles et les fortifications de ladite ville soient démolies et razées, et les fossés comblez ; qu'elle demeure privée de tous ses privillèges et que vous y ordonniez et fassiez exécuter un châtiment plus notable, si vous l'estimez à propos, et la présente n'estant pour autre sujet, je prie Dieu[1]..... »

Pour se conformer à ces instructions, le duc de Candale fit pendre deux habitants choisis parmi les plus factieux ; il s'empressa d'en donner la nouvelle au cardinal Mazarin. Il lui proposa ensuite de raser les fortifications de Tartas qu'il aurait fallu assiéger, dit-il, dans cette même lettre, si le colonel Balthazar ne l'avait livrée par son traité[2].

Des quatre villes que nous avons nommées, Périgueux fut la seule qui ne fit pas sa soumission ; mais elle était sous le joug d'un gouverneur, Chanlot, homme déterminé et d'un dévouement à l'épreuve pour le prince de Condé. Chanlot avait constamment déjoué toutes les tentatives royalistes des habitants qu'il tenait sous une sorte de terreur. Il était encouragé dans sa résistance par la conviction que les généraux en chef des armées royales ne pourraient pas disposer de forces suffisantes pour venir l'attaquer. En effet, après la capitulation de Bordeaux, un corps considérable des armées royales avait été détaché pour aller renforcer l'armée du maréchal de Turenne, et les trou-

---

[1] Lettre inédite ; *Archives du ministère de la Guerre,* vol. 140.

[2] Lettre inédite datée de Bordeaux, le 14 septembre 1653 ; *Archives nationales,* KK, 1220, f° 546.

pes qui restaient avaient à surveiller les intentions de la flotte espagnole toujours stationnaire à l'embouchure de la Gironde, et à tenir en respect pendant quelque temps encore les éléments malveillants de la population de Bordeaux. Le duc de Vendôme alla placer son quartier général à Bourg d'où il pouvait à la fois observer la ville de Bordeaux et l'armée navale d'Espagne. Le duc de Candale dut se charger seul de diriger l'expédition contre la ville de Périgueux. Ce général fit mettre en marche un corps de six mille hommes sous les ordres du comte de Chavagnac et transmit au marquis de Sauvebœuf, qui commandait en Périgord, l'ordre de marcher de son côté sur cette ville et de commander en second les préliminaires du siège. Le duc de Candale se réservait de suivre de près.

Pendant que les ordres donnés commençaient à recevoir leur exécution, le marquis de Chanlot redoublait ses mesures de rigueur pour maintenir les habitants; mais Bodin [1], procureur du roi au Présidial, sut ranimer leur courage avec le désir de la délivrance, en leur faisant envisager le double péril auquel les exposait un siège, s'ils ne réussissaient auparavant à secouer le joug. De concert avec Fonpi-

---

[1] Appelé Boudin dans les *Mémoires* du comte de Chavagnac, mais nous maintenons le nom de Bodin qui lui est donné dans les *Mémoires* du P. Berthod et dans la *Gazette*.

teaux, conseiller au même Présidial, et un habitant que nous ne pouvons désigner, la modestie, dit la Gazette, lui ayant fait taire son nom, ils envoyèrent à Bordeaux demander au P. Itier et au P. Berthod un ordre du duc de Candale dont ils pussent s'autoriser pour agir auprès de leurs amis. L'ordre demandé étant parvenu, la journée du 16 septembre et l'heure du midi furent choisies pour effectuer un soulèvement général. Le marquis de Chanlot n'était pas un gouverneur facile à surprendre ; il avait découvert les projets qui se tramaient, et, deux heures avant le moment fixé pour l'explosion du mouvement, il avait fait mettre sous les armes les régiments de Condé et de Montmorency, ainsi qu'un régiment irlandais. Il fit charger les canons et plaça un poste de vingt-quatre hommes dans deux maisons vis-à-vis de celle de Bodin, chez lequel il se rendit de sa personne, accompagné de vingt hommes, tant officiers que soldats, avec l'intention de l'arrêter.

Chanlot ayant heurté violemment à la porte, un valet, sans ouvrir, dit par une fenêtre que son maître dînait et qu'on ne pouvait lui parler. Le gouverneur se nommant, somma avec menaces d'ouvrir la porte. Bodin se voyant perdu s'il ne tente un effort désespéré, fait ouvrir la porte et se présente armé, accompagné de deux personnes. Aussitôt des coups de pistolets et de fusils retentissent, un cousin du procureur du roi tombe à ses côtés, mais Laruyne, son secrétaire, étend raide mort le gouverneur d'un coup de mousqueton.

Cette mort jette la démoralisation parmi les troupes, tandis que le peuple crie de toutes parts : Vive le roi et la liberté ! Les uns s'emparent du corps de garde et de la place d'armes, les autres de la porte du Pont, de la porte de Taillefer et des fortifications. Les officiers que leurs soldats abandonnent, essayent, sous les ordres de La Beaune, lieutenant-colonel du régiment de Condé, de tenir bon dans le clocher de l'église-cathédrale de Saint-Front, dans l'évêché et dans quelques maisons ; mais ils sont pressés si vigoureusement qu'après avoir essuyé quelques pertes, ils se rendent à discrétion. Deux capitaines et quelques soldats avaient été tués ; cinq bourgeois avaient trouvé la mort dans cette attaque et quelques autres avaient été blessés.

En moins de deux heures, Bodin a triomphé. Il court à l'Hôtel de ville, prononce une harangue et fait prêter un nouveau serment de fidélité au roi par les magistrats et par les habitants. Ensuite il fait partir un messager pour annoncer au comte de Chavagnac [1] les événements accomplis et pour

---

[1] Au marquis de Bourdeilles d'après le P. Berthod qui commet évidemment une erreur ; il suffit pour s'en convaincre de lire les *Mémoires* du comte de Chavagnac.

lui demander de venir prendre possession de la ville au nom du roi à l'exclusion du marquis de Sauvebeuf dont on redoutait la violence. A minuit, Chavagnac fit son entrée dans Périgueux avec cent cinquante cavaliers; et lorsque Sauvebeuf se présenta il se vit refuser l'entrée par Chavagnac lui-même suivant la promesse qu'il avait faite aux habitants.

Lorsque le duc de Candale arriva, au lieu d'un siège à entreprendre, il trouva une ville soumise. En rendant compte au cardinal Mazarin de cet important événement, il attribua une grande part de ce résultat au soin qu'il avait pris de retirer du parti des princes La Roque-Gassion; aussi demanda-t-il que la promesse par lui faite de lui conserver son régiment fût tenue par la cour [1].

Une lettre du marquis de Bougy au cardinal fournit des renseignements plus explicites que la lettre du duc de Candale sur la nature du service rendu par La Roque. Dès que les premières troupes destinées à faire le siège de Périgueux avaient paru, il était sorti de la ville et avait passé dans les rangs de l'armée royale avec cent cinquante maîtres de son régiment [2]. Naturellement cette action avait encouragé les habitants et diminué la confiance de la garnison.

[1] Lettre inédite datée de Bordeaux, le 22 septembre 1653; *Archives nationales*, KK, 1220, f° 574.

[2] Lettre inédite datée de Bordeaux, le 21 septembre 1653; *Archives nationales*, KK, 1229, f° 571.

Bodin certainement tout le premier méritait une récompense pour sa courageuse conduite ; le P. Berthod écrivit au cardinal Mazarin afin de la demander pour lui [1].

Pour l'exemple, le duc de Candale choisit quatre habitants des plus séditieux et les fit pendre ; il voulait faire subir au Maire le même sort ; heureusement pour celui-ci le comte de Chavagnac était son hôte ; il intercéda et le Maire fut sauvé. Chavagnac obtint encore du général en chef qu'il déférât au vœu des habitants pour la conservation de leurs fortifications ; moyennant une rançon de cent mille livres, elles furent épargnées [2].

La soumission de la ville de Périgueux fut le dernier acte de la guerre civile suscitée par la Fronde.

Quelques troupes détachées de l'armée du duc de Vendôme étaient cantonnées dans le Périgord ; elles y commettaient des désordres auxquels le duc de Candale voulut mettre un terme ; mais la forme adoptée pour la répression fait ressortir une fois de plus tout le fiel de la rivalité qui existait entre les deux généraux en chef. Le duc de Candale fit paraître une ordonnance dans laquelle il exposait

---

[1] Lettre inédite datée de Bordeaux, le 22 septembre 1653 ; *Archives nationales*, KK. 1220, f° 575.

[2] Nous avons tiré les détails qui concernent la soumission de Périgueux de la *Gazette* et des *Mémoires* du P. Berthod, de Mme de la Guette et du comte de Chavagnac.

avec quelque complaisance les plaintes des communes de l'Élection de Périgueux contre ces troupes accusées de cruautés et d'exactions inimaginables, suivant les termes employés ; percevant en outre les deniers des tailles sur les quittances du sieur Le Maigre, receveur général des finances en la généralité de Bordeaux, contre les formes qui voulaient qu'elles fussent payées entre les mains des receveurs particuliers des communes. Le duc de Candale enjoignait à ces troupes de se retirer immédiatement dans le voisinage de la flotte du duc de Vendôme, sous menace, en cas de refus, de les faire charger par ses propres troupes [1].

La mission militaire du duc de Candale en Guyenne et dans les provinces limitrophes était heureusement achevée ; mais il était depuis longtemps l'objet d'insinuations dont le but était de ruiner son crédit à la cour, particulièrement auprès du cardinal Mazarin. On lui reprochait surtout ses bons rapports avec le prince de Conti qu'on l'accusait d'avoir traité trop favorablement. Il n'est pas difficile de reconnaître de quel côté venaient ces accusations : certainement du côté du duc de Vendôme jaloux pendant tout le cours de la campagne du jeune général, son collègue, et

---

[1] Ordonnance imprimée datée de Périgueux, le 28 septembre 1653, signée par le duc de Candale et contresignée par Souchet. *Archives nationales*, KK, 1220, f° 586.

qui l'était devenu bien davantage depuis qu'il était évident aux yeux des moins clairvoyants que la paix de Bordeaux était bien plus l'œuvre du duc de Candale que la sienne.

Le duc de Candale n'eut pas de peine à démontrer le peu de fondement des reproches qui lui étaient adressés, puisque les bons rapports qu'il avait entretenus avec le prince de Conti étaient devenus précisément le moyen puissant qui avait permis de mettre fin à la guerre civile avec bien plus de facilité qu'il n'eût été possible d'y parvenir, si ce procédé n'avait pas été employé. Il adressa au cardinal Mazarin pour sa justification, la lettre suivante :

LETTRE DU DUC DE CANDALE AU CARDINAL MAZARIN.

« Monsieur,

« J'ay apris par M. de Caumont que la dernière fois qu'il a eu l'honneur de voir V. E. Elle luy a fait pleinte des attaches trop estroittes que j'avois aux intérests de M. le prince et à toute sa maison ; qu'ils estoient demeurés de la mienne et que les tesmoignages qu'ils rendoient des bons traittements qu'ils recevoient de moy, sont autant de mauvais offices. Ces avis ne pouvant partir que d'une affection particulière que V. E. me fait l'honneur d'avoir pour moy, sont autant de nouvelles obligations dont je me tiens très redevable à sa bonté. Mais, Monsieur, je vous supplie très humblement de me permettre de luy dire qu'elle auroit très juste subjet d'avoir mauvaise opinion de moy, si en l'estat où sont ces princes (quoy qu'ils ayent justement mérité ce qu'ils souffrent en faisant une guerre injuste), je ne leur rendois que ce qui n'excède pas les simples termes de la civilité. Les loix mesmes de la guerre, comme V. E. scait mieux que personne, ne sont pas contraires à celles de la courtoisie ; et je m'asseure qu'elle m'auroit donné du blâme, si en rendant ce que je dois de fidélité et d'affection au service du Roy, je n'avois exercé au reste les offices que j'ay rendus à Madame la princesse, à M. le prince de Conty, et aux autres, ce qui ne se pouvoit pas mesme desnier aux personnes indifférentes. J'y ajouteray encore, Monsieur, que peut-estre cette façon d'agir n'a pas esté inutile au service de Sa Majesté, et que si je ne me fusse trouvé capable d'establir quelque confiance dans l'esprit de M. le prince de Conty, il n'eût pas si facilement embrassé la paix, ce qui a contribué quelque chose au bon estat des affaires de ce païs. Il est vray, Monsieur, que pour le regard de ce prince, il s'est passé entre nous quelques civilités, et que je lui ay rendu de petits offices; mais ce n'a esté que despuis qu'il s'est remis entièrement dans l'obéissance du Roy, en laquelle il m'a protesté qu'il vouloit persévérer constamment, quelque chose qui put arriver. Je ne suis pas si peu connoissant, ny si mauvais ménager de mes intérests que je ne voye bien qu'ils ne peuvent n'avoir d'avancement par M. le prince, ny les siens, au contraire que s'ils doivent estre choqués, ce ne peut estre que par luy. Aussi vous supplie-je très humblement de croire, Monsieur, que je ne suis pas si imprudent que de vouloir favoriser les siens en quelque estat qu'ils puissent estre, mais principalement lorsqu'ils seront séparés de ceux du Roy et de l'Estat, à quoy je suis attaché inséparablement, sans qu'il y ait de considération au monde qui m'en puisse désunir. C'est une vérité de laquelle je supplie très humblement V. E. de n'estre jamais en doute. Ce qui m'y confirme d'autant plus que je voy bien que V. E. n'en peut jamais avoir d'autres, et je m'asseure qu'elle me fait l'honneur d'estre déjà persuadée que rien au monde n'est capable de me séparer de ces sentiments. Elle connoistra mieux cette vérité par la suitte de mes actions qui luy feront tousjours paroistre que je suis et seray inviolablement toute ma vie,

Monsieur, vostre très-humble et très-obéissant serviteur.     Le Duc de Candale.

A Bordeaux, le 19 septembre 1653 [1]. »

[1] Lettre inédite; *Archives nationales*, KK, 1220, f° 567.

Dans cette revue finale des personnages qui prirent part aux derniers épisodes de la Fronde, notons que l'abbé de Guron de Rechigne-Voisin fut nommé évêque de Tulle ; que Daniel de Cosnac reçut, l'année suivante, malgré sa jeunesse, l'évêché de Valence et le brevet de conseiller d'État. Quant aux deux religieux qui concoururent aussi de tout leur zèle au rétablissement de l'autorité royale, le Père Itier et le Père Berthod, leur sort fut bien différent au point de vue des récompenses. Le Père Itier, comme nous l'avons dit, fut nommé évêque de Glandèves ; mais le Père Berthod n'obtint aucune faveur signalée. Certainement le Père Itier avait plus souffert, mais le Père Berthod avait rendu des services plus importants et plus prolongés ; partout où il s'était passé de graves événements, à Paris, à Bordeaux, à Périgueux, il avait agi, et beaucoup écrit, car, s'il a laissé des *Mémoires*, ses lettres inédites forment en outre une volumineuse correspondance.

En définitive, le Père Itier reçut, avec l'évêché de Glandèves, une lettre flatteuse du cardinal Mazarin, tandis que le Père Berthod, oublié, tâchait, par une lettre pressante, de réveiller l'attention du cardinal en lui rappelant ses services et cette particularité qu'il avait été le possesseur toujours fidèle du secret de son chiffre pour sa correspondance des jours difficiles. Le pauvre Père méconnu se serait contenté, de la part de l'ingrat qu'il avait servi, d'une pension de mille écus assignée sur quelque bénéfice ; nous ignorons s'il l'obtint jamais. Nous plaçons ces deux lettres à la suite l'une de l'autre ; leur contraste n'est pas sans intérêt, et la seconde renferme de curieux détails. Nous faisons précéder ces deux lettres de l'extrait d'un passage d'une lettre du cardinal Mazarin annonçant au duc de Vendôme la nomination du Père Itier à l'évêché de Glandèves :

LETTRE DU CARDINAL MAZARIN AU DUC DE VENDÔME.

« De Paris, 31 aoust 1653.

« Je crois, Monsieur, que vous serez bien aise d'apprendre que le Roy, en reconnoissance des services que le Père Itier a rendus et des maux qu'il a soufferts, luy donne l'évesché de Glandèves, et, à la vérité, j'en ay fait la proposition à Sa Majesté, estant informé de son mérite et de la manière qu'il a servy, et me souvenant fort bien en quels termes vous avez toujours escrit à son advantage [1]. »

LETTRE DU CARDINAL MAZARIN AU PÈRE ITIER.

« De Paris, le 31 aoust 1653.

« Monsieur ou Révérend Père, votre zèle et votre

[1] Minute inédite. *Archives du ministère des Affaires étrangères*; France, vol. 149. Ce volume contient également la minute d'une lettre écrite par le cardinal au duc de Candale pour lui annoncer la même nomination.

fidélité reçoivent à la fin une récompense quy leur est deue, et je suis ravy de voir que vos travaux, les injures, la prison et tant de persécutions que vous avez souffertes ayent esté autant de degrés d'honneur par lesquels vous estes monté à la dignité où on vous eslève à présent ; c'est une marque de la reconnoissance que le Roy a de vos services qui vous est bien glorieuse et qui ne sera pas moins utile à Sa Majesté en excitant les autres à vous imiter. Elle m'a mesme fait l'honneur de me tesmoigner, en vous accordant l'évesché de Glandèves, qu'elle auroit souhaité qu'il ne fust pas depuis longtemps chargé d'une pension de mille escus, afin que la grâce eust esté plus complète. Je croy néanmoins que vous en serez satisfait aussy bien que du soin que j'ay pris de vous faire connoître en cette rencontre que je suis avec beaucoup d'estime et de sincérité... »

*Addition :* « Vous pouvez escrire à quelqu'un de vos amis icy pour retirer les expéditions de la grâce que le Roy vous a faite et ne partir pas encore de Bordeaux où vous servez si utilement Sa Majesté[1]. »

[1] Minute inédite. *Archives du ministère des Affaires étrangères*, France, vol. 149.

LETTRE DU PÈRE BERTHOD AU CARDINAL MAZARIN.

« Monseigneur,

« J'escrivis à Vostre Eminence le 8ᵉ du courant dans le paquet de Monsieur de Vendosme la disposition dans laquelle estoit alors Bordeaux ; je continuerois à vous en rendre compte, si M. Delas ne vous en informoit pleinement. Depuis la réduction de Bordeaux, le Procureur du Roy de Périgueux et moy avons toujours eu correspondance avec la participation de Monsieur de Candale, et il s'en est suivy ce que vous avez apris.

« Je ne vous dis pas cela, Monseigneur, pour me faire de feste, mais pour faire voir à Vostre Eminence que je ne trouve point d'occasion où je ne tâche de rendre quelque service au Roy. Elle est informée de ce que j'ai fait à Paris et à Bordeaux, mais elle ne sçayt pas que j'ay travaillé un an entier avec M. Bartet[1] pour vostre service pendant que vous estiés auprès de Cologne, à Dinan et à Sedan ; que presque toutes les lettres que vous avez receues

---

[1] Bartet, secrétaire du roi, auquel arriva plus tard cette singulière aventure : le duc de Candale le fit arrêter dans son carrosse et lui fit couper le côté droit de ses cheveux et de sa moustache et arracher un de ses canons de dentelles, en réponse à cette plaisanterie que si l'on ôtait au beau Candale sa chevelure, ses moustaches et ses canons, il serait un homme comme un autre.

de luy sont escrites de ma main et que j'ay deschiffré grand nombre de celles que vous lui escriviés. J'ay toujours eu tant d'inclination à servir Vostre Eminence que jamais personne n'a sceu par moy ce que vouloit dire *Gonorit*[1], *la Mer*[2], *le Ciel*[3], *Zabaoth*[4], *les Séraphins*[5], *les Anges*[6], et tout le reste ; et c'est pourquoy je m'estime malheureux d'avoir si fidellement servy Vostre Eminence, d'avoir exposé ma vie cent fois à Paris et à Bordeaux pour le service du Roy, et que vous n'en ayez presque point de connoissance. Monseigneur, faites, je vous supplie, que mes peines ne soient pas sans récompense. Vostre Eminence m'a fait la grâce de m'en promettre souvent et jusques à présent je n'ay point ressenty les effets de vos libéralitez. Je croyois que vous me donneriez les mille escus de pension que le Roy a assignés à M. de Genlis sur l'évesché de Glandèves ; mais je veux croire que Vostre Eminence a eu de puissantes raisons pour ne me les pas donner encore. Au moins, Monseigneur, faites, s'il vous plaist, qu'au retour de M. Delas[7], il m'apporte des effets de pa-

[1] Le cardinal Mazarin.
[2] Le même.
[3] Le même.
[4] La reine.
[5] La même.
[6] La princesse Palatine.

Nous nous sommes servi pour la traduction de ces mots de convention de la clef donnée par M. Ravenel dans sa publication des lettres du cardinal Mazarin à la reine provenant du fonds *Baluze* à la *Bibliothèque nationale*.

[7] M. de Las, maréchal de camp des armées du roi, dont le frère avait suivi le parti des princes.

rolles de Vostre Eminence, autrement on dira que j'ay servy en fripon ou en serviteur inutile. Sy j'avois l'honneur d'estre connu de vous, je croy que vous ne rebuteriez pas mes services que je ne rends jamais avec tiédeur, et je puis dire sans vanité, que quand j'entreprendroy quelque chose, il faudra qu'elle soit bien difficile si je n'en viens à bout, mais j'auray toujours pour objet le service de mon Roy et celuy de Vostre Eminence, de laquelle je suis,

« Monseigneur, très humble et très obéissant serviteur,

« BERTHOD. »

Religieux cordelier.

« A Bordeaux, le 23ᵉ de septembre 1653.

« M. Delas entretiendra Vostre Eminence de ce que j'ay fait à Périgueux [1]. »

Les trois députés envoyés par la ville de Bordeaux en Angleterre, Trancas, Blarut et Dezert, bien que non compris pour leur sort dans les articles particulièrement réservés à l'approbation du roi, furent du nombre des exceptés de l'amnistie, celle-ci leur avait été assurée cependant par une stipulation formelle du traité. Quelque inexcusables qu'ils fussent, il est plus inexcusable encore de manquer à la foi promise. Dès que la nouvelle

---

[1] Lettre inédite. *Archives du ministère des Affaires étrangères.* France, vol. 150.

du dénouement fatal à leur parti qui mettait un terme à leur triste mission leur fut parvenue, ils se rendirent chez le ministre de France, afin d'appeler sur eux, par cette démarche, l'indulgence royale; ils allèrent même jusqu'à lui témoigner leur joie. L'exception formelle dont ils furent l'objet rendit leurs démarches inutiles, bien qu'ils eussent réitéré leurs visites, mais au nombre de deux seulement. On pourrait croire que celui qui manquait était Trancas, puisque des documents que nous avons cités précédemment jettent un soupçon sur sa rentrée secrète sur le territoire français; mais le ministre de France dit formellement qu'au nombre de ces deux députés se trouvait le conseiller; il veut évidemment désigner le conseiller au Parlement Trancas, et il ajoute sur son compte qu'il ne témoignait pas un suffisant repentir. Dezert était certainement le député qui manquait et dont nous n'avons pu découvrir le sort; quant à l'orfèvre Blarut, nous avons dit ailleurs, qu'autorisé plus tard à rentrer en France et interné à Bourges, il obtint de revenir à Bordeaux au bout de quatre années [1].

Un grand succès venait de rendre les Anglais plus intraitables que jamais dans la négociation que M. de Bordeaux conduisait si péniblement, leur flotte avait remporté une victoire signalée sur la flotte

---

[1] Voy. t. VII, p. 8.

des Etats-Généraux de Hollande ; exaltés par ce triomphe, ils ne songeaient à rien moins qu'à incorporer les Provinces-Unies à la république d'Angleterre. La reine Christine de Suède aurait volontiers pris parti pour les plus faibles et soutenu les Hollandais ; son ambassadeur à Londres fit connaître ces intentions, dont la générosité n'avait pas pour l'appuyer une puissance suffisante, et ce fut sans doute cette considération qui empêcha M. de Bordeaux de vouloir se concerter avec lui et à répondre par cette banalité que le roi de France serait heureux de voir la paix fleurir entre tous ses alliés. Les Anglais, dans l'enivrement de leur victoire, disaient qu'une fois l'annexion de la Hollande opérée, ils seraient assez puissants pour ne pas craindre l'Europe entière, si elle se coalisait contre eux. Ils tenaient d'autant moins à presser la conclusion d'un traité de paix avec la France, que la situation présente leur conservait le précieux avantage de nuire à leur rivale séculaire. Ils avaient déclaré à M. de Bordeaux, par l'organe des commissaires de leur Conseil d'Etat, qu'ils ne voulaient pas du renouvellement des anciens traités, parce que dans ces traités se trouvaient les noms des rois d'Angleterre avec lesquels ils avaient été conclus, et qu'il fallait rédiger un traité tout nouveau, conforme au régime présent de l'Angleterre, pour lequel les anciens traités pourraient seulement servir de renseignements. Le ministre de France s'était aussitôt mis à l'œuvre, compulsant le traité de 1606 et tous les articles concernant la liberté du commerce contenus dans le traité de 1610 et dans les suivants, jusqu'à celui de 1632. Mais, son travail terminé, il se trouve en présence des mêmes attermoiements que par le passé. On lui objecte de nouveaux sujets de méfiance, parce que des Irlandais sont enrôlés pour le compte du duc d'Yorck qui sert dans l'armée du maréchal de Turenne et que ces troupes irlandaises pourraient devenir le noyau d'une armée d'invasion de Charles II en Angleterre. Enfin, le ministre de France, informé que de nouveaux émissaires du prince de Condé sont arrivés en Angleterre et que Cromwell les reçoit souvent, pressent que les Anglais, malgré la chute de la ville de Bordeaux, nourrissent le projet d'une entreprise dans la Guyenne. En attendant qu'ils agissent eux-mêmes, ils permettent à l'Espagne d'équiper les six vaisseaux qui n'avaient pu prendre la mer à temps pour le secours de Bordeaux[1] et sont disposés même à l'autoriser à en équiper davantage.

Le Ministre de France qui a continué jusques ici à engager sa Cour à céder devant tous les obstacles qu'on lui suscite, après le travail inutile auquel il

---

[1] Faute de matelots, comme nous l'avons vu ; la Hollande ayant formulé des protestations pour empêcher que ses matelots prisonniers en Angleterre fussent employés à ce service.

vient de se livrer et en présence de l'hostilité si peu
déguisée dont il est témoin chaque jour, se décourage enfin et se révolte; il propose à M. de
Brienne de changer de ton. Mais, pour cette première fois qu'il pousse sa Cour à l'énergie, sa proposition n'est pas approuvée; il reçoit l'ordre de
ne rien brusquer et de prendre patience. Le cardinal Mazarin intervient lui-même en écrivant à
M. de Bordeaux qu'il faut à tout prix calmer les défiances de l'Angleterre, lui persuader, chose difficile,
que sa prospérité est liée à celle de la France, l'assurer qu'il fournira de son propre argent pour
poursuivre la restitution de marchandises capturées
par un corsaire de Charles II, enfin demander confidentiellement à Cromwell quelles concessions
pourraient lui plaire, parce qu'il suffirait qu'elles
fussent possibles pour qu'elles fussent accordées. Il
est certain, d'après ces instructions, que si la paix
ne se fit pas alors, c'est que Cromwell espérait tirer
meilleur parti de la continuation de l'état d'hostilité
que d'un traité, car il est évident que dès ce moment
l'expulsion du roi d'Angleterre du territoire français
ne lui eût pas été refusée, pas plus qu'elle ne le fût
lors de la signature, en 1655, du traité de paix dont
cette expulsion fut une des essentielles conditions.

La situation diplomatique que nous venons de
décrire résulte de l'appréciation même des lettres
de M. de Bordeaux au comte de Brienne et au car-

dinal Mazarin et du cardinal Mazarin à M. de Bordeaux[1].

L'affinité qui s'était établie entre la Fronde de Guyenne et la révolution d'Angleterre avait pris fin forcément par la paix de Bordeaux, mais nous venons de constater que ce ne fut pas sans regret de la part de l'Angleterre et sans espérance de faire renaître la guerre civile.

La mission militaire du duc de Vendôme dans la Guyenne se prolongea deux mois au delà de celle du duc de Candale, parce qu'il avait à observer la flotte espagnole qui continuait à occuper l'embouchure de la Gironde, interceptant le commerce et suspendant une menace incessante d'agression et de débarquement. Le duc de Vendôme ne se décida que le 30 octobre à attaquer la flotte espagnole. Il donna l'ordre à ses vaisseaux stationnés aux abords de l'île de Casau de lever l'ancre et, descendant avec eux le cours du fleuve, il arrivait, le 1ᵉʳ novembre, en vue de la flotte espagnole. Celle-ci était sous voiles, et, sans attendre son approche, elle gagna la pleine mer. Le duc de Vendôme ne put atteindre que quelques petits navires retardataires auxquels il mit le feu. Quelques bâtiments légers qu'il avait lancés à la poursuite des ennemis pour reconnaître leur direction, lui rapportèrent que la flotte espagnole s'était

---

[1] Voy. ces documents à l'*Appendice*.

séparée en deux escadres, l'une faisant route vers Saint-Sébastien et l'autre du côté de Dunkerque[1].

La facilité de cette expédition dut faire regretter d'avoir si longtemps tardé de l'entreprendre.

Nous avons dit que les ducs de Vendôme et de Candale ambitionnaient tous les deux le gouvernement de la Guyenne; la Cour, embarrassée de témoigner une préférence, ne le donna ni à l'un ni à l'autre, et rétablit dans ce gouvernement le duc d'Épernon, père du duc de Candale. Cette détermination était du reste un acte d'énergie; ce gouvernement avait été enlevé précédemment au duc d'Épernon par une concession, en raison de l'impopularité qu'il avait encourue; son rétablissement était la preuve que les clameurs populaires seraient peu écoutées désormais. Le comte d'Estrades fut nommé maire perpétuel de Bordeaux, haute récompense bien due à ses éminents services; militaire, diplomate, administrateur, sa capacité excellait dans tous les emplois, et les difficultés égales à l'honneur des fonctions qui lui étaient conférées étaient dignes de ses talents.[2] Après ces éloges mérités

[1] Voy. la *Gazette*; art. sous la rubrique : Bordeaux, 6 novembre 1653.

[2] Godefroy, comte d'Estrades, mort en 1686, âgé de 79 ans et enterré en l'église Saint-Eustache, à Paris, fut nommé maréchal de France en 1675. Il tenait à la Guyenne par ses alliances de famille : sa grand'mère, Antoinette Arnoul, mariée à Jean d'Estrades, était fille d'un conseiller au Parlement de Bordeaux; sa mère était Suzanne de Secondat de Montesquieu. Le comte

par le vaillant serviteur de la cause royale, adressons-lui un reproche au nom de l'histoire, des intérêts de laquelle il s'est trop peu préoccupé. Pour effacer à Bordeaux toutes les traces, tous les souvenirs même de la Fronde, les registres du Parlement correspondant à ces années de troubles et de guerre civile furent brûlés; cet acte ne put être accompli que par son autorisation ou par ses ordres; son zèle l'a emporté trop loin [1].

d'Estrades épousa, en premières noces, Marie de Lallier dont il eut cinq enfants, et, en secondes noces, Marie d'Aligre, fille du second chancelier de France de ce nom, veuve de Michel de Verthamont, dont il n'eut point d'enfants. Son fils aîné et son arrière-petit-fils, le dernier de sa descendance, lui succédèrent dans la charge de maire perpétuel de Bordeaux. Voy. l'*Histoire généalogique du P. Anselme.*

[1] Bien des années après cet exemple fut suivi; le président Hénault, dans son *Abrégé chronologique de l'Histoire de France,* dit que le roi fit ôter, en 1668, des registres du Parlement de Paris tout ce qui s'était passé depuis l'année 1647 jusqu'en l'année 1652.

# CHAPITRE LXXIV

## CONCLUSION DE LA PÉRIODE DE LA FRONDE

Rôle de saint Vincent-de-Paul pendant la Fronde. — Parallèle entre la Ligue et la Fronde. — La synthèse et l'analyse de la Fronde. — Distinction de quatre Frondes différentes. — La Fronde du Parlement et de la bourgeoisie. — La Fronde de la noblesse. — La Fronde des Princes. — La Fronde démocratique et républicaine. — Étude comparative de ces quatre Frondes. — La fausse monnaie historique de la Fronde. — Examen critique des ouvrages publiés sur la Fronde : *l'Esprit de la Fronde*, par Mailly; le *Siècle de Louis XIV*, par Voltaire ; appréciation de Michelet sur le caractère de la Fronde ; *l'Histoire de la Fronde*, par le comte de Sainte-Aulaire ; *l'Histoire de France sous le ministère du cardinal Mazarin*, par M. Bazin ; *l'Histoire de France*, par M. de Genoude ; *l'Histoire de France*, par M. Henri Martin ; *l'Histoire de la République d'Angleterre*, par M. Guizot ; *Madame de Longueville pendant la Fronde*, par M. Cousin ; la *Misère au temps de la Fronde*, par M. Feillet ; *l'Histoire de France*, par M. Dareste ; *l'Histoire du règne de Louis XIV*, par M. Gaillardin ; *le cardinal de Retz et l'affaire du chapeau*, par M. Chantelauze. — L'auteur de ces *Souvenirs du règne de Louis XIV*, a cherché la vérité et non la popularité qui assure à tout écrivain un succès facile. — La Fronde par son échec est devenue la date de la transformation de la monarchie. — Quelles sont les causes de l'avortement du principe fondamental de la Fronde ? — Le suicide de la vieille monarchie française. — Le triomphe du pouvoir absolu conduisant à la ruine de la royauté et au triomphe de la démocratie. — Dernières paroles d'un roi de France. — Utilité des études historiques pour le relèvement de la France.

Nous venons de décrire la Fronde dans ses détails les plus minutieux; il est cependant un grand nom qui n'est pas encore venu sous notre plume, celui de saint Vincent-de-Paul. Le moment est arrivé de parler de cet éminent et saint personnage, car l'histoire ne doit être ni oublieuse, ni ingrate[1]. Si nous n'en avons rien dit encore, c'est qu'ayant écrit notre ouvrage sur des documents inédits, nous n'avons pas eu l'heureuse chance d'en rencontrer aucun se rapportant à lui, et c'est aussi parce qu'il n'a eu en réalité d'influence ni décisive ni même importante sur la marche des événements; mais il en a exercé une immense pour fermer les plaies ouvertes par la guerre; son rôle a été noble et grand, il a été essentiellement réparateur. M. Vincent, comme on l'appelait alors, n'était pas un Frondeur, mais il n'était pas non plus ce qu'on appelait un *Mazarin*. La politique absolutiste et doucement corruptrice du cardinal n'était pas son idéal; mais, homme de paix avant tout, il aurait voulu réconcilier les partis; seulement il oubliait ou il ignorait peut-être que les partis ne se réconcilient jamais avant la lutte et qu'il faut nécessairement qu'il y ait un vainqueur et un vaincu et que

---

[1] Un savant ecclésiastique, M. l'abbé Artiges, qui a consacré à l'étude de notre ouvrage un travail très étendu publié en une série d'articles, en 1880, dans le Journal *le Limousin et le Quercy*, avait cru devoir signaler cette lacune qu'il considérait comme un oubli.

la lassitude amène le désarmement. Il essaya donc aussi de se poser en négociateur dans un temps où tant d'autres moins dignes et moins autorisés négociaient quelque chose. Les historiens de sa vie nous ont conservé deux lettres, l'une des premiers jours de juillet, l'autre du 11 septembre 1652, adressées au cardinal Mazarin ; dans la première, il l'entretient de ses idées de pacification basées, d'un côté, sur le rétablissement de l'autorité du roi ; de l'autre, sur un arrêt de justification à faire rendre en faveur des adversaires du cardinal ; dans la seconde, il assure que la ville de Paris réclame à cor et à cris la rentrée de la reine mère et du jeune roi et il présente ce retour comme la solution de toutes les difficultés. Ces deux lettres [1] démontrent que leur auteur n'était pas un homme de politique terrestre : faire accepter au cardinal Mazarin la justification de ses ennemis par un arrêt constituait une illusion singulière ; quelque abnégation même qu'on pût supposer au cardinal, il ne pouvait pas s'y prêter, puisque l'arrêt d'absolution de ses ennemis eût renfermé implicitement sa propre condamnation ; quant à la rentrée prématurée du roi dans Paris, après les violences populaires qui l'avaient forcé d'en sortir, et alors que le cardinal Mazarin si abhorré

---

[1] Ces lettres ont été publiées dans un ouvrage de M. l'abbé Maynard intitulé : *Saint Vincent-de-Paul, sa vie, son temps, ses œuvres, son influence.*

était encore à ses côtés, un tel acte eût été d'une dangereuse imprudence. Ces conseils n'apportaient aucune solution ; la Fronde était, d'une part, la lutte entre le pouvoir absolu et le pouvoir pondéré ; d'autre part, dans le principe du pouvoir absolu lui-même, la lutte entre les deux principales personnalités qui voulaient l'exercer, le cardinal Mazarin et le prince de Condé ; or saint Vincent-de-Paul proposait simplement de remettre les choses en état telles qu'elles étaient avant la lutte. Sa propre perfection lui faisait illusion à lui-même, il croyait pouvoir inspirer aux autres ce désintéressement des choses du temps pour les choses du ciel qui rendrait tous les gouvernements faciles et toutes les révolutions impossibles.

Les conseils de M. Vincent ne furent pas suivis, aussi avons-nous dit qu'il n'exerça aucune influence sur la marche politique des événements ; mais son dévoûment et sa charité furent sans bornes ; dans l'homme le saint se révéla tout entier. Ses élans, qu'il savait faire partager, attiraient des ressources que sa foi multipliait pour ainsi dire comme les pains de l'Évangile. Les pays les plus foulés, comme la Picardie et la Champagne, qui avaient à supporter les maux de la guerre étrangère, furent ceux qui attirèrent plus particulièrement ses soins et sa sollicitude ; s'il ne se montra point lui-même dans les contrées qui n'eurent à supporter que les maux relativement moindres de la guerre civile, comme la Beauce, le Gâtinais, le Perche, le Berry, l'Aunis, la Saintonge, la Guyenne, ses missionnaires y portèrent d'abondantes aumônes. Par un singulier contraste, la maison de Gondi qui a fourni aux malheurs de la Fronde, dans la personne du fougueux coadjuteur de Paris, l'un de ses plus actifs agents, fut celle qui participa le plus à l'œuvre réparatrice par la protection et le concours puissant qu'elle avait donnés aux débuts de la pieuse carrière de saint Vincent-de-Paul, en la personne d'Emmanuel de Gondi, général des galères, et de ses deux frères successivement archevêques de Paris. Les deux fondations principales de saint Vincent-de-Paul, l'institution des *Prêtres de la Mission*, en 1625, et celle des *Sœurs de Charité*, en 1634, lui avaient constitué une admirable armée qui se trouva levée et organisée lorsque la Fronde vint fournir un vaste champ à son zèle et à ses œuvres, qu'il compléta par l'établissement des *Enfants trouvés* et par des fondations d'hôpitaux, en sorte que ce général de la paix chrétienne fut surnommé l'*intendant de la Providence*.

La Ligue et la Fronde ont été les deux dernières convulsions qui ont précédé le grand cataclysme de la révolution française : elles ont différé essentiellement par le principe qui leur a servi de moteur. La religion fut la force motrice de la Ligue, la politique fut la force motrice de la Fronde. La Ligue eut pour motif la défense de la religion catholique contre les envahissements croissants de la religion protestante; la Fronde eut pour motif la défense du principe traditionnel de la représentation nationale, pondérant le pouvoir royal, contre le principe du pouvoir absolu, d'introduction nouvelle. La Ligue dévia de son programme, lorsque, poussée par l'ambition de ses chefs, elle fit alliance avec les passions démagogiques et alla jusqu'à vouloir renverser l'ordre héréditaire de la monarchie. La Fronde manqua à sa raison d'être lorsqu'elle voulut pondérer le pouvoir royal par l'usurpation politique du Parlement. La Ligue a duré vingt ans, de 1576 à 1596. La Fronde a duré cinq ans, de 1648 à 1653. La Ligue a succombé dans ses chefs tombés dans l'odieux et le ridicule, mais elle a triomphé dans son principe par l'abjuration de Henri IV. La Fronde a succombé dans son principe et dans ses chefs; elle a été mollement étouffée entre des coussins par son ennemi plein de ruse, le cardinal Mazarin. Le triomphe du principe catholique de la Ligue a été une reconstitution sociale. L'échec du principe représentatif de la Fronde a été le prélude de la dissolution sociale. Voici, selon nous, entre ces deux crises de l'ancienne monarchie les similitudes et les différences.

Dans le cours de l'ouvrage que l'on vient de lire

se sont déroulées toutes les phases des événements de la Fronde, troubles et guerres pendant cinq années avec quelques courts intervalles d'une paix mal assurée ; ces troubles et ces guerres se groupent suivant une classification que nous allons faire ressortir. Le mot générique de Fronde est une synthèse ; mais l'analyse nous fait reconnaître quatre Frondes parfaitement distinctes :

La Fronde des Parlements et de la bourgeoisie ;

La Fronde de la noblesse, ou Fronde représentative ;

La Fronde des princes ;

La Fronde démocratique et républicaine.

Des impôts onéreux créés pour subvenir à des embarras financiers furent à l'origine la raison la plus apparente du mouvement des esprits, des troubles et des luttes armées qui suivirent ; mais les principes mêmes sur lesquels reposait la constitution politique de la France étaient en jeu.

Le Parlement de Paris saisit habilement l'occasion des mécontentements pour se créer à peu de frais une grande popularité en refusant l'enregistrement des édits fiscaux. En discutant ces édits, il attirait à lui le contrôle de tous les actes de la royauté, et, se transformant de corps judiciaire en corps politique, il afficha hautement l'ambition de représenter la nation et de se substituer aux États-Généraux : ces prétentions étaient une monstruosité. Un même corps eût fait la loi et l'eût appliquée; un Parlement ainsi transformé n'eût été autre chose qu'une Convention révolutionnaire. De plus, le Parlement n'avait aucun titre sérieux à invoquer; il ne représentait la nation tout entière, ni aucune fraction de la nation, soit par un mandat politique héréditaire, soit par un mandat politique électif; il ne basait ses prétentions que sur des équivoques. Dans l'origine de la monarchie, il y avait eu un Parlement politique, mais les parlementaires nouveaux se gardaient bien de faire remarquer que ce Parlement d'autrefois, tout différent du Parlement judiciaire, se composait d'éléments politiques [1]; enfin l'exemple du Parlement d'Angleterre, corps uniquement politique, servait, par la similitude de la dénomination, d'étai aux usurpations du Parlement de Paris. La bourgeoisie, des rangs de laquelle sortaient les conseillers, appuyait le Parlement, bien qu'elle fût loin de rencontrer dans ce corps une représentation aussi vraie que celle du Tiers-État aux États-Généraux; mais si elle y était plus imparfaitement représentée, elle trouvait cette satisfaction d'amour-propre de ne pas figurer comme le troisième corps de l'État, après le clergé et la noblesse, et même d'annihiler complètement l'influence politique de ces deux corps qui n'a-

---

[1] Voy. tome Ier, chap. v, et tome III, chap. xxiii.

vaient de représentation dans le Parlement que
par un petit nombre de conseillers clercs, et par le
droit de séance des ducs et pairs, simple rôle d'apparat indigne même d'une aristocratie sérieuse [1], car
les voix de ces prétendus pairs du royaume qui subissaient la présidence du premier président du
Parlement de Paris, ne formaient qu'une infime
minorité à côté du nombre des voix des conseillers.
La population de Paris, sous la conduite de quelques grands seigneurs dévoyés, comme le duc de
Beaufort, roi des Halles, et d'un ambitieux prélat,
le coadjuteur, qui voulait, lui aussi, jouer le rôle
de premier ministre, composa l'armée de la Fronde
parlementaire. Cette Fronde, la moins sérieuse des
quatre Frondes, celle dont la durée a été la plus
courte, est celle cependant qui a été la plus remarquée par plusieurs motifs : Paris fut son théâtre et
la centralisation à son aurore attirait déjà sur les
faits qui s'y déroulaient une attention exceptionnelle ; elle fut la plus bruyante et la plus vide de
sens, deux qualités que la légèreté française ne pouvait manquer d'apprécier ; elle fut la plus gaie, qualité que l'esprit français n'a jamais dédaignée ; elle
fut gaie jusqu'au ridicule, avec ses chansons, son
conseiller Broussel, sa scène du jardin de Renard,
ses intrigues de ruelle, le mariage projeté entre le

---

[1] Voy. tome III, chap. XXIII.

prince de Conti et mademoiselle de Chevreuse, le régiment de Corinthe ; grâce à tous ces avantages, cette coquette habillée de la robe d'un conseiller avec la mante d'une grande dame, portant pour joyaux l'épée et le bourdon, a effacé ses trois sœurs ! Elle portait le masque de la comédie !

La Fronde de la noblesse était la plus logique, la plus sérieuse dans son principe, aussi fut-elle la plus combattue, et celle à laquelle les écrivains ont rendu le moins de justice, bien qu'elle fût celle qui la méritât le mieux ; mais il ne faut pas s'en étonner, ce dénigrement est une question de caste et de jalousie. Ils sont pourtant d'autant plus impardonnables que, trahissant leur mission, ils faussent l'histoire. La royauté et le Parlement firent trêve à leurs dissentiments pour se coaliser contre la noblesse ; la bourgeoisie, intéressée pourtant à ses revendications, lui fit défection. La noblesse ne réclamait cependant point le retour aux vieux droits féodaux, institutions d'un passé qui ne pouvait plus revivre puisque sa raison d'être n'existait plus ; elle avait pour programme la convocation et la régularisation des États-Généraux. Ce programme était la voie ouverte à toutes les réformes sages ; il appelait la nation entière, dont les trois ordres représentaient les éléments, à y concourir ; et, à cette époque, les institutions et les traditions étaient assez fortes pour qu'il n'y eût pas à craindre que des projets de réformes dégénérassent, comme il est arrivé plus tard, en une révolution qui, malgré deux intermittences, comptera bientôt cent années, sans que tant de temps écoulé en ait encore marqué le terme. La France a brisé son vieux moule sans avoir su se modeler dans un nouveau; d'un cœur léger, elle remet sa confiance à des ambitieux qui n'arrivent au pouvoir que parce qu'ils abusent le peuple par de fallacieux mirages; qui n'assurent jamais la sécurité du lendemain, et qui s'enrichissent par la ruine même de leur pays. Les vétérinaires sans clientèle, les médecins sans malades, les professeurs sans élèves, les avocats sans cause, les discoureurs sans savoir, les agriculteurs sans terres, les financiers sans argent, les journalistes sans style et sans savoir, les ouvriers sans ouvrage, tous les incapables des carrières de la science, de l'agriculture ou de l'industrie, se déclarent capables dans la science politique dont ils ignorent le premier mot, et le peuple, depuis cent années, acclame tour à tour ces parvenus uniquement parce qu'ils sont arrivés; chacun, dans l'océan des médiocrités bourgeoises et populaires, se dit qu'il est aussi sot, aussi ignorant, aussi peu honnête, peut-être aussi indigne que tel qui est parvenu, et que par conséquent il est pourvu des plus belles chances de parvenir à son tour.

Ce raisonnement, que les exemples justifient, est

le grand secret de l'existence des gouvernements démocratiques bien qu'un bourgeois sensé et un grand écrivain, comme il en faudrait beaucoup et comme il n'y en a plus, car le régime de la monarchie et de l'aristocratie peut seul inspirer les grands littérateurs, ait écrit :

« Le pire des états c'est l'état populaire. »

La politique n'est plus qu'une fructueuse industrie, non pour la France, mais pour les exploiteurs, et, grâce à ceux qui l'exercent, la matière politique en fusion, depuis la grande révolution française, est toujours remise dans le creuset ; car les moules grotesques qu'ils façonnent sous le nom de constitutions sont brisés chaque fois que l'on veut couler la statue.

Le programme formulé par la noblesse en 1652 était libéral et modéré[1] ; il eût amené l'établissement du régime représentatif qui offre bien d'autres garanties que le régime parlementaire qui se soucie peu de la représentation fidèle des personnes et des intérêts. Il donnait à la bourgeoisie la place large qui lui était due dans le fonctionnement régularisé des États-Généraux ; le clergé, en vertu de l'importance de sa mission religieuse et en sa qualité de possesseur terrien, y eût continué à trouver sa place

---

[1] Voy. tome III, chap. XXIII de ces *Souvenirs*.

légitime. Comme nous l'avons dit déjà, la révolution française eût été prévenue, tous les progrès eussent été réalisés sans secousse sous une monarchie représentative préservée du double écueil de l'absolutisme et de la démocratie. Car il ne faut pas se le dissimuler, le gouvernement représentatif, pour ne pas être emporté par la révolution, a besoin de l'intervention modératrice d'une chambre haute constituée sur la naissance d'abord qui est le principe primordial de toute aristocratie, puisqu'il représente la tradition de toute une lignée illustre concentrée dans son représentant ; et, en second lieu, sur l'accession à la noblesse de toute personnalité ayant acquis un lustre et une situation sociale suffisants pour que leur reflet rejaillisse sur sa descendance. Cette accession possible à la noblesse non fermée devient pour les classes inférieures un stimulant qui élève les sentiments de tout un peuple et qui devrait suffire pour que la noblesse ne soit pas injustement jalousée.

Le principe dissolvant de l'égalité, qui n'a permis à aucun gouvernement de donner la sécurité et la durée, se trouve ainsi circonscrit dans de justes limites. L'égalité est plus promptement fatale aux républiques qu'aux monarchies, et l'antiquité comme le moyen-âge démontrent que les républiques aristocratiques ont été les plus glorieuses et les plus durables. La république romaine en est l'exemple le plus éclatant ; car lorsqu'elle fut envahie par la démocratie, sa prompte décadence la fit tomber dans le despotisme de l'empire romain. Aux partisans de la monarchie qui préconisent l'égalité, il est facile de faire ressortir leur inconséquence : la monarchie héréditaire est la consécration la plus haute dans un intérêt public de l'inégalité sociale ; or si ce principe est nécessaire au sommet, il est non moins hiérarchiquement nécessaire à la base. Si on le repousse au-dessous, par une logique forcée on arrivera à le repousser au-dessus, car l'on dira que le sceptre ne doit pas être un héritage qui peut tomber entre des mains incapables ou indignes et qu'il doit être déféré au plus digne. Le jour fatal où ce raisonnement prévaudra, le principe tutélaire de la monarchie héréditaire sera renversé.

La noblesse doit être à la fois politique et militaire. Dans les assemblées son rôle doit être pondérateur ; par les traditions, elle doit concentrer en elle le génie national. Sur les champs de bataille elle doit courir la première à la défense de la patrie. Sur ce terrain glorieux la noblesse française a fait ses preuves séculaires, en sorte que l'on peut dire qu'un peuple qui possède une noblesse militaire a une épée suspendue à son côté. Le brave maréchal de Montluc[1], un royaliste libéral de son

---

[1] Bisaïeul maternel de Daniel de Cosnac.

temps, aurait désiré qu'à l'exemple de ce qui se passait en Italie, la noblesse habitât les villes plutôt que les campagnes, acceptât des charges municipales, afin d'exercer plus d'influence. Enfin il décrit ainsi son rôle et son abnégation militaires :

« Il n'y a prince au monde (François Ier) qui ait la noblesse plus volontaire que le nôtre. Ung petit souris de son maistre eschauffe les plus refroidis et sans crainte de changer prés, vignes et moulins en chevaulx et armes : *on va mourir au lict que nous appelons le lict d'honneur* [1]. »

Cette brave noblesse si dévouée était pourtant devenue suspecte à la royauté parce qu'elle protestait contre le principe nouveau de la monarchie absolue, et la royauté, qui ne prévoyait pas qu'en voulant devenir trop puissante et en sapant les institutions elle préparait sa propre ruine, s'unit au Parlement pour se soustraire à la convocation des États-Généraux. La noblesse, après son assemblée, en 1649, au couvent des Grands-Augustins, à Paris, ne se découragea pas, et, jusqu'en 1652, elle tint des assemblées dans les provinces, particulièrement dans l'Ile-de-France, le pays Chartrain, le Blaisois, la Touraine, l'Anjou et le Poitou. Cette persévérance n'était pas sans danger, car les gouverneurs des provinces avaient reçu les ordres les plus ri-

[1] Voy. les *Mémoires* de Montluc, t. I, p. 256 ; édit. de la *Société de l'Histoire de France.*

goureux pour entraver cette œuvre de régénération pacifique plus redoutée de la cour que l'insurrection armée du prince de Condé. La noblesse signa un acte d'Union, nomma ses députés pour la représenter à la prochaine assemblée des États-Généraux solennellement promise et qui ne fut jamais convoquée. La noblesse qui ne prétendait pas accomplir une œuvre de corps, mais une œuvre d'intérêt général, tâcha de stimuler le Tiers-État auquel elle parvint à faire signer un acte d'union; mais le Tiers-État lâcha pied. Le clergé qui s'était joint en 1649 à la demande de convocation des États-Généraux, divisé entre le parti de la cour et le parti du cardinal de Retz, resta sourd à ces nouveaux appels. En définitive la noblesse traitée de factieuse par la royauté qu'elle respectait, se résigna, quoiqu'à regret, à abandonner la réalisation de son programme.

Cette Fronde de la noblesse que nous avons décrite avec des détails jusques ici inconnus, c'est-à-dire la Fronde du corps essentiellement militaire de la France, a présenté ce singulier contraste d'avoir été essentiellement calme et pacifique. Cette Fronde est la seule qui ait été basée sur des principes logiques de gouvernement, elle méritait à ce titre une étude et une attention dont elle n'avait pas encore été l'objet [1].

[1] Voy. particulièrement les chap. v et xxiii de cet ouvrage.

Cette deuxième Fronde était Cassandre prévoyant les malheurs de Troie, elle ne fut pas écoutée davantage! Cette deuxième Fronde eut les allures de l'Élégie!

La troisième Fronde, celle des princes, présente un tout autre aspect; elle fut essentiellement militante et guerrière. Son chef, le prince de Condé, devait personnifier son caractère. Derrière ce prince s'étaient rangés les gentilshommes que la royauté n'avait pas retenus sous sa bannière. Dans le camp du prince de Condé il n'était question ni des prétentions du Parlement qu'il abhorrait, ni des États-Généraux qu'il suspectait, le but poursuivi était de renverser le ministre exécré. Le héros de Rocroy était un ambitieux, partisan déterminé du principe de la royauté absolue, à la condition d'en être lui-même la tête et le bras. Il erra quelque temps avant d'avoir trouvé la voie qu'il voulait suivre, on le vit un instant, aux côtés du cardinal Mazarin, commander l'armée royale contre les Frondeurs de Paris; mais, comme le cardinal n'entendait pas lui céder le pouvoir par reconnaissance, le prince de Condé changea bientôt de parti dans l'espoir de renverser le premier ministre par la victoire de ses armes.

Cette phase des événements fut la phase guerrière de la Fronde; elle surpassa de beaucoup en durée les trois autres Frondes. Elle se signala par des combats et par des sièges, elle eut pour théâtre Paris, l'Ile-de-France, la Picardie, la Champagne, la Bourgogne, l'Orléanais, la Provence, l'Aunis, la Saintonge, le Limousin, le Périgord et la Guyenne. Ses combats les plus remarqués furent ceux de Bléneau et du faubourg Saint-Antoine, ses sièges les plus considérables, ceux de Bordeaux, d'Étampes, de Villeneuve-d'Agen, de Bourg et de Libourne; le plus révoltant de ses actes fut l'incendie de l'Hôtel de ville de Paris. Tant d'événements ne pouvaient cependant manquer d'attirer l'attention des historiens même au delà de l'enceinte de la capitale, et la plupart de ces faits ont obtenu quelques pages; mais combien le récit de la Fronde dans les provinces était resté incomplet, combien de faits avaient été passés sous un silence presque absolu, tels que le siège et les combats de Miradoux, les troubles d'Agen, le siège de Saintes, les épisodes du siège de Montrond et du château de Blanchefort, l'affaire de Montançais, le combat de Saint-Robert, les opérations militaires du comte d'Harcourt, du comte de Marsin, du colonel Balthazar, du chevalier de Folleville, du marquis de Montausier, du marquis de Sauvebeuf, du duc de Vendôme, du duc de Candale, du comte d'Estrades et d'autres encore.

Dans cette partie qui se jouait entre le prince de Condé et le cardinal Mazarin, l'enjeu était le roi; la main mise sur le monarque, que son extrême jeu-

nesse rendait encore incapable de régner par lui-
même, devenait la main mise sur le gouvernement.
Le cardinal avait l'avantage de posséder l'enjeu,
il eut l'adresse de ne pas le laisser échapper ; une
seule fois, à Bléneau, son rival faillit le lui enlever.
Lorsque deux fois le cardinal prit le chemin de l'exil
afin de donner le change à ses ennemis, chaque fois
il eut soin de laisser l'enjeu entre des mains sûres
et fidèles. Si le prince de Condé avait réussi à s'emparer de la personne du roi, il n'est pas douteux
qu'avec ou sans la qualité de premier ministre, il
eût saisi le pouvoir et que le cardinal Mazarin eût fini
ses jours dans une prison d'État ; mais le succès de la
Fronde des princes n'eût pas modifié les destinées
ultérieures de la France comme l'eût fait le succès
des autres Frondes ; le directeur de la politique
royale eût été changé, mais la politique eût été la
même : l'établissement définitif du pouvoir absolu.
Il en résulte que cette Fronde du prince de Condé
n'ayant pas d'autre programme que celui du pouvoir absolu et d'autre but que celui de la satisfaction
de son ambition personnelle et de sa vengeance de
l'ingratitude du cardinal Mazarin, était éminemment
coupable, puisqu'elle jeta pendant plusieurs années
et sans nulle excuse la France dans la guerre civile
et dans les périls aggravés de la guerre étrangère [1].

[1] Désormeaux, l'historien du Grand Condé, invoque l'ingratitude du cardinal Mazarin comme une suffisante excuse de la
conduite de ce prince.

En effet il vint un moment où le prince de Condé, voyant sa cause faiblir et le vide se faire autour de lui par l'abandon successif des gentilshommes qui avaient au commencement suivi sa fortune, se jeta entre les bras des Espagnols. Jusque-là, s'il était dans leur alliance, du moins il ne combattait pas dans leurs rangs. Enfin l'épuisement des ressources de l'Espagne fit rechercher par ce prince une nouvelle alliance étrangère, celle de l'Angleterre. Deux envoyés entamèrent avec Cromwell les négociations que nous avons racontées.

La paix de Bordeaux mit fin à la Fronde des princes ; le prince de Condé, resté seul avec les Espagnols et nommé généralissime de leur armée, ne continua plus qu'une guerre étrangère à la tête de soldats étrangers ; la guerre civile avait pris fin.

Cette troisième Fronde, celle des brillants combats, portant le casque étincelant et la flamboyante épée, parmi ces quatre sœurs dont nous crayonnons les portraits, eut les allures de la Tragédie !

Passons maintenant à la quatrième Fronde, la Fronde démocratique et républicaine. Son éclosion eut lieu dans la ville de Bordeaux sous un bouquet d'ormes, lieu de réunion adopté par les gens de désordre et sans aveu, elle retint de la situation de ce nid de serpents le nom d'Ormée. La peur fit grossir bientôt ses rangs de gens de diverses conditions ; nous savons que cette faction avait pour chefs un avocat et un boucher, Vilars et Dureteste ; on vit même un prêtre fanatique, nommé Prade, mathématicien et astrologue, vouloir enflammer le peuple en lui disant qu'il avait vu, dans les étoiles, Bordeaux transformé en puissante république.

L'Ormée pillait, brûlait, volait, assassinait, dressait des listes de suspects qu'elle exilait; elle s'établissait en garnisaires dans leurs maisons jusqu'à ce que les approvisionnements réunis en prévision d'un siège eussent été consommés. Non contente des proscriptions en détail, on la vit attaquer à coups de canon le Chapeau-Rouge, quartier de la riche bourgeoisie, et le curé d'une paroisse voisine accourut avec le Saint-Sacrement afin de mettre un terme, en inspirant un auguste respect, à cette moisson que les vivants affolés faisaient pour la mort. L'Ormée, en apparence, travaillait pour le parti des princes par lequel elle était choyée et encouragée, afin de tenir dans l'épouvante le parti des honnêtes gens qui désirait sur toutes choses la fin des troubles et la paix. Au fond, l'Ormée voulait la république, et pour lui donner en France une vitalité difficile, elle réclamait la suzeraineté de la République d'Angleterre. Pour répondre à cet appel Cromwell envoya en France des agents de propagande républicaine et protestante porteurs d'un programme de gouvernement qu'il n'y avait plus qu'à proclamer. Enfin la ville de Bordeaux, dominée par cette faction, fit partir pour Londres trois ambassadeurs porteurs des propositions les plus anti-patriotiques comprenant la cession à l'Angleterre d'une place de sûreté sur une liste de villes soumise à son choix. Si toutes ces mesures prises trop tard n'eussent été réduites à néant par la capitulation de la ville de Bordeaux, cette Fronde démocratique et républicaine, avec sa boîte de Pandore, eût répandu sur la France un déluge de maux.

Cette quatrième sœur, sœur bâtarde des trois autres Frondes, fut le drame joué dans la boue et dans les carrefours !

Les quatre Frondes avaient donc chacune leur but essentiellement différent; trois d'entre elles, celle du Parlement, celle des princes, qui au fond n'avait pas d'autre programme que celui de la royauté absolue, et celle de la démocratie, voulaient changer la constitution de la France; celle de la noblesse voulait seule le maintien de son ancienne constitution représentative en l'améliorant.

De ces quatre Frondes deux restèrent nationales, c'est-à-dire pures de toute alliance avec l'étranger, ce furent la Fronde du Parlement de Paris et la Fronde de la noblesse ; deux autres furent entachées de ces alliances anti-patriotiques, ce furent la Fronde des princes et la Fronde démocratique.

Les alliances avec l'étranger recherchées et contractées par la Fronde des princes et par la Fronde démocratique et républicaine nous ont conduit à une étude diplomatique faite à l'aide des documents eux-mêmes, ce qui n'avait pas été tenté encore, cette étude présente un aspect nouveau des évènements.

Notre travail prouvera, nous l'espérons, que la Fronde méritait mieux, comme importance historique, que la façon incomplète ou légère dont elle a été envisagée par les historiens. Trop souvent la poursuite de la popularité et des avantages qui en découlent leur a servi de guide. Aujourd'hui, dans notre état de décadence, inévitable résultat du triomphe de la démocratie, l'on arrive à tout avec un simple crochet de serrurier[1], moyen grossier à la portée des nouvelles couches; mais naguère, moyen plus délicat, il suffisait souvent d'une plume exercée aux artifices de la popularité pour ouvrir les serrures des portes des ministères, des ambassades et des académies.

Notre œuvre de réhabilitation nous impose la nécessité de relever quelques-unes des appréciations hasardées et des erreurs de divers auteurs. Ils ont frappé une sorte de fausse monnaie historique qu'il est important de retirer de la circulation.

Ces observations ne peuvent s'adresser aux auteurs de Mémoires contemporains; ils n'étaient point placés à une distance suffisante des événements pour pouvoir les bien apprécier dans un coup d'œil d'en-

---

[1] Nous avons écrit ces réflexions, le 8 novembre 1880, sous l'impression des évènements qui viennent de se passer.

semble. Nous n'avons pas à demander au cardinal de Retz, au duc de la Rochefoucauld, à madame de Motteville, au marquis de Montglat, à mademoiselle de Montpensier, au comte de Tavannes, à Omer Talon, à Guy Joly, au comte de Chavagnac, au colonel Balthazar, à Lenet, à Daniel de Cosnac et à d'autres encore ce qu'ils ne peuvent pas donner ; mais ils nous fournissent le récit des évènements dont ils ont été les témoins avec leurs impressions personnelles. Après eux il appartient aux historiens de classer les faits avec méthode et de faire ressortir quel a été l'esprit moteur des évènements.

Avec une témérité que l'on nous reprochera peut-être, mais qui aura pour excuse notre sincérité, nous croyons pouvoir dire que nul historien n'a rempli complètement ce programme. Lorsque parfois quelques-uns ont entrevu la vérité, ainsi que nous le constaterons, cette vérité leur a apparu surtout comme une lueur importune dont ils se sont empressés de se garantir. Toute thèse exigeant ses preuves, nous allons en fournir en abondance.

Mailly (Jean Baptiste) a fait paraître au siècle dernier l'ouvrage le plus étendu et le plus complet qui ait été jusqu'ici publié ; il lui a donné ce titre : *l'Esprit de la Fronde*, titre inexact, car si les faits sont généralement exposés avec détails et dans leur ordre chronologique, ce que l'auteur en a le moins dégagé est cet esprit que promet son titre ; son seul aperçu vrai à cet égard consiste dans sa protestation contre cette réputation de légèreté que l'on a faite si légèrement à la Fronde. Cet ouvrage traite uniquement de la Fronde du Parlement et de la Fronde des princes ; mais les tentatives de la noblesse pour la convocation des États-Généraux, les tentatives démocratiques pour l'établissement de la république, les négociations diplomatiques ne sont pas même mentionnées.

Voltaire, dans son *Siècle de Louis XIV*, a inséré sur cette époque quelques brillantes pages ; mais l'éclat de la broderie dissimule mal la pauvreté de l'étoffe, on en jugera par cette citation :

« Au milieu de tous ces troubles, la noblesse s'assembla en corps aux Augustins, nomma des syndics, tint publiquement des séances réglées. On crut que c'était pour réformer la France et pour assembler les États-Généraux, c'était pour un tabouret que la reine avait accordé à madame de Pons ; peut-être n'y a-t-il eu jamais une preuve plus sensible de la légèreté d'esprit qu'on reprochait aux Français. »

D'un incident secondaire Voltaire fait l'objet unique de l'assemblée de la noblesse à Paris ; quant à ses autres assemblées dans les provinces pour élire ses députés et poursuivre avec persévérance son but d'obtenir la convocation des États-Généraux, il nie ce but contre l'évidence même constatée par les documents que nous avons publiés ; est-ce ignorance ou mauvaise foi ? C'est ainsi que l'on écrit des pamphlets ; mais ce n'est pas ainsi que l'on écrit l'histoire.

Après avoir étudié la Fronde à cette école, faut-il s'étonner que Michelet ait cru formuler un jugement profond, tandis qu'il n'a commis qu'une phrase à effet, lorsqu'il a écrit : « La Fronde fut une vive échappée d'écoliers entre deux maîtres sévères. »

Nous arrivons à un livre tout-à-fait spécial à la Fronde, agréablement écrit, mais défectueux dans l'appréciation du caractère des évènements et qui abonde en erreurs que nous nous croyons d'autant plus obligé à redresser que ce livre passe pour avoir quelque autorité en la matière ; nous voulons parler de l'*Histoire de la Fronde* par le comte de Sainte-Aulaire.

Cette œuvre paraît avoir été écrite moins peut-être dans un but historique que pour publiquement constater que l'auteur s'était rallié aux idées qui ont préparé et consommé la révolution de 1830, à la suite de laquelle il a exercé d'éminentes fonctions. La bourgeoisie et la magistrature étaient généralement imbues d'injustes préventions et de vieilles jalousies contre le gouvernement de la Restauration, l'auteur pouvant être soupçonné d'avoir un culte tout différent, afin de dissiper les doutes, a voulu brûler des grains d'encens en l'honneur de la bourgeoisie et de la magistrature d'alors. A l'appui de ce jugement sans prévention et dicté par la lecture même du livre, nous n'avons qu'à citer un passage de la préface qui résume l'esprit de l'ouvrage tout entier :

« Vous êtes injuste envers l'ancienne France quand vous l'accusez d'indifférence pour les grands principes de l'ordre social qui touchent si intimement au bonheur et à la dignité de l'homme. Des esprits éclairés, de généreux courages les avaient compris avant nous et des efforts avaient été tentés dès longtemps par la magistrature et la bourgeoisie pour concilier les franchises nationales et les droits du pouvoir royal [1]. »

Précisément, pendant la Fronde, la magistrature avait voulu confisquer à son profit les franchises nationales en se substituant aux États-Généraux, et la bourgeoisie avait lâché pied lorsqu'il s'était agi de défendre les institutions représentatives traditionnelles de la France; toutes les preuves historiques que nous avons accumulées sont là pour l'attester [2].

Un tel panégyrique est malheureux.

Une fois sur ce terrain, l'auteur ne s'est plus préoccupé que de soutenir sa thèse et s'est peu embarrassé de présenter les faits, soit avec exactitude, soit dans leur ordre chronologique.

[1] *Histoire de la Fronde*; Baudoin, édit. 1827. Préface, p. 5.
[2] Voy. tom. Ier, chap. v et t. III, chap. xxiii de ces *Souvenirs*.

Il dit, par exemple, que le peuple démolit lui-même avec empressement la grosse tour de Bourges[1]; cette assertion pouvait bien faire dans une galerie de tableaux de l'école prétendue libérale ; la démolition de la Bastille, en 1789, trouvait son pendant dans la démolition populaire de la grosse tour de Bourges, en 1651. Malencontreusement pour l'auteur la vérité historique contredit cet arrangement symétrique. Ce fut un ingénieur qui, par ordre royal, fit sauter la grosse tour de Bourges ; nous avons raconté les accidents causés par cette explosion [2].

L'auteur place la curieuse affaire de Brisach immédiatement après le premier retour en France du cardinal Mazarin qui eut lieu au mois de décembre 1651 [3]; cette affaire ne s'est passée qu'au mois d'août 1652. Le rôle majeur joué par le comte d'Harcourt dans cet épisode n'est pas même indiqué ; enfin cette interversion des dates rompt l'enchaînement des faits [4].

C'est sans doute pour flatter davantage le Parlement que l'auteur vante sa courageuse conduite pour former un tiers parti ; or, cette combinaison qui n'exista jamais qu'à l'état de projet, était une

---

[1] Voy. tom. III, p. 32 de l'*Histoire de la Fronde*.

[2] Voy. tom. I$^{er}$, chap. xxviii de ces *Souvenirs*.

[3] Voy. tom. III, p. 59 de l'*Histoire de la Fronde*.

[4] Voy. tom. I$^{er}$ de ces *Souvenirs*, p. 349, la lettre écrite par le comte d'Harcourt au cardinal Mazarin pour le féliciter de son retour, et l'épisode de Brisach, tom. III, chap. xxv et xxviii.

idée du cardinal de Retz voulant former ce parti avec les Parlements du royaume et le peuple, afin de se placer lui-même entre le cardinal Mazarin et le prince de Condé, et de les exclure à son profit tous les deux du pouvoir. Le coadjuteur poussait le duc d'Orléans à prendre la tête de cette combinaison dont ce prince conçut tant d'effroi qu'il n'y voulut jamais consentir, et seul de tout son corps le premier président de Bellièvre fut mis dans la confidence [1].

Après de telles erreurs, on peut faire grâce à l'auteur, bien qu'elles ne soient pas exemptes de quelque gravité, de celle d'avoir désigné le duc de la Rochefoucauld, au lieu du marquis de Sillery, comme gouverneur de Damvilliers [2].

Le prince de Conti, avant Daniel de Cosnac, avait pour premier gentilhomme de la Chambre, l'abbé de Sillery, dont le frère, le marquis de Sillery, était gouverneur de Damvilliers, ce prince, par cet intermédiaire, se trouvait maître de cette place.

Enfin, sa Fronde de convention, dont l'esprit véritable est absent, est en outre un corps amputé d'une partie de ses membres :

La grande et intéressante tentative de la consti-

---

[1] Voy. les *Mémoires du cardinal de Retz*; le tom. II, p. 11 de ces *Souvenirs* et mettez en regard tom. III, p. 69 de l'*Histoire de la Fronde*.

[2] Voy. tom. III, p. 73 de l'*Histoire de la Fronde*, et tom. VIII, chap. LXXII de ces *Souvenirs*.

tution représentative de la France au moyen de la régularisation des États-Généraux n'est pas étudiée ; et, si elle l'avait été, on sent que l'auteur l'aurait rejetée pour donner ses préférences aux prétentions illégales du Parlement. L'assemblée de la noblesse à Paris n'attire son attention qu'en raison de sa rivalité avec le Parlement et de ses protestations sur une question de privilèges de cour. Entre les nombreuses assemblées de la noblesse dans les provinces pour poursuivre le but de la convocation des États-Généraux, une seule, celle du bailliage de Chartres, est mentionnée d'une manière secondaire dans une simple note.

Les évènements militaires de la Guyenne sont l'objet du résumé le plus incomplet ; les troubles violents et prolongés auxquels fut en proie la ville de Bordeaux sont réduits à la proportion d'une tempête dans un verre d'eau. Des deux chefs de l'*Ormée*, Dureteste, le second, est seul mentionné, mais avec son nom défiguré, et celui qui tenait le premier rang, l'avocat Vilars, vile créature que l'ambition conduisit à toutes les bassesses, semble n'avoir jamais existé.

Les négociations diplomatiques au temps de la Fronde qui jettent un jour si intéressant sur nos troubles intérieurs ne sont effleurées que dans une note de quelques lignes, où il n'est question ni de l'Espagne, ni de l'ambassadeur de France en Angleterre, ni des députés envoyés à Cromwell par la ville de Bordeaux, mais uniquement des avances faites à Londres par le prince de Condé. Une telle lacune est d'autant plus surprenante qu'elle vient de la part d'un historien diplomate.

Enfin l'histoire de la Fronde n'est pas achevée; car l'avoir arrêtée au moment de la rentrée du roi à Paris, le 24 octobre 1652, tandis qu'elle ne fut réellement terminée que par la paix de Bordeaux, le 31 juillet 1653, c'est en avoir retranché une période essentielle remplie du plus haut intérêt.

Dans son *Histoire de France sous le ministère du cardinal Mazarin*, M. Bazin accumule sur la Fronde les erreurs et les omissions. Il passe sous un complet silence les événements dont la Guyenne fut le théâtre, et il commet l'erreur de dire que le prince de Condé quitta cette province pour se rendre directement à Paris, tandis qu'il se rendait à Bléneau. Il place le combat de Bléneau après le retour de ce prince à Paris et ne le fait pas figurer à ce célèbre combat. Lorsque la flotte anglaise dispersa traîtreusement la flotte de France qui se rendait au secours de Dunkerque, il dit que la première venait d'être deux fois victorieuse des Hollandais, or ce ne fut que plus tard. Après cela, il serait inutile de rechercher l'analyse de l'esprit de la Fronde, et moins encore des diverses Frondes, dans une histoire qui omet tant de faits importants.

M. de Genoude, malgré les développements de l'*Histoire de France* dont il est l'auteur, n'a donné de la Fronde pas même un résumé, mais un récit tronqué dans lequel manquent la plupart des événements ; nous devons constater cependant que quelques-uns des aperçus qu'il émet indiquent une saine appréciation. Il reconnaît parfaitement que les prétentions politiques du Parlement n'étaient qu'une dangereuse tentative d'usurpation ; que le droit représentatif résidait dans les seuls États-Généraux ; mais que ni la royauté, ni le Parlement ne voulurent se trouver en présence des véritables représentants de la nation. Cette dénégation du vieux droit des Francs lui apparaît avec toutes les conséquences funestes qu'elle devait amener, lorsqu'il dit : « La vieille monarchie avait traversé six siècles et demi avec ses libertés féodales et aristocratiques pour venir tomber aux pieds du trentième fils d'Hugues Capet. Combien l'État fondé par Louis XIV a-t-il duré ? cent quarante années ! »

Tandis que M. de Genoude, se contentant de quelques considérations générales, n'a point complètement étudié la Fronde dans ses aspirations et dans ses nuances, on s'est trompé lorsqu'il a essayé de le faire, en disant, par exemple, que le prince de Condé représentait dans la Fronde le parti féodal, parti qui n'y a point figuré puisque la noblesse s'était placée sur le terrain représentatif et que le prince de Condé n'avait d'autre objectif que le pouvoir absolu, M. Henri Martin, dans son *Histoire de France*, mérite qu'on lui rende la justice de reconnaître qu'il a émis des considérations plus exactes sur le but que se proposait la noblesse, laquelle, dit-il, ne fit point appel à la féodalité, mais à la monarchie des États-Généraux « offrant part aux deux autres ordres ». On sait combien les vues généreuses de la noblesse furent mal comprises par la bourgeoisie, ce que M. Martin constate au delà de ce qu'il voudrait peut-être, lorsque la vérité historique l'oblige à raconter ces scènes honteuses de la bourgeoisie de Chartres assaillant en tête de la populace les gentilshommes paisiblement réunis pour l'élection de leurs députés aux États-Généraux, blessant et massacrant un grand nombre d'entre eux. Par une rare exception parmi les historiens, M. Henri Martin a donc saisi, mais en se gardant d'y insister, le côté si important et si négligé de la Fronde représentative. Il s'occupe peu de la Fronde démocratique, mais à l'occasion il le fait avec un faible pour elle que nous signalons dans cette phrase au sujet de l'*Ormée* bordelaise, phrase qu'il emprunte à l'*Histoire de France* de M. Bazin, en se ralliant à son appréciation : « Il y avait dans sa brutalité un instinct de patriotisme qui reste toujours profondément gravé chez les hommes de la condition la plus grossière, et qui lui fait toujours haïr tout secours étranger. » M. Henri Martin ignorait évidemment, autant que M. Bazin, l'ambassade démocratique et anti-patriotique envoyée à Londres pour solliciter l'alliance de l'Angleterre. Cette ignorance des faits les plus essentiels provient de l'absence de recherches historiques spéciales ; ce défaut d'étude se fait sentir constamment dans son récit de la Fronde.

M. Guizot, dans son *Histoire de la république d'Angleterre*, a traité incidemment des événements de la Fronde à l'occasion de ses rapports avec Cromwell ; nous avons eu occasion de signaler certaines erreurs et certains anachronismes de son ouvrage, nous n'y reviendrons pas [1].

M. Cousin, dans son livre *Madame de Longueville pendant la Fronde*, nous a donné un tableau galant de cette période historique. Naturellement il grandit le plus possible le rôle de son héroïne, et, tout en écrivant surtout le roman de l'histoire, à côté d'appréciations erronées, il a le mérite de reconnaître certaines vérités méconnues. Par exemple, il n'hésite pas à déclarer que le Parlement ne pouvait suppléer aux États-Généraux, et il assigne à la Fronde son véritable terme, la paix de Bordeaux du 31 juillet 1653 ; quant aux fausses appréciations, aux erreurs de faits, aux inversions de l'ordre des évè-

---

[1] Voy. tom. VII, p. 344 de ces *Souvenirs*.

nements, elles abondent : il ne reconnaît pas, malgré son énergique persistance à obtenir la convocation des États-Généraux, l'aspiration de la noblesse pour l'établissement régulier d'un gouvernement représentatif, il ne voit dans la Fronde qu'une coalition d'intérêts particuliers ; malgré l'évidence, il prétend que c'était l'aristocratie qui avait fait alliance avec l'étranger, tandis que nul document n'offre même l'apparence d'une entente avec l'étranger de la noblesse qui réclamait la convocation des États-Généraux ; cette entente fut le fait, d'un côté, du prince de Condé, de l'autre, de la démocratie révolutionnaire ; les nombreux documents que nous avons reproduits en fournissent des preuves multipliées. Après avoir emprunté nombre de faits aux *Mémoires* de Daniel de Cosnac, il dit que celui-ci, qui n'était même pas prêtre encore, était l'aumônier du prince de Conti, tandis qu'on voit à chaque ligne que ses fonctions étaient tout autres ; ailleurs, il assure que le duc de Vendôme commandait lui-même la flotte royale allant au secours de Dunkerque lorsqu'elle fut traîtreusement attaquée par les Anglais. Nous ne pouvons nous étonner qu'il fasse l'éloge de la politique de Cromwell et du cardinal Mazarin. Cette politique était le prélude de notre propre révolution, elle en semait les germes d'une manière bien évidente ; cependant M. Cousin est bien difficile à cet endroit, car il en veut à l'époque de la Fronde de n'avoir pas été une anticipation immédiate de la Révolution.

M. Cousin plaçant ses lecteurs au point de vue d'une princesse mondaine et légère, nous représente surtout la Fronde rieuse ; nous allons aborder la Fronde pleureuse avec un écrivain qui l'a décrite en trempant sa plume dans un lacrymatoire.

*La misère au temps de la Fronde* par M. Feillet est un livre rempli de détails pénibles et intéressants, seulement l'auteur aurait dû rester sur le terrain que lui assigne le titre de son ouvrage. Lorsqu'il en sort pour raconter les faits politiques ou pour les apprécier, une étude insuffisante et la passion démocratique qui oblitère le jugement et détruit l'impartialité se font fréquemment sentir. Il paraît ignorer qu'avant la révolution il a existé une France glorieuse et respectée.

Pour cet auteur, la Fronde bourgeoise et parlementaire à son origine, a glissé entre les mains de la noblesse qui en a pris la direction. Tous les faits scrupuleusement relatés dans notre ouvrage démontrent la fausseté de cette appréciation. Si la Fronde avait glissé entre les mains de la noblesse dont le programme était la convocation des États-Généraux, son dénouement eût été l'établissement régulier du gouvernement représentatif. Or son dénouement a été tout autre parce que la Fronde a glissé, d'un côté, entre les mains du prince de Condé et, de l'autre, entré les mains de la démocratie pour tomber en définitive aux pieds du cardinal Mazarin. M. Feillet a confondu la Fronde de la noblesse avec la Fronde des princes, il n'est cependant pas besoin d'une étude bien approfondie pour reconnaître à quel point ces deux Frondes différaient l'une de l'autre.

L'auteur affirme, ses opinions l'obligeaient sans doute à parler contre la vérité, que les hauts personnages étaient seuls à l'abri des déprédations ; les plaintes contenues dans la lettre du baron de Courtalin-Montmorency et les plaintes générales de la noblesse que nous avons mises au jour établissent le contraire.

L'auteur a fait cette découverte précieuse que Fabert avait des sentiments d'humanité parce qu'il a été le premier maréchal de France *plébéien* (p. 295). Cette découverte est d'autant plus bienveillante de sa part qu'elle est faite à propos d'un document dans lequel Fabert figure comme signataire avec plusieurs gentilshommes de grand nom que M. Feillet, sans faire preuve d'une impartialité bien remarquable, pouvait admettre au même bénéfice, ce qu'il se garde bien de faire. Nous insistons sur ce détail, plus important qu'il ne paraît, parce qu'il démontre irréfutablement dans quel esprit écrivent généralement les historiens *plébéiens* si remplis de partialité qu'il est facile de les pren-

dre à tout instant en flagrant délit. Le *maréchal
plébéien*, dont nous nous garderons bien d'affaiblir
le mérite militaire et dont nous avons rehaussé
la modestie¹, était même quelque peu courtisan ;
c'est une découverte que nous avons faite nous-
même à propos de ces bouteilles d'eau de Spa
expédiées avec tant de précautions au cardinal Mazarin ².

M. Feillet fait au profit des armées modernes
une charge à fond contre les armées féodales à
propos de ce dicton : « Quand l'enseigne chevauche
elle ne doit rien payer sur les champs. » Il était évidemment persuadé que les armées modernes ne se
permettent d'occuper un champ de bataille que la
bourse à la main.

Il trouve, comme tel autre historien que nous
avons cité, que la fable de la démolition par le
peuple de la grosse tour de Bourges fait bien dans
son tableau, et il la transforme en histoire. Pardonnons-lui après cela d'avoir fait un maréchal de
France du comte d'Harcourt (p. 339) : il aurait pu
savoir que le comte d'Harcourt, en sa qualité de
prince de la maison de Lorraine, trouvait cette
dignité au-dessous de lui et briguait celle de
maréchal-général. Pardonnons-lui encore d'avoir
fait un duc du comte du Dognon quand il fut créé

---

¹ Voy. tom. VI, pp. 102 et suiv.
² Voy. tom. VII, chap. xlv.

maréchal de France (p. 484); il aurait pu hésiter d'autant plus à lui donner ce titre qu'il aurait dû savoir que la Cour, loin de vouloir combler d'honneurs le comte du Dognon, ne lui avait accordé qu'à contre-cœur le bâton dont la reine voulait lui donner sur les oreilles. Notre indulgence ne serait pas complète si elle ne s'étendait encore à certaines façons de son style quand il parle des désastres de la ville de Langon dont M. de Galapian[1] fut l'auteur, le *nommé* Galapian, comme dit M. Feillet dans un langage démocratique tout à fait irréprochable.

Après les émotions pleureuses et passionnées du livre de M. Feillet les chapitres consacrés à la Fronde dans l'*Histoire de France* de M. Dareste viennent glacer tous sanglots; cet historien s'est contenté de voir par les yeux des autres, il a fait son livre avec des livres, en sorte que toutes ses impressions répercutées sont singulièrement amorties. Dans ces conditions, il ne faut pas s'étonner qu'il ait généralement adopté les erreurs émises par la majorité des historiens et qu'il lui manque le sentiment bien net de l'essence du gouvernement représentatif. Il trouve que si le Parlement eût fait triompher ses prétentions politiques, la France aurait re-

---

[1] Les Brachet, seigneurs de Galapian, étaient alliés à la maison de Rochechouart. Voy. l'*Histoire généalogique du P. Anselme*.

cueilli l'avantage de posséder un régime de légalité, comme si une usurpation pouvait jamais constituer la légalité! Naturellement la Fronde se termine pour cet historien avec la rentrée du roi à Paris ; il est d'autant moins frappé des événements importants qui se déroulèrent après cette rentrée qu'il paraît se douter à peine de l'importance de beaucoup d'autres qui s'étaient passés avant. Ainsi il ne fait aucune mention sérieuse des sièges si intéressants de Montrond et de Bellegarde, se bornant à dire que ces citadelles durent ouvrir leurs portes ; les longues et curieuses péripéties de la guerre de Guyenne obtiennent quelques lignes à peine : l'importance de la Fronde démocratique n'est pas saisie, la Fronde diplomatique est complètement ignorée. Cependant nous trouvons dans ce livre un trait de vérité qui le rend supérieur à bien d'autres, quand l'auteur reconnaît que le corps de la noblesse resta étranger aux mobiles égoïstes qui jetèrent certains grands seigneurs dans le mouvement, qu'elle resta généralement fidèle au roi et n'agit comme corps que pour demander la réforme et la convocation des États-Généraux. C'est un fait qu'il constate du moins, mais il n'en tire aucune des déductions qui auraient dû se présenter à son esprit, sans doute parce que le prétoire judiciaire du Parlement transformé en chambre politique lui est apparu comme la meilleure des solutions.

M. Gaillardin, dans son *Histoire du règne de Louis XIV*, a cru, à l'exemple de M. Dareste, le grand épisode de la Fronde assez riche en documents publiés pour pouvoir se dispenser de recherches nouvelles ou simplement même d'une étude spéciale et il s'est borné à suivre les errements de ses devanciers, adoptant les erreurs en cours et parfois y ajoutant les siennes. Comme la plupart de ces historiens, il assigne le terme de la Fronde à la rentrée du roi à Paris ; après cette date, il ne voit plus que la lutte de quelques partis dispersés s'appuyant sur l'alliance de l'Espagne. Il a ignoré les négociations si importantes suivies avec l'Angleterre par le gouvernement royal et par l'insurrection démocratique bordelaise ; quant à celles suivies avec la même puissance par le prince de Condé, quelque lueur lui en est parvenue, mais si indécise qu'elle lui procure l'occasion d'émettre un singulier anachronisme dans la phrase que nous allons citer :

« La république d'Angleterre avec qui le prince de Condé n'était pas en vain accusé de négocier, leur (aux Espagnols) venait en aide en capturant une flotte française. »

L'auteur place ce fait après la paix de Bordeaux du 30 juillet 1653 qui a terminé la Fronde ; or nous savons que cette flotte se rendait au secours de Dunkerque et que sa capture partielle à la suite d'une traîtresse attaque sans déclaration de guerre, avait eu lieu au mois de septembre 1652.

A l'occasion de son intéressante publication *le Cardinal de Retz et l'affaire de chapeau*, M. Chantelauze a consacré un volume à l'histoire de la Fronde. Un peu trop absorbé par son héros, il a vu la fin de la Fronde coïncidant avec l'arrestation du cardinal, le 19 décembre 1652. Généralement les historiens ont prétendu voir la fin de cette période de troubles politiques coïncidant avec la rentrée du roi à Paris, le 24 octobre 1652. M. Chantelauze n'a pas voulu tomber dans leur erreur, il a préféré en commettre une autre. Plusieurs volumes de notre ouvrage remplis de faits irrécusables établissent suffisamment que si la rentrée du roi à Paris et l'arrestation du cardinal de Retz ont fait faire un grand pas vers le dénouement, ni l'un ni l'autre de ces événements n'ont cependant terminé la Fronde dont la paix de Bordeaux, du 31 juillet 1653, a seule marqué la fin. Si la captivité du cardinal de Retz débarrassait le cardinal Mazarin d'un concurrent au ministère et affaiblissait la Fronde d'un côté, de l'autre, cet incident la fortifiait en délivrant le prince de Condé d'un dangereux rival d'influence. Enfin l'auteur n'a pas recherché la cause, inhérente pourtant à la personnalité du cardinal de Retz[1],

---

[1] Nous avons fait connaître cette cause, tom. IV, pp. 200 et suiv. de ces *Souvenirs*.

qui avait retardé la rentrée à Paris du cardinal Mazarin, alors que nul obstacle matériel ne pouvait empêcher son retour.

L'auteur s'imagine que le Parlement, au lieu de prétentions, avait des droits politiques[1]; cette citation l'établit :

« Jamais la reine, nourrie dans les traditions absolutistes de ses aïeux, et son ministre, tout imbu des maximes autoritaires de la cour de Rome, ne purent s'imaginer que le Parlement français fut en possession de privilèges qui pussent être en contradiction avec l'autorité royale (p. 64). »

Cette concession gracieuse faite au Parlement de tous les droits des États-Généraux, seuls représentants légitimes de la nation, ne permet plus de s'étonner que l'auteur s'occupe si peu de la tendance de la Fronde la plus rationnelle et la plus curieuse à étudier, sa tendance au gouvernement représentatif, et qu'il lui suffise d'une demie page consacrée aux assemblées de la noblesse (p. 210).

Terminons nos observations sur ce livre en relevant cette erreur matérielle d'après laquelle la ville de Blaye, que le duc de Saint-Simon conserva toujours sous l'autorité du roi, aurait été occupée par les Espagnols (p. 339). Cette confusion avec la

[1] Nous avons réfuté ces prétentions à bien des reprises dans cet ouvrage.

ville de Bourg remise aux Espagnols comme place de sûreté par la Fronde bordelaise, est d'autant surprenante que le siège et la prise de Bourg par l'armée royale sur les Espagnols a été l'un des faits militaires les plus marquants de la guerre de Guyenne[1].

Après ces observations sur les diverses histoires de la Fronde nous n'avons pas la présomption de croire qu'on ne pourra adresser aucune critique à notre œuvre; nous acceptons d'avance toutes celles qui seraient fondées, malgré nos soins, sur des erreurs commises soit dans le récit des faits, soit dans leur ordre chronologique. Il est par exemple une critique qu'il nous est facile de prévoir : nous avons méconnu l'esprit démocratique des temps modernes. Précisément nous nous honorons de l'avoir fait, car nous avons écrit cet ouvrage pour la vérité et non pour la popularité qui nous eût été facile d'obtenir si nous avions fait tourner nos longues et patientes recherches au profit d'une thèse qui eût consisté à flatter les passions de notre époque[2]. Entre un homme politique et

---

[1] Voy. tom. VII, chap. LIV.

[2] Maire *élu* et *réélu* d'une commune rurale de plus de dix-huit cents habitants, celle de Salon-la-Tour, département de la Corrèze, nous pouvons constater avec l'autorité de l'expérience que nos idées ne sont pas incompatibles avec celles du peuple lui-même, et qu'elles inspirent pour la protection et la défense de ses vrais intérêts plus de dévouement à ceux

un historien il existe des distinctions essentielles qu'on ne devrait jamais perdre de vue et que nous sommes bien aise de mettre en lumière : le premier est obligé de tenir compte de certains faits ou de certaines opinions du moment ; le second doit, avec une exactitude scrupuleuse dans son récit, dégager les principes sans faiblir ; il travaille sur la matière inerte du passé, il n'a aucune sensibilité à ménager. L'homme politique, lorsqu'il n'est pas un ambitieux sans conscience, ne doit toutes fois composer avec le présent qu'en se proposant le but d'assurer le succès des principes dans l'avenir, en y apportant toutes les considérations nécessaires de prudence et de temps. Le rôle de l'historien est donc, en narrant les faits du passé, trésors d'expérience pour qui les étudie, d'allumer le fanal sur lequel l'homme politique doit diriger le navire.

La Fronde a marqué la phase décisive de notre transformation politique ; pour être féconde, elle aurait dû être uniquement une manifestation représentative, au lieu d'être surtout une manifestation par les armes. Son principe fondamental était une protestation contre le système du pouvoir absolu qui commençait à s'introduire, son échec a marqué le triomphe définitif de ce pouvoir et par suite l'avène-

---

qui les partagent, nous en connaissons de nombreux exemples, que n'en inspirent les idées démocratiques et égoïstes de ceux qui en font une exploitation fructueuse, afin de parvenir.

ment de la démocratie. La royauté s'est appuyée sur cette dernière pour détruire plus sûrement l'influence de la noblesse ; elle trouvait dans la bourgeoisie un auxiliaire envieux tout disposé à se courber sous le pouvoir royal jusqu'à ce que l'œuvre fût accomplie, puis l'ingrate, comme il eût été facile de le prévoir, s'est tournée contre la monarchie et l'a renversée. Telle est en quelques lignes toute l'histoire de la révolution.

En saisissant avec tant d'empressement l'arme dangereuse du pouvoir absolu, la vieille monarchie française s'est suicidée. A l'époque de la Fronde, au lieu de se soustraire à la convocation des États-Généraux, elle devait prendre la tête de ce mouvement et régulariser sur une base aristocratique, avec une large et légitime place faite au Tiers-État, la représentation nationale. Nous insistons sur ce mot base aristocratique, parce que l'histoire de tous les temps et de tous les peuples démontre que les gouvernements à base démocratique n'ont jamais assuré le bonheur, la sécurité, la grandeur des nations. Nous ne prétendons pas que l'aristocratie soit faite pour se renfermer dans la vanité ou dans d'égoïstes jouissances ; elle est faite, comme la royauté, pour jouer un rôle social utile dans l'intérêt du peuple lui-même ; elle ne doit pas être un corps fermé, mais un corps accessible dans de certaines conditions déterminées, ainsi que nous l'avons exposé plus particulièrement tome III, chap. XXIII de cet ouvrage. Enfin l'inégalité constituée en sa faveur ne devant avoir d'autre but que l'intérêt politique, doit se renfermer dans la sphère politique et ne point porter atteinte à l'égalité devant la loi en matière civile ou criminelle ; nous ajouterons même que si en matière criminelle il devait être porté atteinte à l'égalité, ce devrait être en sens inverse en raison des obligations plus grandes qui incombent à une aristocratie politique.

Nous avons particulièrement retracé, tome Ier, chapitre IV et tome III, chapitre XXIII, quelle devait être la transformation de la noblesse féodale en noblesse parlementaire pour n'avoir pas à y revenir.

L'heure de la décadence d'un peuple a sonné lorsque la démocratie triomphante escalade le pouvoir et s'installe dans tous les postes de l'État ; nul besoin pour les nouveaux occupants d'aptitude aux fonctions envahies ; la médiocrité, l'insuffisance, l'incapacité, deviennent des titres d'autant moins incontestés que les masses en sont amplement pourvues. La démocratie pour se mieux cantonner sans concurrence dans ses postes avantageux, a même soin, presque toujours, d'établir des gouvernements assez peu considérés pour que les honnêtes gens ne soient pas tentés de les servir.

Pour réussir dans l'entreprise de l'établissement de la monarchie absolue, la royauté, à partir de la chute de la Fronde, se fit hardiment la continuatrice de l'œuvre du cardinal de Richelieu ; avec le cardinal Mazarin triomphant et plus puissant que jamais, elle n'hésita plus à saper la base des vieilles institutions de la France. Louis XIV élevé à cette école, lorsque bientôt il gouvernera par lui-même, enveloppera dans une prescription commune les États provinciaux et les franchises municipales, ce puissant dérivatif qui détourne la bourgeoisie des questions politiques généralement au-dessus de sa sphère et de sa portée, pour diriger son activité féconde sur les questions d'intérêt local qui sont de sa compétence. Triomphe fatal ! Cet auto-da-fé a éclairé de grandes choses, un règne brillant et glorieux, il y contribua même en consumant en moins d'un siècle les matériaux accumulés par onze siècles de monarchie ; mais de tout cet éclat il n'est resté que des cendres et un brasier qui fume encore. Le gouvernement absolu est commode et facile pendant un temps, tant que la démocratie n'a pas conscience de sa puissance ; mais, lorsque la démocratie a acquis cette connaissance de la force brutale et inintelligente du nombre, ainsi qu'il arrive toujours, le pouvoir absolu n'a plus d'intermédiaires organisés, plus d'institutions, puisqu'il les a détruites comme gênantes, entre lui et cette démocratie ; alors, désarmé, il succombe. La monarchie, par son ambition de dominer sans contrôle, se trouve ainsi avoir travaillé au triomphe de la démocratie d'une manière plus sûre que n'aurait pu faire la démocratie elle-même travaillant pour son propre compte, puisqu'elle a mis à son service toutes les forces gouvernementales qui lui eussent manqué.

Combien peu les enseignements de l'histoire servent aux monarques et aux nations. Louis XIII et Louis XIV ont-ils jamais médité ces réflexions d'un de leurs prédécesseurs à son lit de mort, de Charles V, auquel ses luttes contre la démocratie de son temps les avait certainement inspirées, ou bien serait-ce parce qu'ils les avaient méditées que, par découragement, ils se sont préoccupés si peu du découronnement de leurs successeurs :

« Ah ! précieuse couronne de France, dit-il, et à cette heure si impuissante et si humble : précieuse par le mystère de justice renfermé en toi ; mais vile, plus vile que toutes choses à cause du fardeau, du travail, des angoisses, des tourments, des peines de cœur, de corps et d'âme, et des périls de conscience que tu donnes à ceux qui te portent. Ah ! s'ils pouvaient d'avance les savoir, ils te laisseraient plutôt tomber dans la boue que de te placer sur leur tête [1]. »

[1] *Histoire des ducs de Bourgogne*, par le baron de Barante.

Nous ne voulons point terminer ce long travail sur la Fronde en nous arrêtant sur des pensées si sombres ; l'étude de l'histoire actuellement plus approfondie qu'elle ne fût jamais nous ramènera à connaître et à apprécier les principes tutélaires de monarchie héréditaire, de hiérarchie héréditaire, mais accessible, et de liberté sage sur lesquels se fondent les gouvernements stables.

FIN DU TOME VIII ET DERNIER DE LA PREMIÈRE SÉRIE.

# APPENDICE

## NOTE PREMIÈRE

Pour le II<sup>e</sup> volume, chap. xvii.

*Ordre de faire tirer le canon de la Bastille sur l'armée du roi.*

De par Monseigneur, fils de France, oncle du Roy, duc d'Orléans.

Il est ordonné à Monsieur de la Louvière, gouverneur du chasteau de la Bastille, de favoriser en tout ce qui luy sera possible les trouppes de Son Altesse Royale et de faire tirer sur celles des ennemis qui paroisteront à la veue dudit chasteau. Faict à Paris le deuxième juillet mille six cent-cinquante deux.

Gaston.<br>Goulas [1].

[1] Manuscrits de la *Bibliothèque nationale*, Fonds Baluze; Limousin, armoire 7.

Un hasard heureux nous a fait rencontrer ce document original dans les armoires de Baluze; nous n'en avions pas connaissance lors de la publication du 2ᵉ volume de cet ouvrage. Ce document apporte au récit que nous avons fait de cet épisode de la Fronde cette modification que mademoiselle de Montpensier ne prit pas entièrement sur elle, ainsi que tous les historiens l'ont raconté, la responsabilité de faire tirer le canon de la Bastille sur l'armée du roi, puisqu'elle avait entre ses mains un ordre du duc d'Orléans. Sa responsabilité n'en reste pas moins très considérable encore, car on ne saurait douter qu'elle n'eût arraché cet ordre à son père.

# NOTE DEUXIÈME

Pour le V<sup>e</sup> volume, chap. XL.

LETTRE DU DUC DE CANDALE AU CARDINAL MAZARIN[1].

Monsieur,

Sur ce que j'ay esté averty que M. de la Force s'estoit absolument excusé de l'employ de Guienne duquel le Roy l'avoit honnoré par l'entremise de Votre Eminence, j'ay creu, Monsieur, vous devoir encore supplier tout de nouveau de vouloir me faire la grâce de demander au Roy et à la Reine de me mettre à un poste où il vous doit estre avantageux d'avoir des gens qui aient une dépendance aussy entière qu'est celle que j'ay et que je veux avoir toute ma vie de vous. Je prens la liberté de vous presser, Monsieur, sur ceste affaire par ce que je say que vous n'y trouverés aucune répugnance ny dans l'esprit du Roy, de la Reine, ny du Conseil, la plupart de ceux qui le compose s'estant

---

[1] Nous avons acquis de M. Charavay, archiviste paléographe, le 4 mai 1880, l'original de cette lettre inédite que nous reproduisons avec un respect absolu de son orthographe. Elle ne contredit en rien ce que nous avons avancé au sujet de la nomination du duc de Candale comme général en chef de l'armée de Guienne, elle y ajoute cette particularité que le duc de Candale avait ardemment sollicité lui-même une faveur que le cardinal Mazarin était si disposé à lui accorder.

déclaré que la maison dont je suis avoit encore assés de crédit dans la Guienne pour que ma présence pût estre de quelque utilité au service du Roy. Je croy, Monsieur, que Vostre Eminance a assés bonne opinion de moy pour croire que je suis poussé à désirer cest employ par un sentiment d'ambition qui ne peut estre blâmable, mais je ne suis pas assez heureux pour avoir jusques icy rencontré une occasion assés favorable pour vous faire cognoistre que de touts les sentiments que je peux avoir, les plus violens tendent au desirer passionné que j'ay de vous rendre des services considérables et que ce qui me fait souhaiter avec plus de passion le comandement de l'armée de Guienne est que je croy que je seray dans un état plus avantageux de vous tesmoigner que j'ay un attachement inviolable à tous vos intérets ; les conjonctures présentes pouront bien en ces lieux me donner quelque moien de vous faire paroistre une partie de ce que je souhaite et M. de Miossens, qui est un tesmoin irréprochable à l'égar de Vostre Eminance, luy pourra tesmoigner avec quel zèle je me porte dans vos intérets et l'attachement que j'ay, et par vous et par mon devoir, au service du Roy, et moy je vous assureray que je suis, avec un profon respec,

Monsieur, vostre très humble et très obéissant serviteur.

LE DUC DE CANDALLE.

A Compiègne, ce 8 septembre 1652.

# NOTE TROISIÈME

Pour les chapitres LXIX et LXX.

**LETTRE DU ROI AU DUC DE VENDOME** [1].

Du 15 juillet 1653.

Mon oncle, considérant combien la réduction que vous avez faite de la ville de Bourg en mon obéissance est avantageuse à mon service et comme il est important de profiter de cet avantage que selon les avis que j'ai de la quantité de vivres qu'il y a dans la ville de Bordeaux, elle peut soutenir encore longtemps un siège, par famine duquel l'issue pourrait estre incertaine, soit par l'opiniâtreté des assiégez, soit par les divers évènements des choses et pour beaucoup de raisons que vous pouvez assez juger, j'ai résolu de faire attaquer ladite ville de Bordeaux par force. Présuposant toutefois que l'armée navalle des Espagnols ne soit pas entrée dans la rivière de Bordeaux, ou près de l'embouchure d'icelle pour y entrer; que, si avant que vous receviez cette dépêche, ils avoient tenté où s'ils tentoient le secours sans y réussir, comme il y auroit tout sujet d'espérer de réduire bientôt les assiégez à capituler par l'espérance qu'ils per-

---

[1] Minute inédite. *Archives du ministère de la Guerre*, vol. 140.

droient d'estre secourus, il ne seroit pas à propos de les attacquer par force. Que si pendant que mes armées de terre seroient employées à faire le siège de ladite ville par force, l'armée navalle d'Espagne entroit dans la rivière, mon intention est que l'infanterie desdites armées soit employée à la conservation des forts construits sur la rivière et à renforcer les vaisseaux de mon armée navalle pour combattre celle d'Espagne en laissant les postes des tranchées suffisamment gardez; en sorte que les assiégez n'y puissent rien entreprendre, et, après que l'occasion de la mer seroit passée, chacun reprendroit les postes pour continuer l'attaque par force.

Que pour faire ladite attaque par force vous ayez de concert avec mon cousin le duc de Candalle, et, selon les avis que vous aurez de l'état de l'armée navalle d'Espagne, à y employer toutes les troupes des armées de terre que vous et luy commandez, pour former au plustôt trois attaques : l'une à la Bastide qui sera commandée par vous et à laquelle le sieur de Cominges servira sous vous en qualité de mon lieutenant-général, et les deux autres du côté de la ville aux endroits qui seront jugez les plus faciles et commodes. Qu'aussy de concert vous vous servirez de l'artillerie et des munitions de guerre qui ont été trouvées dans Bourg et de celles qui sont à la suite de mon armée que vous comandez.

Que s'il est besoin d'y employer une plus grande quantité de munitions de guerre, il en soit tiré de Brouage suivant les ordres qui en seront présentement adressez au sieur d'Estrades, où elles seront remplacées par le moyen du fonds qui a été fait pour les dépenses de la cavalerie de la présente année.

Que pour ne rien obmettre en une affaire si importante, considérant que mon cousin le duc de Candalle pourra avoir besoin des troupes de cavalerie et infanterie qui sont sous la charge du sieur de Sauvebeuf, ou de partie d'icelles, il lui mande de les mener ou envoyer ; à quoy, bien que je ne doute pas que ledit sieur de Sauvebeuf ne satisfasse, néantmoins je lui fais adresser une lettre de moy exprès pour ledit sieur de Sauvebeuf, afin qu'il apporte toute la dilligence nécessaire.

Et pour régler toutes choses pour cette attacque en sorte qu'il n'y puisse arriver aucune difficulté, je vous diray que mon intention est que vous preniez le comandement tant du pays d'entre deux mers, que de Bourg et de Libourne, que vous attacquiez la Bastide et agissiez en outre contre la ville de Bordeaux vers la mer.

Que comme il y a beaucoup plus de troupes dans l'armée que commande mon cousin le duc de Candalle que du côté que vous commandez, je mande à mondit cousin de disposer toutes les troupes qu'il comande pour les deux attacques qui seront à faire à la ville en l'une desquelles il sera en personne et en l'autre il y employera le sieur d'Estrades seul, lequel vous ferez à cet effet passer auprès de mondit cousin et pour lui donner plus de moyens de réussir et d'aider aux troupes que vous mettrez pour cet effet sous sa charge, je désire que vous envoyez avec lui mon régiment de Normandie, ceux de Bretagne, de la Meilleraye et de Douglas et même celui dudit sieur d'Estrades, lorsqu'il sera arrivé, le tout pour servir sous les ordres généraux de mondit cousin le duc de Candalle jusqu'à l'effet desdites attacques.

« Que pour subvenir aux dépenses des travaux dudit siège en le formant par force, j'ai ordonné un fonds comptant de la somme de soixante mille livres, lequel sera envoyé sur les lieux en toute dilligence au premier avis que je recevray que vous vous serez disposez avec mondit cousin à cette entreprise et que vous l'aurez commencée, sur quoy j'attendrai de vos nouvelles avec autant d'impatience que la chose est importante.

J'ajouterai à cela que j'ai fait faire le fonds pour la solde et subsistance de mon armée navalle jusqu'au mois de septembre prochain, et iceluy compris, suivant l'état qui vous a été envoyé et les avis plus particuliers que vous en recevrez du sieur Chapellain ; et d'autant qu'il sera besoin de pourvoir de bonheur à l'approvisionnement de madite armée navalle pendant les six sepmaines qu'elle pourra demeurer en mer après ledit mois de septembre, soit pour continuer à servir dans la rivière de Bordeaux, s'il n'étoit point encore réduit à mon obéissance, soit pour aller ailleurs, ainsy que je l'ai plus particulièrement expliqué au sieur de Brouilly [1], je desire que vous m'envoyez un projet de l'état du fonds qu'il faudra faire pour ces dépenses, afin d'y donner ordre ; et me remettant audit sieur de Brouilly de tout ce que je pourrois vous dire plus particulièrement sur ce sujet et même de vous témoigner les sentiments de joye et de satisfaction des bonnes nouvelles qu'il m'a aportées, je ne vous ferai la présente plus longue que pour prier Dieu....

---

[1] Antoine de Brouilly, marquis de Piennes, chevalier du Saint-Esprit à la promotion du 31 décembre 1661.

### LETTRE DU ROI AU COMTE D'ESTRADES [1].

Du 15 juillet 1653.

M. d'Estrades, donnant mes ordres à mon oncle le duc de Vendosme pour l'attacque de Bordeaux du côté de la Bastide, et d'y employer sous lui le sieur de Cominges en qualité de lieutenant-général, au même temps à mon cousin le duc de Candalle pour en faire l'attacque de l'autre côté, où est le corps de la ville, j'ai résolu de vous employer, sous l'autorité de mondit cousin le duc de Candalle, pour faire l'une des attacques qui seront de son côté ; ce que j'ai bien voullu vous faire scavoir par cette lettre et vous dire qu'aussitôt que vous l'aurez receue, vous ayez à passer de mon armée étant sous le commandement de mon oncle le duc de Vendosme, en celle qui est sous celui de mondit cousin le duc de Candalle, et que vous y fassiez en qualité de mon lieutenant-général, sous son autorité et en son absence, tout ce qu'il vous ordonnera pour mon service avec asseurance que celuy que vous m'y rendrez me sera en singulière considération et sur ce je prie Dieu...

### LETTRE DU ROI AUX DUCS DE VENDOME ET DE CANDALE [2].

Du 15 juillet 1653.

Mon oncle, ayant sujet d'espérer qu'avec l'assistance divine le siège de Bordeaux réussira heureuse-

---

[1] Minute inédite. *Archives du ministère de la Guerre,* vol. 140.
[2] Minute inédite. *Archives du ministère de la Guerre,* vol. 140.

ment sous votre conduitte et sous celle de mon cousin le duc de Candalle, je vous fais cette lettre pour vous dire, ainsy que je fais à mondit cousin, qu'en cas que vous et lui veniez à quelque traitté et capitulation avec ceux qui tiennent ladite ville contre mon service et les habitans d'icelle, vous ne leur accordiez aucun article qui empêche que je ne puisse faire construire une citadelle en ladite ville ou en faire démolir et razer les fortifications et murailles et chastier les plus coupables des soulèvements et de la rébellion de ladite ville, sans aussy que je sois obligé à aucune chose à l'esgard de la séance du Parlement, ny des autres compagnies qui ont esté transférées hors de ladite ville, ce que je vous ordonne expressément d'observer de concert avec mon dit cousin. A quoy m'asseurant que vous satisferez tous deux aussy ponctuellement que la chose est importante et m'est à cœur pour le bien et le repos de mon État, je ne vous en ferai la présente plus expresse ny plus longue que pour prier Dieu qu'il vous aît...

### MÉMOIRE ADRESSÉ AU CARDINAL MAZARIN [1].

A Lormont, le 22 juillet 1653.

Bourdeaux a si fort changé de face qu'on ne le connoit presque plus. Le peuple de cette ville là, qui jusques icy a tesmoigné une aversion espouvantable pour la paix, ne dit plus autre chose par les rues que la paix, la paix! et ceux-là mesme qui crioient, il y a trois jours, par les carrefours : Vive le prince! crient à fleux, vive le Roy!

[1] Document inédit. *Archives nationales*, KK, 1220.

Samedi dernier, M. l'évesque de Tulles, suivant les mémoires que recevoit tous les jours le sieur de Boucaud et le P. Berthod, se rendit à bord de l'Admiral avec eux, pour avoir le commerce plus facile avec leurs correspondants de Bourdeaux, mesme pour faire des conférences avec eux, ainsi qu'ils avoient tesmoigné le désirer, et pour faire avancer l'armée proche de la ville lorsqu'il en seroit besoin.

Ce mesme jour XX$^e$, la jeunesse de la ville conduite par le sieur Ferrand, se mit sous les armes, au nombre de trois ou quatre mil hommes, et les bourgeois qui gardoient les portes de la ville voulurent aussy garder l'Hostel-de-Ville, afin d'empêcher M. le prince de Conty de s'en rendre le maistre absolu. Il est bien logé dedans, mais il n'y commande pas ; la bourgeoisie y fait garde, et la jeunesse a fait sortir des prisons les sieurs Dussaut et Filiol, et le père Isthier qui y est encore enfermé, en sortira demain.

Le mesme jour, l'Ormée perdit ses chefs, Dureteste et Villars ne parurent plus, et le dimanche cette canaille fut tout à fait détruite ; la ville se mit en armes pour demander la paix, et les pavillons blancs furent arborez sur les clochers des églises, au lieu des enseignes rouges que les Ormistes y avoient mis. Les passeports de M. de Conty pour faire sortir le monde ne furent plus reconnus et les gardes de S. A. qui conduisoient un bourgeois hors de la ville pour l'en chasser, se le virent arracher des mains par les autres bourgeois qui gardoient la porte des Salinières.

Le sieur de Boucaud et le P. Berthod qui recevoient à tous moments les avis de tout ce qui se passoit et de la disposition où estoient les peuples qu'il communiquoit à M. l'évêque de Tulles, firent prendre résolution audit sieur de Tulles de partir la nuit pour aller à Bourg, afin d'obliger M. de Vandosme qui s'y estoit rendu après la prise de Libourne, de venir en diligence à Lormont pour ne laisser pas eschaper la belle disposition où estoient les esprits de Bourdeaux. S. A. qui se trouva mal, pria M. l'évesque de Tulles de s'en retourner audit Admiral, avec pouvoir de faire tout ce qu'il jugeroit nécessaire pour le service du Roy.

Le lundi XXI°, sur les huit heures du matin, se fit une grande assemblée de bourgeois à la Bource, dans laquelle il fut résolu qu'on ne retarderoit pas plus longtemps à demander la paix, et pour cela on y nomma des députés pour envoyer aux généraux d'armée, qui furent MM. de Virelade et de Bacalan. Pendant ce temps-là le portrait du Roy fut mis sur la porte de la Bource où se faisoit l'assemblée, entouré d'une couronne de lauriers. Un insolent Ormiste proposant d'y mettre celuy de M. le prince, faillit à estre assommé, et l'on courut sur luy en criant : à l'Ormiste !

Durant cette assemblée, nostre armée s'approcha de Bourdeaux, comme nos correspondants l'avoient demandé, et comme nous l'avions promis. L'Elbeuf, la galeasse, deux galères, deux vaisseaux à rames et quelques bruslots allèrent au-dessus de Bacalan, et l'Admiral, avec le Soleil, les escortoit sous voiles.

Ces vaisseaux avancez et ceux des ennemis firent grand feu durant quatre ou cinq heures. Il y eut quelques soldats tuez de part et d'autre, mais nos canons ne tirèrent point sur la ville par l'ordre du commandeur de Neuchèze de crainte de gaster les belles dispositions qu'on voyoit dans la ville pour l'acheminement à la paix.

M. de Vandosme qui, quoique malade et fort incommodé, sur les avis qu'on lui avoit donnés que sa présence estoit nécessaire, se rendit icy dans le temps que nos vaisseaux se canonoient avec ceux des ennemis et y attendit tout le jour pour scavoir l'issue de cette assemblée du matin.

Le mardy, sur le midy, trente ou quarante jeunes hommes des meilleures maisons de Bourdeaux et chefs de ceux qui le dimanche avoient mis sous les armes trois ou quatre mil hommes, arrivèrent icy portant le ruban blanc au chapeau pour supplier M. de Vandosme de permettre d'ammener M. Boucaud et le P. Berthod avec eux dans Bourdeaux, auxquels la ville avoit grande confiance, afin qu'ils fortifiassent le peuple dans leurs bonnes intentions et qu'ils peussent conférer avec leurs correspondants. S. A. de Vandosme leur accorda le sieur Boucaud qu'ils ammenèrent sur-le-champ, et leur promit de permettre au P. Berthod d'y aller dans peu.

Une heure après, le sieur de Bacalan, député du corps de ville, accompagné du sieur Ferrand, le jeune, vint faire sa harangue de la part des bourgeois à M. de Vandosme, pendant que M. de Virelade estoit allé vers M. de Candale pour la mesme fin. Le discours de Bacalan fut plein de grand respect et d'une soumission extraordinaire pour obliger M. de Vandosme d'intercéder auprès du Roy pour obtenir grâce de Sa Majesté pour la ville.

S. A. respondit à la harangue de Bacalan avec des termes pleins de douceur et promit de s'employer auprès de Sa Majesté pour leur faire faire toutes les grâces qu'ils pourroient espérer de son authorité. Après cela Bacalan demanda que pendant le traité, il pleut à M. de Vandosme leur permettre de moudre quelques bleds et donner une suspension d'armes. S. A. lui respondit à tout cela en présence de MM. de Bougy et de Chavagnac que M. de Candale lui avoit envoyés sur le sujet de cette députation, qu'il ne pouvoit rien accorder qu'il n'eût conféré avec M. de Candale, ne voulant rien faire qu'avec sa participation ; mais selon les apparances, on leur accordera ce qu'ils demandent. Demain les sieurs de Bacalan et Ferrand doivent venir pour avoir une response positive, après que les généraux se seront parlez, et lesdits sieurs de Bacalan et Ferrand ont asseuré M. de Vandosme qu'ils avoient envoyé en Angleterre, il y a trois mois, une révocation de ce qu'avoient dit ou fait les députez en Angleterre, et ont promis de la lui mettre entre les mains. Aujourd'huy, sur les neuf heures du soir, M. le chevalier de Mun, capitaine des gardes de M. de Candale, est arrivé icy, lequel a dit à M. de Vandosme qu'il venoit de Bourdeaux dire à la bourgeoisie que M. de Candale ne vouloit recevoir aucune proposition d'eux qu'avec la participation de M. de Vandosme, qui envoye le sieur Butin, secrétaire de ses commandements, dire aux bourgeois la mesme chose (quoiqu'il l'eût déjà dit aux sieurs de Bacalan et Ferrand).

RELATION DU VOYAGE QUE LE SIEUR BUTIN, SECRÉTAIRE DES COMMANDEMENTS DE MONSEIGNEUR LE DUC DE VANDOSME, A FAIT A BORDEAUX PAR ORDRE DE SON ALTESSE, LE MERCREDY 23 JUILLET 1653 [1].

« Ce voiage estoit pour cognoistre à peu près le pouvoir de ceux qui sont présentement en quelque crédit dans la ville, et qui criant la paix font pour cela faire des députations ; s'il y a quelque nécessité de les forcer à faire paroistre de si belles dispositions, et si apparemment ce nouveau party sera pour l'emporter audessus de ceux qui ont auparavant gouverné les esprits. Pour en avoir un prétexte honeste, Son Altesse jugea à propos d'escrire la lettre dont la teneur sera insérée au bas de cette relation et de faire faire par le secrétaire de ses commandements la mesme chose qui avoit esté faite le jour précédent par le chevalier de Meun de la part de M. Candale, civilitez et compliments de celle de S. A. à messieurs les princes, mesdames les princesses, contenant en substance qu'en l'estat présent des affaires, Elle avoit envoyé son secrétaire des commandements pour les assurer qu'Elle leur rendroit autant de services qu'Elle pourroit, dans la condition et dans l'estat auquel Elle est. Le secrétaire allant donc pour exécuter ses ordres, en mettant pied à terre à la porte des Chartreux, il apprit que le sieur de Bacalan, avocat général de la chambre de l'édict de Guyenne, estoit dans une maison fort proche de là, et qu'il estoit sur le point de partir pour aller pour une seconde fois à Lormont comme député

[1] Document inédit. *Archives nationales*, KK, 1220.

de la bourgeoisie vers S. A. Cela obligea le secrétaire à
entrer dans cette maison où il trouva près de cent-cinquante jeunes hommes des mieux faits et des plus
quallifiez de la ville, avec ledit sieur de Bacalan, qu'il
tira à part affin de luy dire le suject de son envoy, et
que cependant il yroit dans la ville pour faire ce que
S. A. luy avoit commandé, l'austre peut continuer son
voyage à Lormont, qu'il auroit peut-être différé s'il
eust appris par d'autres que par lui son arrivée. Le
petit discours qu'ils eurent ensemble en particulier
estant fini, le trompette de S. A. qu'il avoit mené avec
luy, sonna; et en mesme temps ce ne furent que criz
meslés de vive le Roy! Son Altesse de Vandosme! et la
paix! Environ cent de cette brave jeunesse l'accompagnèrent depuis cette maison jusqu'à la Bourse, dont
la distance est fort grande, et en passant dans chaque
rue on y fist les mêmes acclamations et les mêmes
criz. Quand le secrétaire arriva à la Bourse, il estoit
midy sonné et il y avoit environ demi-heure que
l'assemblée estoit finie, et que les bourgeois estoient
retirez pour aller disner. La jeunesse députa le sieur
Rodorel, l'un d'entre eux (et qui a par sa générosité le
plus contribué à mettre les affaires de la ville dans le
bon chemin qu'elles semblent vouloir prendre) pour
le régaler, ce qu'il fit de fort bonne grâce. Le secrétaire voyant qu'il ne pouvoit rendre la lettre dont il
estoit porteur que sur les trois heures, parceque ce ne
pouvoit estre qu'en ce temps là que les bourgeois seroient assemblés à la Bourse, voulut profiter de celuy qu'il avoit et il l'employa à aller faire les compliments dont il estoit chargé à messieurs les princes et
à mesdames les princesses. Il commença par madame
la princesse et pour y estre introduit, il s'adressa à

madame de Tourville qui le fit entrer dans la chambre de cette Altesse, laquelle répondit qu'elle estoit bien obligée aux bontez et aux civilitez de M. de Vandosme. Il fut ensuite chez M. le duc d'Anguien, conduit par M. le comte d'Auteuil, son gouverneur; et lorsqu'il en sortit pour aller chez M. le prince de Conty, il le rencontra et fut obligé de luy dire qu'il alloit chez S. A. pour luy faire les civilitez et les compliments de M. de Vandosme, auxquels il respondit de mesme que madame la princesse ; mais sur un ton assez aigre et qui fut encore fomenté par Marsin. Il dit au secrétaire que ce n'estoit pas la forme et que les affaires n'estoient pas encore en estat qu'on peust aller et venir sans passeport. A cela le secrétaire répondit que plusieurs personnes allant et venant libremeut de la ville à Lormont, M. de Vandosme avait d'autant plustôt creu le pouvoir envoier sans cette précaution, qu'il ne venoit que pour lui faire des civilitez de la part de S. A. Le prince se contentoit de ces raisons ; mais Marsin opiniastra et emporta qu'on donneroit au secrétaire un gentilhomme et le sieur Desloges pour l'observer et qu'on le conduiroit dans un carosse jusques sur le port pour le faire embarquer, comme on avoit fait le jour précédent au chevalier de Meun. Le secrétaire avoit mené un homme avec luy auquel il fit signe d'aller à la Bourse donner avis de ce qui se passoit, et pour luy en donner le loisir, le secrétaire qui connoit, il y a assez longtemps, le comte d'Auteuil, l'entretint de choses indifférentes environ demi-heure. Marsin s'impatientant de ce que la conversation estoit de si longue durée, il obligea enfin le secrétaire de monter dans son carosse avec ses deux observateurs ; et lorsqu'il fut au bas de la rue du

Chappeau-Rouge, environ trois cents personnes, dont le tiers avoient les épées nues, le firent sortir de carosse, lui dirent que l'Assemblée le demandoit à la Bourse et firent fuir bien vite ces deux personnages qui avoient la commission de l'observer. Ces trois cents libérateurs furent en un instant grossis d'un bien plus grand nombre, qui conduisirent le secrétaire, comme s'il eust esté leur victoire et leur triomphe, avec des criz continuels de vive le Roy! qui furent encore redoublez dans la place de la Bourse et à l'entrée de la porte au-dessous de laquelle avoit esté mis le portrait de Sa Majesté. Quand il fut monté dans la grande salle, où il trouva près de deux mille personnes, celuy qui luy parla d'abord fut le chevalier Thodias, jurat, lequel, estant entièrement dévoué à M. le Prince, se mit à dire : « Prenons garde, Messieurs, cet homme est peut estre venu pour nous trahir et pour nous mettre la corde au col. » Sur cela, le secrétaire se rescria vigoureusement et dit que c'estoit bien mal interpréter les bonnes et sincères intentions de S. A. de Vandosme qui n'avoit d'autre but que celui d'aider la bourgeoisie à rentrer dans son devoir et à leur procurer la paix et le repos qu'ils souhaitent. Ce discours pleut si fort à l'assemblée que si ce jurat ne se fust promptement retiré, il lui seroit sans doute arrivé quelque insulte. Après cela cette assemblée obligea le secrétaire à faire le récit de quelle manière il avoit esté traité à l'archevêché par M. le prince de Conty qui fut averty de ce qui s'étoit passé, ce qui l'obligea de monter en carosse et de venir diligemment à la Bourse ; et comme la relation du secrétaire finissoit, il passa dans la salle accompagné de Marsin, du comte de Maure, de Balthazar, et entra dans la chambre du

Conseil, où il ne demeura qu'autant de temps qu'il en fallut pour tascher de donner soubçon du voiage du secrétaire. Mais tout ce qu'il put dire ne lui produisit aucun fruit, et il eut cette mortification d'entendre en sa présence crier : Vive le Roy et S. A. de Vandosme ! Forre Marsin ! tant en entrant qu'en sortant de la Bourse. Le secrétaire rendit la lettre dont il étoit porteur; il exposa sa créance, et on lui fit toutes les civilitez imaginables; on obligea mesme Thodias à luy donner un passeport, et environ trois cents jeunes hommes le conduisirent à l'embarquement avec les mesmes cris qu'auparavant, toutes les rues estant pleines de monde qui attendoit pour le voir repasser.

# NOTE QUATRIÈME

Pour le chapitre LXXIII[1].

MONSIEUR DE BORDEAUX A MONSIEUR DE BRIENNE.

Monsieur,

Je ne suis point encores plus advancé dans mes negotiations dont ayant envoyé ce matin faire quelques plaintes à Monsieur le Général, il m'a mandé qu'il en parleroit au Conseil; mais je n'espère pas mieux et certainement l'on veut que le traicté d'Hollande précède celluy de France. Les députtez quy sont icy traictent tous les jours et sont mesme cette après-disnée en conférence, sans que j'en aye aucune communication, sy ce n'est que quelquefois en passant ilz me disent estre encore dans ces termes généraux. L'on m'assure néantmoins que leur traicté est fort advancé et que la seulle difficulté sera de faire consentir touttes ces provinces. Il semble par là qu'on veuille que les députtez de celle d'Hollande accordent quelques conditions dont les autres ne pourront convenir,

---

[1] Tous les documents inédits qui font partie de cette note, à l'exception du dernier, sont tirés des *Archives du ministère des Affaires étrangères*, Angleterre, vol. LXI, pour les lettres de M. de Bordeaux au cardinal Mazarin; et vol. LXII, pour les lettres de M. de Bordeaux à M. de Brienne.

et l'on croid que c'est touschant le prince d'Orange et
que c'est la seureté que les Angloys demandent.
Quant au desdommagement il ne s'en parle presque
plus et ils en sont maintenant sur l'ajustement du
commerce, l'on veut aussy qu'il se fasse une union très
estroite entre les deux Républiques et que la province
d'Hollande se sépare des autres, sy mieux elles n'ay-
ment y consentir. Ce pourroit bien estre le sujet pour
lequel l'ambassadeur reste à la cour et ne presse plus
tant, quoy que de plusieurs costés cet advis m'ayt esté
donné, néantmoins jusques à cette heure, je n'en ay
rien tesmoigné à ces députez; mais ma pensée estoit
de chercher l'occasion d'entretenir un d'entr'eux qu'on
dict estre d'un sentiment différent et de tascher d'en
descouvrir quelque chose. Il me semble qu'en y pro-
cédant de la façon, je ne pêcheray point contre la
conduite qu'il vous plaist me prescrire. Le commissaire quy est icy de la part de la reyne de Suède, me
confirme ces mesmes advis et les procédés des députtez, après les reproches qui ont esté faicts à leur ambassadeur et par M. Brasset, en Hollande, me persua-
dent facilement qu'il se passe quelque chose dont ils
ne veullent pas me faire part. Il eust esté néantmoins
fort à propos d'agir de concert et je ne puis m'empescher de croire que ces messieurs icy ne soient bien
plus difficilles après l'accommodement. La pluspart
tesmoigne fort appréhender la réduction de Bourdeaux,
et peut estre s'ils estoient à recommencer, nous aurions
bien de la peyne à esviter l'effect de leur mauvaise
volonté. J'ay asseuré les officiers irlandois que dans
peu de jours, ils recevroient quelque favorable response; et, quoy qu'ils tesmoignent estre fort pressés de
conclure, si elle arrive dans la huitaine nous serons

encore en estat d'oster ce secours fort considérable à
M. le prince. Je n'ay pas manqué de leur faire veoir
qu'on se moquoit d'eux quand on assignoit le payement
de la levée sur des places de guerre et le bien
quy est en France. Ung gentilhomme escossois m'offre
de passer aussy ung régiment en France et mesmes
s'est mis en debvoir d'en obtenir la permission. Je l'entretiens
d'espérance, afin que, sy Sa Majesté n'agrée
pas son service, je puisse toujours recongnoistre par la
response quy luy sera rendue quel est l'esprit de ce Conseil.
Tous les autres ministres quy sont icy n'ont rien
faict et les affaires sont assez tranquilles, quoy qu'en
Escosse les montagnards ayent faict une descente.

Le sieur Brasset, par sa dernière despesche, m'escrit
que ne pouvant plus subsister en Hollande, faute de
payement, il est obligé de s'en retourner en France,
mesmes sans attendre son congé, et me prie d'obtenir
de cet estat un passeport pour la seureté de
son retour. Mais, comme la conjuncture des affaires
ne permet pas qu'il abandonne ce pays, j'ai creu,
Monsieur, vous en debvoir informer, afin que sy vous
le jugez nécessaire sur les lieux, Messieurs des finances
puissent luy donner un moyen de subsister.

Je puis bien avecq raison faire la mesme plainte et
vous prier très humblement, Monsieur, de voulloir
considérer que je ne suis pas assez puissant pour servir
le roy sans recevoir des appointements que l'on donne à
ceux quy sont employez dans des pays où la despence
peut estre non pas sy grande et où l'on peut servir
Sa Majesté avecq moins de frais extraordinaires. Cette
vérité se peut facilement persuader à ceux quy considèreront
quelles intelligences je puis avoir trouvées.
La bienveillance dont il vous plaist, Monsieur, m'ho-

norer me faict prendre cette liberté et me donne lieu d'espérer que vous continuerez vos grâces à,

Monsieur, vostre très humble et très obéissant serviteur,

De Bordeaux.

A Londres, ce IV⁰ aoust 1653.

MONSIEUR DE BORDEAUX A MONSIEUR DE BRIENNE.

Monsieur,

J'avois creu pouvoir par cet ordinaire faire savoir l'intention du présent régime, Monsieur le Général m'ayant luy-même dict que le Conseil me rendroit responce aujourd'huy ; mais je n'ay ouy parler de rien, et mêsmes, par la conversation que j'eus avec luy dans une promenade où j'eus loisir de luy toucher tous les points contenus dans vos instructions, comme de Son Éminence, il me paroist peu eschauffé pour la France. La première responce qu'il me fist sur ce que je luy dis que le Roy estait très porté à l'accommodement des deux nations, fust que « *Justum bellum prestabat iniqua pace* », et, lorsque je luy témoignay que Sa Majesté avoit subject de se louer de ce que les rebelles n'avoient obtenu aucun secours de cet Estat, il me dict qu'ils avoient assez d'affaires chez eux et que les Espagnols espéroient le pouvoir donner. Ce n'est pas que certainement ils n'eussent peu accorder quelques vaisseaux sans beaucoup diminuer leurs forces, et nous ne debvons point nous plaindre qu'ils ayent souffert que des marchands en louassent à l'ambassadeur d'Espagne, puisque l'on m'en a offert aux mesmes conditions et qu'on n'a point permis à aucun matelot d'aller servir, ce quy a faict que lesdicts vaisseaux ont esté inutilles.

Nous avons plus subject de nous plaindre du retardement et de ce que l'on traite tous les jours avecq les autres ministres estrangers et particullièrement avecq les Hollandois dont je n'ay point ouy parler depuis huict jours, quoy que nous logions porte à porte. C'est l'effect qu'ont produict les reproches faicts à leur ambassadeur par Monsieur Brasset, en quoy je ne me suis point trompé, leur première conduicte m'ayant donné subject d'attendre une telle suitte. La consolation que nous debvons avoir est que, Bourdeaux se trouvant réduict, nous ne debvons plus rien craindre, sinon pour le commerce dans lequel la France estant en estat d'incommoder l'Angleterre, les marchands intéressés aux prises du prince Robert se plaignent toujours qu'on leur donne de belles parolles, mais que l'on ne voit point d'exécution. Monsieur le Général m'en touscha ung mot et il seroit nécessaire pour accommoder nos affaires de leur donner toutte satisfaction par quelque voye extraordinaire, afin que, sy la nouvelle de cette justice ne produict icy aucun effect, l'on soit en estat de les retenir.

Il ne sera pas nécessaire d'user de grandes raisons envers les Irlandois. Ils se sont entièrement engagés depuis deux jours avecq Monsieur le prince. Quand Sa Majesté sera en estat d'en lever, nous trouverons assez d'autres commodités. Celle-là me paroissoit advantageuse parce qu'il falloit peu d'argent et que Messieurs des finances sont assez aguerris contre les créanciers du Roy. La confirmation de l'estat de Bourdeaux a faict reconquérir le peu de bonne volonté que la pluspart ont pour la prospérité de nos affaires. Les députtez m'ont envoyé ce soir demander audiance sans déclarer ce qu'ils désirent de moy. Je ne m'engageray à rien quy soit contraire au traicté que Messieurs les généraux peuvent avoir faict avec la ville. L'on veut que ce nouveau Parlement n'agisse pas dans un même esprit. Comme il est composé de gens quy se croyent inspirés, il ne faut pas s'estonner qu'ils aîent quelques fois des pensées différentes. L'on continue des levées de soldatz, et depuis deux jours l'on en a embarqué beaucoup dans les vaisseaux quy doibvent aller joindre la flotte.

J'ay, Monsieur, très grande joye que le cheval angloys se soit trouvé propre pour vostre service, mais encore plus grande de ce que vostre santé vous permet de le monter. S'il vous eust pleu me faire scavoir que vous en désiriez ung autre, je n'aurois pas envoyé à Monsieur du Plessis, depuis huit jours, celluy que je vous avois destiné. Il s'en pourra trouver quelqu'un en sa place, de quoy j'auray soing tout particulier et de tout ce qui pourra vous confirmer que je suis avec respect,

Monsieur, votre très humble et très obéissant serviteur,

DE BORDEAUX.

A Londres, ce VII<sup>e</sup> aoust 1653.

## M. DE BORDEAUX AU CARDINAL MAZARIN.

Monseigneur,

J'aurois déjà rendu compte à Vostre Éminence de l'effect qu'ont produit ses lettres à Monsieur Cromwel s'il eust voulu recevoir mes visites, ou si l'occasion se fust plus tost présentée de luy parler. Je le trouvai seul la sepmaine passée dans une promenade où j'eus tout le loisir de luy témoigner la bonne volonté du roy et l'estime que fait Vostre Éminence de son amitié et le désir qu'elle a de luy donner des marques de la sienne et d'entretenir une estroite correspondance. Il me dict d'abord qu'il se sentoit fort obligé à Vostre Éminence de ses civilités et de son affection ; qu'elle pouvoit faire estat de ses très humbles services ; que le Conseil avoit accordé le passeport que je demandois [1], et que dans peu de jours je recevrois response à mes propositions ; mais il ne parla point de la correspondance, ny dans le reste de la conversation qui fust d'un quart d'heure, quoy que souvent mes discours l'obligeassent de s'ouvrir sur ce subject. Je n'oublié pas en suitte de toucher tous les points et raisons de la dernière instruction que m'a envoyée M. le comte de Brienne pour luy faire recognoistre l'avantage que recevroit l'Angleterre de l'union avec la France et pour esloigner les soupçons que le séjour du roy d'Angleterre à la cour donne à cet Estat. Sur quoy il me dict n'avoir point receu depuis quelques jours des nouvelles de ce qui s'est passé touchant la restitution des marchandises prises par le prince Robert. Je l'assurai que sa seule considération leur feroit obtenir satisfaction et me servis de tous les autres termes obligeants qui pouvoient l'engager à une liaison avec Vostre Éminence et à s'expliquer sur les

[1] Pour envoyer en France quelques chevaux achetés en Angleterre. Toute l'influence diplomatique de l'ambassadeur du cardinal Mazarin, nous n'osons pas dire du roi de France, se bornait à ce mince résultat.

affaires publiques, luy tesmoignant mesme que nous avions subject de nous louer de ce que durant son administration, les rebelles de France n'avoient receu aucune assistance de cet Estat, qui n'a certainement accordé aucune frégate pour le secours de Bourdeaux, ni mesme la liberté d'embarquer des matelots pour six vaisseaux marchands que l'ambassadeur d'Espagne avoit nolisés et qui sont encore dans la Tamise[1]. Toutes mes instances ne le purent faire sortir hors des compliments généraux, ny entrer en matière ; ce qui me donne lieu de croire que Vostre Éminence doit seulement attendre de luy civilités dans les rencontres particulières, mais peu de relation pour les affaires publiques dont il affecte de se descharger entièrement sur le Conseil d'Estat ; et, quoy qu'il me parust peu eschauffé sur nostre accomodement, néantmoins j'ai receu depuis une response du Conseil que j'envoye à M. le comte de Brienne, et sur laquelle j'ay demandé audiance ce matin, qui est ordonnée pour demain. Cette diligence, après trois mois d'attente, ne se peut attribuer à la conjuncture présente de la guerre de Hollande, ny aux refus que font les députtez de consentir à une coalition ou incorporation semblable à celle d'entre l'Angleterre et l'Écosse que ceux-cy leur demandent. Ils ont déclaré n'avoir point pouvoir d'accorder une

---

[1] Ces compliments si peu mérités et si inutiles sont le comble de la platitude. Nous avons fait connaître, p. 156, l'obstacle qui avait empêché ces vaisseaux de prendre la mer.

Lingard, bien qu'Anglais, ne peut retenir dans son *Histoire d'Angleterre* l'expression de l'indignation que lui inspire la politique du cardinal Mazarin et de l'ambassadeur de France.

telle proposition ; qu'ils s'en retourneroient si la paix ne se pouvoit faire à d'autres conditions. Cependant les deux flottes sont aux mains depuis deux jours ; mais les vents ont empesché d'avoir aucunes nouvelles du combat dont l'évènement fera peut estre changer les propositions.

Les sieurs Darcy et Preston sont arrivés. Je n'espargneray ni mes soings, ni mon crédict, pour seconder leurs bonnes intentions et j'ay desjà engagé l'ambassadeur de Portugal d'emmener le dernier. Son départ sera bien tost, le Conseil luy promettant de signer le traicté de paix cette sepmaine.

J'aurois déjà envoyé les quatre chevaux que Vostre Éminence m'ordonne de faire achepter si Monsieur le Général m'eust donné le passeport aussy tost qu'il me le promist. Après l'avoir attendu longtemps, il me renvoya au Conseil, se chargeant néantmoins d'en estre le solliciteur aussy tost que le gentilhomme qui en est aller passer dix à Calais sera de retour. Il en ira chercher dans la province, ne s'en trouvant pas maintenant à Londres.

L'on m'a fait voir quelques tapisseries fort belles et riches, entre autres l'histoire d'Abraham. Vostre Éminence s'informera, s'il luy plaist, de ce qu'elle peut valoir et m'ordonnera jusques où je la feray enchérir, lorsqu'elle sera exposée en vente, afin que je luy puisse faire cognoistre présentement par ces petits soings et par de plus grands services, lorsque ma bonne fortune m'en donnera les occasions, que ma plus forte passion est de mériter la bienveillance et la confiance dont elle honore celuy qui après ces grâces peut prendre la qualité de,

Monseigneur, vostre très humble, très obéissant et très dévoué serviteur,

DE BORDEAUX.

De Londres, ce XI° aoust 1653.

## M. DE BORDEAUX A M. DE BRIENNE

Monsieur,

Je conféray mardy avecq les commissaires du Conseil et leur rendis une responce conforme à ce que j'ay desjà escript par ma dernière. Ils me pressèrent de leur présenter des articles de paix et de leur donner le nom des commissaires quy doibvent travailler à la liquidation des prises : et sur ce que je leur tesmoignay n'avoir point d'autres propositions de paix à leur faire, si non le renouvellement des anciens traictez, suivant l'ouverture quy m'en avoit esté faiste par le Conseil d'Estat précédent, ils me dirent que comme dans tous les anciens traictez il estoit parlé du Roy d'Angleterre et que ce gouvernement estoit fort différent, ils prétendoient aussy faire un traicté nouveau et fondamental dans lequel il ne seroit point faict mention des autres qui pourroient seulement servir de mémoire pour celluy que nous aurions à dresser présentement. Sur quoy je leur proposay qu'ils eussent à nommer quelques uns d'entre eux pour travailler ensemble et faire ung extraict de ce quy est contenu dans tous les anciens traictez et en dresser un tout nouveau ; et, pour ce quy est de la nomination des commissaires, qu'il y seroit satisfaict aussy tost que le traicté seroit signé.

Ils remirent la responce après que le Conseil en auroit esté informé.

De leurs discours je puis juger que, soit par un principe de vanité affin de pouvoir dire que nous leur demandons la paix, ou parcequ'en effet il paroit fort peu d'entre eux quy ayent jamais eu la moindre cognoissance des traictez de paix, ils refuseront d'agir ensemble et me presseront de leur présenter le traicté tout dressé pour le faire examiner en particulier ; et quoy qu'il pûst avoir quelque chose contre la bienséance que je sois icy comme un postullant, néantmoins il me semble à propos de passer pardessus cette cérémonie, s'ils demeurent d'accord de continuer en ma dernière responce.

Sur ce fondement, je fais ung extraict du traicté de 1606 et de tous les articles quy regardent la liberté du commerce contenus dans ceux de 1610 et autres faicts jusqu'en 1632, quy me serviront de modelle pour celluy dont il s'agit maintenant. Si vous jugez, Monsieur, qu'il faille adjouter quelque nouvelle clause ou faire mention d'autre chose que d'une paix et alliance ordinaire et du traficq, vous m'en envoyerez, s'il vous plaist, les ordres, et s'il m'est faict aussy quelque nouvelle proposition, je ne l'accorderay point sans que Sa Majesté en soit auparavant informée.

Les affaires de deçà estant maintenant dans une haute prospérité, apparemment mon traicté n'ira pas trop viste.

La nouvelle arriva hier au matin de l'entière desfaite des Hollandois. Tromp sortit le jeudy avec quatre-vingt-dix vaisseaux et passa au travers la flotte d'Angleterre pour en aller joindre vingt-cinq que commandoit Witte[1]. Le vendredy, entre le Texel et la Haye, le combat se commença sans aucun advantage bien considérable de part et d'autre. Le samedy, la violence du vent empescha que les deux flottes ne se pussent joindre ; mais le dimanche, le temps estant favorable, le combat se renouvella avecq plus de chaleur qu'auparavant, et d'abord l'admiral ayant eu son mast emporté fut mis hors de service. Sept autres des plus grands vaisseaux furent traictez de mesme et quantité d'autres brulez ou coulez à fonds, les Anglois n'ayant voullu en conserver aucun pour ne se point affoiblir d'hommes et la desroutte fut telle que le lendemain il ne se trouva qu'environ soixante vaisseaux du reste de la flotte hollandoise que les autres poursuivoient encore, ce quy faict croire que quelques vaisseaux ont esté obligés de se retirer vers les costes de Dannemarcq. Ceux-cy ne se vantant que de trente-cinq vaisseaux coulez à fonds ou bruslez et n'en ayant perdu qu'un seul avec un bruslot, quoy que trente vaisseaux de leur flotte quy sont allés vers le nord ne feussent point à cette occasion.

Cette prospérité les rendra bien fermes dans la cohalission qu'ils prétendent des deux républiques. Les députtez de Hollande m'estoient venus veoir la veille et, après beaucoup de protestations qu'il ne s'étoit rien passé dans leur négociation dont je n'eusse eu part, ils me dirent que ce Conseil venoit de leur envoyer ung escript conforme au précedent dedans lequel ils insistent toujours à l'incorporation[2],

---

[1] Dans cette longue et terrible bataille navale, les Anglais étaient commandés par Blake, Monck, Dean, Penn et Lawson; les Hollandais, par Van-Tromp, Ruyter, de Witte et Everstens.

[2] L'annexion de la Hollande à l'Angleterre était la visée favo-

et que n'ayans pas pouvoir de leurs Maistres d'accorder une proposition semblable, ils avoient pris résolution de se retirer, mais qu'ayant considéré que leur retour estoit une rupture entière, il leur sembloit plus à propos d'envoyer seulement deux d'entre eux pour informer Messieurs les Généraux et recevoir leurs ordres, et me prièrent de leur vouloir donner mon advis sur ce dessein. Après les civillitez ordinaires, je leur tesmoignay beaucoup de desplaisir de ce que leur traicté n'estoit pas en meilleur estat, que le bruit commun m'avoit donné lieu de croire qu'il estoit plus advancé et qu'ils ne pouvoient mieux faire que d'entretenir leur négociation, principallement n'ayant point encore nouvelles de l'évènnement du combat.

Les deux qui sont partis aujourd'huy m'ont veu ce matin et dict que ce Conseil, en leur envoyant le passeport, insistoit toujours à la mesme proposition ; mais qu'ils ne croyoient point qu'elle pust estre agréable à leurs supérieurs, et qu'ilz avoient grand besoing d'estre assistez de leurs alliez ; et certainement sy on laisse faire ceux-ci, ilz ruineront la Hollande ou ilz l'incorporeront à leur République.

M'entretenant sur cette matière avec le commissaire

rite de Cromwell. Des prédicateurs anabaptistes, Feakes et Powell, faisaient, tous les lundis, des sermons sur ce thème devant un nombreux auditoire. Bevernigh, l'un des ambassadeurs hollandais, étant allé les entendre, écrivit ainsi ses impressions dans une lettre : « Le but de ces prédicateurs est d'abattre les gouvernements et de soulever le peuple contre les Provinces-Unies. Étant dans l'assemblée des saints j'ai entendu une prière et deux sermons. Mais, bon Dieu ! quelles cruelles, quelles abominables, quelles horribles trompettes d'incendie, de meurtre et de flamme ! » *Histoire d'Angleterre*, par Lingard.

de Suède, il y a quelques jours, il me tesmoignoit que sa maîtresse ne s'esloigneroit pas de secourir les misérables ; à quoy je ne respondis que par des souhaitz que faisoit Sa Majesté de voir la paix fleurir entre tous ses alliez. Dieu veuille que ceux-cy soient dans le mesme sentiment, mais suivant l'opinion commune ils ont maintenant de grands desseins et prétendent que toutes les autres puissances joinctes ensemble ne seront pas capables de s'opposer à leur grandeur quand ilz auront uni à cette République les Estats de Hollande. Quelques uns m'ont asseuré que leurs desputtez estoient convenus d'une union aussy estroite avec l'Angleterre qu'elle l'estoit entre les sept Provinces. L'on m'asseure aussy que dans l'une de leurs conférences ils ont dit que la France les recherchoit d'une union estroicte, que les articles en avoient esté envoyés à Messieurs les Estats, parmy lesquels il y en avoit quatre secretz dont ils n'avoient la connoissance, voulant néantmoins faire croire qu'ils regardent l'Angleterre. S'il s'est passé quelque chose d'approchant avec l'ambassadeur de Hollande, ce procédé fera cognoistre de quel esprit ils agissent ; et l'on me veut persuader qu'il me sera faict icy des demandes assez hautes. Sy cette victoire est telle qu'on la publye, ils seront en estat de menacer et certainement l'armée demeurant dans la mesme unyon, et la France et l'Espagne dans la guerre, rien n'est capable d'abaisser leur orgueil.

Je suis, Monsieur, vostre très humble et très obéissant serviteur,

De Bordeaux.

A Londres, ce XIV<sup>e</sup> aoust 1653.

M. DE BORDEAUX A M. DE BRIENNE.

Monsieur,

Le Conseil d'Estat ne m'a pas encore donné sa responce sur les propositions quy furent faites dans la dernière conférence, quoy que les commissaires m'eussent tesmoigné assez d'empressement pour venir à une conclusion ; mais il ne faut pas s'estonner s'il y a quelque changement puisqu'ils ont reçu depuis ce temps là nouvelles de leur prospérité, et je meurs de peur qu'ilz ne manquent jusqu'à ce que ces dits députtez de Hollande[1] qui sont allez rendre compte à leurs maistres ne soient de retour, estant adverti par plusieurs que c'est le dessein de ce gouvernement de ne rien conclure avec nous jusqu'à ce que le traicté de Hollande soit faict ou rompu. Plusieurs me donnent à entendre que ces dits députez se sont vantés que nous pressions l'ambassadeur de Messieurs les Estats d'une union fort estroicte. Les Anglois ne manquent pas aussy de leur faire veoir qu'il ne tient qu'à eux de renouveler la paix avec la France ; ainsy nous servons aux uns et aux autres d'aiguillon pour haster leur accommodement ; mais, quoy que disent les Hollandois, la politique d'icy, aussy bien que celle de France, veut que leur condition soit bien meilleure s'ils paroissoient agir de concert avec nous, ce qu'ilz affectent plus que par le passé et ne font pas difficulté de me venir veoir, quoy que dans les commencements ils m'eussent prié de ne pas trouver mauvais s'ils en usoient autrement. Ma pensée avoit esté d'entretenir

[1] Saint-John et Strickland.

le sieur Tongstat, député de Frise; et je croyois mesme, après les lettres de M. Brasset, qu'il chercheroit l'occasion de me veoir, mais il faut attendre son retour. Le députté de la province de Hollande [1], qui reste icy, m'a dict ce matin avoir ordre de ses Maistres de me faire savoir que comme MM. les Estats en corps ont résolu qu'à l'advenir nulle personne de haute condition ne seroit receue dans leur pays sans leur avoir demandé permission d'y entrer, les Estats particuliers de la province de Hollande avoient aussy pris la mesme délibération, et pour m'oster la pensée que cela regardoit le Roy d'Angleterre, il m'a parlé du marquis de Brandebourg quy alloit et venoit souvent chez eux sans le faire savoir auparavant.

Il m'a aussy tesmoigné beaucoup de deffiance de la Reyne de Suède. Il ne croit pas que la victoire des Anglois ait esté aussy grande, quoy que ce que je vous ay escript par ma dernière passe pour certain, sy ce n'est que l'admiral Tromp ne joignit le vice-admiral Witte que la nuit du samedy au dimanche, et que le premier jour le combat se fit entre Tromp et environ trente vaisseaux anglois. Toute la flotte s'est venue refaire à Yarmouth. Elle a perdu sept capitaines, environ quatre cens soldats et sept cens de blessés, et emmenèrent mille prisonniers; mais elle est en assez mauvais estat pour ne pouvoir encore sortir de quelques semaines. Celle de Hollande est entrée dans le Texel.

Depuis peu de jours j'ay esté adverty de plusieurs endroicts, et mesme par le sieur d'Arcy, que ce Conseil avoit esté informé de son arrivée et le soupçonnoit de

[1] Beverninghk.

venir icy fomenter quelque soulèvement pour le Roy d'Angleterre. Pour prévenir ces mauvaises impressions, j'ay creu devoir dire audit sieur d'Arcy de surceoir toutes ses menées jusqu'à ce que mon traicté me permette de demander un passeport pour sa seureté, ne jugeant pas que quand il auroit à réussir dans son dessein que le succès en fût si advantageux qu'il nous seroit préjudiciable d'augmenter le soubçon que cet Estat a contre la France. Il ne se peut persuader que, quand nos affaires le permettront, Sa Majesté ne secoure le Roy d'Angleterre, et comme le prétexte que prend ledit Evesque pour desbaucher les officiers irlandois est afin de l'aller servir et de faire un corps considérable de cette nation soulz le commandement du duc d'Yorck, il ne faut point doubter que cela ne fust capable d'engager ce régime dans une entière rupture. Monsieur le Général et le Secrétaire d'Estat ont tesmoigné avoir ce soubçon et mesme ont recherché un nommé Talbot qui a autrefois traicté avec moy sur le mesme subject, pour le faire pendre. Certainement toutes ces menées ne nous peuvent rien produire de bon[1]. Il vaudroit mieux laisser passer tous les Irlandois au service du Roy d'Espagne que de laisser icy ces négociateurs; oultre que nous n'agissons que par lettres, il me semble que, estant à Calais et donnant ordre à leurs correspondans de s'adresser à moy, on pourroit retirer le service qu'ils ont promis, qui peut

---

[1] M. de Bordeaux manifeste clairement dans cette lettre à quel point il était peu sympathique à la restauration de Charles II. Il apporta à celle-ci, jusqu'à la fin, un tel mauvais vouloir que Charles II, après être monté sur le trône d'Angleterre, refusa de recevoir l'ambassadeur de France, et M. de Bordeaux dut être rappelé.

est ce ne réussira pas. Je m'en suis assez expliqué avec ledit sieur d'Arcy et luy ay conseillé de s'en retourner à Calais pour y attendre le progrès de ma négociation ; mais il croid que ne se meslant point d'affaires, tous ces soubçons cesseront. C'est une matière si délicate en ce pays que même ne se meslant point d'affaires on ne scauroit user d'assez de précautions, à moins qu'on ne se veuille commettre à beaucoup perdre et peu profiter.

Deux des desputez de Bourdeaux m'ont veu fort souvent depuis que la nouvelle est arrivée de leur révocation et tesmoigné grande joye de l'accommodement de leur ville que je leur ay si fort asseuré qu'un d'entre eux est party ce matin ; mais le conseiller [1] n'a faict encore aucune desmarche quy tesmoigne quelque repentance.

Ces jours passez quelques apprentifs présentèrent une requeste au Conseil assez insolente pour obtenir la liberté du lieutenant-colonel Lilleburne, jusqu'à dire que ce Parlement n'estoit pas légitime. On les a faict arrester et des commissaires ont esté nommez pour faire le procès audit Lilleburne. Beaucoup croyent que son party est considérable ; mais celluy du Roy deffunt est plus puissant.

Vendredy dernier le Parlement cassa la cour de la Chancellerie où les appellations de toutes les autres cours se portoient et son authorité a esté remise entre les mains des Jurez ; c'est un grand changement dans l'ordre de la Justice en ce pays dont néantmoins personne ne se plaint et l'armée paroist toujours bien unie; d'où découle le salut de cet Estat.

[1] Trancas, conseiller au parlement de Bordeaux.

Je suis, Monsieur, vostre très humble et très obéissant serviteur,

DE BORDEAUX.

A Londres, ce XVIII° aoust 1853.

M. DE BORDEAUX AU CARDINAL MAZARIN.

28 aoust 1653.

Monseigneur,

J'espère que Vostre Eminence recognoistra par les lettres de M. le comte de Brienne que je n'oublie rien pour obliger cet Estat de conclure le traicté qui avoit esté résolu par le Parlement. Elle aura aussy peu juger par les responces de M. Cromwel à ce que je luy dis dans ma dernière conversation pour l'engager à s'ouvrir sur nostre accomodement, qu'il n'a pas chaleur pour la France. C'est ce qui ne m'avoit pas semblé à propos d'escrire en caractères ordinaires et ce que me confirment les remises du Conseil d'Estat. Quoy que tous les jours, principalement depuis la réduction de Bourdeaux, pour tesmoigner une conduite uniforme, je presse de mettre fin à ma négociation.

« L'on m'advertit de plusieurs endroits que la prospérité de nos affaires donne plus de jalousie que d'envie de s'accomoder ; que soubz le nom du duc d'York le bruict est que nous voulons assembler un corps d'Irlandois en France, et les grandes démonstrations d'amitié que reçoit le roi d'Angleterre destruisent les impressions que mes discours publics et particuliers peuvent faire. Quand les principaux ministres parlent de la France, ils disent que c'est le lieu où se forment tous les orages dont l'Angleterre est menacée. Les lettres et advis qui leur viennent du Palais-Royal contribuent beaucoup à ces soubçons. Si jusques à ce que l'on soit entièrement esclaircy du dessein de cet Estat, il s'affectoit quelque froideur pour toute la famille, elle pourroit produire son effect. Ces considérations m'ont obligé d'advertir M. Darcy de surseoir sa négociation pour quelques jours, crainte que voulant desbaucher des officiers sur le prétexte d'aller servir le Roy, la deffiance ne s'augmente avec fondement....

(La suite de cette lettre traite d'intérêts secondaires; M. de Bordeaux dit entre autres choses qu'il ignore si l'on rendra le gentilhomme et les chevaux capturés en mer.)

M. DE BORDEAUX A M. DE BRIENNE.

Monsieur,

Je voy bien qu'il ne me faut espérer responce du Conseil qu'après qu'il aura receu nouvelles de la délibération des États-Généraux, ensuitte du rapport fait par les sieurs Nieuport et Jongstad. Ce n'est pas que tous les jours l'on ne me promette de s'appliquer aux affaires de France et que mesme quelques uns m'asseurent de l'accommodement ; mais il est bien difficile de prendre ces remises en bonne part et les Anglois doivent estre bien asseurez que leurs ennemys ne s'uniront point avec nous, puisqu'ilz en usent avec tant d'indifférence. Si Sa Majesté juge à propos pour son service qu'après tant de termes d'amitié et de bienveillance, je change de style pour les obliger de mettre fin à ma négociation, Elle m'en envoyera, s'il luy plaist, ses ordres.

Il ne paroist point que, depuis ma dernière, les autres ministres estrangers ayent faict icy un traicté et l'on me confirme encore que l'ambassadeur d'Espagne, dans sa dernière audience, a parlé des affaires de Hollande sans qu'il luy ayt esté rendu aucune responce. Il faict tousjours équipper les vaisseaux qui avoient esté destinez pour le secours de Bourdeaux, et semble en vouloir encore faire fretter davantage.

Les agents de Monsieur le prince, dont le nombre est augmenté, et quelques uns que Madame la princesse, en passant à Douvres, y a desbarquez [1], sont souvent en conférence avec ledit ambassadeur et proposent quelque entreprise encore dans la Guyenne. Mais c'est l'ordinaire de ceux qui ont perdu une place de former des desseins pour y rentrer.

Je ne voy point aucun effect des intelligences des sieurs d'Arcy et Preston. Le dernier se dispose à partir bien tost pour Portugal, l'occasion s'en présentant; l'autre se tient en grande seureté, quoy que l'on recherche icy ceux qui peuvent estre soubçonnés d'avoir part à une conspiration descouverte qui a causé l'emprisonnement de quelques gentilshommes. Il ne se dict point encore quel estoit leur dessein.

Lilburne a sy bien faict que samedy à minuict il fut desclaré innocent, contre la créance de cet Estat et de beaucoup d'autres[2]. Toutes les trouppes de cavallerie et d'infanterie estoient soubz les armes pour prévenir un soulèvement populaire, ce qui n'empescha pas que

---

[1] Lenet était du nombre.
[2] Voy. sur Lilburne, t. VII, pp 65 et suivantes.

trois à quatre mille personnes ne demeurassent jusqu'à la fin du jugement dans les rues et ne fissent de grandes démonstrations de joye quand les jurez eurent prononcé qu'il n'estoit pas coupable.

Beaucoup veulent tirer de ce rencontre des conséquences au désadvantage du Général et le blasment de n'avoir pas bien pris ses mesures, s'il avoit dessein de faire faire justice d'un homme fort séditieux et capable d'entreprise.

Les mouvements d'Écosse s'augmentent et l'on dict que quelques Irlandois se sont joincts à eux; mais comme ils n'ont ny cavalerie, ny personne de grande expérience pour les conduire, ils ne sont pas en estat de sortir de leurs montagnes. L'on veut aussy que dans l'armée tous les officiers ne soyent pas portez d'un mesme esprit, mais c'est une ruse ordinaire d'affecter entre eux des partialitez pour recognoistre ceux qui sont contraires au gouvernement présent et c'est de cette façon que les principaux du dernier Parlement furent abusez.

Mes diligences n'ont encore peu faire relascher ces religieuses qui ont esté amenées à Douvres, le Conseil m'ayant remis jusqu'à ce que les officiers de l'Admirauté en ayent pris cognoissance. Il me vient d'envoyer tout présentement une requeste de quelques marchands et me prie seullement d'escrire aux juges pardevant quy la cause est pendante. Néantmoins vous agréerez, Monsieur, que je vous l'envoye afin qu'ils puissent recevoir quelque effect de sa recommandation qui jusques icy n'a guères esté considérée, dont il se plaint assez publiquement et mesme que les ordres du Roy ne sont aucunement respectés par Messieurs les Gouverneurs. Vous me permettrez,

Monsieur, de vous dire qu'il seroit à propos d'user de quelque civilité, et de donner subject de croire que l'authorité du Roy n'est point mesprisée par ceux quy tiennent toute leur grandeur et leur puissance de ses grâces.

J'attends la continuation de vos lettres, et que vous me permettiez de me dire, Monsieur, vostre très humble et très obéissant serviteur,

De Bordeaux.

A Londres, ce 1er septembre 1653.

LE CARDINAL MAZARIN A M. DE BORDEAUX [1].

D'Amiens, le 13e septembre 1653.

Monsieur,

J'ay receu vostre lettre du 28 du mois passé, vous m'avez faict plaisir de me mander franchement ce que vous avez recogneu des intentions de M. Cromwel et du Conseil d'Estat touchant l'accommodement. Il faut continuer à les presser sur ce sujet, afin qu'ils connoissent que plus les affaires du Roy prospèrent, plus Sa Majesté désire de veoir une bonne intelligence establie entre les deux nations, parceque ce désir est sincère et fondé sur un bon principe, ce qui non seulement leur doit oster tout ombrage de nos pros-

---

[1] Minute inédite; *Archives du ministère des Affaires étrangères*, France, vol. LXI.

Les derniers mots de cette minute sont de la main du cardinal. Nous avons retranché un passage relatif à l'acquisition de la tapisserie d'*Abraham* que nous avons publié à part, t. VI.

péritez, mais aussi les leur faire souhaiter à eux mesmes comme leur estant advantageuses dans la parfaite correspondance que l'on desire d'avoir avec eux.

Que pour ce qui est du Roy d'Angleterre, quoy qu'on ayt pu mander de delà, il ne se trouve pas que l'on ayt faict icy autre chose que ce que la loy de l'hospitalité oblige Leurs Majestez de luy rendre. Aussy ceux qui escrivent le contraire sont gens qui, ayant intérest sans doute à mettre le plus d'ennemis qu'ils pourront sur les bras de ces Messieurs du nouveau gouvernement d'Angleterre, donnent ces sortes d'advis exprès pour aigrir les esprits et engager pas à pas les deux nations à une rupture ouverte, et de là mesme on peut inférer que puisqu'ils recourent à cet artifice, c'est signe qu'ils ne trouvent pas la France disposée d'ailleurs à espouser leurs passions [1].

Quant à M. le duc d'Yorck, la vérité est qu'il a un régiment de trois cents hommes et rien davantage; mais pour faire encore mieux paroistre la sincérité avec laquelle on procède, prenez occasion de presser de ma part M. Cromwel de vous dire confidemment ce qu'il faudroit faire pour effacer les soubçons que ces Messieurs peuvent avoir de nostre conduite, et, si ce sont des choses praticables, il verra par les effects si l'on agit de bonne foy.

Un certain Morel m'escrit d'une façon touchant les sucres qu'il semble que l'on prétend de delà que je me sois engagé à en procurer la restitution entière. Cependant je ne me souviens point d'avoir promis autre chose si non que, pour tesmoigner à M. Cromwel

[1] Ce paragraphe seul n'est pas souligné, ce qui signifie qu'il devait être transmis en clair; mais tout le reste de la lettre est sousligné, afin que la transmission fût faite en chiffres.

combien sa recommandation m'est considérable, je favoriserois les marchands en tout ce qui dépendroit de moy, jusqu'à donner quelque somme de mon argent propre pour leur ayder à recouvrer leurs marchandises. Je croy que c'est tout ce qui se peut désirer de ma part en cette affaire; car, au fond, on sçait bien que nous n'avons pas droit de prendre connoissance d'une prise faicte sous la commission d'un prince comme le Roy d'Angleterre, sur qui le Roy n'a aucun pouvoir et à qui nous ne pouvons oster celuy de faire la guerre à ses ennemis.

J'ay receu diverses lettres du mesme Morel, sans lui respondre, parceque je ne voulois pas engager une correspondance réglée avec personne; mais si vous luy voulez dire quelque civilité de ma part, vous me ferez plaisir. Je suis vostre..., etc.

## NOTE CINQUIEME

Pour le chapitre xlxxiii.

ESTAT DES TROUPES DES ARMÉES DE GUYENNE QUE LE ROY A RÉSOLU DE FAIRE ACHEMINER PAR DEÇA SOUBZ LA CHARGE DU SIEUR DE BOUGY, LIEUTENANT-GÉNÉRAL POUR SA MAJESTÉ EN SES ARMÉES [1].

6 aoust 1653.

### Infanterie

| | Compagnies. |
|---|---|
| Régiment de Normandie. | 30 |
| Bretagne. | 30 |
| Lorraine. | 30 |
| Sainte-Mesme. | 30 |
| La Meilleraye. | 30 |
| Vendosme. | 30 |
| Bellesunce. | 30 |

La compagnie des gardes Suisses qui est dans les terres de La Rochelle, en cas qu'elle n'en soit point partye.

Les deux tiers des Irlandois qui sont dans lesdites armées, tant de ceux qui ont débarqué en Bretagne, que de ceux qui sont sortis de Lormont, ou qui ont pris party dans les troupes de Sa Majesté lors de la

[1] Document inédit. *Archives nationales*, KK, 1220, f° 434.

réduction de la ville de Bourdeaux, au choix de Messieurs de Vendosme et de Candalle, mesme de ceux qu'ils jugeront plus propres à servir par deçà. Sa Majesté se remettant à eux d'en envoyer davantage s'ils l'estiment à propos ; et ce non compris les régiments de Douglas, Muskrg et Igby qu'elle a résolu de faire demeurer en Guyenne.

*Cavalerie.*

|  | Compagnies. |
|---|---|
| La compagnie de gendarmes de Monsieur. | 1 |
| Celle de Vendosme. | 1 |
| Celle de Rouannés. | 1 |
| La compagnie de chevaux légers de Vendosme. | 1 |
| Régiment de la Meilleraye. | 12 |
| Bougy. | 8 |
| Rouannés. | 7 |
| Saint-Germain d'Achon. | 6 |
| Chevalier d'Aubeterre. | 8 |
| Folleville. | 6 |
| La Roque-Saint-Chamarand. | 5 |
| Gassion. | 6 |

## ESTAT DES GRANDS NAVIRES DU ROY [1].

En cet estat ne sont pas compris les brulosts, galiottes et autres petits bâtiments.

### ANNÉE 1653.

Octobre

*Vaisseaux qui sont armez*

|  |  | Tonneaux |
|---|---|---|
| Levant. | La Reine. | 1000 |
|  | Le Brézé. | 900 |
|  | Le Dragon. | 600 |
|  | La Regine. | 600 |
| Ponant. | Le César. | 900 |
|  | Le Soleil. | 700 |
|  | La Lune. | 700 |
|  | L'Anna. | 700 |
|  | La Vierge. | 600 |
|  | Le Jupiter. | 700 |
|  | Le Sourdis. | 600 |
|  | L'Albret. | 300 |
|  | La Sainte Agnez. | 250 |

*Vaisseaux non armez.*

| Levant. | Le Mazarin. | 700 |
|---|---|---|
|  | L'Eminent. | 600 |
|  | Le Tigre. | 300 |
|  | Le Dauphin. | 500 |
|  | Le Faulcon. | 500 |
|  | L'Empereur. | 300 |
|  | Le Postillon. | 300 |
|  | Le Cancre d'or. | 400 |

[1] Document inédit. *Archives du ministère des Affaires étrangères*, France, vol. CXLVIII.

*Vaisseaux qui sont coulez bas et qu'on ne peut relever sans grande despence.*

|  |  | Tonneaux. |
|---|---|---|
| Levant | Le Chasseur. | 400 |
| | Le Saint-Thomas | 700 |
| | Le Cardinal. | 600 |
| | L'Admirauté | 700 |
| | Le Triomphe | 600 |
| | La Victoire. | 600 |

Le Vandosme qui n'est pas achevé coulera bas si l'on ne le couvre avant l'hiver pour le conserver de l'eau de pluie qui tombe dans ses membres. Il fault aussy le calfater. Il a esté en danger de se perdre, le 16 et 17 de septembre dernier, par un vent fort grand qui rompit les câbles dont il estoit amarré. Il faut XXX mille livres pour l'achever de toute charpenterie et le calfater, et, outre ce, ses voiles, câbles et cordages.

# NOTE SIXIÈME

Pour *l'ensemble des volumes publiés:*

ESTAT GÉNÉRAL DU REVENU DU ROYAUME DE FRANCE.

M. DC. XLIX [1].

DENIERS PROVENANT DES FERMETS QUI SE PAYENT DIRECTEMENT A L'ESPARGNE.

|  | livres | sols | den. |
|---|---|---|---|
| La Ferme générale des *Aydes*, trois millions cinq cens quarante-neuf mil sept cens douze livres douze sols, cy. | 3,549,712 | 12 | |
| La Ferme des six livres dix sols d'*Entrées sur le vin à Paris*, y compris la Ferme des Quarante-cinq sols, deux millions cinq cens mil livres, cy. | 2,500,000 | | |
| La *Comptable de Bordeaux*, vingt-quatre mil sept cens soixante-sept-livres huict sols six deniers, cy. | 24,767 | 8 | 6 |
| Le *Convoy de Bordeaux*, deux millions trois cens mil livres, cy. | 2,300,000 | | |
| La Ferme de *Broüage*, deux cens cinquante-quatre mil livres, cy. | 254,000 | | |
| La Ferme du *Fer*, cens soixante mil livres, cy. | 160,000 | | |

[1] Ce document et le suivant font partie d'un recueil de Mazarinades, don gracieux d'un de nos amis, le marquis de la Baume-Pluvinel, amateur éclairé de curiosités historiques.

|  | livres | sols | den. |
|---|---:|---|---|
| La *Patente de Languedoc*, quatre cens vingt mil livres, cy. | 420,000 | | |
| La *Ferme d'Ingrande*, quinze mil livres, cy. | 15,000 | | |
| La Ferme générale des *Gabelles*, treize millions six cens vingt-quatre mil deux cens livres, cy. | 13,624,200 | | |
| Les *cinq grosses Fermes*, trois millions quarante huict mil huict cens quatre-vingts-deux livres, cy | 3,048,882 | | |
| La Ferme des *Gabelles de Lyonnois* et de *Languedoc*, trois millions six cens neuf mil livres, cy. | 3,609,000 | | |
| La Ferme des *Gabelles de Provence* et de *Dauphiné*, huit cens six mil livres, cy. | 806,000 | | |
| La *Foraine de Languedoc et de Provence*, cinq cens dix mil livres, cy. | 510,000 | | |
| La *Coustume de Bayonne*, soixante-dix mil livres, cy. | 70,000 | | |
| Le *Domaine du Languedoc*, soixante-sept mil cinq cens livres, cy. | 67,500 | | |
| Le *Domaine de Navarre*, quatre-vingts-trois mil livres, cy. | 83,000 | | |
| Le *Nouveau Domaine de Navarre*, deux cens cinq mil deux cens soixante-cinq livres, cy. | 205,265 | | |
| Le *Domaine de Chasteau-Regnault*, sept vingts deux mil livres, cy. | 142,000 | | |
| Le *Domaine de la Reyne Marguerite*, soixante-quatre mil livres, cy. | 64,000 | | |
| Le *Domaine de la Reyne Mère*, deux cens cinquante-trois mil cent soixante-huict livres, cy. | 253,168 | | |
| La Ferme du *Papier et Controlle des Bureaux*, cent sept mil dix livres, cy. | 107,010 | | |
| Les *Cendres Gravelées et Souldes*, sept mil livres, cy. | 7,000 | | |

La *vente des Bois et Forests* de l'Isle de

|  | livres | sols | den. |
|---|---|---|---|
| France, Généralité de Paris, Soissons, Orléans, Tours, Chaalons, Roüen, Caën, et comté du Perche, neuf cens onze mil, trois cens dix livres, quinze sols, cy. | 911,310 | 15 | |
| Les *Parties casuelles*, deux millions de livres, cy. | 2,000,000 | | |
| Les *Francs-Fiefs*, cent mil livres, cy. | 100,000 | | |
| Les *Neuf livres dix-huict sols de Picardie*, cent soixante-treize mil, huict cens livres, cy. | 173,800 | | |
| Les six taux de la Doüane de Lyon, soixante mil livres, cy. | 60,000 | | |

SOMME DESDITES FERMES.

Trente-cinq millions, quatre-vingts cinq mil, six cens quinze livres, quinze sols, six deniers.

# NOTE SEPTIÈME

Pour *l'ensemble des volumes publiés*.

Deniers provenans des receptes générales des Tailles, Taillon, Domaine et subsistance qui se portent aux Receveurs généraux et d'iceux a l'Épargne, et de l'Épargne en compte a la Chambre des Comptes.

|  | livres | sols | den. |
|---|---|---|---|
| I. La généralité de Paris a vingt Élections, dans lesquelles les Receptes des Tailles et de la Subsistance se montent à la somme des cinq millions, cent trente-neuf mil, six cent trente-neuf livres, cy. | 5,139,609 | | |
| II. La Généralité d'Orléans a douze Élections, dans lesquelles les Receptes des Tailles et de la Subsistance se montent à la somme de trois millions, trois cens quatre-vingts six mil, soixante-cinq livres, seize sols, cy. | 3,386,065 | 16 | |
| III. La Généralité de Moulins a neuf Elections, dans lesquelles les Receptes des Tailles et de la Subsistance se montent à la somme de dix neuf cens quatre-vingts deux mil, sept cens quatre vingts seize livres, quatorze sols, cy. | 1,982,796 | 14 | |
| IV. La Généralité d'Alençon a neuf Élections, dans lesquelles les Receptes des Tailles et de la Subsistance se montent à la somme de deux millions, deux cens douze mil, quatre cens dix-sept livres, cy. | 2,212,417 | | |

V. La Généralité de Chaalons a onze

## APPENDICE.

|  | livres | sols | den. |
|---|---|---|---|

Élections, dans lesquelles les Receptes des Tailles et de la Subsistance se montent à la somme des treize cens cinquante cinq mil, neuf cens soixante livres, cy. — 1,355,960

VI. La Généralité de Soissons a sept Élections, dans lesquelles les Receptes des Tailles et de la Subsistance se montent à la somme de quatorze cens vingt-un mil, deux cens ving-deux livres, dix-neuf sols, cy. — 1,421,222 19

VII. La Généralité de Caën a neuf Élections, dans lesquelles les Receptes des Tailles et de la Subsistance se montent à la somme de deux millions, deux cens soixante-quinze mil, soixante-cinq livres, quatre sols, cy. — 2,275,065 4

VIII. La Généralité de Roüen a douze Élections, dans lesquelles les Receptes des Tailles et de la Subsistance se montent à la somme de trois millions, cent cinquante mil, trois cens vingt-sept livres, dix sol, cy. — 3,150,327 10

IX. La Généralité de Limoges a sept Élections, dans lesquelles les Receptes des Tailles et de la Subsistance se montent à la somme de deux millions, trois cens trente-huict mil, cent treize livres, quatorze sols, neuf deniers, cy. — 2,338,113 14 2

X. La Généralité de Poictiers a huict Élections, dans lesquelles les Receptes des Tailles et de la Subsistance se montent à la somme de deux millions, deux cens vingt mil, trois cens soixante douze livres, cy. — 2,220,372

XI. La Généralité de Bourges a quatre Élections, dans lesquelles les Receptes des Tailles et de la Subsistance se montent à la somme de onze cens soixante-dix-sept mil, six cens cinquante-sept livres, six sols, six deniers, cy. — 1,177.657 6 6

|  | livres | sols | den. |
|---|---|---|---|

XII. La Généralité de Dauphiné a six Élections, et une Recepte particulière à Briançon, dans lesquelles les Receptes des Tailles et de la Subsistance se montent à la somme de treize cens vingt-trois mil, neuf cens quarante deux livres, seize sols. — 1,323,942 — 16

XIII. La Généralité de Provence n'a point d'Élections, mais il y a trois Receveurs Particuliers du Domaine du Roy, y compris celuy de Cisteron, et un Receveur Particulier du Domaine d'Aix, lesquels font la Recepte, qui se trouve monter à la somme de trois cens quinze mil, cent quatre-vingts livres, quatorze sols, cy. — 315,180 — 14

XIV. La Généralité de Montpellier a onze Diocèses, au lieu d'Élections, dans lesquels il y a trente trois Receveurs Particuliers qui font la Recepte des Tailles, Subsistances et autres deniers, qui se montent à la somme de deux millions, sept cens vingt deux mil, neuf cens soixante une livres, dix huict sols, trois deniers, cy. — 2,722,961 — 18 — 3

XV. La Généralité de Riom a huict Élections, dans lesquelles les Receptes des Tailles et de la Subsistance se montent à la somme de deux millions, huict cens quatre vingts dix sept mil, sept cens onze livres, dix sols, cy. — 2,897,711 — 10

XVI. La Généralité de Bourgogne n'a point d'Élections; et la Recepte Générale se trouve monter à la somme de six cens vingt-neuf mil, trois cens soixante dix neuf livres, cinq sols, dix deniers, cy. — 629,379 — 5 — 10

XVII. La Généralité de Bretagne n'a point d'Élections : Et la Recepte Générale se trouve à présent monter à la somme de cinq cens quatre vingt deux mil, six cens treize livres, onze sols, cy. — 582,613 — 11

# APPENDICE.

|  | livres | sols | den. |
|---|---|---|---|

XVIII. La Généralité de Bordeaux a neuf Élections, dans lesquelles les Receptes des Tailles et de la Subsistance se montent à la somme de trois millions, cent quatre vingt mil, trois cens soixante treize livres, neuf sols, cy. — 3,180,373 9

XIX. La Généralité de Montauban a dix Élections, dans lesquelles les Receptes des Tailles et la Subsistance se montent à la somme de trois millions, deux cens soixante-onze mil, soixante-quinze livres, huict sols, cy. — 3,271,075 8

XX. La Généralité d'Amiens a six Élections, dans lesquelles les Receptes des Tailles et de la Subsistance se montent à la somme de cinq cens cinquante cinq mil, deux cens cinquante livres, cy. — 555,250

XXI. La Généralité de Tours a seize Élections dans lesquelles les Receptes des Tailles, Subsistance, Taillon et autres se montent à la somme de quatre millions, quatre-cens dix mil, huict cens vingt livres, huict sols, dix deniers, cy. — 4,410,820 8 10

XXII. La Généralité de Lyon a cinq Élections, dans lesquelles six Receptes des Tailles et de la Subsistance se montent à la somme de dix-neuf cens quatre vingts dix sept mil, sept cens soixante quatorze livres, sept sols, cy. — 1,997,774 7

XXIII. La Généralité de Toulouse, outre la ville qui a un Receveur Particulier, a onze Diocèses, à chacun desquels il y a trois Receveurs des Tailles, Subsistance et autres droits, dont la Recepte se monte à la somme de dix-huict cens douze mil, quatre cens quatre vingt sept livres, dix-huict sols, un denier, cy. — 1,812,487 18 1

SOMME DESDITES RECEPTES :

Cinquante millions, trois cens cinquante neuf mil, deux cens huict livres, dix sols, huict deniers.

SOMME TOTALE DES FERMES ET DES RECEPTES GÉNÉRALES DES TAILLES, TAILLON, DOMAINE ET SUBSISTANCE :

Quatre vingts cinq millions, quatre cens quarante quatre mil, huict cens vingt quatre livres, dix sols, deux deniers tournois.

# NOTE HUITIÈME

Pour l'ensemble des volumes publiés.

TARIFS DES DROITS D'ENTRÉE ET SORTYE QUI SE PAYOIENT A BORDEAUX L'AN 1651, 1652 ET ENCORE CETTE ANNÉE 1653 [1].

Pour entrée :

A la Comptable, les François et Regnicoles payent 3 p. 100; les bourgeois sont libres en tout.

Au Convoy, pour touttes drogueries se paye pour le poids de 100 livres, dix livres, et nul n'en est exempt.

Pour la sortie :

Le vin de ville,

A la comptable chasque tonneau de mer paye . . . . . . L. 1. 1.
Au convoy, y compris le controlle, paye . . . . L. 7. 7.
En tout. . . . 8. 8.

M. le duc de Vendosme prend à Blaye, L. 19 : 8 de trop, L. 11.

[1] Document inédit. *Archives du ministère des Affaires étrangères*, France, vol. CXLIX.

Le revenu du *Convoi de Bordeaux* est évalué à deux millions trois cent mille livres dans la Mazarinade : *Estat et revenu du royaume de France*, 1649.

Dans ce même état, une autre ferme, la *Comptable de Bordeaux* est évaluée à vingt-quatre mille, sept cent soixante-sept livres, huit sols, six deniers.

L'eau-de-vie,

A la comptable, pour la sortie, paye . . . . . . L. 2. 7. 3.
Au Convoy, le vieil droict . . . , . . L. 4. 4.
Le surhaussement de l'an 1637 . . . . . L. 7. 7.
En tout . . . 13. 18. 3

MM. les ducs de Vendosme et de Saint-Simon, à Blaye, L. 22 de trop : L. 8. 1. 9.

On lève encore, qui est incognu jusques à présent, et on ne dict, ny scait, à quoy, ou pour quoy, pour chasque navire dix livres. . . . . . . . L. 10.

## NOTE NEUVIÈME

Pour l'ensemble des volumes publiés.

MÉMOIRES POUR SERVIR AUX AFFAIRES DE GUYENNE, ET QUI FONT VOIR LES RAISONS POURQUOY MONSEIGNEUR LE PRINCE DE CONTY A ABANDONNÉ LE PARTY DE SON FRÈRE [1].

M. le Prince, partant de Berry pour la Guyenne, y laissa M. le Prince de Conty, et M. de Nemours qui avoit fait dessein de brouiller en Auvergne.

Le Prince de Conty va à Montrond, distribue des commissions pour lever des trouppes, s'asseure de la noblesse du pays et de quelques villes, prend l'argeant des tailles, fait vendre le sel des greniers, employe les deniers à ces levées et à munir Montrond, en envoye en Auvergne pour surprendre quelques places et lever des trouppes.

Le Prince de Conty revient à Bourges, y fait prendre les armes aux bourgeois, reçoit les compagnies de gendarmes et chevaux légers d'ordonnance de M. le Prince, de M. le duc d'Anguien et les siennes qui venoient de Stenay, les remonte et les

[1] Ce *Mémoire* justificatif a dû être rédigé par les ordres du prince de Conti. Il est conservé à la Bibliothèque nationale dans le *Portefeuille du prince de Condé*; le nom de M. *de Sarrasin* qui se trouve en marge de la première page en indique suffisamment l'auteur.

rafraîchit. Bourges estoit lors sans bled, sans poudre, canon ni bouletz, et le peuple fort effrayé.

La Cour part de Fontainebleau, s'advance vers le Berry; la sédition est preste de se former dans Bourges contre le prince de Conty sur la nouvelle que le Roy y venoit.

Le Prince de Conty fait arrester le maire de la ville, et le fait conduire prisonnier dans la grosse tour; il monte à cheval, il va dans les rües, il distribue de l'argeant au peuple, rafermit son party et fait par là balancer le Roy de venir en Berry.

La Cour, pressée sous main par les eschevins de Bourges et advertie que la ville n'estoit pas en estat de se deffendre, passe la Loire, et s'avance en Berry. Bougy, d'autre côsté, passe la mesme rivière à la Charité avec des trouppes à dessein de se mettre entre Bourges et Montrond, et d'enfermer le prince de Conty, Madame de Longueville et M. de Nemours dans Bourges.

Le prince de Conty donne ordre à toutes ses trouppes de se rendre à Montrond, sort de Bourges avec madame de Longueville et M. de Nemours, tire le maire de la tour et l'enmène pour servir de représailles, et, marchant la nuit, en peu d'heures se rend à Montrond.

En huit jours, il amasse mille chevaux et deux mille hommes de pied; il dépesche en Provence (où il avait ses desseins) le président Galiffest et l'abbé de Sillery pour y soulever les peuples et asseurer un passage sur le Rhosne. Il envoye deux gentilshommes pour tenter les passages d'Auvergne, et résout de s'acheminer par là, laissant M. de Nemours pour commander en Berry et en Auvergne. Cependant M. le

Prince l'appelle en Guyenne pour s'y fortifier des trouppes qu'il avoit levées, et de crainte qu'il ne s'engageast, estant trop faible, à soustenir ses affaires en un poste si advancé. Le prince de Conty a peine de s'y résoudre. Enfin, M. de Palluau, après avoir pris quelques lieux pour incommoder Montrond, se présente aux portes, plus fort de cavalerie et d'infanterie que le prince de Conty, qui, avec M. de Nemours, s'advance pour donner le temps aux siens de monter à cheval et de garnir les postes d'infanterie. Tout le jour se passe en escarmouches. Les troupes du Roy se postent à Charenton, petite ville à demie lieue de Montrond. La nuit et le lendemain on se tint sous les armes. Le soir, le prince de Conty, ayant laissé dans Montrond Persan, lieutenant de Roy du Berry, avec 300 chevaux et 2000 hommes de pied, et des munitions pour plus d'un an, envoye le soir donner une grande allarme à Charenton ; et cependant se lève de Montrond avec sept cents chevaux, et accompagné de Madame de Longueville et de M. de Nemours, dont les desseins sur l'Auvergne n'avoient pas réussy, passe le Cher à Montrond, la Creuse à Argenton, la Gartempe au-dessus de Magnac et la Vienne à Lisle-en-Jourdain, faisant 84 lieues de marche sans se reposer que deux heures de quinze en quinze heures. En passant à Bellac, petite ville de la Marche de Lymosin, des habitants tirèrent quelques monsquetades au travers du carosse de Madame de Longueville, où elle estoit à l'arrière garde. Le prince de Conty fait mettre pied à terre aux gendarmes et chevaux légers qui l'accompagnoient, et, se mettant à la teste avec M. de Nemours, se résolut d'emporter Bellac. Les habitans demandèrent pardon et meinèrent à la potence ceux qui avoient tiré ;

le prince de Conty les fait délivrer. Ayant mis ainsi un si grand pays et trois rivières entre lui et M. de Palüau qui l'avoit suivy, et s'estant joint aux levées qui se faisoient en Angoumois, il rafraîchit ses troupes dans des quartiers autour d'Angoulesme et s'advance vers Bordeaux. M. le Prince vint au devant de luy à Lybourne où ayant conféré, ils se rendent à Bordeaux ensemble.

Vers la my-novembre, M. le Prince part de Bordeaux pour aller à l'armée, et laisse le commandement de la ville et de la province à M. le prince de Conty.

Le lendemain de Noël, le prince de Conty part et va à Agen, seconde ville de la province, et d'une extrême considération pour la Haute-Guyenne. En y allant, il asseure les villes de la Garonne. Il fait les Conseils à Agen, et restablit le party affaibly dans la province par les exactions de l'intendant Guyonnet; il donne M. de Chouppes, lieutenant général, à M. de Bellegarde, qui commandoit les trouppes en Haute-Guyenne, et les envoye ravitailler Lauzerte, pressée par le marquis de Saint-Luc, et revint ensuitte à Bordeaux.

M. le Prince s'estant retiré à Saint-Andreas[1], et de là à Bourg, où le comte d'Harcourt l'avoit suivy, M. le Prince de Conty va l'y trouver, et reconnoit avec luy et le colonel Balthazar, eux trois seuls, l'armée du Roy à portée de pistolet; ils résolurent en suitte que M. le Prince demeureroit pour empescher le passage de la Dordoigne au comte d'Harcourt, et que le prince de Conty iroit en Haute-Guyenne, où le Roy avoit pris Moissac, Auvillar, et Caudecoste, ce dernier lieu à deux lieües d'Agen.

[1] Saint-André-de-Cubzac.

Le Prince de Conty arrive à Agen, en part aussitost pour l'armée, assiége Caudecoste et l'emporte en sept jours, s'expose lui-même à tous les périls, et pendant tout ce temps passant toutes les nuits en bataille de crainte que le marquis de Saint-Luc, plus fort que luy, ne luy tombât sur les bras. Après cette prise, forcé par la saison, il met ses trouppes fatiguées en quartier d'hyver et se retire à Agen.

Le mercredy des cendres, il a advis de M. de Chouppes, qui commandoit à Estaffort, le plus advancé de ses quartiers, que M. de Saint-Luc marchoit à luy; il part d'Agen, rassemble ses quartiers et se vient poster à Estaffort avec l'armée. Saint-Luc vient jusques sous les murs en bataille, estant beaucoup plus fort. Le prince de Conty se contente d'escarmoucher à Estaffort; se trouvant assis sur une rivière, il met son infanterie dans la ville et la rivière entre sa cavalerie et les ennemis qu'il va reconnoistre et qui se campent à une lieüe de luy.

Les ayant reconnus, il dépesche à mesme temps à M. le Prince, qui estoit à Lybourne, et luy demande seulement quatre cens chevaux des vieilles trouppes, promettant avec cela qu'il battroit Saint-Luc, qui pour l'aisance de ses trouppes s'esloigne de deux lieües d'Estaffort, et ayant passé le pont de Gimbrède, se campe à Miradoux.

M. le Prince ameine luy mesme les quatre cens chevaux. En arrivant à Estaffort, il marche droit aux trouppes du Roy et leur enlève deux quartiers. Le prince de Conty le suit avec le reste des trouppes. Tout le jour se passe en escarmouches. Le soir, les trouppes du Roy se voulant retirer, les deux Princes les chargent, deffont les régimens de Champagne, de

Lorraine, de Saint-Luc et toute la cavalerie, renferment le reste dans Estaffort. Partout les deux Princes chargent les premiers, l'espée à la main, suivis de peu de gens. Le cheval du prince de Condé tombant d'une blessure, le prince de Conty se met au devant de luy pour luy donner son cheval, le couvre, et luy donne temps de se relever avec le sien. Il n'y avoit que six personnes avec les Princes qui, devant les trouppes, chargèrent et rompirent toujours tous les corps des premiers.

Le prince de Conty laisse son frère au siège de Miradoux et retourne à Bordeaux, où les affaires l'appeloient. Marchin[1] joignit M. le Prince avec toute l'armée.

Le siège de Miradoux ayant eu un malheureux succès, le comte d'Harcourt en suitte s'estant jetté entre les quartiers de M. le Prince, l'oblige à se retirer à Agen. Le prince de Conty s'y rend en haste. Le prince de Condé y veut mettre garnison. La ville se révolte et se barricade. Les Princes se trouvent seuls au milieu de ces barricades ; on leur porte la pique et le pistolet contre l'estomac; ils payent de fierté et de résolution, font abattre les barricades, demander pardon aux magistratz et appaisent le désordre. Mais les trouppes n'entrent pas et demeurent aux environs.

M. le Prince part pour venir commander l'armée vers Paris. Le prince de Conty demeure à Agen. Les consuls traittent avec le comte d'Harcourt. Le prince de Conty estant seul, est contraint d'en sortir. Il vient au Port-Sainte-Marie, où les trouppes du Roy le sui-

---

[1] Le comte de Marsin.

vent et escarmouchent tout le jour. Il passe à Aiguillon qui lui refuse les portes, il vient à Clairac qui ne veut le recevoir que luy troisième ; et estant entré on songe à l'arrester ; il se sauve par une porte particulière et vient à Marmande qui ne veut pas le recevoir. Enfin il est poussé jusques à Cadillac et Langon où il se fortifie, et, ayant laissé les troupes à Marchin, il se rend à Bordeaux pour l'asseurer.

Il le trouve divisé en factions, et le Parlement, lassé du party, tentant de reprendre son authorité. Le prince de Conty délibère de l'abbaisser peu à peu et d'eslever et fortiffier l'Ormée. Cependant le comte d'Harcourt, attiré par quelques-uns du Parlement, se présente aux portes de Bordeaux. Le prince de Conty sort contre luy à la faveur du canon. Le comte se retire.

L'Ormée, qui estoit une assemblée de peuple en un quartier de Bordeaux appellé l'Ormée, près Sainte-Eulalie, s'establit par les quartiers de la ville, pour prendre garde aux suspects; elle s'assemble dans les couvents et se fortiffie sous l'authorité du prince de Conty, qui y tenoit la main pour former un corps qui pût s'opposer au Parlement.

Le prince de Conty fomente encore les divisions du Parlement en grande et petite Fronde. La grande Fronde s'appuye de l'Ormée et la petite, du quartier du Chapeau-Rouge, qui est une rue ainsi nommée à Bordeaux. La grande estoit un nombre de conseillers et la petite de mesme.

En ce temps on commença de chasser les suspects pour s'asseurer de la ville, et l'Ormée, sous l'authorité du prince de Conty, establit une chambre d'expulsion.

Le Parlement donne un arrest où il deffend ces assemblées. Les Ormistes l'arrachent à l'huyssier et en empeschent la publication ; ils assiégent mesme le palais. Le prince de Conty y va, apaise la petite bourgeoisie, la fait retirer, et chasse ensuitte quelques conseillers de la petite Fronde.

Cependant les conseillers de la petite Fronde, maltraitéz par l'Ormée, souslèvent le Chapeau-Rouge ; il veut prendre les armes ; l'Ormée veut s'armer aussi ; M. le Prince de Conty calme les choses, allant par la ville avec madame de Longueville, madame la Princesse et le duc d'Anguien. Il rappelle mesme les conseillers, qui promettent de bien servir et deffend les assemblées.

Cependant les trouppes estant souslevées au delà de la Dordogne contre Marchin qui les maltraittoit, le prince de Conty va à l'armée, l'y restablit et l'y ramenne, passe à Peyrigueux et prend quelques chasteaux en Peyrigord.

Le Chapeau-Rouge et la petite Fronde se voulant servir de son absence pour atterrer l'Ormée, et se rendre maistres de la ville, se mettent avec quelques jurats à la teste de ce peuple armé, attaquent l'Ormée, tuent quelques bourgeois. Les Princesses se mettent au milieu ; madame la Princesse a un homme tué auprès de sa chaise ; elles apaisent le désordre et députent au prince de Conty.

L'Ormée se réveille, s'assemble, se saisit de l'hostel-de-ville, en tire le canon, marche au Chapeau-Rouge. Les bourgeois du Chapeau-Rouge se barricadent, se deffendent. On se bat tout le long du jour. L'Ormée pousse les autres et brusle leurs maisons. Les Princesses, avec ce qui restoit de personnes de conseil et de main, se jettent au milieu du combat. On y porte le Saint-Sacrement. Le Chapeau-Rouge cède ; on en chasse les chefs et tout s'appaise ; l'Ormée domine.

Le prince de Conty revient, establit plus fortement l'Ormée, s'en déclare chef, chasse les suspects, fait changer d'estat et de forme à la ville.

Le comte d'Harcourt, ayant attaqué Villeneufve-d'Agenois que Théobon deffendoit pendant le siège qui fut long, le prince de Conty restablit son armée, il fait aussi les jurats à Bordeaux, les tirant du corps de l'Ormée et choisissant les plus affectionnés au party. Le prince de Conty tombe malade et en péril ; cependant les choses demeurent calmes, et vont du bransle et du mouvement que le Prince y avoit donné. Madame la Princesse accouche du duc de Bourbon, et l'armée, sous le commandement de Marchin, prend Casteljaloux, le Mas-d'Agenois, Monségur et Sarlat.

On met l'armée dans les quartiers, forte de six mille hommes. Le prince de Conty se porte mieux ; il prétend qu'ayant fortiffié son armée de quatre mille Irlandois qu'il attend d'Espagne, de douze cents cavaliers avec des selles, des pistolets et des bottes que M. le Prince lui devoit envoyer, de quitter Bordeaux et la Guyenne, la laisser en repos, et, la rivière asseurée par l'armée navale d'Espagne plus forte que celle du Roy, de porter la guerre en Poictou. Cependant des espérances si bien fondées tombent et le party se ruine par les causes que voicy :

Après que M. le Prince fut party pour Paris, il laissa deux hommes à M. le prince de Conty pour agir sous luy : Marchin pour commander l'armée, et Lesnet pour avoir soin des affaires et des finances.

Celuy-cy, esprit léger et d'imagination fort vaste et desréglée, ayant besoin de fortune et la voulant faire, après s'estre ajusté avec Marchin, va trouver le baron de Batteville[1], qui commandoit dans Bourg, baillé pour ostage aux Espagnols par M. le Prince, et qui commandoit aussi l'armée navale qui estoit dans la rivière de Garonne. Il luy propose d'agir de concert et de faire ensemble leurs affaires. Batteville, qui connoissoit Lesnet, et ne l'estimoit pas, n'y voulut point consentir ; Lesnet fait dessein de le pousser, et sans en rien communiquer au prince de Conty, escrit au prince de Condé que Batteville ne donnoit point d'argeant et qu'il estoit gaigné du cardinal Mazarin, qu'il fesoit périr ses affaires.

M. le Prince le croit, escrit à don Louis de Haro pour le retirer de Guyenne. Cependant Lesnet, pour se mieux cacher, escrit mille compliments à Batteville. Don Louis de Haro envoye les lettres de M. le Prince à Batteville, et Batteville lui envoye celles de Lesnet. M. le Prince, cependant, presse qu'on le rappelle ; et ainsi don Louis, quoiqu'il vît la fourbe et la mauvaise intention de Lesnet, retire Batteville pour satisfaire à M. le Prince. Mais, afin de le faire avec honneur, on feint qu'il faut mener l'armée navale à Saint-Sébastien pour la radouber. M. le prince de Conty s'y veut opposer, M. le Prince prévaut ; Batteville part, laisse la rivière ouverte et sans deffence, et don Ozorio, mauvais officier, dans Bourg ; don Louis ayant dessein d'y rétablir Batteville, n'y envoye personne.

Les conspirations cependant commencent dans Bor-

---

[1] Vatteville est l'orthographe vraie.

deaux. Massiot, conseiller au Parlement, est pris et accusé; le prince de Conty le mène prisonnier à l'Hostel-de-Ville pour le sauver de la furie de l'Ormée, d'où il le délivre quelques jours après, et le fait sortir de la ville.

Dans ce temps-là, la cour envoye le père Bertaut, religieux cordelier, à Bordeaux, pour former des partis qui pussent détruire l'Ormée et ceux du prince de Conty. Le prince de Conty en est adverti de Paris; il fait arrester le père Bertaut; le père Bertaut se sauve à Blaye par finesse. On chasse les suspects, entre autres le curé de Saint-Pierre qui avoit presché la paix, esmu son quartier. Le prince de Conty fait prendre les armes à la ville et la purge de ceux qui lui estoient suspects.

M. de Vendosme voyant la rivière ouverte et l'armée navale espagnole à Saint-Sébastien, y entre et ne l'auroit pu faire si Batteville y fût demeuré et qu'il eût radoubé ses vaisseaux à Bourg, comme c'estoit le dessein. Bourg est bloqué; le prince de Conty envoye en Espagne pour avoir secours; Batteville, qu'on avoit laissé à Saint-Sébastien, retarde le radoubement de la flotte, estant bien aise que Bordeaux fût pris, Lesnet et Marchin l'en ayant chassé.

Le vingt-sixième, le baptême du duc de Bourbon se célèbre avec toutes les magnificences possibles.

Le père Ithier, religieux cordelier, qui estoit d'intelligence avec le père Bertaut, qui fesoit les voyages de la cour dans ce mois-là, forme son party; il se découvre à Vilars, qui estoit un des chefs de l'Ormée. Vilars, sur le point d'exécuter l'affaire et ayant peur d'estre découvert, se découvre et toute la cabale au prince de Conty qui, pour en avoir preuve, luy ordonne d'y joindre cinq ou six des chefs de l'Ormée ; il le fait ; le père Ithier leur bailla l'argeant ; ils le portent au prince de Conty qui le leur rend et fait arrester le père Ithier, le 22 de mars 1653. La ville se mit en armes ce jour-là ; on sçavoit que le père Bertaut estoit dans Bordeaux. On le cherche partout, mais on ne le peut trouver, et y demeure jusqu'au 24, qu'il en sortit en plein midy, au travers des gardes sans estre connu. Ce jour-là mesme, le père Ithier fut condamné ; le prince de Conty luy sauve la vie. Il fait amende honnorable le 26, et est mis en prison perpétuelle. Les Cordeliers veulent soulever le peuple avec le Saint-Sacrement, qu'ils portent en procession. Le prince de Conty y accourt, fait prendre le Saint-Sacrement par un des ausmosniers, et fesant passer la Garonne aux Cordeliers, les chasse hors de la ville, et met garnison dans leur couvent. Cette intrigue souslevoit l'Ormée contre le prince de Conty si elle eût réussy.

Cependant Lesnet et Marchin ne payoient point les trouppes, et ne se contentent pas de faire fabriquer de mauvaise monnoye de l'argeant d'Espagne et gagner sur cette fabrique des sommes immenses, mais, retenant l'argeant, et ne payant point les trouppes, les meilleures se révoltent dans Montségur et dans Sarlat. Le reste des quartiers séparé et placé contre l'advis des bons officiers qui vouloient que toute l'armée hyvernast ensemble, est battu et affoibly. L'Ormée, et ce qui estoit du party du prince de Conty, se soulève contre eux. Le prince de Conty luy mande qu'il haste ces gens. M. le Prince, au lieu de satisfaire le prince de Conty, maintient Marchin et Lesnet, leur ordonne d'agir comme ils jugeront à propos, se deflie du prince de Conty et veut lui oster toute l'authorité.

La demoiselle de Lure conspire, elle est prise ; estant femme, on la sauve ; elle estoit accusée par un de l'Ormée qui l'avoit trahie et qui est aussi prisonnier. Le prince de Conty luy donne aussi la vie.

M. de Candale, commandant les armées à la place du comte de Harcourt, s'avance à un quart de lieue de Bordeaux, espérant que les conspirations luy en ouvriroient les portes. D'autre part, M. de Vendosme, fortifié de plusieurs vaisseaux, bruslots et petits bastimens, s'avance entre le Bec-d'Ambès et Bordeaux, et fait un fort à Vallier, à trois lieües de la ville.

Le prince de Conty envoye Chouppes en Espagne[1]. Il y négotie le rétablissement de Batteville, qui estoit le seul moyen de sauver Bordeaux. Lesnet et Marchin non seulement s'y opposent, mais font donner le commandement de l'armée navale qui devoit secourir Bordeaux au marquis de Sainte-Croix ; et, pour esclure mesme Batteville de revenir à Bourg ou d'avoir aucun commandement dans l'armée de terre, Marchin obtient des provisions du Roy d'Espagne de capitaine général. Batteville, indigné, retarde l'armement naval et fait passer à Bordeaux, par la Teste-de-Buch, les Irlandois sans argeant, afin qu'ils se révoltassent n'estant point payés, et que, tenant lieu d'autres troupes, Marchin et Lesnet ayant perdu l'armée pendant le quartier d'hyver, ils affoiblissent tout d'un coup le party. Le prince de Conty continue d'escrire au prince de Condé, qui maintient Lesnet et Marchin. On calomnie auprès du prince de Conty Sarrasin et l'abbé

[1] Voy. sur cette mission les *Mémoires* du marquis de Chouppes et les détails très circonstanciés que nous avons donnés. T. VI, ch. LI et suivants.

de Cosnac. Chouppes est aussi mal avec le prince de Condé, parce qu'il estoit mal avec Marchin. Chevalier, envoyé par les conseillers restés de la petite Fronde qui estoient d'intelligence avec Théobon (lequel, après avoir défendu Villeneufve et reçeu cent amitiés du prince de Condé, quitte le party pour une injustice de Marchin), Chevalier, dis-je, est pris chargé de lettres et de passeports. Il est condamné et pendu.

Cependant la cour, advertie du mauvais traitement que M. le Prince fesoit à M. le prince de Conty, dans le temps qu'il le servoit si bien et que sa seule personne luy maintenoit Bordeaux, le fait solliciter. Le prince de Conty respond qu'il remettra la Guyenne aussi florissante et au mesme estat que lorsque M. le Prince y estoit venu, et qu'alors, la luy rendant, il prendra le party qu'il jugera à propos et auquel le mauvais traittement de son frère l'obligeoit, ou que s'il faut périr il ira jusqu'à l'extrémité auparavant que de faire un accomodement, quoy qu'il sceut bien que lorsque M. le Prince avoit pensé s'accomoder à Saint-Denis avec le Cardinal, il l'avoit de telle sorte abandonné, qu'il avoit voulu donner un escrit par lequel il promettoit à la cour qu'on ne tiendroit pas à M. le prince de Conty les paroles qu'on luy donnoit pour le gouvernement de Provence qu'il prétendoit, et que depuis il avoit dit qu'il ne vouloit pas qu'on fît mention quelconque de M. le prince de Conty; enfin qu'il maintenoit contre luy et contre ses affaires propres des gens qu'il devoit luy sacrifier dès la première plainte et qui avoient seuls perdu les armées, la province et la ville : c'estoient Lesnet et Marchin.

L'Ormée continue à vouloir perdre Lesnet et Marchin. Le prince de Conty les protège par honneur, et continue à mander l'estat des choses à M. le Prince, qui s'en mocque.

Le 25 juin, la conjuration de Chastain et Filliot est découverte. Le premier s'enfuit, le second est pris et appliqué à la question, mais le prince de Conty luy sauve la vie. Il est pris à minuit ; le lendemain il devoit, avec ceux de sa faction, se saisir d'une porte et M. de Candale entrer dans la ville. En effet, à l'heure nommée, cinq heures du matin, le prince de Conty en estant sorty, l'armée du duc de Candale luy tombe sur les bras. Il se retire pourtant, combattant en ordre, et le duc de Candale voyant l'entreprise manquée, se retire.

L'armée navale d'Espagne s'approchant lentement, le duc de Candale prend la Teste-de-Buch, qui estoit le seul lieu par où la communication restoit en Espagne ; on met des Irlandois à Lormont, qui est un poste advancé à une lieüe de Bordeaux, vers l'armée du duc de Vendosme. On a advis qu'ils traittent avec luy. Le prince de Conty ordonne à Marchin de les charger, il le néglige ; ils rendent Lormont au duc de Vendosme, qui prend ensuite Bourg.

Dans cette extrémité, l'armée s'estant ruinée faute de payement, Bordeaux estant assiégé par mer et par terre, le secours ne venant point, les corps députent au prince de Conty pour le prier de faire la paix. Il s'eslève quelque sédition des marchans vers le quartier de la Bourse et du Pont-Saint-Jean. Le prince de Conty y va, veut charger les séditieux, Marchin et Lesnet l'empeschent, et n'esteignant pas le commencement, donnent lieu à toute la ville de se révolter ; elle le fait, et prend pour signe le ruban blanc ; elle abat l'Ormée, et demande si ouvertement la paix qu'on est obligé de traitter.

L'armée navale d'Espagne paroist. Le prince de Conty lui envoye ordre de combattre et secourir ou périr : elle refuse.

Marchin et Lesnet, chargés de la haine publique et de la perte de Bordeaux, veulent par une calomnie s'en garantir et font courre le bruit que le prince de Conty a traité avec la cour, proposent mesme de faire assassiner Sarrazin et Cosnac comme ayans paru à ce traitté.

Le prince de Conty tient un conseil où il propose de prendre ce qui restoit de cavalerie et M. le duc d'Anguien, de passer en Espagne ou périr, et d'envoyer devant Balthasar à Tartas, sur le chemin; Marchin et Lesnet s'y opposent, aussi bien que les Princesses[1]; enfin le prince de Conty traitte séparément avec M. de Candale pour le seul salut de sa maison. Et, n'ayant voulu que des passeports pour madame la Princesse, Marchin et Lesnet, pour aller trouver M. le Prince, pour madame de Longueville, pour aller à Montreuil-le-Bellay, en Poictou, et pour luy, pour se retirer en une de ses maisons, tous signent le traitté et sortent de Bordeaux, le 2 d'aoust.

Le prince de Conty va à Cadillac, où il est huit jours ; de là, il part et va à la comté de Pézenas, en Languedoc, qui lui appartient. La cour luy donne ordre d'aller à Chasteauroux, en Berry, et, depuis, un autre ordre d'aller à Bourgueil ; enfin il envoie Sar-

---

[1] L'auteur de ce Mémoire était imparfaitement renseigné ; les Mémoires de Daniel de Cosnac fournissent les plus intéressantes particularités sur ce qui se passa dans ce conseil. Voy. aussi t. VII, ch. LXX, de ces *Souvenirs*.

rasin à la cour, qui luy apporte la permission de demeurer à Pézenas.

Le sieur de Langlade, secrétaire de M. le Cardinal, va trouver le prince de Conty ; il le renvoie à la cour avec Sarrasin, d'où ils renvoyent un ordre au prince de Conty de venir trouver Leurs Majestés.

APPRÉCIATIONS DIVERSES

SUR CES

## SOUVENIRS DU RÈGNE DE LOUIS XIV

Le septième volume du règne de Louis XIV qui contient des particularités inédites sur l'ambassade envoyée à Cromwell par la ville de Bordeaux, sur les négociations et les opérations militaires dans la Guyenne, a reçu, comme les volumes précédents, un favorable accueil des amateurs de l'histoire, ainsi que la presse le constate : *Journal de la librairie*, 6 mars 1880 ; *Journal des Débats*, 12 avril 1880, le *Journal officiel*, 14 avril 1880 ; *Polybiblion*, Revue bibliographique *universelle*, avril 1880 ; *Limousin et Quercy*, avril et mai 1880 ; correspondance *Saint-Chéron*, dans un article reproduit par un grand nombre de journaux des départements ; *Union*, 1er juin 1880 ; *Journal de Gand*, 9 juin 1880 ; *Bibliographie catholique*, livraison de novembre 1880 ; *Gazette de France*, 3 janvier 1881 ; etc.

Ce volume, ainsi que l'ensemble de l'ouvrage, a été l'objet d'un remarquable compte rendu à l'*Académie des Inscriptions et Belles-Lettres* par un de ses membres, M. Pavet de Courteilles, à la séance du 9 avril 1880 ; il a été reproduit par analyse dans le Journal des Débats et dans le *Journal officiel*, par M. Ferdinand Delaunay ; nous extrayons de ce dernier compte rendu le passage suivant :

« On y voit comment le parti insurrectionnel s'était décidé à solliciter le secours de l'Angleterre et avait envoyé en conséquence à Londres trois députés chargés de négocier auprès de Cromwell. Celui-ci les avait accueillis avec faveur, tandis qu'il ne voulait même pas accorder d'audience à l'ambassadeur de France. M. de Cosnac donne aussi des renseignements intéressants sur l'attitude peu patriotique du prince de Condé, sur la conduite irrésolue du prince de Conti, sur la vie privée de la princesse de Condé et la duchesse de Longueville, etc. »

Polybiblion. Revue bibliographique universelle. *Article de M. Tamisey de Laroque.*

« Nous avons déjà si souvent ici donné aux *Souvenirs du règne de Louis XIV*, les éloges qui leur sont dus, qu'il nous semble superflu de redire une fois encore tout le bien que nous en pensons. Contentons-nous donc de déclarer que le septième volume est de tout point digne de ses aînés, et indiquons rapidement ce que l'on y trouvera. M. de Cosnac y retrace surtout la singulière histoire de la Fronde bordelaise, du mois d'avril 1653 au mois de juillet de la même année. Jamais encore autant de détails ne nous avaient été fournis sur les mille incidents de ces quatre mois. Le tableau est aussi vivant que complet. M. de Cosnac continuant à ne pas imiter ces auteurs qui font des livres avec des livres, travail facile autant qu'inglorieux, a puisé les principaux éléments de son récit dans les profondeurs de nos dépôts publics, et particulièrement dans les profondeurs de ce mystérieux dépôt du ministère des Affaires étrangères, où si peu de chercheurs avaient pu pénétrer jusqu'à ce jour,
     (d'amis favorisés à peine un petit nombre)
et qui semble avoir été gardé, de notre temps comme autrefois par les vieux et jaloux dragons des hespérides. C'est par centaines que M. de Cosnac a recueilli des pièces que nul n'avait encore songé à consulter. Grande a été sa peine, grand aussi sera son succès. Que de clartés nouvelles, en effet, ses vaillantes recherches répandent à flot sur l'alliance des frondeurs de Bordeaux avec l'Angleterre, sur.......... »

Le Journal le Limousin et Quercy, dans les numéros du 25 avril au 25 mai 1880, a inséré huit articles d'analyse de l'ensemble des *Souvenirs du règne de Louis XIV*, par M. l'abbé Artiges, nous en détachons quelques extraits :

« M. de Noailles fait du grand siècle un cortège à madame de Maintenon, son illustre parente ; quant à M. de Cosnac il broche d'or tenu, mais toujours visible de Daniel de Cosnac, son arrière grand-oncle, sa tapisserie de haute lisse historique.....

« L'ouvrage vise au monument, d'abord par les proportions matérielles, sur sept volumes in-8°, quatre sont consacrés à la seule année 1652, qui n'est cependant qu'un premier chapitre de l'histoire du grand roi, surtout par la masse d'idées nouvelles apportées à sa construction. Puisque monument il y a, nous le comparerons à l'hôtel littéraire de Rambouillet, aménagé aujourd'hui en palais historique. Ce fut madame de Rambouillet elle-même, dont le cœur de femme fit éclore au cerveau une fleur de génie, qui fit bâtir pour recevoir sa brillante société, l'hôtel devenu si fameux sous son nom..... M. de Cosnac, qui tient à madame de Rambouillet par l'angle poétique et chevaleresque de son esprit, élève son édifice sur les mêmes plans. C'est la même éclatante lumière qui pénètre par les mêmes larges ouvertures, le même goût exquis, un peu précieux d'ornementation...: Quant à la société qui passe, foule dorée, chuchotant les mystères, éclatant aux saillies, applaudissant un rondeau, causant histoire, littérature, philosophie, religion, elle est si évidemment la même que M. de Cosnac en revient et peut écrire au frontispice de son livre : *Souvenirs*.

« La critique l'a déjà dit : M. de Cosnac s'est si intimement lié à la société du dix-septième siècle qu'on croit lire un contemporain de Louis XIV. Mais il y a plus. La critique des journaux ne l'a pas remarqué parcequ'elle ne creuse rien et s'en tient aux surfaces : — son explication n'explique rien, ni l'originalité de ce style qui a des vibrations d'épée, des éclairs d'étonnement mêlés à des grâces de bergerie, ni la pensée qui domine tout, dans ce livre, et qui en est l'honneur et aussi l'écueil. Disons-le franchement : M. de Cosnac est, de nature d'âme, membre vivant de la société du dix-septième siècle. Il en a les qualités, il en aurait eu les défauts. Il fait le même cas des traditions, des distinctions, des grandes manières, des mille nuances de l'hôtel de Rambouillet ; son esprit parfois en a la moelle muliébrile, et il prend parfois l'éclat et la rudesse du cardinal de Retz. Capitaine d'instinct, il s'enthousiasme aux beaux faits d'armes, qu'il raconte du reste en stratégiste consommé. Qui sait s'il n'eût pas été frondeur, en 1652, avec le duc de La Rochefoucauld ? Convenons du moins qu'il eût embrassé le parti de la Fronde constitutionnelle avec le marquis de la Roche-Posay.

. . . . . . . . . . . . . . . . . . . .

« L'épisode ! ce mot nous ramène de plain pied dans l'œuvre de M. de Cosnac. L'épisode, qui est au tronc de l'histoire comme le jet des branches aux arbres, pousse sa vigoureuse germination dans le cerveau en moelle de chêne de notre historien. Il excelle en ce genre. Plusieurs de ses récits enrichissent nos annales limousines ; nous leur consacrons à ce titre une rapide analyse. (Suit l'analyse de l'épisode de l'occupation d'Uzerche et de la prise du château de Blanchefort par l'archevêque de Bourges, et de l'épisode du combat de Saint Robert.)

. . . . . . . . . . . . . . . . . . . .

« Pionnier intellectuel (M. de Cosnac) à la façon des esprits d'Outre-Rhin, il creuse, il enfonce dans nos diverses collections savantes, dans nos archives et nos bibliothèque nationales, partout. Il recueille ainsi une moisson de documents nouveaux, en particulier, des gerbes de lettres dont il aurait pu nous pétrir le pain fort de l'histoire, mais qu'il préfère nous donner sans apprêts dans des épis d'or. Cette méthode lui a mérité de la part de la critique, l'éloge assez banal de s'être choisi d'illustres collaborateurs dans la personne de Louis XIV, de Mazarin, du prince de Condé, de La Rochefoucauld, de la duchesse d'Aiguillon, etc., etc.; car nous ne savons vraiment qui n'y a tenu la plume, des hauts personnages de la Fronde, dans ces récits....

« Ces récits ont ainsi quelque chose de cette histoire de France, que rêvait Aug. Thierry, où nos chroniqueurs seraient venus tour à tour raconter, dans leur style et avec les couleurs de leur époque, les événements dont ils auraient été les témoins. Ils en ont le charme naïf, la force incisive et l'appétence particulière pour les cerveaux blasés de littérature contemporaine.

. . . . . . . . . . . . . . . . . . . .

« L'honneur, l'immense honneur d'avoir doté nos annales d'une opulence nouvelle, fruit des plus patients labeurs, cet honneur, premier pour un historien, nul ne peut le dénier à M. le comte de Cosnac. »

*Journal* l'UNION, 1er juin 1880

« Nos lecteurs savent que les *Souvenirs du règne de Louis XIV* ne sont autre chose qu'une histoire détaillée des événements de la Fronde, enrichie de nombreux épisodes, de renseignements et d'anecdotes de toute sorte, et surtout pleine de documents inédits, recherchés par l'auteur avec une activité infatigable. Le volume que nous annonçons aujourd'hui (le septième) est tout à fait digne de ceux qui l'ont précédé.

M. de Cosnac y continue l'histoire de la Fronde bordelaise du mois d'avril au mois de juillet 1653. Il s'est particulièrement attaché à mettre en lumière la guerre diplomatique que se firent auprès de Cromwell les représentants des frondeurs et l'ambassadeur de Mazarin, dont M. de Cosnac blâme sévèrement la conduite en cette circonstance.

. . . . . . . . . . . . . . . . . . . . . . . . . . . .

« MARIUS SEPET. »

JOURNAL DE GAND, 9 juin 1880 :

« Le septième volume de ce remarquable ouvrage vient de paraître. Les événements de la Fronde en font encore le sujet, principalement à Bordeaux, et dans la Guyenne. Le parti des princes, qui visait avant toutes choses au renversement du cardinal Mazarin, et le parti démocratique qui, dès cette époque déjà, visait à la république, y avaient concentré leur action, depuis que Paris avait été enlevé à la domination de la Fronde par la rentrée du roi.

« Le travail de M. de Cosnac présente un grand intérêt par l'ensemble considérable de faits et détails historiques ou totalement inédits ou très peu connus…..

BIBLIOGRAPHIE CATHOLIQUE, livraison de novembre 1880 :

« La Fronde a occupé beaucoup d'historiens, il serait inutile de les nommer tant ils sont connus. Presque tous se sont attachés à saisir le côté pittoresque de cette révolte, à décrire le jeu des partis, le conflit des ambitions, la guerre à coup d'épigrammes, de chansons et de brocards. Tous se sont enfermés spécialement dans l'horizon de la grande ville, cette charmeuse des conteurs. M. le comte de Cosnac n'a pas sans doute négligé la Fronde parisienne ; car il l'a vue de haut, il en a dévoilé tout le sérieux, et il en a surtout marqué, mieux qu'on ne l'avait fait, le patriotique rôle de la noblesse demandant, pour en finir avec l'arbitraire ministériel et les intrigues parlementaires et princières, la convocation des assises nationales. Mais c'est principalement sur la province, vaste champ à peu près inexploré, qu'il a dirigé ses vues d'historien et ses recherches d'érudit.

« La Fronde, en effet, eut deux capitales, Paris et Bordeaux. La seconde fut plus féconde que la première en péripéties redoutables et pour l'honneur et pour la sécurité de la France. Là se prolongea, pendant plusieurs années, un drame compliqué de changements à vue, dont il importait de mettre au grand jour les ressorts jusqu'à présent cachés. C'est la tâche que s'est imposée M. de Cosnac avec autant de persévérance que de sagacité.

. . . . . . . . . . . . . . . . . . . . . . .

La clémence fut superflue. Une promesse de large amnistie, promulguée au nom du roi, fut taxée de *ridicule* par Lenet. La diplomatie n'eut pas meilleure chance. M. de Cosnac expose avec bon sens et netteté les abaissements de Mazarin devant Cromwell. Ce ministre souvent peu fier quand il jugeait nécessaire de l'emporter à tout prix, s'efforça d'effrayer le président anglais par la perspective d'un immense agrandissement de la maison d'Autriche; il tenta également d'intéresser la Hollande à sa cause. Tout échoua, M. de Bordeaux, ambassadeur de France à Londres, ne put même pas obtenir de Cromwell une audience; il n'eut que par des intermédiaires des réponses évasives et dilatoires.

« De quel côté sera la victoire, et que vont faire d'ailleurs l'Angleterre et la France? M. de Cosnac nous laisse dans l'attente, et nous sommes loin de l'en blâmer; il nous réserve les dénouements pour la *bonne bouche*....

« Avant de quitter ce volume, nous serions injuste et incomplet, si nous ne disions pas qu'il est puisé presque entièrement à des sources jusqu'alors inexplorées..... et si nous affirmons qu'on a été ou qu'on sera, comme nous, séduit par cette lecture, nous n'aurons certes pas de contradicteur.

« Georges Gandy »

Gazette de France du dimanche 2 et lundi 3 janvier 1881 :

« Nous avons entretenu déjà les lecteurs de la *Gazette de France* des premiers volumes de cet intéressant travail commencé, il y a longues années, et poursuivi avec une persistance d'autant plus méritoire que l'auteur, fidèle aux traditions de sa famille, ne s'est pas désintéressé, un seul instant, aux luttes que les royalistes soutiennent à peu près seuls contre les entreprises des révolutionnaires.

« Le VI<sup>e</sup> volume des *Souvenirs du règne de Louis XIV* s'ouvre au milieu de l'*Ormée* de Bordeaux, de cette insurrection démagogique issue de la Fronde des princes. Il n'existe pas, croyons-nous, de tableau mieux tracé, plus complet, plus vivant de cette phase de la Fronde qui est au fond un véritable essai révolutionnaire, auquel rien ne manque, ni les sinistres figures des tribuns comme Vilars et Dureteste, ni les arrestations arbitraires, ni les assassinats, ni le massacre des suspects, ni même les chimères républicaines. On est frappé de la ressemblance étonnante des hommes qui conduisaient ce mouvement avec ceux que nous avons vus depuis, à d'autres époques, présider à des tentatives du même genre.

« Il est triste et instructif à la fois de voir les revendications de la Fronde, légitimes en grande partie au moins, aboutir par la logique des factions et de la guerre civile à cette alliance des Princes et de la démagogie, compliquée de la recherche de l'alliance étrangère.

« C'est encore là un chapitre fort mal connu de l'histoire de la Fronde. M. de Cosnac, avec la patience du bénédictin et la perspicacité du collectionneur, qui lui sont particulières, fait passer sous les yeux du lecteur des documents de l'intérêt le plus vif et en très grand nombre qui permettent de suivre, dans son VI° et VII° volume, toutes les phases des négociations engagées avec Cromwell par l'*Ormée* d'une part, afin d'obtenir le secours de l'Angleterre, et de l'autre par Mazarin pour contrebattre les intrigues bordelaises. On ne sait vraiment, quand on lit, avec l'attention qu'ils méritent, les *Souvenirs du règne de Louis XIV*, contre qui l'on doit s'indigner davantage, ou des rebelles de Bordeaux sollicitant l'appui de l'ennemi héréditaire de la Frnace, ou de Mazarin humiliant la Couronne devant l'assassin de Charles Ier et concourant avec lui à l'affaiblissement, sinon à la ruine du principe monarchique.

. . . . . . . . . . . . . . . . . .

« On voit quelle mine précieuse les *Souvenirs du règne de Louis XIV* ouvrent à ceux qui veulent étudier le milieu du dix-septième siècle. Des investigations d'une exactitude et d'une conscience indiscutables, une richesse de documents diplomatiques vraiment extraordinaire qui jettent un jour tout nouveau sur des parties inexplorées et ignorées de l'histoire de la Fronde, un grand nombre de pièces inédites complètent les mémoires déjà publiés, par-dessus tout une impartialité qni ne se dément jamais, jointe à un ardent amour de la France, de ses traditions, de son passé, recommandent les *Souvenirs du règne de Louis XIV* à tous ceux qui se préoccupent encore d'études historiques, qui y cherchent une consolation et un enseignement pour supporter les douleurs du présent. C'est certainement, l'un des ouvrages les plus sérieux, les plus utiles et en même temps les plus intéressants à lire qui aient été écrits de notre temps.

. . . . . . . . . . . . . . . . . .

« J. Bourgeois. »

# TABLE GÉNÉRALE

## DES DOCUMENTS INÉDITS [1]

AIGUILLON (Marie-Madeleine de Vignerot, duchesse d'), II, 349.
ANGLETERRE (Henriette-Marie de France, reine d'), V, 422, 426, 428.
ANGLETERRE (Lettre du Conseil d'État d'), V, 435.
ARTICLES accordés au comte d'Harcourt, VII, 372.
AUBETERRE (Le chevalier d'), III, 419. — V, 113, 162. — VI, 346.
AUMONT (César d'), marquis de Clairvaux, III, 70, 89.
BAAS (M. de), VI, 26.
BACALAN (M. de), VIII, 65.
BARADAS (M. de), VI, 416.
BARRIÈRE (M. de), VI, 217, 219.
BERTHIER (Pierre de), évêque de Montauban, V, 100.

BERTHOD (Le père), VI, 418. — VIII, 179.
BONNEVAL (Le comte de), IV, 226, 262.
BORDEAUX (M. de), ministre de France en Angleterre. V, 297. — VI, 198, 205, 208, 214, 220, 223, 249 à 281, 266, 427 à 466. — VII, 37, 43, 47, 49, 50, 52, 54, 61, 355 à 371, 378 à 383, 427, 433, 442 à 454. — VIII, 258, 277.
BORDEAUX (M. de), père, VI, 225.
BOUGY (Le marquis de), I, 467, III, 384, 421.
BROGLIE (Le comte de), IV, 194.
BURG (M. du), III, 171.
BUSSY-RABUTIN (Le comte de), IV, 82.

(1) Nous avons classé cette table par ordre alphabétique des noms d'auteurs, et par ordre alphabétique de documents lorsque le nom de l'auteur fait défaut ou lorsque les auteurs sont en nom collectif.

BUTIN, secrétaire du duc de Vendôme, VIII, 253.
CAILLET, secrétaire du prince de Condé, IV, 328. — VII, 90. — VIII, 96.
CANDALE (Le duc de), V, 142. — VI, 162. — VII, 204. — VIII, 40, 173, 241.
CHARLES II, roi d'Angleterre, V, 417, 419, 427.
CHARLEVOIX (M. de), III, 244.
CHOISEUIL-PRASLIN (le marquis de), 342.
CHOUPPES (Le marquis de), VI, 88, 117.
CONDÉ (Louis de Bourbon, prince de), I, 396, 413, 436. — II, 297. — III, 282, 301, 312, 387. — IV, 306, 361, 433, 440. — V, 4, 42, 98, 332, 406. — VI, 24, 113, 120, 121, 145, 147. — VII, 27, 129, 131, 137, 140, 171, 172, 245, 249. — VIII, 93, 94, 98.
CONTI (Armand de Bourbon, prince de), I, 457. — III, 317. — IV, 281. — V, 328, 340, 359. — VI, 73. — VII, 321, 346.
CONRARD, V, 328.
CORRESPONDANCES INÉDITES, sans nom d'auteurs, III, 314, 475, 488. — V, 241, 322, 423. — VI, 38, 44, 54, 56, 115, 143. — VII, 22, 77, 64.
COURT-CHAUVERAU (M. de la), III, 135.
COUVOUGE (Antoine de Stainville, comte de), II, 383.

CRÉQUY (Le chevalier de), III, 389, 405.
CROMWELL (Olivier), VI, 204. — VII, 67.
DUBUISSON-AUBENET (Journal de), I, 390, 406, 411. — II, 144, 147, 264, 300, 224, 328.
EGMONT (Le comte d'), duc de Gueldres, IV, 177.
ELBEUF (Le duc d'), II, 255, 305.
ESPAGNE (Marie-Anne, reine d'), V, 27.
ESTRADES (Comte d'), VII, 207.
État de la maison de la princesse de Condé, VII, 401.
État de la flotte espagnole, I, 320.
État de la marine française, VIII, 285.
État de Montrond, VI, 416.
État des troupes, V, 396. — VIII, 283.
État de la vaiselle d'argent de la princesse de Condé, mise en gage, VII, 455.
État de la ville et faubourgs de Bordeaux, V, 389.
FABERT (Maréchal), V, 408, 409. — VI, 101, 105. — VII, 32.
FIESQUE (Comte de), VII, 322.
FOLLEVILLE (Le chevalier de), III, 274, 276, 296, 481.
GOURVILLE, VI, 59.
GRAMONT (Le comte de), VII, 153.
GRAYMONT (M. de), agent diplomatique, V, 420.
GUISE (Le duc de), IV, 430, 435, 436.

Guron de Rechignevoisin (L'Abbé de), IV, 414. — VI, 40, 152. — VII, 121, 124, 147, 190, 263. — VIII, 80, 124, 141.

Harcourt (Le comte d'), I, 355, 358, 363, 386, 472. — II, 381, 413 et suiv. — III, 204, 206, 218, 221, 236, 241, 246, 252, 255, 372, 374, 383, 411. — IV, 455.

Haro (Don Louis Mendez de), IV, 278. — VI, 92, 129, 380.

Hollande (Lettre des États généraux de), IV, 390.

Hôpital (Le maréchal de l'), II, 142, 185, 231.

Jonzac (Le comte de), V, 124.

Langeais (Le marquis de), III, 391.

La Rochefoucauld (Le duc de), l'auteur des *Maximes*, VI, 57.

Langlade (M. de), VII, 282.

Lenet, I, 292, 319, 320. — III, 309, 320, 331, 344. — IV, 282, 299, 308, 315, 330, 355, 360, 362, 381, 384, 441. — V, 14, 30, 52, 158, 174, 182, 186, 351, 363, 366, 376. — VI, 6, 17, 52, 83, 119, 123, 124, 141, 183, 361, 376, 382, 399, 405. — VII, 81, 99, 132, 197, 219, 228, 237, 265, 285, 319, 320, 325. — VIII, 10, 99, 102.

Lesdiguières (Le duc de), II, 126.

Le Tellier (Charles), IV, 43.

Lévis-Ventadour (Anne de), archevêque de Bourges, IV, 249, 260, 261, 264, 267, 268.

Liège (Lettre du chapitre de), IV, 122.

Lislebonne (Le comte de), V, 71, 77.

Longchamp (M. de), VI, 91, 132, 378.

Lorraine (René-Françoise de), abbesse de Montmartre, IV, 442.

Louis XIV, I, 360, 368, 382, 465. — II, 210, 213, 321, 340, 364, 394. — III, 117, 120, 209, 210, 416. — IV, 96, 118, 119, 122, 140, 178, 241. — V, 138, 311, 312, 357, 413, 425, 429, 430. — VI, 10, 153, 155, 157, 301, 304, 306, 339, 446. — VII, 95, 165, 372, 404, 408, 436. — VIII, 83, 144, 165, 243, 247.

Le Vacher, trésorier de l'armée des Princes, V, 361.

Manifeste pour l'établissement de la république en France, V, 256.

Marigny (M. de), II, 294, 396. — IV, 3, 6. — V, 23.

Marin (M. de Sainte-Colombe-), I, 420, 433. — III, 258, 400. — VI, 371.

Marsin (Le comte de), IV, 363. — V, 146, 168, 169. — VII, 163.

Maure (Anne-Doni d'Attichy, comtesse de), V, 6.

Mazarin (Le cardinal), I, 252. — IV, 165. — VIII, 92, 163, 177, 280.

Mazerolle (M. de), VI, 395.

Mémoire concernant les affaires du prince de Condé, VII, 335.
Mémoire d'État au Roi et à son Conseil, V, 195.
Mémoire, signé le Serviteur, VII, 335.
Mémoire sur les moyens à employer pour obtenir l'alliance de l'Angleterre, V, 229.
Mémoires touchant la paix de Bordeaux, VIII, 76, 146.
Montagu (M. de), III, 132.
Montausier (Julie d'Angenne, marquise de), IV, 408.
Montausier (Le marquis de), I, 370, 430, 434. — III, 280. — IV, 417. — V, 125, 131, 134.
Montmorency (François de), baron de Courtalin, III, 57.
Montpensier (Marie-Louise d'Orléans, duchesse de), IV, 155.
Montrond (Plan du siège de), IV, 459.
Mortimer (Le colonel), V, 226.
Noailles (Le comte de), V, 415.
Noblesse du duché de Chatelleraut (Délibération de la), III, 114.
Orléans (Gaston duc d'), II, 336, 404. — VIII, 239.
Ormée (Lettre des bourgeois de l'), V, 9.
Osorio (Don Joseph), VI, 99.
Palluau (Le comte de), IV, 48, 55, 67, 71, 77, 90, 97.
Paulmy (Antoine-René de Voger d'Argenson, marquis de), III, 64.
Philippe IV, roi d'Espagne, IV, 431, 433. — V, 26.
Piloys (M. de), III, 381.
Placard contre les princes, V, 354.
Plessis-Bellière (Jacques de Rougé, marquis du), I, 434. — II, 367. — III, 184, 227, 230. — V, 108, 110. — VII, 406.
Pompadour (Jean, marquis de), IV, 245.
Pontac (M. de), III, 207, 215, 380, 395. — V, 67, 148, 160.
Relation de ce qui s'est passé en France depuis le 5 janvier 1652 jusqu'au 26 avril 1653. — II, 219, 225, 227, 247, 249, 252. — III, 363. — IV, 5, 125, 135, 139, 152, 157, 164, 173, 189, 196, 271, 394, 450.
Rochefort (Madame de), III, 72.
Roche-Posay (Le marquis de la), III, 78, 83.
Roches-Baritaud (M. des), de la maison de Châteaubriand, I, 433. — III, 61.
Rohan (Le duc de), II, 130.
Rouannès (Le duc de), III, 86.
Saint-Agoulin (M. de), VI, 117, 136, 396.
Saint-André (Alexandre du Puy-Montbrun, marquis de), II, 187.
Saint-Luc (Le marquis de), I,

404, III, 234, 378, 398, 407, 409. — V, 150, 163.

SAINT-SIMON (Le duc de), VII, 156. — VIII, 53.

SAMUEL ROBERT (Journal épistolaire de), IV, 371, 373.

SARRASIN, secrétaire du prince de Conti, V, 327.

SAUVEBŒUF (Le marquis de), V, 71, 77, 153.

SCARON, V, 329.

SERVIEN, marquis de Sablé, VI, 201, 206.

THODIAS (Le chevalier de), VII, 6.

TRACY (Alexandre de Prouville, marquis de), III, 235. — V, 105.

Traité de paix de Bordeaux, VIII, 111.

TURENNE (Le maréchal de), II, 80, 82, 156, 157, 158, 159, 160, 161, 162, 167, 169, 170, 171, 172, 173, 175, 178, 179, 204, 309, 311, 314, 315. — III, 493. — IV, 9, 11, 14, 158, 160, 162, 181, 184, 190. — V, 405. — VII, 409, 413.

VATTEVILLE (Le baron de), I, 438. — V, 60, 180, 185, 334. VI, 90.

VENDÔME (Le duc de), VII, 126, 131, 189, 283. — VIII, 56, 67, 124, 139.

VIE (M. de la), VI, 144.

VILARS, chef de l'Ormée, VII, 72.

VINEUIL (M. de), V, 383.

VIOLE (Le président), VI, 111.

VIVENS (Le chevalier de), III, 409.

WHICTCLOKE, président du Conseil d'État d'Angleterre, V, 435.

FIN DE LA TABLE DES DOCUMENTS INÉDITS.

# TABLE GÉNÉRALE

## DES NOMS ET DES MATIÈRES [1]

ABBEVILLE, VI, 250, 279.
ABLON, château, IV, 20, 21.
ABONVILE, VI, 358.
ABRAHAM (Tapisserie d'), VIII, 266.
ABZAC (Maison d'), VI, 300.
ABZAC (d'), marquis de la Douze, IV, 225.
ACARIE (Madame), I, 98.
ACHMET-PACHA, IV, 225.
ACQUISITIONS d'objets d'art par le cardinal Mazarin, V, 139 à 299.
ADAM, habitant de Liesse, VII, 339.
AFFIS (Le président d'), III, 156, 179, 335, 338, 351, 352, 354, 355, 457, 477. — IV, 291, 306, 310, 337, 358. — V, 173, 175, 318. — VI, 145, 171, 177, 185, 364, 377. — VII, 77, 78.
AFFORGES (d'), II, 427.
AGDE (Évêché d'), IV, 60.
AGE (de l'), ducs de Puylaurens, III, 92.
AGOULT (d'), comte de Sault, II, 114.
AGEN (Ville d'), I, 313, 328, 392, 393, 394, 395, 409, 413, 414, 415, 416, 417, 418, 435, 437. — II, 71, 357, 370, 373, 375, 376, 377, 378, 380, 414, 419, 420, 421, 423, 424, 425, 429. — III, 157, 169, 177, 205, 232, 235, 252, 413, 471. — IV, 49. — V, 67, 74, 84, 101, 108, 109, 143, 160, 170, 360. — VI, 35, 37, 55, 59, 63, 78, 144, 145, 162, 189, 372. —

(1) Pour l'orthographe des noms propres, nous n'avons pas toujours suivi celle des documents, mais de préférence celle qui nous a paru la plus généralement adoptée.

VII, 164, 192, 197, 269, 292, 317. — VIII, 18, 22, 84, 89, 109, 117, 118, 161, 206, 300.
AGEN (Claude de Gelas, évêque d'), IV, 232.
AGENAIS, *Introduction*, 14. — I, 393, 394, 411, 412. — II, 435. — III, 142. — IV, 405. — VII, 269.
AIGUILLE (M. d'), VIII, 117.
AIGUILLON, localité, VIII, 303.
AIGUILLON, (Duché d'), II, 349. — V, 74.
AIGUILLON (Duchesse d'), II, 206, 348, 350. — IV, 131. — V, 66.
AIGUILLON (Ville d'), II, 374, 377, 425. — III, 405.
AIMERY, apothicaire, II, 364.
AISNE (rivière), II, 185, 187, 312, 313, 317. — IV, 138, 158, 161, 164, 185. — VII, 254, 255.
AISNE (département), II, 312.
AIX (Archevêché de), *Introduction*, 5, 16.
AIX (Archevêque d'), Voy. Cosnac (Daniel de).
AIX (Ile d'), II, 368.
AIX (Parlement d'), IV, 61.
AIX (Ville d'), IV, 62.
AIX-D'ANGILLON (Les), IV, 27, 28.
AIX-LA-CHAPELLE, V, 209.
ALAIRE (M. d'), VIII, 106.
ALAIS (Le duc d'), IV, 60.
ALARIC, roi des Visigoths, III, 140.
ALBIGEOIS (Guerre des), I, 34. — IV, 235.

ALBY (Gaspard de Daillon, évêque d'), V, 102.
ALBERT (Charles d'), duc de Chaulnes, II, 237.
ALBRET (Amanieu d'), comte de Miossens, II, 145.
ALBRET (Charles, sire d'), IV, 28, 29, 31.
ALBRET (Le chevalier d'), I, 425, 428. — III, 231. — V, 133, 135, 136, 137. — VI, 34, 347.
ALBRET (Connétable d'), IV, 31.
ALBRET (Duché d'), I, 417. — II, 137. — V, 46. — V, 72. — VIII, 126.
ALBRET (Guillaume d'), IV, 29.
ALBRET (Jean d'), IV, 29.
ALBRET (Maison d'), I, 59, 74, 82, 146, 300, 379. — IV, 28. — VI, 322.
ALBRET (d'), maréchal de camp, VI, 12.
ALBRET (Marie d'), IV, 29.
ALBRET (Régiment d'), IV, 370. — VI, 315.
ALENÇON (Duc d'). VI, 20.
ALENÇON (M$^{lle}$ d'), I, 234.
ALETH (Ville d'), IV, 235.
ALEXANDRE III, pape, V, 211.
ALIBERT (M. d'), II, 427.
ALGER (Ville d'), VII, 192.
ALIGRE (M. d'), II, 267, 428. — IV, 148.
ALASSAC (Ville d'), VI, 308.
ALLEMAGNE, I, 140, 305. — II, 291. — IV, 225. — V, 195, 196, 200, 204, 215, 227. — VI, 293. — VII, 302.
ALLEMAGNE (États d'), V, 215.

ALLEMANDS (Les), II, 30, 177, 250. — IV, 325, 383, 386. — V, 204, 341. — VII, 115.
ALLEMANS, (Camp d'), V, 167.
ALLENET, fort, VII, 121, 127, 160.
ALLES (Camp d'), V, 82.
ALLIEZ (M. d'), IV, 361.
ALLUYE, ville, IV, 220.
ALPES (Les), V, 200, 207.
ALSACE (Gouvernement d'), III, 195, 221, 222, 251. — V, 208. — VII, 26.
ALSACE (Province d'), III, 383. — IV, 457.
ALTESSE ROYALE (Son), Voy. Orléans (Duc d').
ALTESSE (Régiment de l'), II, 203, 206.
AMBEZ (Bec d'); I, 412. — IV, 386. — VI, 39, 125. — VII, 94. — VIII, 309.
AMBLEVILLE (Château d'), I, 379. — IV, 409.
AMBLEVILLE (M. d'), de la maison de Mornay, III, 226, 230.
AMBOISE (Château d'), I, 26. — II, 89.
AMBOISE (Conspiration d'), I, 83.
AMBREVILLE (M. d'), VII, 278.
AMELOT (Jacques), II, 119.
AMELOT, marquis de Gournay, *Introduction*, I, 16.
AMÉRIQUE, I, 3. — V, 220, 329.
AMIENS (Ville d'), III, 142. — VI, 261. — VIII, 280.
AMIENS (Evêché d'), IV, 169, 170.
AMSTERDAM (Ville d'), VII, 66.

AMVILLE (Duc d'), I, 17.
ANCRE (Maréchal d'), I, 24, 88.
ANDILLY (Arnaud d'), I, 135.
ANDRÉ DEL SARTO (Tableaux d'), VI, 242.
ANJOU (Le duc d'), frère de Charles V, IV, 216.
ANJOU (Philippe, duc d'), I, 19, 30, 151. — III, 462, 463. — IV, 142.
ANJOU (Gouvernement d'), I, 420, 421, 423. — II, 28, 130, 136. — III, 418. — IV, 202. — VII, 27. — VIII, 203.
ANJOU (Régiment d'), IV, 56, 90.
ANGENNES (Julie d'), marquise de Montausier, IV, 410.
ANGENNES (Charles d'), marquis de Rambouillet. Voyez Rambouillet (Marquis de).
ANGERVILLE (Antoine d'Estendard, seigneur d'), VI, 66, 67, 68, 69.
ANGERVILLE (bourg), I, 289. — II, 118.
ANGERS (Ville d'), I, 350, 420, 421, 422. — II, 28, 47, 55, 88, 129, 130.
ANGLAIS (Les), I, 2, 9, 65, 273. — II, 62, 218. — III, 143, 147, 148. — IV, 31, 216, 218, 220, 396. — V, 35, 221, 231, 233, 235, 236, 237, 314. — VI, 195, 197, 201, 207, 226, 228, 254, 268, 272, 276, 432. — VII, 9, 13, 14, 17, 22, 23, 31, 40, 284, 297. — VIII, 112, 148, 155, 182, 183, 184, 223, 259, 269, 272, 273, 277.

ANGLE (Château et ville d'), III, 64, 86.

ANGLETERRE, *Introduction*, I, 15, 48, 121, 129, 294, 305. — II, 213, 296. — III, 19, 139, 141 à 149, 163, 181. — IV, 216, 286, 301, 395, 397. — V, 22, 35, 41, 191, à 303, 331, 423. — VI, 165, à 293, 410, 414, 430. — VII, 2 à 69, 81, 98, 105, 117, 119, 133, 144 à 157, 202, 241, 244, 245, 249, 265, 273, 283, 295 à 325. — VIII, 62, 78, 84, 89, 93, 113, 152, 154, 156, 181 à 186, 208, 210, 218, 222, 229, 252, 262, 264, 265, 271, 277, 281.

ANGLETERRE (Conseil d'État d'), V, 435. — VI. 205, 208, 232. — VII, 6, 46. — VIII, 281.

ANGLETERRE (Flotte d'), VI, 224, 225, 226. — VII, 25, 294, 298, 309. — VIII, 268.

ANGLETERRE (Henriette de France, reine d'), II, 62. — V, 234, 235, 294, 418, 422, 426, 428. — VI, 250.

ANGLETERRE (Marine d'), VII, 286.

ANGLETERRE (Henriette d'), plus tard duchesse d'Orléans, Introduction, 2. — V, 234.

ANGLETERRE (Parlement d'), I, 236, 237. — V. 244, 282, 300, 302, 425, 429. — VI, 205, 207, 213, 220 à 252, 415. — VII, 10, 34 à 60, 298, 305, 306. — VIII, 196.

ANGLETERRE (République d'), V, 235, 236, 238, 247, 302. — VI, 198, 203. — VII, 5, 51, 147, 296. — VIII, 154, 183, 209.

ANGLETERRE (Révolution d'), VII, 293, 297.

ANGLETERRE (Rois d'), III, 142, 146. — IV, 215, 397. — V, 301. — VI, 206, 209, 388. — VII, 47, 114. — VIII, 183, 264, 267, 273, 276, 281.

ANGLEURE DE NORVÈGE (Saint), VI, 245.

ANGOSSE (L'abbé d'), III. 249.

ANGOULÊME (Ville), I, 367, 369, 373. — II, 366. — III, 280, 283, 292, 296. — IV, 223, 369, 405, 408, 417. — V, 89, 118, 124, 125, 130, 132, 136. 326. — VI, 33, 58. — VII, 82. — VIII, 300.

ANGOULÊME (Château d'), VII, 195.

ANGOULÊME (Gouvernement d'), I, 152, 160, 278, 325, 367, 396. — II, 2, 136, 363, 364, 414. — III, 62, 291, 295, 296, 300, 313. — IV, 401.

ANGOUMOIS (Noblesse d'), III 284. — V, 357.

ANGOULÊME (Louis Emmanuel de Valois, duc d'), II, 136. — IV, 57, 58, 60 à 63, 295, 303, 447. — V, 51.

ANGOULÊME (Régiment d'), IV, 63.

ANGOULÊME (Traité d'), I, 88.

ANGOUMOIS, IV, 403, 404. — V, 59, 79, 130, 137, 139. — VI, 78, 346. — VII, 27. — VIII, 300.

ANNE D'AUTRICHE, reine de France, I, 18, 129, 160 à 183, 204, 220, 241, 258, 276, 282. II, 30, 50, 51, 105, 189, 233, 251, 350, 351. — III, 136, 158, 160, 273, 275, 277, 426, 456, 461. — IV, 116 à 118, 127, 142, 145, 189, 201, 204, 205, 251, 427, 451. — V, 384, 417. — VI, 11, 169, 173, 185, 290. — VII, 180, 334, 336. — VIII, 57.

ANNERY (Marquis d'), I, 245

ANNEROUX (Adrien du Drac, marquis d'), II, 320.

ANNEVAL (M. d'), VII, 278.

ANSILLON, I, 428.

ANTIGNAC, localité, V, 122.

ANTIOCHE (Perthuis d'), IV, 377. — VI, 9.

ANTIS (John), VI, 242.

ANTONIO SOBARIA, IV, 316.

ANTREVAUX (M. d'), II, 126.

ANVERS (Ville d'), VI, 283. — VII, 139.

ARAOS, bourg, II, 430.

APCHON (M. d'), VII, 280.

APT (Gouvernement d'), III, 77.

AQUITAINE, I, 392. — III, 141, 142, 149.

AQUITAINE (Eléonore, duchesse d'), IV, 215.

ARAGON (Jacques d'), I, 63.

ARAGON (Maison d'), I, 40, 62, 316. — VI, 323.

ARCACHON (Port d'), IV, 382. — IV, 132, 410. — VII, 8, 81, 83, 196, 202.

ARCHEBAUD, VII, 4, 5.

ARCHEVÊQUE DE PARIS (Jean-François de Gondi), IV, 206.

ARCHIDUC (M. l'). *Voy.* AUTRICHE (Léopold d').

ARCY (M. d'), VIII, 273, 277, 278.

ARDANS (Des), IV, 467.

ARDENNES (Les), IV, 116.

AREMBERG (Ducs d'), I, 66.

ARGENCE (Joubert-Tison, marquis d'), III, 285, 295, 487.

ARGENT (Seigneurie d'), IV, 27, 28.

ARGENTAT (Ville d'), I, 225.

ARGENTEUIL, village, II, 227, 228.

ARGENTON (M. d'), III, 125.

ARGENTON (Ville d'), I, 324. — VIII, 299.

ARGOUGES (M. d'), I, 185.

ARGYLE (Comte d'), V, 297.

ARISTE, II, 259.

ARLES (Ville d'), IV, 62.

ARMAGNAC, (Anne d'), IV, 29.

ARMAGNAC (Comte d'), III, 146.

ARMAGNAC (Régiment d'), III, 73, 87, 283, 299. — IV, 419.

ARMAGNET, officier, V, 147.

ARMAND, chef de l'Ormée, V, 317.

ARMANTARI, VI, 161, 170.

ARNAUD, évêque d'Angers, I, 421.

ARNAULT, I, 277. — III, 327.

ARNOIS (d'), III, 116.

ARNOLFIGNY (d'), I, 428.

ARNOUX, curé, VII, 168.

ARPAJON (Ville d'), II, 57, 133, 154, 162, 164, 207, 208.

ARPAJON (Comte d'), I, 277. — III, 413.
ARRAS (Ville d'), I, 105, 146. — II, 403. — IV, 177, VI, 245.
ARRIAN (Camp d'), III, 140.
ARS (Marquis d'), III, 290.
ARSENAL DE PARIS, IV, 128. —
ARSON (Marquis d'), III, 241.
ARTÉMISE (Tapisserie d'), VI, 246.
ARTENAY (Ville d'), II, 57.
ARUNDEL (Comte d'), V, 255. — VI, 267, 272, 273, 275, 279, 282, 283.
ASCHAM, ambassadeur, V, 223.
ASIE, V, 220.
ASPREMONT (Baron d'), II, 207.
ATIGNAC, localité, V, 147.
AUBAZINE, localité, I, 39.
AUBESPINE (Charles de l'). Voy. Châteauneuf, IV, 30.
AUBE, rivière, II, 343.
AUBETERRE (Chevalier d'), II, 370, 371. — III, 256. — IV, 405, 406, 407, 408, 417. — V, 94, 113, 115, 161, 163, 166. — VI, 27, 28, 29, 30, 31, 32, 147, 346, 348, 367, 368, 369. — VII, 80, 82, 122, 162, 266. — VIII, 104.
AUBETERRE (Comte d'), I, 23, 374, 378, 379, 385. — II, 415, 418. — III, 419, 420, 421.
AUBETERRE (d'), comte de la Serre, IV, 407, 408.
AUBETERRE (Maison d'), IV, 407. — V, 93.
AUBETERRE (François de Lussan, marquis d'), I, 346. — IV, 405, 406, 407, 408, 409, 410, 411, 413, 416, 418. — V. 152, 156. — VI, 315, 335, 350, 351. — VII, 268.
AUBETERRE (Régiment d'), VI, 369. — VIII, 284.
AUBETERRE (Ville et château), IV, 405, 411, 418, 420, 421.
AUBIERS (M. des), III, 115, 116.
AUBIGNÉ (Françoise d'), I, 130.
AUBRY (M$^{lle}$ Paulet, M$^{me}$), I, 125.
AUBRY (Président), II, 267, 277.
AUBUSSON (Ville d'), VI, 245.
AUBUSSON (François d'Aubusson, comte de la Feuillade), III, 85.
AUBUSSON (Hector d'), seigneur de Castel-Nouvel, VI, 303.
AUBUSSON (Ramulfe, vicomte d'), I, 62.
AUCH (Dominique de Vic, archevêque d'), V, 164.
AUCH (Ville d'), I, 405. — V, 105, 143, 164.
AUGERVILLE (Château d'), I, 289. — II, 118.
AUGUSTINS (Église des), VII, 213.
AUGUSTINS (Ordre des), VIII, 14, 213.
AUMONT (Maréchal d'), II, 132, 316. — III, 90, 92, 493. — IV, 168, 193, 194, 199.
AUMONT (Marquis d'), III, 70, 71, 72, 88.
AUNIS, province. Introduction, 14. — I, 277, 314, 396. — II, 2, 363, 369. — III, 192,

224, 281. — IV, 368, 403, 415. — V, 117, 137, 139, 357. — VI, 9. — VII, 211. — VIII, 193, 206.

AUPELLES (M. d'), III, 422.

AUSTAING, V, 28, 31, 38.

AUTEL ou D'HOSTEL (Vicomte d'), de la maison de Choiseuil-Praslin, I, 300.

AUTEUIL (Comte d'), gouverneur du duc d'Enghien, IV, 312. — VI, 140. — VII, 85, 88, 104, 116, 129, 130, 221, 226, 242, 248, 270, 271. — VIII, 10, 11, 36, 37, 108, 255.

AUTRAY (M. d'), VII, 278.

AUTRICHE (Archiduc d'). Voy. Léopold, II, 198. — III, 442, 443. — VII, 91, 92.

AUTRICHE (Éléonore d'), I, 67.

AUTRICHE (Maison d'), I, 86, 105. — VII, 302.

AUVERGNE (Province d'), I, 258, 277. — II, 136. — III, 401. — IV, 55, 59, 60, 247. — V, 85, 142, 143. — VIII, 297.

AUVERGNE (Comte d'), I, 11, 65, 74, 347.

AUVERGNE (Maison d'), I, 64.

AUVERGNE (Régiment d'), V, 74, 76. — VII, 213.

AUVILLARS, localité, I, 393, 414. III, 290. — VIII, 300.

AUXERRE (Ville d'), II, 86, 157, 159.

AUXERROIS (L'), I, 292.

AVENNES (M. d'), VI, 369.

AVIANTON (M. d'), III, 74.

AVIGNON (Ville d'), I, 40, 41.

AYEN, bourg, VI, 308, 312, 313, 323.

AYEN (Comté d'), I, 60. — IV, 248. — VI, 322, 323.

AYEN (Temple d'), VI, 322.

AYMET, bourg, III, 255, 282, 490.

BAAS (M. de), maréchal de camp. — V, 348, 363. — VI, 19, 24, 26, 27, 33, 203, 304, 364. — VII, 331. — VIII, 9, 10, 11, 40.

BACALAN, quartier de Bordeaux, IV, 285, 287. — VII, 236. — VIII, 22, 23, 33, 34, 35, 64, 65, 67, 71, 106, 122.

BACALAN (Quai de), VI, 114, 361.

BACALAN (M. de), VII, 313, 316. — VIII, 33, 250, 253.

BACHAUMONT (Le Coigneux de), I, 215. — II, 30, 120, 222, 324.

BADEFOL, localité, VI, 307.

BADEFOL, château, VI, 323.

BAILLEUL (Président de), II, 29, 118, 222. — VI, 293.

BALE (Ville de) III, 375.

BALHAU, île, VII, 339.

BALLET, IV, 80.

BALLONTE député, VIII, 122.

BALTHAZAR (Colonel), I, 346, 383, 384, 385, 416. — II, 363, 370, 371, 375, 415, 417. — III, 192, 267, 268, 269, 270, 271, 272, 284, 285, 286, 287, 289, 290, 294, 295, 296, 300, 312, 317, 320, 331, 355, 356,

386, 387, 388, 422, 476, 482, 483, 485. — IV, 243, 248, 251, 263, 319, 362, 363, 365, 413, 421. — V, 19, 36, 84, 94, 97, 99, 111, 112, 113, 114, 122, 150, 152, 153, 161, 166, 167, 170, 179, 378. — VI, 26, 27, 29, 30, 31, 32, 33, 62, 64, 82, 99, 147, 354, 364, 367, 368, 370, 458. — VII, 29, 31, 100, 134, 164, 226, 248, 250, 252, 253, 272, 331, 332. — VIII, 16, 55, 65, 99, 104, 142, 162, 163, 166, 206, 212, 256, 300, 312.

BALTHAZAR (Petit), III, 296. — IV, 243.

BALTHAZAR (Régiment de), II, 418. — III, 388, 390, 422.

BALTIQUE (La), VI, 433.

BALTONS, I, 346.

BALUZE, I, 41, 42, 43, 64, 65, 66.

BALZAC (M. de), I, 129, 130. — V, 326, 328.

BANNUELO (Manuel), VI, 391, 392.

BAPTIST, peintre, VI, 243.

BAR (Duchesse de), II, 211.

BAR (M. de), IV, 41. — VII, 255, 336.

BAR (Ville de), V, 385.

BARADAS OU BARADAT (M. de), I, 23, 377, 379. — IV, 52, 65, 66, 70, 94. — VI, 316.

BARADAS (Régiment de), VI, 316, 349.

BARATINE, VI, 444.

BARBAZAN, village, V, 157.

BARBERIN, maître d'un jeu de paume, VII, 4, 6, 312, 313. — VIII, 15.

BARBERINI (Cardinal Antoine), II, 31, 32. — IV, 10.

BARBÉZIÈRES-CHÉMERAUT (Comte de), III, 308. — IV, 275. — VI, 47, 48, 49, 50, 51, 52. — VII, 109.

BARBÉSIEUX (Château et ville de), I, 380, 381. — IV, 414, 420. — VI, 33, 34, 346, 347.

BARBÉZIEUX (Marquis de), IV, 47.

BAR-LE-DUC (Ville de), IV, 190, 191, 192, 196, 199. — VI, 77.

BARCELONE (Ville de), I, 40. — III, 478. — IV, 62, 416, 440. — V, 22, 110, 115, 143, 177, 184, 185. — VI, 163, 364. — VII, 224.

BARILLON (Président), I, 177.

BARIOLET, bourg, IV, 250, 258.

BARITAUT, officier, VIII, 106, 122.

BARON, VII, 224, 227, 233, 268.

BARON (Abbé), III, 184.

BARRÉ, I, 310.

BARRICADES (Journée des), I, 196.

BARRIÈRE (M. de), négociateur, IV, 321, 396. — V, 22, 47, 186, 225, 238, 239, 241, 242. — VI, 165, 202, 212, 215, 218, 219. — VII, 4, 8, 10, 27, 32, 51, 106, 244, 246.

BARSAC, bourg, II, 430.

BARSILLON (M. de), I, 428.

BARTET, secrétaire du cabinet

du roi, I, 261. — II, 316. — IV, 12.
BARTHE (M. de la), II, 428.
BARTHOLOMÉO (Don), VII, 322.
BASQUE, petit, VII, 268.
BASSE, I, 341.
BASSÉE (Gouvernement de la), IV, 178. — II, 403. — IV, 178.
BASSIGNAC (M. de), II, 73.
BASSOMPIERRE (Louis de), évêque de Saintes, I, 392. — II, 368. — V. 16, 17, 188, 189. — VI, 12, 372. — VII, 197, 209, 239, 319.
BASTARONIS (M. de), II, 427.
BASTIDE (La) IV, 344, 392. — V, 4. — VI, 114. — VII, 156. — VIII, 6, 117, 244, 245, 247.
BASTIDE D'ARMAGNAC (La), ville, VI, 30, 31, 32, 33.
BASTILLE (La) I, 11, 33, 80, 88, 128, 303. — II, 234, 242, 247, 251, 292, 401, 402. — IV, 148. — VIII, 216, 239.
BASTRU-LE-ROUSSEAU. *Voy.* Roche (La).
BATTEVILLE (Baron de). *Voy.* Vatteville.
BAUDON, II, 428.
BAULLE (De), I, 424.
BAYEUX (Ville de), VII, 136.
BAYONNE (Ville de), I, 398. — III, 460. — VI, 81, 89, 230, 235, 385, 440, 445. — VII, 28, 128, 148, 152, 154, 268.
BAZAS (Ville de), I, 71. — II, 377, 381. — III, 475, 481. — V, 151. — VI, 362, 384.

BAZIN (*Histoire de France sous le ministère du cardinal Mazarin*, par M.), VIII, 219 à 222.
BAZOCHE, village, II, 317.
BÉARN (Province de), III, 41, 250.
BEAUCE (La), II, 57, 161, 163, 203. — IV, 32. — VIII, 193.
BEAUCHESNE (M. de), V, 80.
BEAUFORT (Catherine de), IV, 235.
BEAUFORT (Château de), I, 65.
BEAUFORT (Maison de), I, 64, 65, 67.
BEAUFORT (Duc de), I, 174, 209, 213, 222, 223, 242. — II, 27, 45, 57, 68, 69, 70, 77, 85, 89, 97, 103, 104, 109, 115, 117, 147, 149, 159, 160, 164, 220, 234, 240, 245, 269, 271, 273, 277, 281, 282, 283, 284, 285, 286, 287, 290, 294, 336, 396, 397, 398, 399, 400, 402. — III, 363. — IV, 6, 19, 61, 132, 139, 149, 150, 151, 152. — VIII, 41, 197.
BEAUGENCY (Ville de), III, 97, 141.
BEAUJEU (M. de) II, 188, 213, 214. — VI, 100.
BEAUJEU (Régiment de), II, 83.
BEAULIEU, localité, I, 71. — II, 311.
BEAULIEU (Cartulaire de), IV, 212.
BEAULIEU, trompette, VII, 179.
BEAUMONT (M. de), III, 487. — VI, 356.

BEAUMONT, bourg., III, 216, 487. — V, 79.
BEAUNE (M. de la), VIII, 169.
BEAUPOIL (de), baron de Sainte-Aulaire, seigneur de Meilhards et de la Grénerie. — IV, 265.
BEAUPRÉ (M. de), III, 116.
BEAUTIRAN (M. de), VIII, 106.
BEAUVAIS (M. de), VI, 57, 113. — VII, 109.
BEAUVAIS (M$^{me}$ de), II, 146, 206.
BEAUVAIS (Nicolas Chourt de Buzenval, évêque de), IV, 233. — VI, 17, 233.
BEAUVAIS-RIOU (M. de), I, 427.
BEAUVAIS (Ville de), VI, 245.
BEAUVILLE (M. de), I, 407.
BEC (René du), marquis de Vardes, III, 197, 213, 214.
BEC (Maison du), III, 202.
BEC D'AMBÈS (Le), IV, 361, 386.
BÉCHAMEIL (M. de), II, 23. — VIII, 179.
BEIGLE (Camp de), VIII, 40.
BÈGLE, village, VII, 221, 261. — VIII. 2, 8, 32, 57, 61, 69, 78, 128.
BELEBAT (M. de), II, 399.
BELLAC (Ville de), I, 324. — VIII, 299.
BELLAY (Comte de), roi d'Yvetot, III, 266, 481, 482.
BELLEFONDS (Maréchal de), I, 339, 380, 381. — V, 108, 143.
BELLEFONDS (M$^{lle}$ de), I, 99.
BELLEGARDE (M$^{me}$ de), III, 334.
BELLEGARDE (M. de), I, 393. — III, 332, 346. — VIII, 300.

BELLEGARDE (Ville de), VI, 76. — VII, 166, 384. — VIII, 228.
BELLE-ISLE, VI, 22.
BELLIÈVRE (Président de), II, 5, 8, 10, 12, 38. — VII, 65. — VIII, 217.
BELLISSON, procureur, II, 365.
BELZUNCE (M. de), VI, 147.
BELZUNCE (Régiment de), II, 240. — VII, 205, 283.
BENAUGE (Comté de), V, 94. — VI, 64.
BÉNÉDICTINS (Congrégation des), I, 271.
BENOISE, conseiller, I, 191.
BENOÎT XIII, I, 43.
BENSERADE, I, 128, 150, 151, 152, 153, 155, 157, 158.
BERAUDIÈRE (Catherine de la), II, 335.
BERCENNES (M. de), II, 72, 76.
BERGERAC (Ville de), I, 231, 328, 376, 393, 396, 397, 398, 412. II, 136, 381. — III, 192, 272, 313, 315, 316, 317, 324, 421. 459, 475, 486. — IV, 300, 334. — V, 80, 81, 84, 152, 169, 349. — VI, 339, 384, 409. — VII, 17, 107, 287. — VIII, 104, 117, 165.
BERGERIE (La), bourg. — I, 343, 346, 383.
BERGH (Éléonore-Fébronie de), I, 73.
BÉRINGHEM (M. de), II, 145.
BERLO (Régiment de), II, 203.
BERMONT, II, 56, 68.
BERNARD (Jean), I, 62. — II, 365.
BERNEC (M. du), III, 168, 475.

BERRY (Canal du), IV, 103.
BERRY (Province de), I, 89, 224, 277, 287, 288, 291, 292, 299, 306, 354, 363, 365, 366, 381. — II, 139, 289, 305. — IV, 25, 27, 29, 30, 32, 35, 39, 42, 43, 48, 55, 59, 64, 65, 78, 81, 83, 85, 86, 87, 94, 102, 302. — VIII, 193, 297.
BERTAUT, VI, 102.
BERTHIER (Pierre de). Voy. Montauban (Évêque de).
BERTHOD (Père), IV, 128. — V, 310, 311, 312, 316. — VI, 12, 13, 14, 15, 16, 17, 18, 26, 109, 110, 151, 153, 155, 158, 160, 164, 168, 169, 177, 178, 183, 184, 190, 399, 418. — VII, 226. — VIII, 15, 32, 60. 168, 171, 176, 179, 181, 249, 307.
BÉRURIE (La), village, III, 419, 421.
BERTHOMÉ (Chanoine), I, 310.
BERTRANDY, VIII, 122.
BÉRULLE (Cardinal de), I, 151.
BESANÇON (Ville de), III, 440.
BESNARD, II, 324.
BÉTHUNE (Comte de), I, 386. — II, 399. — IV, 352.
BÉTHUNE (Henri de), archevêque de Bordeaux, I, 391. — VI, 421.
BÉTHUNE (Maximilien de), baron de Rosny, duc de Sully. — IV, 29.
BÉTHUNE (Ville de), VI, 22.
BÉTHUNE-SULLY, IV, 26, 29.
BEUIL (Jacqueline de), comtesse de Moret, III, 213.
BEUVRON (Marquis de), I, 12.
BEYNAC (Claude de), I, 31.
BEYNAC (Régiment de), V, 76.
BEZOLS (M. de), I, 407.
BICHARDIÈRE (M. de la), capitaine, II, 418.
BIDAL, marchand, IV, 128.
BIDAULT, V, 10.
BIET (Claude), maire de Bourges, IV, 64, 65, 83, 84.
BIGOT DE MONVILLE (Président), II, 300.
BIGTON, VII, 64.
BILLOM (Collège de), I, 93.
BINITERIE (M. de la), VI, 347.
BIRAGUE (Chevalier de), VI, 28, 21.
BIRON (Duc de), I, 10, 277, 412. — II, 435.
BIRON (François de Gontaut, baron de Saint-Blancart, marquis de), II, 311. — III, 476. — V, 143. — VII, 269.
BIRON (Régiment de), V, 161, 162.
BIRONET, III, 320.
BISCAYE (Golfe de), VI, 377.
BISSERET (M. de), IV, 52.
BISSEÜIL, localité, VII, 411.
BITAUT (Conseiller), I, 334, 335. — II, 267. — IV, 150.
BLAINT ou BLARET, tribun de l'Ormée, VI, 160.
BLAINVILLIERS ou BLINVILLIERS (M. de), VI, 187. — VII, 248.
BLAISOIS (Le), I, 31. — III, 59, 97. — VIII, 203.
BLAKE (Amiral), IV, 396. — V,

221, 222, 243. — VI, 227, 228, 427.
BLANC (M. de), V, 316.
BLANC (Le), ville, IV, 43.
BLANC-FOSSÉ (M. de), VI, 403.
BLANC-MAUVESEN, procureur syndic, V, 316.
BLANCMÉNIL (Potier de), I, 191.
BLANET, localité, IV, 464.
BLANCHEFORT (Château de), IV, 224, 225, 227, 230, 245, 248, 249, 250, 252, 253, 256, 258, 260, 261, 262, 264, 268, 269, 404. — VI, 300, 302, 308. — VIII, 206.
BLANCHEFORT (Maison de), IV, 256.
BLANCHET, officier de marine, VII, 275.
BLANGUES, localité, VII, 236.
BLANGY (M. de), II, 168.
BLANQUEFORT (Château et bourg de), VII, 149, 197. — VIII, 143.
BLASSON (M. de). IV, 310, 311, 317.
BLARUT, ambassadeur bordelais, IV, 288. — VI, 174. — VII, 4, 7, 8, 105, 346. — VIII, 114, 181, 182.
BLAYE (Ville de), I, 258, 286, 320. — III, 143, 148, 149, 160, 475. — IV, 294, 319, 370, 392, 412. — V, 38, 39, 85, 124, 137, 138, 139, 182, 311, 352, 359. — VI, 5, 8, 10, 15, 16, 20, 34, 38, 39, 40, 41, 63, 76, 114, 140, 153, 156, 158, 160, 168, 169, 171, 185, 354, 385, 402, 418. — VII, 9, 29, 84, 101, 149, 158, 160, 189, 190, 207, 208. — VIII, 52, 53, 92, 119, 231, 307.
BLÉNEAU (Combat de), I, 78, 332, 362, 375. — II, 83, 86, 87, 92, 98, 99, 101, 102, 105, 106, 109, 110, 128, 152, 161, 166, 235, 284, 357. — IV, 257. — VIII, 206, 207.
BLINS (Régiment de), VI, 107.
BLOIS (Château de), II, 339. — IV, 151.
BLOIS (Ville de), I, 26, 31, 79. II, 57, 67, 68. — IV, 117, 152, 222, 426.
BLONDEAU, trésorier, IV, 252, 264, 266, 267.
BODIN ou BOUDIN, procureur du Roi, VIII, 167, 168, 169, 171.
BOILEAU. — Introduction, 18. — VII, 183.
BOISLÈVE (Gabriel), évêque d'Avranches, II, 28, 29. — II, 121.
BOISDENEMETS (M. de), I, 23.
BOISFERME (M. de), IV, 464. — VII, 278.
BOIS-GUILLAUME (M. de), colonel, I, 425, 428.
BOISION (M. de), II, 428.
BOIS-LE-VICOMTE (Château de), IV, 153, 155.
BOISMELET (M. de), VI, 358.
BOIS-MORAN (M. de), IV, 466.
BOISMORIN (M. de), III, 116.
BOISROBIN (M. de), VIII, 213.
BOISSE (Régiment de), V, 70.
BOISSEUIL (M. de), maréchal de camp, VI, 312.

BOISSIÈRE (Régiment de), 1, 407.
BOMBARAUD (Quartier de), VI, 337.
BONE, localité, I, 415.
BONIFACE VIII, pape, III, 17.
BONNE-LESDIGUIÈRE. Voy. Lesdiguières.
BONNET, consul, VI, 357. — VII, 4, 5.
BONNEUIL (Mère Angélique de), VI, 109, 110, 153, 160, 184.
BONNEVAL, bourg, VI, 337, 338.
BONNEVAL (Château de), IV, 224, 225, 227, 250, 258, 260, 261, 262, 264.
BONNEVAL (Dame de), IV, 251.
BONNEVAL (Comte de), III, 42. — IV, 224, 225, 226, 227, 229, 230, 231, 234, 243, 245, 249, 250, 251, 252, 259, 260, 261, 262, 263, 264, 265, 266, 268, 269.
BONNEVAL (Henri de), IV, 225, 228.
BONNEVAL (Maison de), IV, 228, 256.
BONNEVILLE (M. de), IV, 378, 464.
BONNIVET (Amiral de). — Voy. Gouffier.
BOOLE (M. de la), III, 125.
BORDEAUX (Archevêché de), III, 329, 330, 331, 338, 340, 345, 346, 347, 352, 353. — VI. 55, 56, 57. — VII, 200, 270,
BORDEAUX (Bourse de), VII, 314, 315, 326. — VIII, 17, 18, 19, 22, 32, 33, 35, 37, 38 55 76, 103, 107, 109, 110, 158, 250, 254, 257, 341.
BORDEAUX (Carmélites de), II, 109.
BORDEAUX (Convoi de), V, 364, 370, 371. — VIII, 118, 295, 296.
BORDEAUX (Cordeliers de), VI, 182.
BORDEAUX (Députés de), VII, 297.
BORDEAUX (Habitants de), I, 232. — 384. — III, 178, 327, 363, 368. — IV, 315, 370, 391. — V, 2, 59, 68, 84, 306, 354, 374. — VI, 114, 162. — VII, 24, 30, 37, 94, 110, 117, 122, 144, 150, 155, 159, 161, 163, 311. — VIII, 12, 17, 23, 31, 34, 49, 52, 53, 54, 59, 65, 90, 106, 109, 123, 140.
BORDEAUX (Hôtel-de-Ville de), III, 304, 306, 328, 342, 344, 346, 350, 359, 360. — IV, 285, 287, 288, 292, 308, 337, 344, 392. — V, 5, 25, 305, 306, 317, 318, 319, 334, 325, 352, 354, 367. — VI. 114, 142, 161, 172, 176, 180, 399, 406. — VII, 3, 99, 115, 191, 226, 315, 318, 322, 323, 329, 330. — VIII, 16, 20, 21, 76, 82, 106, 119, 169, 249, 377.
BORDEAUX (Prince Louis de), VI, 54, 56.
BORDEAUX (Parlement de), I, 225, 231, 323. — III, 155, 157, 178, 453, 455, 464, 469, 475. — IV, 210, 240, 241, 252, 266,

272, 290, 306, 354, 359, 362, 365. — V, 2, 5, 17, 18, 150, 172 à 175, 183, 187, 189, 307, 308, 309, 374. — VI, 35, 54, 55, 59, 63, 67, 78, 106, 110, 144, 145, 156, — VII, 98, 164, 196, 292, 327. — VIII, 7, 22, 80, 84, 89, 90, 113, 107, 162, 164, 165, 188, 303.

BORDEAUX (Ville de), *Introduction*, 8, 13, 14. — I, 67, 231, 233, 288, 294, 296, 314, 315, 318, 328, 389, 390, 409, 418, 419, 429, 438, 439. — II, 59, 73, 362, 375, 378, 381, 381, 384. — III, 129 à 169, 457, 460, 461 à 465, 468, 469, 471, 473, 476, 489. — IV, 241 à 447. — V, 2, 4, 13, 14, 17, 22, 98, 111, 115, 123 à 191, 239, 252, 254, 255, 304, 402. — VI, 2, 228, 318, 338, 339, 341, 355, 361, 363, 366, 375, 399, 404, 440. — VII, 3, 36, 70, 331. — VIII, 1, 305.

BORDEAUX (M. de) père, Intendant, II, 174. — IV, 191. — V, 240.

BORDEAUX (M. de), Ministre de France en Angleterre. — V, 290 à 303, 430. — VI, 197, 295, 371, 427 à 446. — VII, 10 à 381, 427 à 454. — VIII, 155, 156, 182 à 186, 258 à 280.

BORDES (M. des), IV, 291, 306. — VI, 172, 177, 186.

BORDIER, conseiller, II, 324.

BOREL, avocat, VI, 356.

BORGIA (Don Juan de), gouverneur d'Anvers, VII, 92.

BORIES (Château de), VI, 350.

BORN D'HAUTEFORT (Bertrand de), I, 61.

BONNY, localité, II, 75, 157.

BOSSU (Albert-Maximilien de Hénin, comte de), II, 238. — IV, 427.

BOSSU (comtesse de), IV, 426, 449, 450, 451, 452.

BOSSU (François le), III, 115.

BOSSUET, I, 49, 125, 130.

BOUC (Tour de), V, 49.

BOUCAUT (M. de), VI, 110, 167. — VIII, 32, 76, 106, 122, 249.

BOUCAUT (M<sup>me</sup> de), VII, 218, 227.

BOUCAULT-LE-ROUSSEAU (M. de), IV, 288, 335.

BOUCHARD (Hippolyte), vicomtesse d'Aubeterre, IV, 405.

BOUCHERAT (M. de), IV, 354.

BOUGELIEU (M. de), VII, 4, 5.

BOUGY (Marquis de), lieutenant-général, I, 377, 378, 379, 382, 467. — II, 363, 371, 379, 380, 416, 417, 426, 427, 428, 429. — III, 256, 384, 385, 393, 413, 420, 422. — V, 72, 81, 110, 111, 112, 113, 143. — VI, 360, 401. — VIII, 137, 138, 170, 252, 298.

BOUGY (Régiment de), VIII, 284.

BOUIERIE (M. de la), II, 428.

BOUILLON (Duc de), I, 54, 66, 73, 74, 75, 79, 87, 209, 213, 217, 224, 227, 228, 229, 231, 272, 273, 284, 288, 296 à 301, 332. — II, 96, 136, 137, 156,

TABLE GÉNÉRALE DES NOMS ET DES MATIÈRES.   341

302, 327, 328, 330, 336, 345,
357, 403. — III, 158, 443,
452, 454 à 459. — IV, 181. —
V, 46. — VII, 126, 181, 197.
BOUILLON (Duchesse de), I, 73,
213. —II, 145. — VII, 126.
BOUILLON (Duché de), I, 66. —
V, 100. — VII, 126.
BOUILLON (Godefroy de), I, 66.
BOUILLON (Ville de), IV, 117,
118, 119, 125, 166.
BOULAYE, bourg, IV, 12.
BOULAYE (Marquis de la), I, 209,
234. — II, 269, 312. — IV,
19, 150.
BOULAYE (Marquise de la), IV,
157.
BOULOGNE (Bois de), II, 149,
228, 229. — IV, 141, 143.
BOULOGNE (Ville de), V, 221. —
VI, 225, 226.
BOUQUETOT (M. de), II, 428.
BOURBON (Anne-Geneviève de),
*Voy.* LONGUEVILLE (Duchesse
de).
BOURBON (Antoine de), comte
de Moret, III, 212.
BOURBON (Antoine de), roi de
Navarre, I, 82.
BOURBON (Armand de), *Voy.*
CONTI (Prince de).
BOURBON-BUSSET (Maison de),
III, 214.
BOURBON (Compagnie de), VI,
402.
BOURBON (Duc de), V, 45, 46,
176. — VI, 44, 365, 376, 403.
— VIII, 27, 305.
BOURBON (Louis, duc de), V, 46.

BOURBON (Louis de), comte de
Soissons, II, 51.
BOURBON (Louise de), I, 102.
BOURBON (Maison de), I, 82, 83.
275. — II, 7. — III, 453. —
V, 224.
BOURBON (Marie de), I, 228, II,
47.
BOURBON (Marguerite de), IV,
28.
BOURBON-MONTPENSIER (Charlotte de), I, 73.
BOURBONNAIS, I, 277. — IV, 25,
48, 50, 53, 55, 59, 86.
BOURDEILLES (Château de), III,
316, 341, 355, 468.
BOURDEILLES (Marquis de), I,
353. — III, 468. — VI, 20,
344. — VII, 272.
BOURDEILLFS (Renée de), IV,
406.
BOURDET (M$^{me}$ du), III, 334.
BOURDIN (Maurice), moine de
l'abbaye d'Uzerche et antipape, IV, 214.
BOURG-LA-REINE, II, 164, 218.
BOURG (Maire de), II, 365.
BOURG (Ville de), I, 320, 321,
383, 395, 436, 438. — II, 381.
— III, 143, 178, 179, 333, 456,
459, 468, 475, 477. — IV, 285 à
287, 294, 318, 382, 386, 387,
398, 436, 443 à 445. — V, 39,
101, 122, 126, 139, 181, 185,
315, 337, 341 à 346, 352, 359,
361 à 364, 381. — VI, 4, 40,
75, 82, 98 à 100, 125, 137, 151,
152, 188, 195, 362, 365, 383,
409, 419. — VII, 9, 77, 81,

93, 94, 101, 158, 196, 207, 208, 222, 245, 260, 267, 273, 280, 290, 306, 415. — VIII, 2, 9, 15, 51, 54, 102, 111, 117, 167, 206, 232, 243, 245, 250, 300, 306.

BOURG (Prise du château et de la ville de), VII, 415.

BOURGEOISIE (La), Voy. le Tiers État

BOURGES (Archevêque de). Voy. Lévis-Ventadour.

BOURGES (Ville de), I, 90, 91, 94, 103, 277, 289, 291, 296, 297, 298, 306, 307, 308, 311, 323, 325. — II, 87, 88. — IV, 43, 64, 65, 70, 71, 83, 84, 100, 268. — VII, 8. — VIII, 182, 216, 226, 297, 298.

BOURGET, BOURG, IV, 207.

BOURGOGNE (Comté et gouvernement de), I, 258, 263, 292. — II, 340, 360. — III, 21, 439 à 443. — IV, 302, 448. — V, 201, 202, 209, 380. — VII, 166, 270. — VIII, 206.

BOURGOGNE (Charlotte de), IV, 29.

BOURGOGNE (Gens d'armes de), VII, 195.

BOURGOGNE (Duc de), I, 138.

BOURGOGNE (Régiment de), II, 150, 203. — VII, 167.

BOURGON (M. de), conseiller d'État, IV, 128. — V, 310, 311. — VI, 15, 154, 171, 185, 419. — VII, 182. — VIII, 53.

BOURGONGNE (M. de), VI, 362. — VII, 331.

BOURGUEIL, localité, VIII, 312.

BOURGUIGNONS (Factions des), I, 48.

BOURLEMONT (Régiment de), II, 83.

BOURRON, bailli, VII, 339.

BOURSE DE BORDEAUX (Juge de la), III, 305, 306, 308, 346. — VI, 159.

BOUSINIÈRE (Étang de la), II, 92, 391.

BOUSQUET (Gaspard du), Voy. CHAVAGNAC.

BOUSQUET, village, V, 4.

BOUSSIÈRE (M. de la), I, 90.

BOUTARDE, village, VI, 337.

BOUTANT (Gilles), évêque d'Évreux, I, 394.

BOUTEVILLE (Comte de), I, 12, 272, 277. — VII, 166, 168.

BOUTILLIER (Léon de) comte de CHAVIGNY, II, 128.

BOUTHILLIER (M$^{me}$ de), IV, 153.

BOUTONNE (La), rivière, I, 351, 355, 356, 361, 364.

BRABANÇONS (Les), I, 65. — IV, 216.

BRACHET (M.), IV, 416.

BRAGA (archevêque de), IV, 215.

BRAGELONE (Président de), II, 324.

BRANCAS (Charles de Villars, comte de), II, 115, 276. — IV, 152.

BRANCAS (Honoré de), III, 76.

BRANCAS (Maison de), III, 76, 77.

BRANCHE (La), VI, 39.

BRANDEBOURG (Marquis de), VIII, 273.

BRANTÔME, IV, 406, 421. — V, 85.
BRASSET (M.), VI, 208. — VIII, 259, 262, 273.
BRÉAUTÉ (M. de), II, 68.
BRÉAUTÉ (Marquise de), Voy. Sancy.
BRÈDE (Baron de la), V, 20. — VII, 268.
BRÈDE (Château de la), II, 383, 430, 431. — III, 475. — IV, 336. — V, 20, 32. — VI, 363.
BRÉGY (M<sup>me</sup> de), I, 151.
BRÉMOND D'ARS (M. de), VII, 333.
BRÉSIL, VII, 14.
BRESSE (Province de), V, 202.
BRESSE (Régiment de), V, 113.
BREST (Ville de), IV, 375, 398, 462. — V, 353. — VI, 7.
BRETAGNE (États de), I, 25, 422.
BRETAGNE (Province de), I, 70. — II, 89, 100. — III, 181, 182, 476, 477. — IV, 286, 316, 317, 370, 374. — V, 42, 65, 320, 322, 342, 348, 356, 369. — VI, 385.
BRETAGNE (Régiment de), IV, 52. — VII, 127, 128, 274, 276, 277. — VIII, 245, 283.
BRETIGNY (Traité de), III, 142, 216.
BRETON (Perthuis), IV, 377.
BRÉTINNIÈRE (M. de), II, 324.
BREUIL (Temple de), V, 66.
BREUL, IV, 223.
BREUL (Port de), VI, 336.
BREVAL (Marquis de), maréchal de camp, I, 425, 427. — V, 77, 81, 120, 121. — VI, 10, 12.

BRIARE (Ville de), II, 84, 98, 152, 393.
BRIDOIRE (M. de), II, 434.
BRIE-COMTE-ROBERT (Ville de), IV, 20.
BRIE (Province de), II, 27, 186. — IV, 11, 12, 19, 23, 86, 303. — VI, 346, 347.
BRIENNE (Comte de Loménie de), I, 350. — II, 33, 259. — IV, 271. — V, 297, 299, 300, 303, 426. — VI, 208, 213, 214, 221, 223, 229, 232, 241, 269, 272, 427, 429, 431, 434, 437, 440, 442. — VII, 8, 10, 37, 48, 51, 52, 54, 58, 59, 298, 300, 306, 355, 358, 361, 367, 369, 378, 381, 427, 430, 433, 442, 447, 451. — VIII, 185, 258, 264, 265, 267, 272, 276, 277.
BRIENNE (M<sup>me</sup> de), I, 99.
BRIGNON, Jurat, IV, 340, 344. — VI, 36.
BRILLAC (Ville de), VI, 334.
BRILLET, écuyer, II, 284, 286, 398.
BRINON-L'ARCHEVÊQUE, II, 321.
BRIOLLE (M. de), II, 371, 417, 419. — IV, 23.
BRION (comte de), I, 17.
BRIORD (M. de), maréchal de camp, IV, 85, 86 à 90, 101, 102. — VI, 100.
BRIOUDE (Chapitre de), V, 310, 312, 313.
BRIOUDE (Cordeliers de), VI, 128.
BRISAMBOURG, localité, I, 358, 360, 261, 365. — II, 3.
BRISANNET, I, 253.

BRISÉE (M. de), I, 249.
BRISACH (Ville de), III, 195, 196, 197, 198, 199, 200, 201, 202, 203, 204, 206, 207, 208, 209, 210, 211, 212, 213, 220, 221, 222, 223, 235, 238, 239, 240, 241, 243, 244, 245, 246, 261, 370, 375, 376, 377, 382, 383, 384, 385, 386, 415, 416, 417, 418. — IV, 457. — VII, 26, 27, 372. — VIII, 216.
BRISSAC (Duc de), I, 209. — II, 277, 311. — III, 381. — IV, 202. — VI, 21, 25.
BRISSAC (Hôtel de), I, 302.
BRISSART, conseiller, II, 299.
BRIVE (Ville de), I, 45, 65, 70, 71, 72, 228, 229. — IV, 210, 212, 220, 221, 228, 229, 249, 250, 258. — VI, 302, 303, 304, 306, 307.
BRIVES-SUR-CHARENTE, I, 378.
BROGLIE OU BROGLIO (Comte de), I, 332. — II, 159, 168, 178. — IV, 159, 168, 178, 193, 195.
BROUAGE (Ville et gouvernement de), I, 318, 319, 337, 340, 352, 357, 372, 376, 424. — II, 65, 366, 369. — III, 180, 184, 224, 225, 227, 228, 230, 231, 247, 250, 265, 280, 281, 356, 399, 406. — IV, 293, 310, 311, 312, 317, 319, 324, 326, 331, 332, 368, 369, 370, 371, 373, 376, 378, 389, 391, 401, 415, 416, 417, 421. — V, 58, 118, 120, 122, 123, 138, 331, 340, 357. — VI, 7, 12, 111, 123, 125, 127, 128, 216, 218, 372, 373, 383, 406. — VII, 113, 123, 124. — VIII, 6, 244.
BROUE (de), sergent de bataille, II, 165.
BROUEL (Ville de), I, 251, 254, 260.
BROUILLARD (Maison de), II, 320.
BROUILLY (de), marquis de Pienne, VIII, 246.
BROUS (M. du), V, 15.
BROUSSE, conseiller, VIII, 116.
BROUSSE (La), VI, 336.
BROUSSEL, conseiller au Parlement de Paris, I, 189 à 200. — II, 223, 248, 273 à 277. — IV, 6, 130, 150, 336. — VIII, 197.
BRUC (M. de), I, 428.
BRUCH, bourg, II, 370, 415, 416, 426.
BRUCH (Camp de), V, 163.
BRUSSY (M$^{me}$), III, 326.
BRUXELLES (Ville de), I, 85, 86. — IV, 5, 200, 427. — V. 338, 375. — VI, 106, 108, 260. — VII, 29, 51, 92, 93, 133, 143, 172, 174, 219, 240, 249.
BRUYÈRES (des), III, 332.
BRUYÈRES-SUR-CHER, IV, 27, 28, 29.
BRY (Président), I, 28.
BUC (M. du), I, 414.
BUCKINGHAM (Duc de), I, 258.
BUDOS (Château de), IV, 320.
BUISSON (M. du), VII, 339.
BULLY (Camp de), IV, 160, 161, 163.
BUOCH (du) conseiller, VI, 16.

Burg (du) conseiller, III, 170, 174. — IV, 240, 241, 362.
Buri (Comte de), II, 398. — IV, 151, 152.
Burin, VI, 101.
Bussy-Lamet (M. de), VI, 22.
Bussy-de-Vert (M. de), V, 37.
Bussy-Rabutin (Comte de), I, 128. — II, 74, 200. — III, 116. — IV, 82 à 87, 354.
Butin, secrétaire du duc de Vendôme, VIII, 3, 33 à 38, 78, 122, 253.

Cachal (M. de), IV, 467.
Cadet (Le), III, 485.
Cadillac (Ville et château de), II, 374, 435. — III, 143, 151, 192, 329, 333, 335, 336, 475, 476. — IV, 400. — V, 56, 92, 93, 96, 97, 413. — VI, 64, 361, 370, 371, 384. — VII, 28, 84, 95, 195, 204. — VIII, 123, 129, 135, 136, 143, 303, 312.
Cadix (Port de), VI, 96, 132, 362, 385, 390, 396. — VII, 101, 224, 323.
Cadroy, VII, 4, 6.
Caen (Ville de), I, 140.
Cahors (Ville de), III, 413. — V, 143.
Cahusac, localité, V, 71. — VII, 266.
Caillet, secrétaire du prince de Condé, III, 320. — IV, 328, 330, 356. — V, 14, 42. — VII, 90, 93, 338. — VIII, 95 à 98.

Calais (Ville de), IV, 394. — VI, 226, 236, 250, 251, 258, 259, 268, 276, 278, 432, 445. — VII, 14, 40, 430. — VIII, 266, 274.
Calatrava (Ordre de), III, 429, 445.
Calhau (Porte du), VIII, 35.
Calvaire (Chapelle du), II, 338.
Calvimont (M$^{me}$ de), VI, 67, 68, 69, 70, 324. — VII, 177. — VIII, 45, 129 à 133.
Camarsac (M. de), II, 435.
Cambis (Françoise de), III, 77.
Camera (Marquis de), V, 222, 223, 298.
Camillac, village, VII, 274.
Campan (M. de), II, 284, 286, 398.
Canas (M. de), capitaine, II, 418.
Candale (Gaston de Foix, Duc de), général en chef de l'armée royale. *Introduction*, 17. — I, 221. — II, 316. — V, 55 à 170, 310, 325, 357. — VI, 6, 27, 60, 65, 78, 144, 145, 146, 152, 162, 163, 188, 306, 318, 341, 356, 359 à 372, 384, 398, 399, 400. — VII, 76 à 84, 121 à 127, 149 à 152, 160, 178, 209, 210, 218 à 223, 236, 260 à 266, 272, 274 à 277, 295. — VIII, 2 à 187, 206, 241, 253, 284, 309.
Candale (M$^{me}$ de), V, 89.
Candale (Régiment de), VII, 262, 276, 277.

CANDIE (île de), V, 199, 209.
CANILLAC (Marquis de), VI, 355. — VII, 280.
CANTONET, VI, 351.
CAPITULATION proposée à la France, VI, 424.
CAPUCINS (Ordre des), IV, 145. — VI, 172. — VIII, 14.
CARAVAGE (Tableaux de), VI, 242.
CARBONNIÈRE (de) seigneur de la Capelle Biron et du Pin, I, 226.
CARCES (Comte de), IV, 61, 62. — VII, 155.
CARDENAS (Alonso, marquis de), ambassadeur, V, 223. — VI, 243, 259, 266, 267, 269, 274, 276, 277, 286, 288.
CARDENAS (Diégo de), VI, 73, 94, 126, 130, 252, 379, — VII, 125, 263.
CARDILLAC (M. de), I, 425.
CARIGNAN (Régiment de), IV, 10.
CARMES (Ordre des), VI, 172. — VIII, 14.
CARMÉLITES (Couvent des), I, 95, 98, 149. — II, 234.
CARS (Comte des), II, 275.
CARS (François des), seigneur de la Vauguyon, I, 70.
CARS (Henri des), seigneur de Saint-Ybard, I, 207. — II, 337.
CARS (Maison de Pérusse des), VI, 323.
CARS (M<sup>lle</sup> des), II, 342.
CARTE (M. de la), VII, 211.
CARTEL des dames de Bordeaux au duc de Vendôme, VI, 115.
CARTERAY ou CARTERET (chevalier de) vice-amiral, IV, 377, 378, 463. — VII, 162, 278. — VIII, 56.
CASAL (Ville de), I, 73, 328.
CASAU ou CAZEAU (Ile et fort de), III, 498. — IV, 386, 392, 398. — V, 3. — VI, 65, 362, 385. — VII, 25, 28, 30, 94, 95, 121, 127, 158, 163, 222. — VIII, 186.
CASTAINC, VII, 4, 6.
CASTAUDIAS (de), II, 428.
CASTELJALOUX (Ville de), II, 381, 435. — III, 220, 475. — IV, 382. — V, 83, 146, 152 à 162. — VI, 384. — VIII, 305.
CASTELLAMARE (Ville de), IV, 452.
CASTELMORON (Comte de), I, 407. — V, 349. — VII, 268.
CASTELNAU (Château de), V, 147, 150. — VI, 339, 340.
CASTELNAU (marquis de), I, 342, 412. — III, 272. — IV, 357. V, 33, 169, 324, 349. — VII, 268.
CASTELNAUDARY (Combat de), III, 213.
CASTELNOUVEL (M. de), VI, 304.
CASTELUY (Don Georges de), V, 26, 337, 340, 347, 350, 352, 363. — VI, 8, 76.
CASTILLE (Charlotte de), comtesse de Chalais, I, 14, 16, 32.
CASTILLE (Rois de), I, 15, 40.
CASTILLON (Bataille de), III, 143.

CASTILLON (M. de), capitaine, VI, 369.
CASTILLON, rade et port, VI, 383. — VII, 8.
CASTILLON D'AMPURIE (Ville de), III, 143, 147. — VII, 211 à 213, 407. — VIII, 80.
CASTILLIONNÉ, bourg, III, 410. — V, 55, 79.
CASTIN, VI, 174.
CASTRES (Ville de), VI, 362.
CASTRIES (Jean de la Croix, comte de), II, 238.
CATALANS (Les), III, 478.
CATALOGNE, Introduction, 14. — I, 7, 40, 305, 314, 344 à 346. — III, 478. — IV, 151, 401, 407, 414, 420, 441. — V, 64, à 117, 123, 141 à 149, 166, 184. — VI, 79, 121, 165, 364, 445. — VII, 138, 201, 211, 215, 254, 262, 319. — VIII, 15, 105, 143, 162.
CATEAU-CAMBRESIS, II, 305.
CATINAT, conseiller, VI, 293.
CAUDECOSTE, localité, I, 393, 394. — III, 468. — VIII, 300.
CAUDERROQUE, localité, IV, 293.
CAUMARTIN (Le Fèvre de), I, 264. — IV, 202.
CAUMONT (M. de), VII, 204. — VIII, 173.
CAUNA (Château de), VI, 33, 368, 369.
CAUSAGE, avocat, IV, 320.
CAVAULT, fermier de Jonsac, V, 34.
CÉ (Ponts de), I, 420. — II, 136.
CELLES, bourg, III, 481.

CENSAC (Camp de), III, 422.
CENT-GARDES (Les) de l'avocat Vlars, VII, 330.
CÈRE (La), rivière, VI, 339.
CERISY (Abbé de), I, 156.
CÉRONS, localité, V, 93.
CERNY (Comte de), III, 201, 203, 240, 241, 242.
CERTES (Château de), VI, 410. — VII, 81, 82, 222, 268. — VIII, 9.
CÉSAR (Fort), VII, 158, 160, 195, 205, 207, 266. — VIII, 117.
CESSAC, localité, VII, 269.
CÉVENNES (Les), Introduction, 16.
CHABANAIS (Ville de), VI, 334.
CHABANS (Maison de), VI, 343, 344. — VII, 342.
CHABOT (Charles de, comte de Charny, I, 14, 15.
CHABOT (Henri, comte de), I, 315.
CHABOT (Maison de), II, 310.
CHABOT (MM. de) frères, IV, 378, 464.
CHABOUSSIÈRE (La), VII, 275, 278.
CHABRIER, VI, 422.
CHABRIGNAC (Tour de), I, 59.
CHABROULIE (La), VI, 312.
CHAILLENET (M. de), V, 332.
CHAILLONNET, lieutenant-colonel, VI, 112.
CHAILLOT (Couvent de), V, 294.
CHAILLOT (Quartier de), IV, 145.
CHAISE-DIEU (Abbaye de la), IV, 60.
CHAISE (M. de La), II, 284, 286, 398. — III, 159, 349. — V, 318.

CHALAIS (Adrien Blaise, prince de), I, 32.
CHALAIS (Comte de), Introduction, §11. — I, 13, 14 à 33, 80, 81, 274.
CHALAIS (Comtesse de), V, 6.
CHALAIS (Ville de), III, 266, 481, 482. — VI, 34.
CHALESNE (M. de), I, 465.
CHALEVETTE, localité, IV, 389.
CHALONS (Évêque de), V, 37, 49.
CHALONS (Ville de), IV, 19, 159, 161, 179, 183, 187, 193, 194, 195, 196. — VII, 254.
CHALOSSE (La) contrée, VI, 147.
CHALUS (Château de), IV, 28.
CHALUSSET (Château de), IV, 28.
CHAMBLANC, quartier, VII, 166.
CHAMBLAY, avocat, II, 365. — III, 472.
CHAMBELLAY (M. de), VI, 359.
CHAMBON (M. de), gouverneur de Saintes, III, 465, 467, 472. — IV, 311, 317, 318. — VI, 150, 365, 405, 406, 411. — VII, 102, 116, 134.
CHAMBRE DES COMPTES, I, 170, 181, 182. — II, 118, 124, 132, 274, 325, 354.
CHAMBRET (Baron de), VI, 161, 171, 185, 402. — VII, 275,
CHAMFORT (M. de), IV, 183.
CHAMPAGNE (Comtes de), III, 91. — IV, 27.
CHAMPAGNE (Province de), I, 180, 342. — II, 136, 178, 185, 186. — III, 439, 442. — IV, 126, 162, 180, 302, 303. —
— V, 202. — VI, 95. — VII, 254, 256, 340. — VIII, 145, 192, 206.
CHAMPAGNE (Régiment de), I, 399, 401 à 411. — III, 388, 390. — IV, 453. — V, 76, 77, 111, 113, 143, 144. — VI, 339, 356. — VII, 262, 275, 276. — VIII, 301
CHAMPAGNE-SULLY (Maison de), IV, 26, 27, 30, 31.
CHAMPAIGNE, village, V, 119, 120.
CHAMP DE MAI, III, 15, 90.
CHAMP DE MARS, III, 15, 90.
CHAMPS (Père de), I, 94.
CHANDENIER (bourg de), III, 114, 120, 126.
CHANDENIER (Marquis de), I, 184.
CHANFERMIE (de), cornette de cavalerie, II, 419.
CHANLOT (Marquis de), gouverneur de Périgueux, III, 289. — V, 349. — VI, 361. — VII, 80, 82, 269, 288. — VIII, 104, 166 à 168.
CHANOINES DE SAINT-ANDRÉ ET DE SAINT-SEURIN, III, 145, 146.
CHANSON DES FRONDEURS, à Bordeaux, V, 400.
CHANTEMESLE (M. de), IV, 90.
CHANTELAUSE (*Le cardinal de Retz et l'affaire du chapeau*, par M.), VIII, 230.
CHANTÉRAC (Maison de la Cropte de), IV, 455.
CHANTILLY (Château de), I, 140,

143, 224, 228. — IV, 36. —
V, 328.

CHAPEAU-ROUGE (Le), quartier de Bordeaux, III, 306, 307, 308, 310, 328, 329, 330, 335, 336, 337, 338, 339, 341, 343, 344, 347, 348, 350, 351, 358, 489, 490. — IV, 287, 298, 399. — VI, 114, 142, 175, 183, 363. — VII, 162. — VIII, 38, 209, 256, 303, 305.

CHAPELAIN, I, 124, 128, 135.

CHAPELLE-FAUCHER (Château de la), VI, 343. — VII, 343.

CHAPELLE (La), lieutenant, II, 428.

CHAPELLE (La), localité, IV, 27, 28. — V, 110.

CHAPELLES (Comte des), I, 12.

CHAPELOTTE (M. de la), I, 431.

CHAPITRE (sieur), III, 485.

CHAPPES (Régiment de), IV, 194.

CHAPUT (Port de), IV, 389.

CHARBONNIER (Bastion du), IV, 75, 77, 105, 107, 108, 109.

CHARENTE (Abbé de), III, 205, 238, 374.

CHARENTE, rivière, I, 336, 338, 339, 342, 351, 352, 355, 356, 357, 363, 364, 376, 377, 382, 433. — IV, 371, 415. — V, 119, 379. — VI, 10, 41.

CHARENTON, bourg, I, 213, 217, 324. — II, 228, 230, 232, 234, 239, 254, 395. — IV, 138. — VIII, 299.

CHARITÉ (Ville de la), II, 74. — IV, 82, 83. — VIII, 298.

CHARLES MARTEL, I, 5, 62. — III, 140. — IV, 213.

CHARLES LE CHAUVE, III, 6, 141.

CHARLES V, II. 242. — IV, 216. — V, 88. — VIII, 237.

CHARLES VI, VI, 245.

CHARLES VII, I, 9, 48, 91. — III, 142, 147, 148. — V, 245.

CHARLES VIII, I, 181. — V. 209.

CHARLES IX, I, 10. — IV, 60, 222, 247.

CHARLES X, I, 43.

CHARLES Ier, roi d'Angleterre, 51. — IV, 396, 397. — V, 219, 223, 224, 234, 282, 294, 417, 421. — VI, 224, 240 à 248, 272, 277, 282 à 298. — VII, 13, 51, 36, 244.

CHARLES II, roi d'Angleterre, II, 8, 51, 52, 62, 210, 216, 218, 428. — V, 219, 234, 235, 253, 417, 419, 427. — VI, 196, 210, 220, 224, 237, 243, 396. — VII, 20, 42, 49, 50, 57, 66, 162, 296. — VIII, 156, 184, 185.

CHARLES III, duc de Lorraine, VI, 102.

CHARLESBRYES, II, 428.

CHARLES-QUINT, I, 67. — V, 205, 215, 382. — VII, 302.

CHARLEVILLE, VI, 22.

CHARLEVOIX (M. de), III, 196 à 245, 261, 281 à 285, 415, 417. — IV, 457. — VII, 27.

CHARLOT, officier de panneterie, VII, 85.

CHARNEN (Régiment de), IV, 4, 5

CHARNY (Comte de). *Voy.* Chabot.
CHAROLLAIS (M<sup>lle</sup> de), IV, 101.
CHARON, maréchal de bataille, VI, 362.
CHARON (Président), VII, 105, 117.
CHARONNE, localité, II, 233, 234, 236, 239, 241.
CHAROST (Comte de), I, 184. — VI, 251.
CHARRIER (Abbé), II, 31. — IV, 202.
CHARTAN (M<sup>me</sup> de), VI, 399.
CHARTON (Président), I, 191. — II, 123, 267. — IV, 116.
CHARTRAIN (Pays), I, 31. — III, 59. — VIII, 203.
CHARTRAN (M<sup>me</sup>), VI, 399.
CHARTRES (Duché de), I, 31.
CHARTRES (Ville de), I, 248. — II, 153. — III, 97. — IV, 152. — VIII, 218, 221.
CHARTREUSE (La), IV, 309.
CHARTREUX (Port des), VII, 131.
CHARTREUX (Porte des), VIII, 253.
CHARTREUX (Quartier des), VI, 114, 115, 143. — VIII, 35, 157.
CHASTAIGNER DE LA ROCHE-POSAY (Maison de), V, 91.
CHASTAING, VII, 221, 223, 226, 272. — VIII, 310.
CHASTELLUX (Comte de), III, 279, 282, 324. — VII, 337.
CHASTENET (Léonard de), IV, 228.
CHASTENET, village, IV, 256.
CHASTILLON, président au Présidial de Périgueux, V, 128.
CHASTRES, village, I, 71.
CHATEAU-CHESNEL (M. de), gouverneur de Saint-Seurin, V, 124, 126.
CHATEAU-L'ÉVÊQUE, localité, VII, 164.
CHATEAU-MEILLANT, localité, IV, 27, 28, 41.
CHATEAUNEUF (Comte de), III, 268, 483, 484, 486.
CHATEAUNEUF EN THYMERAIS, III, 97.
CHATEAUNEUF (Charles de l'Aubespine, marquis de), I, 183, 201, 249, 250, 251, 267, 268, 387, 460. — II, 345.
CHATEAUNEUF (Régiment de), IV, 51.
CHATEAUNEUF-SUR-CHER, IV, 30, 87.
CHATEAUNEUF-SUR-LOIRE, IV, 86, 91.
CHATEAU-PORCIEN (Ville de), IV, 158, 162, 179, 200. — VII, 255, 338.
CHATEAU-RENARD, localité, II, 79.
CHATEAUROUX (Ville de), IV, 43, 45, 81, 87. — VIII, 312.
CHATEAU-THIERRY (Duché-pairie de), I, 74, 300. — IV, 5.
CHATELLERAUT (Duché de), III, 114.
CHATELLERAUT (Ville de), II, 365. — III, 60, 64, 65, 67, 69.
CHATILLON (Duc de), II, 237.

CHATILLON (Duchesse de), I, 138. — II, 45, 105, 113, 135, 139, 140, 196, 282, 288, 289, 290. — IV, 352.

CHATILLON (Maréchal de), I, 146.

CHATILLON-SUR-LOING, II, 76, 98, 103, 152, 153, 156.

CHATRE (M$^{lle}$ de la), VI, 48, 52.

CHATRE (La), ville, IV, 44.

CHATRE (Maréchal de la), IV, 32.

CHAVAGNAC (Gaspard du Bousquet, comte de), lieutenant-général. Introduction, 9. — I, 347, 355. — II, 69 à 76, 294, 399. — III, 284, 285, 329, 335, 336, 346, 358, 360. IV, 292. — V, 171. — VI, 311 à 330, 349 à 353, 370, 371, 401. — VIII, 167 à 171, 212, 252.

CHAVAGNAC (François de), gouverneur de Sarlat. — IV, 281, 282. — VI, 338, 355, 356, 357, 359, 360, 401. — VII, 288.

CHAVAGNAC (Régiment de), VI. 347, 349.

CHAVAILLES (Pierre de), IV, 229, 230, 231.

CHAVAILLES (Sieur de), III, 42, IV, 228, 229.

CHAVIGNY (Léon de Bouthillier, comte de), I, 106, 201, 251, 268, 269. — II, 46, 47, 109, 112, 117, 128, 129, 132, 134, 138, 145, 239. — IV, 131, 136, 137, 153, 329.

CHAULNES (Duc de), IV, 169.

CHAUME (Château de la), I, 351, 352.

CHAUME-DES-CHIENS (La), localité, IV, 43.

CHAUME-PARCY (La), localité, IV, 43.

CHAUMONT (Ville de), III, 97. — VI, 324.

CHAUNY (Ville de), II, 307, 312.

CHAUVIGNY (Château de), III, 86.

CHAUVIGNY-SAINT-AGOULIN. Voy. Saint-Agoulin.

CHAZEL, quartier, VII, 166.

CHEF-BOUTONNE, localité, I, 358, 360 à 363, 376, 437. — II, 3, 104.

CHEF-DE-BAYE, localité, IV, 378, 388, 389. — VI, 41.

CHÉMERAUT (comte de), III, 69. — IV, 443. Voy. aussi Barbézières.

CHENEVAT, VI, 70.

CHENONCEAU (Château de) IV, 152.

CHER (Le), rivière, I, 324, 386. — IV, 37, 53, 54, 88, 89, 101 à 107. — VI, 417. — VIII, 299.

CHÉRON, capitaine, IV, 379, 465.

CHESELIER, I, 185.

CHEVALIER, avocat, II, 49. — VII, 192, 193. — VIII, 310.

CHEVREUSE (Duc de), I, 207.

CHEVREUSE (Hôtel de), I, 302.

CHEVREUSE (Marie de Rohan, duchesse de), I, 14, 17 à 33, 80, 174, 235, 236, 265, 267, 274, 460. — II, 113, 196, 198. III, 78. — IV, 157, 203, 280.

CHEVREUSE (M$^{lle}$ de). Introduc-

duction, 13. — I, 77, 108, 220, 234, 235, 263, 267, 274. 275, 301. — II, 357. — VIII, 197.
CHEVRIER, VII, 4.
CHIGI (Cardinal). Introduction, 15.
CHIGNON (Le), rivière, IV, 36, 53, 54, 103, 107.
CHILLY (Château de), II, 173, 178.
CHISAY, localité, I, 350, 357.
CHOISEUL (de), baron de Beaupré, III, 115.
CHOISEUL (Charles de), marquis de Praslin, maréchal de France, II, 341.
CHOISY (Abbé de). Introduction, 9. — I, 50.
CHOISY (Mme de), I, 129.
CHOPPIN (René), II, 40.
CHORIZÉ, village, III, 64.
CHOULOT (Marquis de), I, 245.
CHOUPPES (Marquis de), lieutenant-général. Introduction, 5. — I, 343, 347, 393, 395. — II, 360. — III, 356. — IV, 310. — V, 166. — VI, 72, 73, 83 à 100, 116 à 136, 362, 369, 377, 378, 381, 382, 376, 397, 403 à 413, VII, 83, 102, 117, 118, 413. 135, 143, 162, 170 à 179, 236, 190, 194, 200, 228, 231, 180, 239, 247, 250, 253. — VIII, 10, 135, 300, 309.
CHOUPPES (Régiment de), IV, 325. — V, 379, 382. — VI, 315.
CHRÉTIEN, IV, 262.
CRISTIAN IV, II, 78.

CHRISTINE, reine de Suède, IV, 374. — VI, 243. — VIII. 183.
CHRISTOVAL (Don), VII, 232.
CHYPRE (Ile de), III, 76.
CINQ-MARS, I, 13, 21, 73, 80. — III, 198.
CIRON, III, 200, 201, 245.
CITARDIE (la), IV, 225.
CLAIRAC (M. de) VIII, 114.
CLAIRAC (Ville de), II, 374, 377, 425. — III, 410. — V, 65, 66, 74, 76. — VIII, 114.
CLAVEAU, IV, 231.
CLÉMENGIS (Nicolas), I, 48.
CLER (Le), III, 239.
CLÉRAC, avocat, VIII, 162.
CLÉREMBAULT (Maréchal de), IV, 94.
CLÉREMBAULT (Marquis de), II, 130, 294.
CLERGÉ. Introduction, 2, 15. — I, 167, 174, 210, 246 à 250, 389. — II, 41. — III, 1 à 138. — IV, 205, — V, 212. — VI, 21, 25. VIII, 121.
CLERMONT EN ARGONNE, I, 292. — II, 197.— III, 431, 460. — IV, 5, 199.
CLERMONT (Collège de), I, 93, 94.
CLERMONT (De Bussy d'Amboise, comte de), I, 12.
CLERMONT (Ville de), IV, 39, 214. — VI, 76, 214.
CLÉRY, bourg, II, 57, 64. — III, 64.
CLÈVES (Charles de), IV, 29.
CLÈVES (Ducs de), I, 66, 86.
CLÈVES (Hôtel de), VI, 290.

CLINCHAMP (Baron de), officier général. — II, 44, 45, 57, 68, 85, 103, 153, 205, 230, 234, 241, 251. — IV, 134.
CLOS (Du), IV, 466.
CLOZIÈRES (M. de), I, 425, 426.
CŒUVRES (Marquis de), III, 379.
CŒUVRES (Régiment de), IV, 169.
COGNAC (Ville de), I, 336, 337, 339, 351, 355, 356, 364, 372, 377. — II, 366. — III, 465, 466. — IV, 331, 409, 410, 414. — V, 126.
COIGNEUX (Président Le). Voy. Bachaumont.
COÏMBRE (Évêque de), IV, 215.
COIROUX (Couvent de), I, 39.
COLBERT, I, 12, 305, — V, 66, 105. — VI, 256, 264, 273, 275, 278, 280, 298. — VII, 257.
COLIGNY (Amiral de), I, 83. — IV, 9, 86, 90, 92. — VI, 100, 342, 410.
COLIGNY (Comte de), I, 294. — II, 68. — IV, 50, 53, 427.
COLLE (La), rivière, VI, 34.
COLLIOURE (Ville de), V, 15. — VI, 81,
COLLUS, village, IV, 194.
COLOGNE (Électeurs de), III, 426. — V, 201.
COLOGNE (Prince de Liège, électeur de), IV, 120.
COLOGNE (Ville de), I, 251. — VIII, 179.
COLOMBES, localité, II, 227.
COLOMBIÈRE (M. de la), IV, 464. — VII, 278, 280.

COMANS (Marc de), VI, 246.
COMBALET (Antoine de Grimoard du Roure de), II, 348.
COMBORN (Archambaud de), I, 62.
COMBORN (Maison de), I, 62, 65.
COMBORN (Marguerite de), I, 63.
COMBORN (Raymond de), I, 63.
COMBORN (Vicomte de), IV, 247.
COMMERCY (Ville de), IV, 197. — VII, 340.
COMMINGES-GUITAUT (Comte de), II, 130. — VII, 127, 162, 208, 273, 288. — VIII, 6, 8, 57, 66, 67, 244, 247.
COMMINGES (Maison de), I, 62, 63, 190, 197.
COMPIÈGNE (Ville de), II, 303, 304. — III, 417, 493. — IV, 97, 116, 118, 122, 129, 161, 162, 165, 395. — VII, 257. — VIII, 242.
CONDÉ (Clémence de Maillé, princesse de), I, 88, 96 à 98, 147, 224 à 236, 277, 288, 323, 324. — II, 53, 361, 402. — III, 155 à 158, 177, 308, 323, 328, 330, 335, 337, 354, 443, 452 à 458, — IV, 35, 210, 302, 329. — V, 25, 26, 36, 44, 53, 65, 176, 185, 320, 337, 338, 361, 385. — VI, 44, 55, 56. 141, 143, 365, 375, 376, 403, 404. — VII, 83, 88, 89, 104, 115, 129, 133, 200, 220, 237, 265, 271, 327 à 330. — VIII, 29, 36, 43, 45, 48, 50, 58, 59, 63, 73, 74, 80, 103, 111, 123, 143, 174, 278, 304, 305, 312.

VIII.                        23

Condé (Hôtel de), I, 87, 271. — II, 147, 252, 287, 400. — III, 461. — IV, 129.

Condé (Louis de Bourbon, prince de), dit le Grand Condé. *Introduction*, 9. — I, 23, 80 à 96, 105, 106, 145 à 147, 152, 180, 189, 201, 205 à 208, 213 à 235, 242, 244, 247, 250 à 258, 263 à 349, 356, 357 à 366, 375 à 439, 467. — II, 2 à 199, 218, 225 à 305, 318, 331 à 338, 346, 352 à 369, 391 à 401, 413, 414, 429. — III, 108, 112, 130, 152, 153, 162, 185 à 192, 218, 261, 267, 274 à 279, 281, 294, 301 à 344, 362 à 368, 387, 425 à 448, 461 à 481, 490. — IV, 2 à 22, 35, 39, 44, 57, 61, 66, 69, 79, 81 à 100 106, 111 à 117, 129 à 139, 153, 156, 158, 161 à 170, 179 à 200, 207, 208, 258, 274, 275, 280, 282, 288, 298, 301 à 397, 410, 421 à 452. — V, 4 à 42, 50 à 52, 73, 80 à 85, 92, 97, 99, 112, 114, 148, 158, 164, 168, 169, 173 à 175, 182 à 193, 216, 224 à 229, 238 à 255, 290, 299, 319, 323, 332 à 339, 347 à 352, 361 à 376, 382, 385, 406. — VI, 3, 4, 6, 14, 17, 24, 26, 35, 44, 32 à 59, 72, 74, 92, 93, 100 à 134, 140 à 153, 164, 167, 183, 192, 194, 202, 207, 209, 215, 218 à 220, 234, 301, 302, 343, 358, 360, 361, 367, 375 à 377, 390, 398, 399, 404, 405, 412, 413. — VII, 2, 8 à 17, 27 à 31, 48, 51, 52, 64, 65, 72, 74, 78, 81, 89 à 94, 99, 114, 117, 119, 121, 128 à 139, 143, 144, 160, 163, 166, 168, 170 à 176, 197, 199 à 207, 219, 226, 232, 236, 239, 243, 244, 249, 252 à 257, 265, 284, 294, 296, 298, 299, 307, 315, 319 à 325, 331 à 335. — VIII, 4, 9 à 12, 22 à 25, 29, 38, 43, 48, 58 à 64, 93 à 116, 123, 124, 137, 138, 148, 152 à 157, 161 à 166, 184, 192, 204 à 208, 217 à 224, 229, 230, 278, 297, 302, 305.

Condé (Maison de), *Introduction*, 11. — I, 81, 82, 140, 317, 323. — II, 45, 118. — IV, 99.

Condé (Principauté de), en Brie, I, 82.

Condé (Régiment de), II, 149, 150, 203, 248. — IV, 45, 85, 187. — VII, 79, 289, 290. — VIII, 168.

Condom (Évêché de), VII, 181.

Condom (Ville de), I, 417. — II, 369, 415. — III, 260, 262. — V, 152, 154, 155, 156.

Condomois (Le), II, 414. — IV, 405.

Concile de Trente, III, 40.

Congis (M. de), gouverneur des Tuileries, II, 226.

Conille (M. de), IV, 419.

Conrart, I, 128, 131, 135, 136. II, 265, 287. — V, 328.

Constantin (M$^{lle}$), III, 351.

CONSTANTINOPLE (Ville de), VII, 184.
CONTADES (M. de), IV, 346.
CONTI (Armand de Bourbon, prince de), *Introduction*, 13. — I, 7, 8, 44, 76 à 108, 140, 151 à 157, 208 à 258, 263 à 277, 284 à 313, 323 à 328, 383 à 418, 437, 439. — II, 17, 22, 136, 285, 327, 357, 362, 371 à 383, 417 à 438. — III, 162, 175 à 187, 279, 304 à 368, 394, 425 à 448, 468 à 490. — IV, 35, 38, 44, 157, 188, 274, 277 à 295, 303 à 358, 385 à 399, 407 à 445, — V, 17 à 36, 51, 52, 53, 97, 111, 176, 182 à 191, 255, 306 à 343, 351 à 411. — VI, 2 à 26, 34 à 91, 109, 128, 129, 137, 141 à 143, 163 à 186, 339, 340, 363, 376 à 397, 401 à 422. — VII, 3, 5, 10, 23, 72 à 78, 86, 94 à 118, 131 à 238, 252, 263, 264, 268 à 272, 286, 292 à 295, 309 à 330, 354. — VIII, 10 à 67, 71 à 198, 217, 223, 249, 255, 256, 297, 302, 305.
CONTI (Régiment de), I, 417. — II, 203, 233, 248. — IV, 310, 317, 325, 382. — V, 4, 109, 158, 379. — VI, 28, 30, 315. VII, 315.
CONTHONIE (La), VI, 337.
COQUILLE (Guy), I, 49.
CORBEIL (Ville de), II, 154, 158, 160 à 178, 214, 254, 311, 394. III, 117. — IV, 9, 19, 21, 134, 183, 185.

CORBY (M.), IV, 388.
CORDELIERS (Église des), I, 71, 72, 245, 426. — III, 92, 94.
CORDELIERS (Ordre des), VIII, 307.
CORDOUAN (Tour de), VIII, 105.
CORDOUE (Sédition de), III, 326.
CORINTHE (Régiment de), VIII, 197.
CORNEILLE, I, 124, 128, 139, 158.
CORNET (Du), III, 159, 345, 349, 350.
COROGNE (La), VII, 235.
CORRÈGE (Tableaux du), VI, 242, 252, 266, 267, 269, 270, 271, 273, 274, 276, 277, 280, 283, 285.
CORRÈZE (La), rivière, I, 65, 72.
CORSINI, nonce, IV, 140, 141.
COSAR DU PUY (du), II, 427.
COSME (de), I, 428.
COSNAC (Angélique de), comtesse d'Egmont, duchesse de Gueldres, *Introduction*, 3. — I, 32. — IV, 173, 407. — V, 93.
COSNAC (Armand, marquis de), I, 7.
COSNAC (Bertrand de), cardinal, I, 39 à 42.
COSNAC (Daniel de), premier gentilhomme de la chambre du prince de Conti, plus tard évêque de Valence et archevêque d'Aix. *Introduction*, 1 à 20. — I, 3 à 8, 32 à 36, 44 à 53, 64, 75 à 81, 94, 152, 273, 284 à 287, 297

à 299, 313, 325, 347. — II, 23, 285, 332, 358, 362. — III, 185, 186, 213, 314, 316. — IV, 173, 275 à 277, 280, 407. — VI, 44 à 53, 65 à 73, 135, 168, 177 à 179, 182, 183, 397, 403. — VII, 118, 170, 174 à 184, 294, 309 à 316. — VIII, 13, 15, 25 à 50, 62, 64, 71 à 78, 129 à 142, 176, 212, 217, 223, 310.

COSNAC (Élie de), I, 5.
COSNAC (Maison et seigneurie de), I, 3 à 77. — IV, 407.
COSNE (Ville de), II, 75, 156, 157.
COSSÉ (Comte de), II. 237.
COSSÉ (Élisabeth de), II, 311.
COSSÉ (François de), II, 311.
COSSÉ (Maison de), V, 188.
COSSÉ (Mlle de), zélée protestante, V, 29, 35, 41, 47.
COSTES, VI, 357.
COSTE (M. de la), IV, 80. — VI, 353.
COUCY (Seigneurie et ville de), II, 192, 312. — VII, 340.
COUDRAY-MONTPENSIER (M. du). II, 384, 432, 434. — IV, 251. — V, 110.
COULONGES-LES-ROYAUX, bourg. III, 116, 120, 121, 124, 134, 135.
COULON, IV, 131, 150.
COUPS ou COUS (de), consul de Condom, III, 254, 260, 262.
COURCELLE DU FAY (M. de), II, 428.

COUR DE LA ROMIGUIÈRE (M. de la), VI, 356.
COUR DES AIDES, I, 180 à 182. — II, 119, 274, 325, 354. — V, 149. — VI, 2. — VIII, 7, 103, 118.
COURSAN (M. de), II, 320.
COURS-LA-REINE (Le), IV, 141, 143.
COURTIERS (Bureau des), VIII, 121.
COURT-CHAUVEREAU (M. de la), III, 136.
COURT (La), imprimeur, I, 390, 428.
COURTADE, banquier, V, 11.
COURTALIN. Voy. Montmorency.
COURTALIN (Château de), III, 56, 57. — Ce château est situé département d'Eure-et-Loir, à 14 kilomètres sud de Châteaudun. Nous avions dans la note III, 56, fait une confusion avec une autre localité du même nom située dans le département de Seine-et-Marne.
COURTENVAUX (Marquis de), I, 139. — IV, 47.
COURTIN (M. de), IV, 349, 350.
COURTRAY (Ville de), IV, 54.
COURVEUX, capitaine, III, 485.
COUSIN (*Madame de Longueville pendant la Fronde*, par M.), VIII, 222 à 224.
COUTRAS (Ville de), I, 84, 235. — V, 47, 168. — VI, 346. — VIII, 8.
COUTURE (M. de la), III, 487.

Couvin, localité, VI, 100.
Couvonge (Comte de), II, 282, 383.
Coze, localité, I, 434.
Cramail (Baron de). *Voy.* Pinard.
Crécy-au-Mont, II, 309.
Crépy-en-Valois, II, 313, 315.
Créquy (Chevalier de), III, 389, 404, 411, 422, 423. — IV, 3. — V, 72, 108.
Créquy (de Blanchefort, duc de), I, 377, 379. — II, 188, 335. — IV, 256.
Créquy-Hémon (Marquis de), I, 427.
Créquy (Régiment de), II, 371, 416, 418. — V, 142. — VI, 29, 369.
Cressanville (M. de), II, 428.
Cressensac, village, I, 230.
Creuse, rivière, I, 324. — III, 71, 72, 89. — VIII, 299.
Criqueville (de), I, 28. — II, 248, 428.
Critz, peintre, VI, 243.
Croignard (de), III, 487.
Croisillac, ou Croisillat, tribun de l'Ormée, V, 317. — VI, 160. — VII, 4, 6.
Croisillon, VI, 174.
Croissette (M. de la), VIII, 10.
Cruissy (Abbé de), I, 156.
Choissy (M. de), I, 289. — II, 56, 68, 399. — VI, 102.
Croix (Baron de la), VII, 162.
Croix (M. de la), III, 115, 116. — VII, 369.
Croix (Prieur de la), I, 310.

Croix-du-Trahoir (La), IV, 157.
Crompe (La), VII, 316. — VIII, 17.
Cromwell (Olivier), I, 236, 294. — II, 296. — IV, 396, 397. — V, 220 à 301, 421. — VI, 196 à 237, 251, 257, 281, 396. — VII, 2 à 68, 150, 228, 244, 395 à 399. — VIII, 42, 155, 156, 184, 185, 208, 209, 219, 222, 223, 263, 276, 280.
Cubzac, localité, VI, 354.
Cudos, village, IV, 335, 336.
Cugnac (Marquis de), III, 348. — IV, 396. — V, 238, 241, 242. — VI, 202. — VII, 4, 8, 17, 32, 106, 244. — VIII, 40.
Culant (François de), baron de Châteauneuf, IV, 30.
Culant (Maison de), IV, 30.
Culant, localité, IV, 41.
Cumont (M. de), conseiller au Parlement, II, 147.
Curital, V, 324.
Curtin, tribun de l'Ormée, VI, 160.
Cussé, I, 28.
Cusson, IV, 82.
Cuvier (M.), IV, 68, 72.

Daillon (Roger, comte de), I, 17.
Daillon du Lude (Charlotte-Marie de), II, 335.
Dalesme (M.), conseiller, III, 155, 179, 350, 354, 477. — VI, 406.
Dalidor, capitaine, VI, 31, 32.
Dalon (Abbaye de), VI, 323.

Damas-Thianges (Maison de), II, 320.
Dammartin (Ville de), II, 218, 316. — IV, 138, 207.
Dampierre (Marie Fourré de), VI, 373, 406.
Damville (Duc de), IV, 142, 151, 270, 271.
Damville (Régiment de), VI, 349.
Damvilliers (Ville de), I, 302. — III, 440. — IV, 197, 198. — VI, 76, 106. — VII, 336. — VIII, 144, 145, 217.
Dandelot, I, 146.
Dandevant, conseiller, V, 183.
Danemarck (Le), VI, 226, 441. — VIII, 269.
Darcy, sieur, VIII, 266.
Dareste (*Histoire de France* par M.), VIII, 227, 229.
D'Arrict, VIII, 78.
Daty, III, 487.
Dauphin (Le grand), I, 49.
Dauphine (Porte), II, 252.
Dauphiné (Le), *Introduction*, 16. — III, 233. — VI, 316.
Dauphiné d'Auvergne, I, 74.
Daussomne (Président), III, 379.
David, VII, 222.
Dax (Ville de), IV, 309, 361. — V, 2. — VI, 33, 81. — VII, 153, 155.
Déclaration du roi en faveur du cardinal Mazarin, II, 409.
Defaure, III, 360.
*Défense du livre des Vérités eu-charistiques enseignées par Notre-Seigneur Jésus-Christ, contre la lettre du sieur Boutin, ministre de Turenne*, par le seigneur de Cosnac, I, 37.
Degua, V, 34.
Delaperrière, major, VII, 4.
Delas (M.), VIII, 179, 180, 181.
Delaunay (M.), VII, 458.
Déletang (M.), IV, 42.
Denort, conseiller, III, 304.
Deprade, bourgeois de Bordeaux, V, 10.
Desbordes, conseiller, VII, 192, 193.
Descartes, conseiller, I, 28, 125, 149.
Desforges, marchand, II, 266.
Desforgettes, capitaine de navire, IV, 463.
Desfougerests, médecin, II, 403.
Deshéraut. *Voy.* Léans (de).
Deslandes, gouverneur de Castel Jaloux, II, 150, 151. — V, 156, 158.
Desloges, VIII, 255.
Desmarest, I, 135, 136.
Desouche (M.), III, 116.
Despeches, avocat, IV, 320.
Desroches, capitaine, III, 87.
Deville, conseiller, V, 16.
Dezert, ambassadeur bordelais, VII, 4, 6, 7, 105, 346. — VIII, 114, 181.
Diarche, fugitif, VI, 364.
Dicé (Place de), III, 86.

Die (Évêché de), *Introduction*, 5.
Dieppe (Ville de), V, 244, 245.
— VI, 210, 251, 279.
Digby (Milord), VII, 224.
Digby (Régiment de), VII, 125.
— VIII, 284.
Dijon (Ville de), I, 292, 322. — VI, 76.
Dillon (Colonel), VII, 25, 161, 202, 276, 277, 278. — VIII, 3.
Dinant (Ville de), VIII, 179.
Diplomatie française au dix-septième siècle (Principes de la), V, 192 à 216.
*Discussion des quatre controverses politiques*, II, 39.
Dissassy (Don Antonio), VI, 74.
Dissay, village, III, 64, 69.
Diven, localité, IV, 373.
Divise (La), ruisseau, III, 140.
Dodonnets, apothicaire, II, 364.
Dognon (Comte du), gouverneur de Brouage, I, 278, 315 à 319, 337, 339 à 344, 376, 396, 397. — II, 136, 363, 366, 369. — III, 129, 180, 184, 224 à 229, 317, 326, 332, 360, 467, 477. — IV, 294, 301, 308, 310 à 312, 317, 318, 324 à 332, 368 à 391, 415, 417, 463. — V, 16, 17, 22, 40, 49, 57, 59, 97, 99, 120 à 123, 138, 178, 180, 186, 189, 226, 299, 322, 331, 332, 340, 348, 376, 378, 382. — VI, 7, 12, 41, 62, 111, 112, 123, 127, 128, 202, 203, 209, 216, 218, 220, 365, 372, 373, 378, 382, 385, 390, 405, 411. — VII, 29, 30, 113, 123. — VIII, 226, 227.
Dognon (Régiment du), V, 120.
Dôle (Ville de), III, 440.
Dolmans, VI, 438.
Domme, localité, I, 412. — VI, 438.
Donchery (Ville de), VI, 106, 108.
Donzenac (Baron de), IV, 238.
Dordogne, rivière, I, 58, 225, 336, 376, 382, 386, 393, 396, 398, 400, 411, 412. — II, 385. — III, 152, 192, 207, 281, 410, 467, 475, 483. — IV, 416, 422. — V, 72 à 74, 78, 80, 84, 138, 141, 167, 168, 182, 359. — VI, 302, 338, 339. — VII, 100, 158, 287, 300.
Doria de Sahanedra (Don), V, 310, 347, 361, 362, 378.
Dorieux, de la cour des Aides, II, 277.
Dossat (Cardinal), V, 203.
Douglas (Colonel), VII, 208, 277.
Douglas (Régiment de), II, 240. — VII, 125, 128, 207, 275, 276. — VIII, 245, 284.
Doujat, conseiller, VI, 293.
Dourdan (Ville de), II, 162, 181.
Douvres (Ville de), IV, 396. — V, 244. — VI, 225, 251, 259, 432. — VIII, 278.
Douze (Marquis de la), VII, 267, 289.
Douze (de la), seigneur de Lastour, VI, 300, 301.

DREUX (M.), conseiller, I, 185.
DREUX (Ville de), I, 83. — III, 97. — IV, 28.
DRONNE (La), rivière, III, 225, 227, 265, 266. — IV, 405. — VI, 33, 346, 348.
DROPT (La), rivière, II, 429, 435. — III, 192, 236, 257.
DROUILLY (M. de), IV, 464. — VII, 283.
DUBLANC (M.), V, 316.
DUBOURDIEU, jurat, III, 339, 346. — VIII, 23.
DUBUISSON-AUBENAIS (*Journal des guerres civiles* par), II, 147, 201, 264, 280, 300, 324.
DUC (Le), III, 471.
DUDUC (M.), III, 357. — VII, 105, 327.
DULON, VIII, 106, 161.
DUMAS (François), IV, 228.
DUNES (Victoire des), V, 221. — VI, 200, 211, 257.
DUN-LE-ROI (Ville de), IV, 84, 87.
DUNKERQUE (Escadre de), IV, 376.
DUNKERQUE (siège de), I, 332. — II, 106. — IV, 80, 127, 393 à 403, 415. — V, 224, 237 à 243, 291, 356. — VI, 9, 132, 197, 226, 259, 362, 436, 451.
DUNKERQUE (Ville de), VII, 297. — VIII, 81, 187, 219, 223, 229.
DUNOIS (Comte de), I, 102. — III, 97, 147.
DUONET (Abbé), II, 181.
DUPLESSIS-GUÉNÉGAUD, I, 181.

DU PRÉ, IV, 329. — VII, 90 à 92.
DUPUYS, VI, 337. — VII, 4, 5.
DUQUESNE, capitaine de vaisseau, IV, 378.
DURANT, munitionnaire, V, 43, 183. — VII, 330.
DURAS (Marquis de), VII, 149.
DURAS (Régiment de), I, 378.
DURETESTE, chef de l'Ormée, III, 163, 166, 302, 336. — IV, 293, 335, 338. — V, 10, 13, 29, 34, 41, 175, 307, 317. — VI, 140. — VII, 4, 6, 146, 147, 157, 182, 183, 191, 315, 318, 326, 328. — VIII, 22, 84, 89, 141, 163, 209, 218, 249.
DUSESCHE (M. de), II, 398.
DUSSAUT ou DUSSAULT, avocat général, III, 116, 246, 248, 350, 469. — IV, 338, 344. — V, 5, 31, 182, 324. — VII, 94, 105, 117, 144, 218, 227, 272. — VIII, 21, 22, 109, 249.
DUSSOL, VI, 337, 338.
DUVAL, conseiller, III, 159, 323.
DUVAL, valet de chambre du roi, II, 419.

ECOSSAIS (Les), VI, 444. — VII, 15, 40, 277.
ECOSSE, V, 218, 219, 421. — VI, 235. — VII, 64. — VIII, 260, 265, 279.
Ecuries du Sicilien, VI, 457.
EDIMBOURG (Ville d'), V, 420.
EDIT DE GUYENNE (Chambre de l'), VIII, 22.
EDOUARD, comte Palatin, I, 234.
EDOUARD III, roi d'Angleterre,

I, 326. — III, 19, 142, 143, 144.
EGINHARD, V, 214.
EGMONT (Comte d'), duc de Gueldres, I, 23. — IV, 173, 176 à 178. — V, 93, 214.
EGMONT (Comtesse d'), duchesse de Gueldres. *Voy.* Cosnac (Angélique de).
ELBEUF (Duc d'), I, 210, 212, 213. — II, 255, 256, 290, 304 à 307. — IV, 162, 166 à 170, 181, 185, 191 à 199.
ELBEUF (Maison d'), II, 114.
ELÉONORE D'AQUITAINE, III, 141, 149. IV, 215. — VII, 296.
ELÉONORE, Reine de Castille, I, 40.
ELISABETH, reine, V, 225.
EMERY, surintendant des finances, I, 175, 178, 187.
ENGHIEN (Duc d'), I, 89 à 92, 103 à 105, 122, 145 à 148, 224 à 232, 277, 379. — III, 308, 328, 346, 352, 359, 453, 458, 473. — IV, 293, 312, 329. — V, 19, 36. — VI, 20. — VII, 85, 88, 104, 130, 200, 220, 234, 271, 327, 331. — VIII, 36, 43, 48, 58, 63, 103, 108, 111, 123, 143, 255, 297, 304, 312.
ENGHIEN (Régiment d'), II, 248. — III, 285. — IV, 187, 370, 386. — V, 40, 58, 59, 120, 379, 382. — VI, 315, 355, 356, 358. — VII, 315. — VIII, 103, 113.
ENTRAGUES (Marie de Balzac d'), I, 345.

ENTRAGUES (Régiment d'), IV, 62.
ENTRE-DEUX-MERS, pays, II, 385. — III, 217, 236. — VI, 400. — VII, 161, 208, 260. — VIII, 8, 87.
EPERNAY (Ville d'), IV, 181. — VII, 410.
EPERNON (Duc d'), I, 24, 229, 263. — III, 151 à 161, 332, 452, 461, 462, 473. — IV, 223, 248. — V, 84, 89, 90, 95, 97, 380. — VI, 64. — VII, 160, 166, 167. — VIII, 79, 187.
EPERNON (Duchesse d'), V, 90.
EPERNON (Hôtel d'), III, 461.
EPERNON (M$^{lle}$ d'), I, 99.
EPERNON (Maison d'), V. 90. — VI, 400. — VII, 186.
EPINAY, localité, II, 227.
ERLACH (Comte d'), III, 195, 196.
ESCAMBOLS (M. d'), IV, 386.
ESCOYEUX, localité, I, 358, 360, 361.
ESCURIAL (Palais de l'), IV, 441. — VI, 93.
ESDIN (Camp d'), VIII, 94, 96, 98.
ESGUILLY (M. d'), I, 16.
ESPAGNE, *Introduction*, 16. — I, 5, 14, 34, 40, 63, 70, 98, 109, 175, 205, 218, 232, 277, 278, 294, 296, 305, 314, 319, 320 à 330, 384, 385, 439. — II, 8, 44, 45, 119, 134, 135, 257, 296, 355. — III, 129, 150, 158, 178 à 181, 316, 319 à 332, 425,

454, 457. — IV, 2, 5, 117, 176, 177, 212, 286, 293, 298, 299, 316, 323, 332, 333, 364 à 368, 382, 383, 392 à 398, 422 à 462. — V, 6, 20 à 25, 47, 57, 60, 83, 177, 182, 188, 193 à 196, 205, 209, 223, 227, 237, 251, 279, 292, 298, 302, 307, 315, 321, 337 à 345, 356 à 370, 378, 380, 381. — VI, 3 à 9, 14, 40, 57, 71 à 75, 87, 91, 98, 101, 108, 116, 117, 119, 126, 131, 134, 136, 148, 165, 192, 194, 198, 221, 223, 229, 233, 235, 262, 370, 377, 390, 396, 397, 403, 404, 407. — VII, 3, 9, 14, 15, 16, 30, 40, 58, 106, 113, 114, 117, 118, 133, 137, 144, 145, 147, 148, 150, 152, 154, 156, 170, 173, 194, 195, 214 à 216, 225, 227, 228, 238, 241, 243 à 249, 250, 253, 263, 277, 281 à 287, 293, 300, 302, 319 à 325. — VIII, 24, 29, 43 à 54, 62, 74, 78, 89, 91, 99, 105 à 113, 139, 140, 144, 154 à 157, 162, 163, 184, 208, 218, 229, 265, 271, 305.

ESPAGNE (Ambassadeur d'), II, 67, 314, 321, 324. — IV, 158, 184, 185, 188, 191, 383, 397. — V, 241, 301. — VI, 211, 441. — VII, 27, 32, 41. — VIII, 261, 278.

ESPAGNE (Armée d'), IV, 462. — VII, 224, 246. — VIII, 80, 81.

ESPAGNE (Cour d'), V, 22, 377. — VI, 379, 391.

ESPAGNE (Flotte d'), IV, 379, 393. — VI, 5, 9, 152, 394. — VII, 25, 122 à 124, 194, 260, 264, 293, 309. — VIII, 5, 6, 14, 56, 60, 67, 99, 123, 125, 151, 167, 244, 305.

ESPAGNE (Infante d'), VII, 302.

ESPAGNE (Reine d'), V, 26, 237.

ESPAGNE (Roi d'), III, 430, 431, 432, 433, 434, 435, 436 à 449, 454, 477. — IV, 197, 287, 299, 300, 302, 315, 390, 431, 433, 438, 440, 443, 444. — V, 26, 57, 60, 199, 334, 337, 338, 346, 350, 351, 361, 364. — VI, 74, 84, 120, 125, 200, 277, 284, 288, 377, 394, 404, 445. — VII, 163, 229, 234, 280, 323. — VIII, 80, 274, 309.

ESPAGNOLS (Les), I, 189, 317, 321, 330, 346, 384, 396. — II, 30, 189, 208, 302, 307, 309, 317, 318, 319. — III, 179, 180, 333, 453, 477. — — IV, 11, 54, 118, 125, 187, 188, 294, 325, 326, 370 à 380, 384, 386, 392, 393, 398, 428, 452, 463. — V, 4, 43, 55, 138, 180, 181, 195, 196, 201, 202, 236, 306, 314 à 316, 332, 333, 341, 342, 351, 359, 377. — VI, 4, 7, 20, 62, 65, 81, 88, 112, 141, 151, 201, 364, 386, 392. — VII, 28, 94, 115, 139, 158, 204, 267, 280 à 284, 425. — VIII, 52 à 57, 85, 89, 105, 112, 146, 208, 231, 232, 243, 261, 306.

ESPAGNET (M. d'), I, 414. — III,

159, 349, 357, 358, 470. — IV, 310, 320, 335, 336, 358, 359. — V, 380. — VI, 173. — VII, 105. — VIII, 81.
Espiés (M. d'), I, 377.
Espine (M. de l'), VI, 338.
Esprit, I, 128, 151, 154, 157.
Essonnes (Ville d'), II, 311.
Estaffort, quartier, VIII, 301.
Estaing (Charlotte d'), VI, 357.
Estemar (d'), lieutenant, VII, 275, 378.
Estampes (Maréchal d'), II, 132, 351.
Estevan de Gamarre (Don), général, I, 342.
Estissac (de la Rochefoucauld, comte d'), I, 315, 336, 340, 433. — III, 135, 466, 483. — IV, 370, 373, 414 à 417, 463. — V, 118 à 138. — VI, 9.
Estissac (Régiment d'), IV, 376, 402, 462. — V, 120. — VI, 6. — VII, 128, 208.
Estouvailles (M. d'), IV, 419.
Estrades (Comte d'), IV, 393, 398. — V, 242, 290. — VI, 382. — VII, 124, 149, 151, 207 à 210, 260, 266 à 288. — VIII, 2 à 7, 41, 66, 67, 92, 146, 187, 206, 244, 247.
Estrades (Jean d'), évêque de Condom, III, 262.
Estrées-au-Pont, VII, 258.
Estrées (Gabrielle d'), I, 174. — V, 85, 86.
Estrées (Maréchal d'), I, 308. — II, 187, 190, 317. — IV, 169. — V, 17.

Etampes (Ville d'), II, 57, 106, 153 à 216. — III, 97, 250. — IV, 16. — V, 291. — VIII, 206.
Etats Généraux, II, 125, 137, 257, 258, 279. — III, 1 à 137. — IV, 172. — VII, 292. — VIII, 196, 198, 204, 205, 213, 215, 218, 220, 221, 222, 228, 231, 234.
Etat de la Maison de la princesse de Condé, VII, 401.
Etat de la vaisselle d'argent de la princesse de Condé, VII, 455.
Etat des troupes dans le royaume, V, 396.
Etat des troupes retirées de Guyenne après la paix, VIII, 283.
Etat de la flotte espagnole, I, 320.
Etat de la marine française, VIII, 285.
Etat général des revenus du royaume de France, VIII, 287.
Etat des deniers provenant des recettes générales, VIII, 290.
Etat de la ville et faubourgs de Bordeaux, V, 389.
Etréchy, bourg, II, 169, 180, 181, 202, 205, 211 à 214.
Europe, I, 45, 48, 333. — II, 121, 276, 297. — III, 163, 201, 244, 428. — IV, 382. — V, 194 à 233. — VI, 241. — VIII, 48, 183.
Eustache, IV, 65, 66.

*Evangéliste de la Guyenne* (L'), III, 451, 474.
Evreux (Comté d'), I, 74.
Evreux (Ville d'), II, 332.
Excideuil, bourg, VI, 307, 336, 350.
Excommunication prononcée contre la Fronde, I, 388 à 392.
Eymar (Président), III, 145.
Eymet, bourg, III, 192, 255, 257, 258.
Eysses (Abbaye d'), IV, 453.

Fabert (Maréchal), I, 73, 332. — V, 408, 409. — VI, 102, 103, 104, 106, 107, 108. — VII, 256, 413. — VIII, 225.
Fabri (M. de), III, 268, 483.
Fage (La), II, 427.
Fages, capitaine, II, 4, 28.
Faget (Gaston), III, 422.
Fallaise (M.), III, 116.
Far (Château du). *Voy.* Hà (du).
Fare (Marquis de la), VII, 213.
Faudoas d'Averton (de), II, 300.
Faujean, major, VI, 354.
Faulac, localité, VI, 335.
Faulge (M. de), lieutenant-général, II, 190.
Faure (Père), cordelier, évêque d'Amiens, IV, 128. — VI, 170, 178.
Fauveau (Chanoine), I, 391.
Favas (M. de), IV, 335. — VI, 362.
Fay, commissaire général d'artillerie, IV, 128.

Fay (du), lieutenant du roi, VI, 169. — VII, 233, 235, 236, 238, 268, 322.
Faye (La), VI, 346, 347.
Fayette (Mme de la), I, 81, 130, 131. — III, 364.
Fayette (M. de la), IV, 64, 65.
Fécamp (Vallée de), IV, 138.
Fei (Le), IV, 203.
Feillet (*La misère au temps de la Fronde*, par M.), VIII, 224 à 227.
Felan (Colonel), V, 242.
Felletin (Ville de), VI, 245.
Fénis, trésorier, IV, 150, 266.
Fère (Château et ville de la), II, 310, 317. — VII, 257. — VIII, 95.
Ferdinand III, empereur, II, 52.
Fernandoize (La), II, 365.
Féron (Le), seigneur de Savigny, II, 237.
Féron (Élisabeth le), II, 237.
Ferrand, sieur de Janvry, II, 266. — VIII, 21, 33, 249, 251.
Ferrière (Chevalier de la), III, 478. — IV, 416. — V, 49.
Ferté-Alais (Ville de la), II, 153, 154.
Ferté-Imbault (De la), seigneur de Mauny et de Salbris. *Voy.* Étampes (Maréchal d').
Ferté-Milon (Ville de la), II, 178, 316, 403. — IV, 159, 162. — VII, 338.
Ferté-Senneterre ou Saint-Nectaire (Maréchal de la), I,

TABLE GÉNÉRALE DES NOMS ET DES MATIÈRES. 365

332. — II, 177, 184 à 193, 218, 227 à 230, 241, 248, 254, 307 à 309, 312, 314, 321. — III, 181. — IV, 5, 125, 126, 133, 164, 181, 191, 199, 394. — V, 63, 86. — VII, 254, 255, 258. — VIII, 95.

FEUDERIE (La), VI, 347.
FEUILLANTS, religieux, IV, 145.
FEUQUIÈRES (Chevalier de), VI, 352. — VII, 103, 116. — VIII, 13, 117.
FÉVILLE, IV, 342.
FEYDEAU, conseiller, II, 324.
FIESQUE (Chevalier de), I, 99.
FIESQUE (Comte de), II, 15, 22, 23, 54, 68, 243, 244, 351, 399. — IV, 352. — VI, 135. — VII, 225, 228, 230, 238, 241, 243, 244, 247, 249, 253, 268, 321 à 324, 327. — VIII, 93, 99, 105, 140.
FIESQUE (Comtesse de), I, 152. — II, 55, 164, 200, 226, 245. — IV, 153, 154, 352.
FIEUBET (Conseiller), II, 324.
FIGEAC (Ville de), I, 71. — VI, 355.
FIGUIÈRES (Fort de), I, 89.
FILIOL, VIII, 249.
FILLOT, trésorier de France, VII, 218, 222, 223, 227, 272. — VIII, 21, 310.
FIMARCON (M. de), III, 260.
FINAL (Ville de), V, 195.
FISMES (Ville de), II, 191, 307.
FLANDRE (Armée de), IV, 159. — VI, 93.
FLANDRE (Province de), I, 99,

296, 348. — II, 5, 27, 51, 178, 304, 305, 319. — III, 10, 85, 442, 443, 447. — IV, 118, 153, 159, 166, 170, 178, 180, 182, 183, 197, 299. — V, 21, 196, 199, 208, 209, 343, 363, 364, 381. — VI, 74, 95, 135, 200, 225, 246, 275, 293, 384, 396, 439. — VI, 116, 154, 255, 320. — VIII, 114, 123, 154.

FLAMARINS (Marquis de), II, 57, 68, 145, 241.
FLAUMONT (M. de), VI, 305.
FLEMMING (Amiral), IV, 275.
FLÈCHE (Ville de la), III, 97. — VII, 338.
FLEURANCE (Ville de), I, 405. — V, 153.
FLEURY (Château de), I, 272.
FLEURY, conseiller, IV, 150.
FLIN, officier, IV, 353.
FLIN (Quartier de), III, 266, 481, 482.
FLOIRAC, village, VIII, 16.
FLOTTE (Père), V, 216.
FOIX (Chevalier de), I, 407.
FOIX (Gaston de), roi de Navarre, IV, 149, 234.
FOIX (Henri de), V, 89.
FOIX (Maison de), V, 90, 95.
FOIX (Marguerite de), comtesse de Candale et d'Astarac, V, 89.
FOIX (Régiment de), VII, 205, 290.
FOLLEVILLE-LE-SENS (Chevalier de), I, 338, 384, 424. — II, 363. — III, 225, 227, 265 à

300, 320, 399, 481, 482, 483, 484, 485, 486, 487. — IV, 250, 404, 408, 413, 420. — V, 59, 79. — VI, 349. — VII, 80, 82, 164, 267, 288. — VIII, 206.

FOLLEVILLE (Régiment de), III, 266, 283, 356, 481, 483, 486. — VI, 7. — VIII, 284.

FONSOMME (Camp de), VIII, 94, 96.

FONTAINE (M<sup>lle</sup> de), I, 99.

FONTAINE-CHALANDRE (M de), III, 69.

FONTAINE (La), I, 80, 130. — III, 116. — VI, 335. — VII, 85, 88, 104, 116, 129, 130.

FONTAINEBLEAU (Ville de), I, 307. — II, 153, 154, 161. — VI, 246, 252. — VIII, 298.

FONTARABIE (Ville de), V, 200. — VI, 91, 132.

FONTENAY (Ville de), I, 317.

FONTENELLE (Conseiller), III, 158, 304, 306, 335, 345, 350, 453 à 460.

FONTENILLE (M. de), III, 487.

FONTRAILLES (M. de), I, 209, 399. — IV, 6, 151.

FONTEVEUX (M. de), I, 378.

FORCE (Maréchal duc de la), I, 29, 277, 313. — II, 136. — III, 272. — IV, 12, 15. — VI, 339, 340. — VII, 17. — VIII, 241.

FORCE (M<sup>lle</sup> de la), I, 108.

FORELLE, V, 15.

FOREST (La), capitaine, IV, 421.

FORESTIER, marchand, II, 364.

FORGUES (M. de), I, 359, 365, 425.

FORIES (Château de), III, 316.

FORS (Marquis de), I, 146. — IV, 281, 282. — V, 30, 353. — VII, 190.

FORTIA, localité, VII, 213.

FOUCAULD, intendant du prince de Condé, IV, 44.

FOUCAULT (Louis de). Voy. Dognon (Comte du).

FOUGÈRES (Des), médecin, II, 328.

FOUGÈRES (Pont de la), III, 266.

FOUILLOUX (Le), II, 238. — VII, 333.

FOUPITEAUX, conseiller, VIII, 167.

FOUQUET (Abbé), IV, 137, 203.

FOUQUET DE CROISSY, IV, 150.

FOUQUET, procureur général, I, 28, 305. — II, 324. — VI, 294.

FOURILLE (Chevalier de), I, 352, 353.

FOURNIER, II, 267.

FOURZAC (M. de), III, 487.

FRAINS (Des), III, 116.

FRANCE (Cour de), IV, 140, 374, 394. — V, 22, 143. — VI, 339, 343. — VII, 3, 59, 62, 100, 178, 185, 190, 199, 240, 260, 261, 264, 281, 284, 300. — VIII, 7, 9, 15, 24, 31, 44, 48, 64, 82, 84, 184, 185, 187, 227, 298.

FRANCE (Flotte royale de), IV, 375 à 379, 396, 398. — V, 224, 357, 358. — VI, 5, 9, 41, 100, 391, 394. — VII, 122, 123, 150, 293, 321. — VIII, 16, 219.

France (Trésor royal de), VIII, 18, 156.
Franche-Comté, V, 209. — VII, 166, 167.
Franchesse (M. de), IV, 86, 87.
François I<sup>er</sup>, I, 10, 19, 34, 44, 48, 67. — III, 108, 112. — V, 85, 315. — VI, 246. — VIII, 203.
Francomtois (Les), V, 202.
Franconie (Maison de), V, 215.
Francs (Les), I, 2, 5. — III, 6, 12, 13, 14. — IV, 212. — VIII, 220.
Frateau (du), IV, 462, 464.
Fraudat (Le), VI, 365.
Frédéric V, électeur palatin, V, 221.
Frédéric, roi de Bohême, I, 235.
Frélissac (Camp de), VII, 290.
Fresnoy (du), I, 353. — VII, 211, 281.
Fressand, marchand, II, 266.
Fribourg (Ville de), I, 106. — II, 109. — V, 151.
Fricambaut (M. de), VII, 211.
Frise (La), V, 219.
Fronde (La) de la noblesse, des parlements, des princes, républicaine, grande et petite à Bordeaux : ensemble des 8 volumes ; résumé, VIII, 195 à 211.
Fronsac (Régiment de), VII, 128.
Fronsac (Ville de), VII, 286, 287.
Fronsade (Pays de), III, 276.
Frontenac (Comte de), II, 68.

Frontenac (Comtesse de), II, 55, 164, 196, 200. — IV, 17, 153.
Frugier (Conseiller), II, 267.
Fuensaldagne (Comte de), II, 318, 403. — III, 441. — IV, 153, 158, 170, 180, 182, 184, 188, 190, 197. — V, 22, 322, 338, 385. — VI, 77, 93, 108, 134, 142, 388. — VII, 28, 92, 242 à 246. — VIII, 96.
Fumée (M. de), III, 116.
Fustembert (Comte de), II, 165.
Fuyard (Conseiller), III, 155, 179, 350, 354, 477.

Gallapian (M. de), III, 334. — IV, 332, 382. — V, 15, 360. — VI, 402. — VII, 331. — VIII, 66, 67, 227.
Gallapian (Régiment de), I, 407. — III, 331. — V, 109. — VIII, 113.
Gadagne (Marquis de), II, 88, 167, 168.
Gaifer, duc d'Aquitaine, III, 140.
Gaignère (M. de), I, 138.
Gaillardin (*Histoire du règne de Louis XIV*, par M.), VIII, 229.
Galères (Régiment des), II, 383. — V, 76, 161.
Galilée, bourg, I, 54.
Galles (Pays de), VII, 64.
Galles (Prince de). *Voy.* Charles II.
Gallet, major, IV, 65.

GALLIEN (Palais), III, 140.
GALLIFFET (Président de), I, 299. — VIII, 298.
GALTERY (Père), VI, 110.
GARCIES (Comte de), VII, 92, 235.
GARDE (M. de la), VI, 356.
GARNIER (Prieuré de), V, 17.
GARONNE (La), rivière, I, 392, 393, 413 à 416. — II, 370 à 385, 415 à 435. — III, 148 à 154, 163, 192, 217, 220, 331, 406, 471. — IV, 382. — V, 64, 68, 72, 81, 93 à 95, 109, 151, 156, 162, 359, 361, 371. — VII, 138, 158, 161, 195. — VIII, 7, 69, 93, 300, 306.
GARREAU (M. du), VI, 343.
GARTEMPE (La), rivière, I, 324. — III, 72. — VIII, 299.
GASCOGNE, VI, 111, 367. — VII, 337.
GASCON, relieur, I, 135.
GASSION (M. de), III, 258.
GASSION (Régiment de), VIII, 284.
GASTARE (M. de), IV, 62.
GASTAUDIAS (M. de), II, 419.
GATINAIS (Le), VIII, 193.
GAUBERT (Abbé), IV, 214.
GAUCELME FAYDIT, troubadour, IV, 215.
GAUCOURT (Comte de), II, 15, 23, 138.
GAULES (Les), III, 6, 139. — V, 198.
GAULOIS (les), III, 14, 15.
GAYANT (Président), I, 177.
GÉDOIN, maréchal de camp, IV, 151, 180, 183.

GEL, régent du chapitre de Liège, IV, 124.
GÉLON, receveur de la Connétablie, VI, 26.
GÉNÉGAUD ou GUÉNÉGAUD (Président), II, 267, 324.
GENESTE, II, 76, 77. — VI, 60.
GENÈVE (Ville de), V, 202.
GENNEVILLIERS (Plaine de), II, 227.
GENIERS, conseiller, I, 334, 335.
GENLIS (M. de), maréchal de camp, I, 426. — VIII, 180.
GÉNOIS (Le pays), V, 198.
GENOU, conseiller, IV, 150.
GENOUILLAC DE VAILLAC (de), évêque de Tulle, IV, 228.
GENOUILLE (de), III, 487.
GENTILLOT (M. de), agent diplomatique, V, 226, 235, 237, 242, 244, 290, 291, 294. — VII, 297, 430.
GENTILLY, village, II, 252.
GEOFFROY, archevêque de Bordeaux, III, 141.
GÉRARD REGUST, sénateur d'Amsterdam, VI, 243.
GERBIER (Balthazar), VI, 243.
GERMAIN (Milord), V, 235.
GERMANIE (La), I, 56, 165.
GERNICOURT, village, II, 187, 191.
GERS (Le), rivière, I, 395.
GESVRES (Marquis de), I, 184.
GIEN (Ville de), I, 308, 375, 386. — II, 79 à 107, 156, 391, 392. — IV, 9, 240.

GILBERT DE VOISINS, conseiller, II, 267.

GILLIER, marquis de Marmande, III, 115, 116.

GIMBRÈDE (Pont de), I, 396, 399 — VIII, 301.

GIMEL (Blanche de), I, 64, 65.

GIMEL (Maison de), I, 64, 65, 68, 72.

GIORGIONE (Tableaux de), VI, 242.

GIRALDIN, capitaine, VII, 276.

GIRARD, VIII, 78.

GIRAUDIÈRE (M. de la), VIII, 17.

GIRAULT, Jurat, III, 329, 330, 335, 337, 345, 350, 358. — V, 317. — VI, 174. — VII, 4, 6.

GIROLLE (La), rivière, I, 396.

GIROLLE (M. de), II, 298.

GIRONDE (La), rivière, I, 295, 377, 439. — III, 178, 180, 181. — IV, 383 à 388, 443. — V, 21, 25, 123 à 141, 320, 331, 357, 358, 375, 381. — VI, 3, 5, 10, 35, 41, 64, 65, 100, 114, 370, 394. — VII, 9, 94, 121, 123, 150, 260, 273, 293, 299. — VIII, 5, 44, 52, 93, 167, 186.

GIRONNE (Ville de), VII, 212, 215.

GISCARREAU, V, 164.

GISCARS (Régiment de), V, 76.

GIVEZ (Ville de), IV, 170.

GIVRY (Cardinal de), VI, 313.

GLANDÈVE (Évêché de), VI, 178. — VIII, 158, 176, 177, 180.

GLUCESTER (Duc de), VI, 224, 225.

GLYMES (Honorée de). Voy. Bossu (Comtesse de).

GOBELINS (Manufacture des), VI, 247.

GOBELINS (Quartier des), VI, 246.

GOBERTIE (de la), III, 487.

GODEAU, évêque de Vence, I, 103, 128.

GOHAS (M. de), I, 405.

GONCOURT (M. de), II, 85.

GONDI (Emmanuel de), VIII, 193.

GONDI (Jean-François de), archevêque de Paris, II, 35, 287.

GONDI (Jean-François-Paul de). Voy. Retz (Cardinal de).

GONDI (Hôtel de), I, 87.

GONDI (Maison de), VIII, 193.

GONDOVILLERS, I, 427.

GONDRIN, conseiller, III, 305, 308, 327, 331, 335.

GONDRIN (de Pardaillan de), archevêque de Sens, 339, 341, 343.

GONDRIN (M. de), IV, 185. — V, 16, 28, 30, 31, 44, 49, 50, 164, 179. — VI, 20.

GONDRIN (Régiment de), I, 407.

GONDRIN (Ville de), II, 370, 414, 415.

GONESSE (Village de), II, 322.

GOUNORT ou GONOR (M. de), de la maison de Cossé, V, 188.

GONTAUT (Château de), V, 161, 162.

GONTAUT-D'HAUTEFORT, II, 342.

GONTAUT (Maison de), VI, 323.

GONTERIE (M. de), IV, 181.
GONZAGUE (Anne de). *Voy.* Palatine (Princesse).
GONZAGUE (Charles de), IV, 29.
GONZAGUE (Marie-Louise de), reine de Pologne, I, 100, 129. — III, 198, 201.
GONZALÈS (Antoine), IV, 379, 465.
GORDES (M. de), I, 184.
GOUAT ou GOUHAS (M. de), II, 423. — V, 72, 152, 154, 156.
GOUFFIER Artus de), duc de Rouannois, III, 72 à 229. — IV, 409, 410.
GOUFFIER (Guillaume de), amiral de Bonnivet, III, 84.
GOULAINES (Comte de), IV, 378, 464.
GOULAS, secrétaire du duc d'Orléans, II, 129, 133, 146, 351. — III, 256. — IV, 137. — VIII, 239.
GOURAND, I, 391.
GOURGUES (Président de), III, 357. — IV, 337. — V, 5, 17, 18. — VIII, 116.
GOURVILLE, *Introduction*, 9. — I, 302, 304, 305. — II, 72 à 74, 109, 135, 137, 138, 241, 250. — VI, 58. — VII, 102, 316 à 338. — VIII, 23 à 29, 40, 45, 49 à 57, 62 à 64, 133.
GRAMONT (Abbé de), I, 71.
GRAMONT (de), comte de Toulongeon, III, 460. — VI, 152. — VII, 128, 220.
GRAMONT (Maréchal duc de), *Introduction*, 19. — I, 28, 269, 274, 398. — VII, 152 à 155, 220.
GRAMONT (Régiment de), I, 427. — II, 428. — IV, 370. — VII, 214.
GRAMONT (Suzanne-Charlotte de). *Voy.* Saint-Chaumont (Marquise de).
GRANCEY (Régiment de), IV, 10, 242, 267. — V, 139.
GRANDCHAMP, III, 116. — IV, 44.
GRAND, VII, 463.
Grand-Conseil, I, 170, 182, 124, 132. — VIII, 40.
GRANDE-BRETAGNE. *Voy.* Angleterre.
GRAND MAITRE (Régiment du), II, 372. — V, 157. — VII, 262.
GRANDPRÉ (Comte de), II, 97, 160. — IV, 126, 187. — VIII, 97.
GRAND-PRIEUR (Le), I, 23, 26.
GRANDS-AUGUSTINS (Couvent des), VIII, 203.
GRAND-SEIGNE, Seigneur de Marsillac, II, 335.
GRANGE (M. de la), II, 428.
GRAVES (Pays de), VI, 370. — VII, 266.
GRAVES (Porte de), I, 417.
GRAYMONT (M. de), diplomate, V, 420.
GRÈCE (La), VI, 282.
GREENWICH (Ville de), VI, 242.
GRÉGOIRE VIII, pape, IV, 215.
GRÉGOIRE XI, pape, I, 40 à 42, 64.
GRENADE (Ville de), III, 216,

475. — V, 109. — VI, 367, 368.
GRENIER, avocat, IV, 320. — VII, 317.
GRENOBLE (Ville de), II, 127.
GRÈVE (Place de), II, 263, 264, 265, 271.
GRIAIN (de), III, 116.
GRIFFOLET (M. du), VI, 303, 305.
GRIGNAN (Marie d'Adhémar de Monteil de), III, 76.
GRIGNAN (Comte de), *Introduction*, 16. — I, 110, 130, 161. — IV, 247.
GRIGNOLS (Château de), III, 286, 295, 355, 483, 485.
GRIGNOLS (Comte de), III, 290.
GRIGNON, jurat, VII, 4, 5.
GRIMARD (M. de), IV, 284.
GRISIGNAC (de), III, 487.
GRONINGUE (Province de), V, 220.
GROSBOIS (Camp de), V, 4.
GROSSOLLES-FLAMARINS (M. de), V, 99, 351.
GROUSSOLAS, V, 177.
GUALTICHASSE, marchand, V, 34.
GUÉ (M. du), III, 115, 116.
GUÉBRIANT (Jean-Baptiste de Bude, maréchal de), I, 132. — III, 196, 197, 199.
GUÉBRIANT (La Maréchale de), III, 196, 198, 200 à 223; 377.
GUÉDY (M.), II, 428.
GUELDRES (Duc de). *Voy.* Egmont.
GUELDRES (Duché de), IV, 176.
GUELDRES (Province de), V, 219.

GUÉRIN, conseiller, I, 185.
GUÉRIN (M$^{lle}$), IV, 129.
GUESLIN, conseiller, I, 177.
GUET (Le chevalier du), V, 56.
GUETTE (M. de la), III, 189. — V, 348. — VI, 358. — VII, 89. — VIII, 9, 10, 66.
GUETTE (M$^{me}$ de la), VI, 358, 375. — VII, 89, 319, 320.
GUICHE (Comte de), VII, 154.
GUICHE (Henriette de la), IV, 60.
GUIERCHE (Ville de la), III, 89.
GUIGNAUT (M. de), IV, 467.
GUILLAUME II, prince d'Orange, I, 73. — V, 219, 220. — VI, 4. — VIII, 259.
GUILLAUME III, roi d'Angleterre, V, 220.
GUILLAUME IX, duc d'Aquitaine, III, 141.
GUILDROPHE, amateur de curiosités, VI, 255.
GUILLERAGUES (M. de), VI, 53. — VII, 183, 186. — VIII, 26.
GUIMARAES, envoyé portugais, V, 222.
GUIMARD (M. de), V, 15.
GUISE, bourg, III, 493. — IV, 303.
GUISE (Chevalier de), VI, 134. — VIII, 96.
GUISE (Duc de), I, 101. — II, 238. — III, 150, 324, 333. — IV, 144, 303 à 452. — V, 14, 19, 28 à 36, 44, 47, 49, 51, 344. — VI, 343.

GUISE (Duchesse de), II. 49. — IV, 450, 451.
GUISE (Duchesse douairière de), IV, 450.
GUITAUT (Comte de), I, 88, 193, 195, 222, 339. — II, 72, 75, 85, 241, 250. — IV, 382. — V, 42, 99, 166, 376. — VII, 315, 336.
GUITAUT (Régiment de), VI, 26, 28, 30,
GUITRE, bourg, V, 123.
GUIZOT (*Histoire de la république d'Angleterre*, par M.), VII, 334. — VIII, 222,
GUNIRAUT, tribun de l'Ormée, VI, 160.
GURON DE RECHIGNEVOISIN (Abbé de), évêque de Tulle, II, 65. — III, 226, 230. — IV, 414 à 416. — V, 357. — VI, 40, 152, 160. — VII, 121 à 127, 146, 149 à 152, 182, 189, 190, 203, 210, 239, 240, 260, 263. — VIII, 9, 10, 15, 66, 67, 79, 80, 82, 122, 124, 135, 141, 161, 176, 248, 250.
GUSTAVE-ADOLPHE, roi de Suède, II, 78, 79. — III, 196.
GUYENNE (La), *Introduction*, 14. — I, 23, 70, 216, 225, 258, 263, 273, 277, 291, 296, 299, 305 à 356, 388, 393, 398, 407, 435 à 439. — II, 2, 66, 69, 84, 87, 136, 357 à 369, 413, 414. — III, 129, 141 à 152, 181 à 185, 192, 202, 207, 208, 214, 220, 224, 226, 232, 239, 250, 255, 256, 274, 281, 298, 300, 313, 332, 378, 380, 381, 385, 395 à 422, 431, 447, 451, 463, 467. — IV, 2, 7, 12, 36, 208, 231, 274, 298 à 315, 361, 365, 394, 400 à 408, 416, 421, 447, 448. — V, 16, 20, 24, 51, 59, 60, 66, 67, 78, 83 à 163, 178, 184, 185, 253, 310, 311, 320, 332, 341, 342, 347 à 356, 360 à 365, 371, 381 à 387. — VI, 3 à 6, 44, 58, 63, 65 à 74, 78, 85, 95, 100, 108, 112, 120, 138, 145, 146, 152. 153, 216, 228, 233, 237, 353, 366 à 370, 388, 404, 432. — VII, 2 à 26, 31, 40, 52, à 60, 69, 81, 93, 97, 108, 116, 137, 140, 151, 168, 173, 175, 206, 211, 238, 243, 244, 254, 260, 261 à 265, 292 à 321. — VIII, 9, 51, 57, 85, 86, 92, 118, 140, 148, 152 à 157, 164, 172, 184 à 187, 193, 206, 218, 219, 228, 232, 241, 278, 284, 297, 300, 305.
GUYENNE (Armée de), III, 261, 263, 413. — IV, 396, 422. — V, 63, 64, 70, 84, 108, 147, 149. — VII, 262.
GUYENNE (Escadre de), IV, 376.
GUYENNE (Parlement de). *Voy.* Bordeaux (Parlement de).
GUYENNE (Régiment de), II, 428.
GUY IV, vicomte de Limoges, IV, 215.
GUY JOLY, *Introduction*, 9. — II, 271. — VIII, 212.
GUYONNET, conseiller, III, 159,

160, 358, 456, 461, 464 à 470. — IV, 288. — VI, 19, 25, 26.
GUYONNET, Intendant, I, 392. — VIII, 300.
GUY PATIN, II, 148.

HA (Château du), I, 419. — III, 140, 148, 161, 163, 491. — IV, 392, — V, 3, 4, 20. — VI, 57, 186. — VIII, 114, 165.
HABIER (Catherine), IV, 84.
HABSBOURG (Maison de), V, 215.
HAINAUT (Province de), VII, 255.
HAM (Ville de), II, 306.
HAMBOURG (Ville de), V, 43. — VI, 211, 436, 438.
HAMPTON-COURT (Palais de), VI, 241.
HARCOURT (Henri de Lorraine, comte d'), général en chef de l'armée royale. *Introduction*, 17. — I, 326 à 328, 335 à 366, 372 à 398, 411 à 417, 439, 472. — II, 3, 65, 66, 72, 86, 87, 104, 363, 369 à 384, 413 à 435. — III, 126, 129, 139, 168, 192 à 196, 202, 203 à 300, 311, 323, 324, 336, 341, 356, 370 à 423, 465 à 476, 490. — IV, 171, 250, 274, 293, 315, 331, 365, 392, 400, 405, 409, 419, 455, 458. — V, 60 à 72, 84; 112, 148, 149, 165, 239, 411. — VI, 78, 334. — VII, 26, 27, 372. — VIII, 165, 206, 216, 226, 300, 305.

HARCOURT (François de Lorraine, prince d'), III, 205.
HARCOURT (Gendarmes d'), III, 288.
HARCOURT (Maison d'), III, 92.
HARCOURT (Régiment d'), II, 371, 379, 416, 418, 426, 428. — III, 283, 284. — V, 76, 156. — VI, 349. — VII, 214.
HARDOUIN, évêque de Rodez, I, 391.
HARLAY (de), premier - président du Parlement de Paris, II, 123.
HARLAY (François de), archevêque de Rouen, II, 41.
HARO (Don Louis de), III, 324. — IV. 278 à 280, 295, 300 à 303, 333, 431, à 441. — V, 21, 25, 57, 321, 334, 343 à 350, 361 à 365. — VI, 8, 74, 83, 98, 116 à 129, 136, 260, 379, 381, 390 à 395. — VII, 225, 228, 232, 237. — VIII, 101, 306.
HARRISSON (Colonel) VII, 38, 43.
HARS (du), II, 427,
HAULTFLEURAY (M. de), III, 116.
HAUTEBRUYÈRE, localité, II, 176.
HAUTEFEUILLE, fermier, IV, 81.
HAUTEFORT (Château d'), VI, 323.
HAUTEFORT (Marquis d'), VI, 333.
HAUTEFORT (M$^{lle}$ d'), I, 174. — II, 342.
HAVRE (Ville du), I, 208, 220, 227, 233. — II, 346. — III, 160, 459, 460.
HAY, conseiller, I, 28.

HAYE (Ville de la), III, 83. — IV, 391. — V, 220, 418. — VIII, 269.

HENRI II, roi de France, I, 36, 83, 84. — III, 108, 112. — IV, 220. — V, 209.

HENRI III, roi de France, I, 20, 35. — IV, 222. — V, 89, 95.

HENRI IV, roi de France, I, 2, 10 à 19, 23, 36, 49, 59, 73, 82 à 86, 99, 109, 127, 160, 174, 227. — II, 123, 203, 211, 317. — III, 213. — IV, 29, 32 à 35, 146. — V, 85, 86, 224, 294. — VI, 246, 322, 323. — VIII, 8, 194.

HENRI II DE LORRAINE. *Voy.* Guise (Duc de).

HENRI I*er*, roi d'Angleterre, III, 143.

HENRI II, roi d'Angleterre, III, 150. — IV, 215.

HENRI III, roi d'Angleterre, III, 142, 145.

HENRI V, roi d'Angleterre, VI, 233.

HENRI VI, roi d'Angleterre, VI, 233.

HENRIETTE D'ANGLETERRE, *Introduction*, 2, 15, 17. — I, 8. — V, 234.

HENRIETTE-MARIE DE FRANCE, reine d'Angleterre, V, 295, 418, 422, 426, 428.

HÉRAULT (Jean-Thomas), curé de Saint-Bonnet-le-Désert, IV, 37.

HÉRICOURT (d'), lieutenant des gardes, II, 284, 286, 398.

HERMANVILLE-SUR-MER, I, 140.

HERVAULT (Marquis d'), VII, 334.

HESDIN (Ville d'), II, 208.

HESSE (Princesse de), II, 291.

HIERS, localité, V, 120.

HILLIÈRES (Abbé de la), VI, 45, 46.

HILLIÈRE (M. de la), IV, 6.

HOCQUINCOURT (Charles de Mouchy, maréchal d'), I, 29, 268, 332 à 335, 422, 423. — II, 70, 82 à 89, 96 à 107, 131, 132, 165, 166, 391, 392. — IV, 168. — VI, 134. — VII, 212.

HOLLACK (Comte de), II, 68, 275, 294. — IV, 17.

HOLLACK (Régiment de), IV, 18.

HOLBEIN (Dessins de), VI, 288.

HOLLANDAIS (les), III, 333. — IV, 322, 396. — V, 221, 242, 299, 301. — VI, 4, 5, 8, 10, 39, 200, 208, 211, 216, 228, 229, 251, 432, 441. — VII, 23, 308. — VIII, 183, 219, 262, 268, 272.

HOLLANDE (La), *Introduction*, 15. — I, 373. — II, 193. — III, 180, 182, 476. — IV, 86, 316, 371, 390, 397. — V, 219, 234, 299, 353, 375, 377. — VI, 2, 3, 16, 38, 106, 198, 216, 226, 228, 335, 429. — VII, 8, 41, 44, 66, 304. — VIII, 59, 155, 183, 258, 265, 269, 272, 273, 278.

HOLLANDE (Ambassadeur de), III, 476. — VIII, 271.

HONFLEUR (Ville de), VI, 257.

HONGRIE, II, 8.

HÔPITAL (François Gallucio de

l'), maréchal de France, gouverneur de Paris, *Introduction*, 17. — II, 111, 112, 114, 141, 143, 175, 184, 185, 186, 231, 232, 246, 262, 265, 271, 272. — IV, 30, 126, 139, 140, 143, 144.

HÔPITAL (Michel Hureau, chancelier de l'), III, 26.

HÔPITAL (Jeanne Hureau de l'). *Voy.* Choisy (Mᵐᵉ de).

HÔPITAL (Louise de l'), II, 238.

HOSTAIN ou HOSTEIN (Président), V, 46. — VIII, 117.

HÔTEL (Vicomte d'), VI, 22.

HÔTEL-DIEU DE PARIS, II, 270.

HOTMAN DE VILLIERS, II, 40.

HOUDAN (Ville de), II, 44.

HOWARD (Henri), comte d'Arundel, VI, 283.

HOWARD (Thomas), comte d'Arundel, VI, 282.

HUGUES CAPET, I, 10, 16, 166, 167. — III, 7. — VIII, 220.

HUMIÈRES (Marquis d'), II, 275.

HUREPOIX (Pays de), IV, 233.

HUXELLES (Marquis d'), I, 146.

IGBY (Régiment d'). *Voy.* Digby.

IGOVILLE (Chevalier d'), III, 273, 274, 275, 277, 280.

ILE-DE-FRANCE, III, 59. — IV, 42. — VII, 256. — VIII, 203, 206.

ILE-JOURDAIN (L'), I, 324.

INDES (Les), V, 198, 329, 344. — VII, 225, 302.

INEUIL, village, IV, 42.

INNOCENT VI, pape, I, 40.

INNOCENT X, pape, II, 31, 32, 33, 34. — IV, 427.

INQUISITION, VII, 215. — VIII, 408.

*Instruction à la loi Mazarine*, II, 387.

*Instruction aux ambassadeurs bordelais envoyés en Angleterre*, VII, 346.

*Inventaire des merveilles du monde rencontrées au palais du cardinal Mazarin*, VI, 430.

IRLANDAIS, IV, 325, 387, 392. — V, 251, 252, 341. — VI, 7, 64, 87, 88, 94, 100, 131, 152, 223, 235, 353, 361, 388, 396, 424, 432. — VII, 15, 25, 77, 83, 100, 114, 155, 161, 162, 163, 224, 264, 267, 274, 276, 277, 280, 307. — VIII, 113, 184, 262, 276, 279, 281, 305.

IRLANDE, IV, 397. — V, 218, 297. — VI, 235, 424. — VII, 64.

IRLANDE (Evêque d'), VI, 223.

IRUN (Ville d'), I, 89.

ISLE, rivière, I, 386. — III, 267, 269, 271, 282, 285, 467, 468, 482, 483. — V, 73, 168. — VI, 348. — VII, 100.

ISLE-ROUET (Marquis de l'), III, 66, 67, 70.

ISSOUDUN (Ville d'), I, 292. — IV, 87.

ITALIE (Armée d'), IV, 9. — VI, 121.

ITALIE, I, 74, 102, 327. — III,

478. — IV, 10, 56, 58, 60, 151, 202, 207. — V, 195, 196, 197, 198, 200, 201, 209, 215, 227. — VI, 246, 248, 283, 289, 293. — VII, 138, 302. — VIII, 203.

ITHIER ou ITIER, bourgeois, VI, 177, 180.

ITHIER ou ITIER (Père), VI, 13, 15, 16, 109, 110, 153, 167, 168, 169, 176, 178, 179, 180, 181, 182, 183, 184, 364, 399, 407. — VII, 72, 73, 74, 76, 77, 78, 79. — VIII, 21, 56, 68, 157, 158, 168, 176, 177, 249, 307.

JABACH (Eberhard), banquier, VI, 243, 244.

JACOBINS, religieux, IV, 145. — VI, 16, 172.

JACQUES Ier, roi d'Angleterre, V, 221.

JACQUES II, roi d'Angleterre, V, 421.

JACQUIER, fournisseur de l'armée, II, 180.

JAMAN (Michel), VI, 267.

JAMET, ormiste, III, 163, 345.

JAMETZ (Château de), I, 292. — II, 197. — VI, 106, 108.

JAMIN, IV, 463.

JAN (Conseiller), VI, 161.

JANSON (Compagnie de), IV, 62.

JARGEAU (Ville de), II, 77, 79, 80, 104.

JARNAC (Combat de), I, 83.

JARNAC (M. de), officier général, III, 256.

JARNAC (Régiment de), V, 79.

JARRY, I, 135, 138.

JARRY (M. de la), IV, 409, 410.

JARSAY ou JARZÉ (Marquis de), I, 220. — II, 241, 245. — III, 185 à 187. — IV, 46, 275, 313, 336. — VI, 149. — VII, 336.

Il appartenait à une maison d'Anjou. Par une erreur que nous rectifions, nous l'avions confondu avec le marquis de Sarsay, personnage différent ; aussi, excepté I, 457, partout où il a été imprimé Sarsay, lisez Jarsay.

JAUNAYE (M. de la), II, 310.

JAUNIE (M. de la), III, 468, 469.

JEAN-CASIMIR, roi de Pologne, I, 100.

JEAN II, le Bon, III, 142. — IV, 426.

JEAN-SANS-TERRE, III, 142.

JEANNE, reine de Sicile, I, 64.

JEANNE D'ARC, I, 9. — V, 245. — VII, 296.

JEANNIN (Charlotte), I, 14.

JÉRICHO (Ville de), II, 84.

JÉRUSALEM (Ville de), I, 66. — III, 76.

JÉSUITES (Collège des), I, 92, 310.

JÉSUITES (Couvent des), V, 367, 373.

JÉSUITES (Ordre des), I, 93, 389. — VI, 159, 164, 172, 420.

JÉSUITES (Noviciat des), II, 198.

TABLE GÉNÉRALE DES NOMS ET DES MATIÈRES. 377

Joigny (Ville de), II, 83.
Joinville (Prince de), I, 101.
Joinville (Ville de), IV, 303.
Joly, syndic, I, 222. — IV, 202. — V, 10. — VI, 102, 106.
Jongstad, VIII, 277.
Jonquière (La), ville, VII, 212.
Jonzac (Léon de Sainte-Maure, comte de), I, 337. — V, 34, 118, 124.
Jonzac (Régiment de), III, 87, 229. — IV, 370. — VI, 7, 349.
Jocelarin, VII, 207.
Joyeuse (Duc de), I, 20.
Juan d'Autriche (Don), III, 478. — IV, 438, 440. — V, 115, 222.
Juine (La), rivière, II, 203, 204.
Julie (*Guirlande de*). Voy. Montausier (Marquise de).
Juliers (Duché de), I, 86.
Juillac (Château et bourg de), VI, 311, 312, 313, 319, 323, 349.
Jurade et Jurats de Bordeaux, IV, 309, 320, 321, 329, 335 à 337, 343, 344. — V, 2, 38, 325. — VI, 53 à 56, 143, 155 à 159. — VII, 115, 117. — VIII, 20, 80, 125, 157, 160 à 164.
Justel (M. de), V, 29, 32.

Kinsale (Port de), VI, 445.

La Badie, ou La Serre Coibot, VI, 195. — VII, 23.

Labastide, faubourg, VI, 26.
Labat, VI, 38, 40.
Labatut (Régiment de), VI, 26, 30.
Laborie, chef de partisans, III, 269, 483, 487. — V, 78.
Lac (Abbaye du), III, 250.
La Caute (M. de), III, 116.
La Cave, VI, 40.
La Cheppe, village, IV, 180, 184.
La Ciotat (Rade de), IV, 63.
La Coste (M. de), IV, 262.
Lacroix (M. de), III, 487.
La Ferrière (Le chevalier de), IV, 62.
Lafitte, marchand, III, 308.
La Garde, bourg, IV, 62.
Lage (M. de), IV, 45.
Lagny (Ville de), II, 195, 199, 218, 254, 310, 311, 314, 394, 395. — III, 419, 420. — IV, 12, 19.
Lainé, conseiller, I, 191. — V, 10.
Lalane (Président), VII, 269.
La Leu, localité, VI, 9.
L'Allemand (Conseiller), II, 324.
La Louvière, gouverneur de la Bastille, I, 24. — II, 248. — IV, 148, 152. — VIII, 239.
La Madeleine, gouverneur de Castel-Jaloux, V, 158.
La Marre (M. de), VI, 175.
Lambourg, III, 415.
Lamont (M. de), I, 31.
Lamoral. Voy. Egmont.

Landé, V, 323, 324.
Landé (Le père), VI, 398, 400, 410.
Landes (Les), III, 464. — VI, 33, 367.
Lancri-de-Bain (M<sup>lle</sup> de), I, 99.
Langalerie (Philippe-le-Gentil de la Jonchat de) mestre de camp, II, 371, 416, 417, 419. — VI, 351.
Langey (Marquis de), III, 394, 394.
Langlade, baron de Saumières, I, 75, 77. — II, 329, 330, 403.
Languedoc (Province de), I, 59, 180, 407. — III, 232, 479. — IV, 151. — V, 104. — VI, 79, 85. — VIII, 136, 312.
Languedoc (Régiment de), II, 27, 293.
Langon (Ville de), II, 374, 375. — III, 333, 475. — IV, 310, 320. — V, 146. — VI, 64, 365, 371, 384, 398, 400. — VII, 28, 95. — VIII, 227, 303.
Lanqueis, localité, III, 459.
Lanques (Charles de Choiseuil, baron de), II, 229, 294.
Laon (Ville de), IV, 169, 183.
La Palisse, localité, VI, 9.
Laperelle, V, 9.
Laperrière (M. de), VII, 5.
Laporte (M. de), III, 487. — VI, 31.
Lapparée, III, 469.
Larboust (M. de), VI, 409.
Larche (Ville de), VI, 349.
Larcher (Président), II, 277.

Larchevault, jurat, III, 339, 346.
Lardimarie (M. de), V, 78.
Laruyne, VIII, 169.
Las (M. de), VII, 278, 282, 283. — VIII, 80.
Lasborie (de). *Voy.* Laborie.
Laschaise (de), V, 380.
La Sulaye, IV, 44.
Lasteyrie du Saillant (De), VI, 312.
Lastours (Château de), VI, 300, 301, 302.
Lastours (Jeanne de), IV, 225.
Lastours (Marguerite de), I, 69.
Lastours (Maison de), VI, 308, 311.
Latour, officier, VI, 141, 187.
La Trois Marron, V, 316.
Laugnac (de), I, 407.
Launay (Jean de), I, 49.
Launay (M. de), capitaine de vaisseau, V, 378, 464.
Lauresse (Marquis de), IV, 132.
Laurière (de Pompadour, marquis de), maréchal de camp, I, 425, 427. — III, 487.
Lausanne (Ville de), V, 202.
Lauserte ou Lauzerte (Ville de), I, 393. — IV, 331. — VIII, 300.
Lauvergniac, bourgeois de Bordeaux, VIII, 18, 106, 122, 161.
Lauzun (Duc de), II, 50. — IV, 157. — VI, 143.
Laval (Guy de), I, 316.
Lavaur (Concile de), I, 40.

LAVAUX, IV, 346.
LAVERGNE (M<sup>lle</sup>), V, 91.
LAVIE, avocat général, III, 452.
LÉANS (Guy de), sieur de Zéreaux, IV, 39.
LEBÈGUE (Julien), I, 50.
LEBLANC DE MAUVESAIN (M.), V, 324, 326, 355.
LE BOULANGER, II, 266.
LE BRETON, VII, 83, 133.
LEBRUN, peintre, VI, 247.
LE COMTE (Conseiller), I, 177.
LE CAMUS DE JAMBEVILLE (Anne), IV, 237.
LE CLERC DE LESSEVILLE (Marie), IV, 237.
LECTOURE (Ville de), I, 401, 402, 404, 405, 406, 408.
LE DUC, III, 471. — VIII, 81.
LE FÉBURE DE LA BARRE (Conseiller), II, 324.
LE FÈVRE (Conseiller), II, 266, 271, 324.
LEFÈVRE (Pierre), VI, 247.
LE FEBVRE, prévôt des marchands, II, 111, 118, 246.
LÉGÉ ou LEGER, V, 345, VI, 17.
LÉGER DE LA BRANGELIE (M. de), IV, 340, 344.
LEGRAND, II, 189.
LE GRAS, maître des requêtes, II, 266.
LE JEUNE (Père), I, 96.
LE LARGE, IV, 44.
LENET (Pierre), chef du conseil du prince de Condé, I, 225, 229, 254, 256, 272, 277, 292, 295, 319, 321 à 323, 396, 397, 413, 435 à 438. — II, 294, 359 à 361, 396, 403. — III, 162, 181, 185, 187, 281, 294, 301, 304 à 309, 311, 316 à 319, 327, 331, 344, 365 à 368, 387, 429, 430, 445 à 447. — IV, 3, 6, 7, 99, 274, 281, 282, 296 à 298, 304, 308, 313 à 315, 324, 325 à 340, 342 à 344, 347, 354 à 363, 380, 383, 384, 392, 421, 433 à 439, 441, 445. — V, 2 à 30, 40 à 42, 52, 60, 65, 92, 97, 146, 169, 174, 179, 182, 185, 189 à 191, 250 à 255, 319, 320, 332 à 338, 343 à 354, 361, 363, 366, 370 à 375, 380 à 383. — VI, 2, 3, 6, 9, 12 à 26, 33, 52, 57, 59, 71, 73, 83, 87, 90 à 92, 117, 119, 123 à 127, 131, 134 à 136, 140 à 150, 146 à 169, 180, 183, 187, 192, 193, 346, 361, 375 à 378, 381, 389, 390 à 399, 403 à 413. — VII, 4, 5, 27, 31, 73, 74, 78, 81, 87 à 90, 98, 99, 113, 116 à 118, 128 à 132, 137 à 144, 157, 163, 164, 170 à 176, 197, 199, 200, 201, 219, 226 à 228, 247 à 249, 252, 253, 263 à 265, 273, 284 à 287, 292, 295, 314, 318, 320 à 332. — VIII, 4, 9, 12, 25, 29, 39, 43, 49, 50, 55, 58, 62, 63, 66, 80, 85, 91, 93, 94 à 99, 102, 108, 113, 123, 143, 152, 164, 212, 305.
LE NOIR, de la Cour des Aides, II, 277.
LENOIR, marchand, V, 383.

LENONCOURT (Antoine de), marquis de Plainville, II, 284.
LENONCOURT (M`<sup>lle</sup>` de), I, 99.
LENS (Bataille de), V, 151.
LENS (Ville de), I, 106, 145, 189, 190, 201, 205, 293. — II, 109.
LENTILLAC (M. de), IV, 262.
LÉON X, pape, VI, 248.
LÉOPOLD D'AUTRICHE (Archiduc), gouverneur de Flandre, I, 215, 224. — II, 53. — IV, 393. — VI, 243, 262, 264. — VII, 91, 92.
LÉRÉ, VII, 404.
LEREÜLLET, II, 365.
LE ROUX, VI, 177.
LESCARLATTE, capitaine, III, 486.
LESDIGUIÈRES (Duc de), IV, 256.
LESDIGUIÈRES (Duchesse de), V, 381.
LESDIGUIÈRES (François de Bonne et de Créqui, duc de), II, 125, 127, 304. — III, 92.
LESGAT (Daniel), ingénieur allemand, I, 309.
LESPARRE (Ville de), VIII, 143.
LESPION, capitaine, V, 38.
LESVILLE, VI, 175.
LE TELLIER (L'abbé Charles-Maurice), IV, 171.
LE TELLIER, intendant, IV, 43, 45, 46, 47, 93.
LE TELLIER, ministre, *Introduction*, 17. — I, 258, 268, 276, 360, 368, 370, 402, 404, 430, 433, 434. — II, 79, 80, 81, 102, 125, 130, 156, 162, 167, 173, 185, 187, 204, 231, 255, 305, 308, 334, 336, 342, 349, 366, 367, 380, 383. — III, 61, 64, 72, 78, 83, 85, 88, 131, 134, 184, 196, 200, 218, 236, 241, 246, 251, 273, 276, 279, 296, 372, 383, 391, 395, 400, 404, 413, 417, 419, 420, 475, 481, 494. — IV, 3, 9, 11, 13, 14, 43 à 54, 67, 69, 71, 77, 82, 86, 90, 93, 96, 151, 155, 158, 165, 171, 180, 190, 193, 203, 245, 249, 263, 267, 268, 270, 407, 414. — V, 71, 105, 125, 133, 142, 150, 153, 158, 160. — VI, 154, 306, 330.
LÉVIS (Louis de), baron de la Voûte, IV, 235.
LÉVIS (Marquis de), I, 277, 281. — IV, 45, 46, 86, 90.
LÉVIS-VENTADOUR (Anne de), archevêque de Bourges, gouverneur du Limousin, IV, 234 à 272.
LÉVIS-VENTADOUR (François-Christophe de), comte de Brion, duc de Damville, I, 17. — II, 12, 72 à 74. — III, 92. — IV, 234 à 238. — VI, 330.
LÉVY ou LÉVIS (de), comte de Chalus, I, 381, 382.
LEYRAN (M. de), VI, 30, 32.
LEYRAN (Régiment de), V, 166. — VI, 26, 30.
LIANCOURT (M. et M`<sup>me</sup>` de), I, 156.
LIBAULT, IV, 316.
LIBOURNE (Ville de), I, 393, 396, 398, 436. — II, 381. — III, 143, 152, 455, 470, 475. — IV, 300, 310, 331, 334. — V, 42, 123, 139, 168, 177, 180.

— VI, 63, 383, 419. — VII, 103, 159, 163, 269, 273, 286, 287, 288, 320. — VIII, 2, 3, 4, 7, 9, 106, 117, 118, 206, 245, 250, 300.

LIBOURNE (Présidial de), VIII, 103.

LIÈGE (Chapitre de), IV, 119, 124.

LIÈGE (Église de), IV, 122.

LIÈGE (Évêques de), I, 66.

LIÈGE (Ville de) IV, 119, 120, 123, 125, 193, 197. — VIII, 59, 68, 103, 112.

LIÉGEOIS (Les), II, 30. — V, 201.

LIESSE, localité, VII, 339.

LIGNE (Prince de), IV, 16, 159, 161, 162.

LIGNERAC (Pierre-Robert de), I, 59, 69.

LIGNEVILLE (Comte de), II, 173, 174, 191. — VII, 337.

LIGNIÈRES (Bourg de), IV, 42.

LIGNIÈRES (Compagnie de), IV, 62.

LIGNIÈRES (M. de), II, 305. — VI, 261

LIGNY (Bourg de), IV, 198.

LIGUE (La), II, 277. — IV, 421. — V, 168. — VII, 193, 194.

LILLEAU, IV, 388.

LILLEBURNE (Colonel), VII, 65 à 67. — VIII, 275, 278.

LIMEUIL (Château de), I, 75.

LIMOGES (Vicomte de), IV, 220.

LIMOGES (Vicomté de), I, 59, 60, 62.

LIMOGES (Ville de), I, 35, 350, 370. — II, 364. — III, 170, 171, 173. — IV, 213, 215, 216, 220, 223, 240, 241, 248, 250, 258, 261 à 364.

LIMOURS (Bourg de), IV, 149, 151, 152.

LIMOUSIN, *Introduction*, 14. — I, 3, 7, 43, 59 à 77, 224 à 277. — III, 142, 401. — IV, 28, 210 à 276, 400 à 406. — VI, 65, 300 à 330, 349, 354, 367. — VIII, 206.

LIMOUSIN (Noblesse du), I, 225 et suiv. — IV, 242. — VI, 311 et suiv.

LINAULIGERS (de), II, 428.

LINDE (La), bourg, V, 80.

LIS (La), rivière, IV, 159.

LISBONNE (Ville de), IV, 316, 372. — VI, 354.

LISLE-EN-JOURDAIN (Ville de), VIII, 299.

LISLE-ROYEL (M. de), III, 125.

LISLEBONNE (Comte de). *Voy.* Lorraine (François-Marie de).

LISLEBONNE (Régiment de), III, 227, — IV, 419. — V, 79.

LISONNE (La), rivière, III, 266, 481.

Liste des bannis, V, 402.

Liste des colonels de Paris, I, 452.

Liste du Parlement de Paris, I, 441.

Liste des régiments de l'armée de M. le prince, V, 437.

LISTRAC (M. de), VI, 161.

LISSAC (M. de), IV, 335 à 338. — VI, 353.

LITS DE JUSTICE, I, 171 à 180. — IV, 188.

LITTERIE OU LITTERY (Jean de), VI, 170. — VIII, 63.
LIVRAC, bourg, III, 483.
LOCHAS (Gaillarde de), I, 67.
LOMÉNIE DE BRIENNE. *Voy.* Brienne.
LOIRE (La), fleuve, I, 277. 375, 382, 386, 423, 437, — II, 56, 61, 64, 67, 68, 70, 74, 79, 81, 82, 88, 157. — IV, 86, 90, 91. — VIII, 298.
LOISEL, conseiller, I, 191.
LONDAT (M. de), V, 348.
LONDE (François de Bigars, marquis de la), II, 207.
LONDRES (Bourse de), VII, 11.
LONDRES (Maire de), VII, 38, 44.
LONDRES (Ville de), III, 149. 153. — IV, 396, 397. — V, 22, 221 à 236, 253, 297, 301, 331. — VI, 193, 197, 200, 203, 212, 222, 223, 227, 243, 249, 250 à 266, 271, 280, 282, 289, 429, 431, 437, 446. — VII, 3, 4, 10, 13, 17 à 27, 35 à 37, 41, 43, 51, 54 à 61, 67, 115, 150, 246, 295, 298, 306, 358, 361, 365, 368, 381, 429, 436, 445, 447, 450, 454. — VIII, 183, 210, 219, 2 2, 261, 263, 266, 271, 276, 280.
LONCHAMPS (M. de), agent du prince de Condé, V, 40, 57. — VI, 73, 88, 90, 91, 123, 128, 131, 134, 362, 377, 379. — VII, 224, 225. — VIII, 99, 101.
LONGUEUIL (Président de), II, 277.

LONGJUMEAU, bourg, II, 173.
LONGUEVILLE (Duc de), I, 102, 208, 213, 219, 222, 235, 288, 397. — II, 300, 302, 337. — III, 425. — IV, 194.
LONGUEVILLE (Anne de Bourbon, duchesse de), *Introduction*, 3, 9. — I, 79, 80, 99, 100, 101, 108, 151 à 157, 207, 209, 213, 220, 221, 272, 276, 277, 285, 290, 297, 298, 306, 308, 323, 324. — II, 17, 22, 139, 289, 359, 361 à 363. — III, 177, 181 à 189, 305, 308, 309, 318, 322, 328, 330, 334 à 365, 426 à 490. — IV, 35, 44, 275, 293, 295 à 311, 312, 328, 345 à 349, 443. — V, 23, 24, 36, 37, 53, 147, 176, 179, 184, 324, 328, 352 à 383. — VI, 15, 18, 26, 44 à 92, 141, 164 à 169, 178, 181, 184, 363, 404, 405, 407, 412, 413. — VII, 72, 87, 93, 106, 136, 137, 144, 171, 176, 206, 220, 234, 237, 252, 268, 272, 323, 327. — VIII, 10, 25, 29, 43, 49 à 61, 103, 111, 123, 133 à 143, 298, 312.
LONNIÈRE (M. de la), III, 230, 231.
LORET (Muse historique de), IV, 237, 262. — V, 87, 91.
LORGE (Régiment de), I, 379.
LORMONT (Bourg de), IV, 362. — VI, 5, 37, 160, 175, 361, 366. — VII, 77, 100, 102, 155, 161 à 164, 190, 194, 195, 208, 236, 267, 273, 276,

288. — VIII, 15, 32, 35, 57, 69, 71 à 110, 124, 128, 139, 157, 248, 250, 253, 281, 311.
LORIÈRE (M. de). *Voy.* Laurière.
LORRAINE (Armée de), II, 30, 218, 307, 321. — IV, 20, 126, 182. — VIII, 96.
LORRAINE (Charles IV, duc de). II, 34, 44, 173, 177, 178, 182, 183, 184, 185, 187, 192, 193, 194, 195, 196, 197, 198, 199, 200, 210, 211, 212, 313, 214, 215, 216, 218, 235, 254, 293, 302, 307, 309, 312, 318, 319, 338, 403. — III, 332. — IV, 2, 4, 5, 6, 8, 10, 11, 12, 13, 14, 15, 16, 17, 19, 132, 134, 138, 158, 168 à 176, 179, 185, 194, 364. — V, 53, 201. — VI, 77, 134.
LORRAINE (Chevalier de), *Introduction*, 15.
LORRAINE (Duché de), II, 177, 184, 193, 197. — IV, 165, 181, 303. — V, 208. — VI, 134.
LORRAINE (François-Marie de), comte de Lislebonne, Lieutenant général, *Introduction*, 17. — II, 363, 378, 379, 426, 427, 428. — III, 256, 378. — IV, 400. — V, 56, 63, 64, 71, 77, 78, 82, 84, 411. — VII, 337.
LORRAINE (Maison de), I, 210, 275, 327. — II, 198, 290, 291, 396. — III, 194. — IV, 439.
LORRAINE (Marguerite de), I, 234. — II, 194.

LORRAINE (Régiment de), I, 275, 399, 401, 402, 405, 407, 408, 411. — II, 314. — V, 76, 111, 114. — VI, 339, 349. — VII, 262, 275, 276. — VIII, 283, 302.
LORRAINE (Renée-Françoise de), abbesse de Montmartre, IV, 442.
LORRIS, localité, II, 76.
LOSSENDIÈRES (M$^{lles}$ de), II, 364.
LOSTANGES SAINTE-ALVÈRE (Marquis de). I, 231.
LOT (Le), rivière, II, 374. — III, 374, 386, 400, 403, 406, 407.
LOTHIN (Président), I, 185.
LOUAT (M. de), IV, 48.
LOUCHE (M. de), IV, 462, 464.
LOUDUN (Traité de), I, 87.
LOUDUN (Ville de), II, 364. — VI, 52.
LOUIS (M. de), III, 485.
LOUIS I$^{er}$, LE DÉBONNAIRE, I, 62. — V, 215.
LOUIS VII, le Jeune, III, 141.
LOUIS VIII, I, 34.
LOUIS IX (saint Louis), I, 46, 48, 169, 185 à 188, 202. — III, 142. — IV, 26.
LOUIS X, le Hutin, III, 19.
LOUIS XI, I, 48. — III, 148. — IV, 220, 243.
LOUIS XII, I, 19.
LOUIS XIII, I, 12, 14, 18 à 36, 49, 104, 160, 173, 175, 258, 288, 293, 308. — II, 47, 134, 194, 208, 342. — III, 130, 198. — IV, 33, 60, 172, 222,

232. — VI, 103, 246, 290. — VIII, 237.

Louis XIV, *Introduction*, 6 à 24. — I, 3, 8, 12, 49, 60, 66, 93, 130, 133, 160, 188, 262, 282, 294, 305. — II, 50, 123, 189, 190, 191, 227, 231, 261, 297, 313 à 381, 409, 421, 435. — III, 8, 85, 105, 106, 119 à 146, 165, 226, 233, 274, 277, 396, 426 à 493. — IV, 39, 72, 79, 80, 81, 122, 140 à 144, 150 à 158, 165 à 167, 177, 201 à 207, 245, 247, 250, 251, 261, 264, 265, 268, 272, 351, 418, 462. — V, 90 à 200, 208 à 253, 425, 429. — VI, 4, 38, 104 à 185, 218, 247, 292, 323, 398. — VII, 97, 115, 184, 303, 408. — VIII, 81 à 145, 180, 183, 220, 236 à 247.

Louis XV, I, 55, 61, 62.

Louis XVI, V, 282.

Louis XVIII, IV, 217.

Louis-le-Grand (Collège), I, 93.

Louvigny (Comte de), I, 28, 29.

Louvois (Marquis de), Ministre, I, 357. — IV, 47.

Louvre (Bibliothèque du), *Introduction*, 3.

Louvre (Galerie du), VI, 284, 285, 289, 298.

Louvre (Le), I, 88, 160, 221. — III, 42. — IV, 33, 140 à 164, 189, 204, 207, 232. —
V, 384. — VI, 137, 246, 290, 295.

Lozon (Dame), VI, 15.

Lubersac (Ville de), IV, 223.

Luc (Dom), II, 371, 415, 418. — III, 392.

Luçon (de), VI, 324.

Lude (Comte du), I, 16. — IV, 152.

Luini (Tableaux de), VI, 242.

Lunas (Baron de). *Voy.* Narbonne.

Lunel (Seigneurie de), IV, 28.

Lur ou Lure (M$^{lle}$ de), VIII, 309.

Lur (M$^{me}$ de), VI, 366, 398, 399, 400, 403.

Luret, VII, 164.

Lusignan (Marquis de), III, 158, 362, 363, 453, 454, 457. — IV, 310, 320. — V, 360. — VI, 71, 135, 137, 389. — VII, 116, 194, 228. — VIII, 66, 84, 89, 112, 162.

Lusignan (Régiment de), II, 427, 428.

Lusignan (Seigneurs de), III, 76, 325, 330, 338, 339, 340, 341, 346, 348, 350, 351, 352, 362.

Lusignan (Ville de), III, 72, 75.

Lussan (Comte de), II, 275. — IV, 331.

Lussan d'Aubeterre. *Voy.* Aubeterre.

Luxembourg (Duché de), I, 66. — IV, 197.

Luxembourg (Palais du), I, 271, 278. — II, 8, 36, 37, 45, 117,

# TABLE GÉNÉRALE DES NOMS ET DES MATIÈRES.

146, 147, 197, 198, 221, 226, 227, 243, 244, 261 à 271, 290, 292, 400 à 402. — IV, 17, 129, 135, 142, 450.
LUYNES (Duc de), I, 14, 17, 21, 88, 199, 209, 234. — VII, 85, 88.
LUZECH (M. de), II, 284, 286.
LYON (Ville de), II, 33, 75, 302. — III, 17. — IV, 48, 50, 68.
LYONNAIS (Régiment de), IV, 50, 55, 56.
LYONNE (Comte de), I, 252, 257, 258, 266 à 269, 276. — III, 458, 460.

MACHAULT (M. de), I, 28. — IV, 150. — V, 48.
MACHIAVEL, VI, 237.
MACON, fort, VII, 163.
MADALIE (M. de la), IV, 71.
MADRID (Ville de), I, 67, 295. — III, 445, 447, 458. — IV, 279, 295, 298, 430. — V, 27, 223, 340, 350, 363. — VI, 6, 71 à 390. — VII, 110, 210, 238, 249, 250, 286. — VIII, 162.
MADRILZ (Des), III, 376.
MAGEZOY (M<sup>lles</sup> de), II, 364.
MAGNAC-LAVAL, bourg, I, 324. — VIII, 299.
MAGNAY (du), III, 116.
MAGNY (Ville de), III, 59, 96, 97. — VIII, 96.
MAIGRE (Le), VIII, 172.
MAILLARD, savetier, I, 275.
MAILLÉ (Clémence de). Voy. Condé (Princesse de).

MAILLÉ-BRÉZÉ (Marquis de), I, 102, 147.
MAILLÉ (Duc de), I, 318, 319. — VII, 336, 337.
MAILLET, receveur, VI, 423.
MAILLETRYE (La), III, 116.
MAILLY (Comte de), III, 279, 324.
MAILLY (L'Esprit de la Fronde, par), VIII, 212.
MAINE (Régiment du), II, 83.
MAINTENON, bourg, III, 59, 97.
MAINTENON (Marquis de), Grand-Bailly, I, 248.
MAINTENON (Marquise de), I, 80.
MAINVILLE, VII, 100.
MAINVILLIERS. Voy. Piennes (Marquis de).
MAISON (Président de), II, 221.
MAISONNEUVE, VI, 352.
MAISONVILLE (M. de), III, 487.
MAISTRYE (La), III, 116.
MAITRE-GONTIER (Le père), I, 91.
MAJAC (M. de), VIII, 3, 4.
MALCONVILLE, III, 116.
MALEMORT (Château de), I, 66.
MALICORNE (M. de), IV, 449.
MALHERBE, I, 15, 128.
MALLET, VI, 161.
MALLEVILLE (M. de), I, 135. — III, 415, 416, 417.
MANCINI (Hortense), VI, 207.
MANCINI (Laure), I, 108, 332. — II, 336. — IV, 61. — V, 86.
MANCINI (Philippe), I, 267. — II, 237, 238. — VIII, 9.
MANCHE (La), IV, 398. — VI, 228. — VII, 59.

MANDAT (M. de), II, 267, 324.
MANCHÈRE (M. de), VI, 352.
MANICAMP-LONGUEVAL (de), I, 333. — VII, 257. — VIII, 95.
MANSARD, architecte, VI, 290.
MANTEGNA (Tableaux d'André), VI, 267, 285, 286.
MANTES (Ville de), II, 44. — III, 97. — IV, 129, 135.
MANTOUE (Collection du duc de), VI, 242, 243, 284.
MAON (M. de), II, 435.
MARAIS (M. des), IV, 92.
MARANS, localité, III, 356.
MARCA (Pierre de), évêque de Couzerans, I, 391.
MARCHE, colonel, III, 326. — VI, 398, 400, 410. — VII, 81, 83, 87. — VIII, 113.
MARCHE (Province de la), I, 324. — IV, 55. — VIII, 299.
MARCHE (Régiment de la), I, 407. — VI, 347. — VII, 102.
MARCHIN. *Voy.* Marsin.
MARCILLAC (La Rochefoucauld, prince de), I, 23, 71, 79, 208, 213, 221, 407. — II, 72, 74, 85. — V, 125, 130, 136. — VII, 336.
MARCILLY (M. de), IV, 80.
MARCK (la), I, 66, 73.
MARCOUSSE (Régiment de la), I, 66, 73, 346. — VI, 315, 336. — VII, 102. — VIII, 113.
MARCOUSSI (Château de), I, 224, 233, 327. — III, 456.
MARDICK (Siège de), I, 99.
MARÉ ou MAREY (Comte de), II, 95, 103.

MARENNES (Camp de), I, 352, 357. — II, 366. — III, 230, 231. — IV, 310, 331, 332, 373, 401 à 420. — V, 119, 122. —.VI, 12.
MARGERIE (M. de la), VII, 167.
MARGUERITE DE BOURGOGNE, vicomtesse de Limoges, IV, 215.
MARGUERITE DE FOIX, IV, 224.
MARIA (Dona), infante, V, 223.
MARIE, fille de Marguerite, vicomtesse de Limoges, IV, 215.
MARIGNY (Jacques Carpentier de), I, 212. — II, 41, 396, 401. — III, 474. — IV, 3, 6, 7, 345 à 347. — V, 23. — VI, 43.
MARIGNY (Comte de), VII, 167.
MARILLAC (Maréchal de), I, 13, 28, 250.
MARIN (de Sainte-Colombe), maréchal de camp, *Introduction*, 17. — I, 354, 405, 408, 411, 416, 433. — II, 366, 421, 423, 435. — III, 219, 260 à 262, 400 à 413, 470. V, 72, 73, 143, 156, 170. — VI, 353 à 372. — VII, 189, 190, 221, 222, 266. — VIII, 9.
MARINE (Régiment de la), II, 236, 238, 241, 308, 315.
MARMANDE (La), rivière, IV, 53, 54, 103, 104.
MARMANDE (Ville de), I, 414, 435, 436. — II, 374, 377, 380, 425, 429, 435. — III, 217 à 220, 238, 243, 249 282 476,

490. — IV, 332. — V, 55, 73 à 76, 113, 143, 159. — VI, 195. — VIII, 303.
MARNE (La), rivière, I, 271. — II, 177, 184, 185, 186, 195, 218, 228, 310, 312, 314, 316, 343, 395. — IV, 12, 138, 159, 179, 181, 190. — VII, 254.
MARSAN (Baron de), VI, 29, 30.
MARSAN, pays, VI, 64.
MARSAND-FLEURY (M. de), V, 39.
MARSEILLE (Ville de), IV, 62.
MARSIN ou MARCHIN (Comte de), Général en chef de l'armée des princes, en Guyenne, I, 272, 314, 339, 344 à 349, 355, 384, 407. — II, 136, 359, 360, 363, 371, 375, 382, 383, 416, 417. — III, 181, 182, 192, 284, 285, 300, 312 à 317, 324, 331, 341, 346, 354, 355, 361, 386, 388, 393, 394, 475, 476. — IV, 276, 284, 285, 290, 295, 312, 317 à 334, 362, 363, 364, 365, 382, 411, 413, 421, 448. — V, 39, 42, 45, 47, 52, 53, 54, 55, 59, 64, 83, 94, 97, à 99, 112, 118, 122, 124, 138, 142 à 147, 151 à 161, 166 à 170, 177 à 179, 182, 188, 332, 333, 341, 345, 348, 351, 352, 365, 376. — VI, 50, 56, 62, 71 à 75, 111, 136, 142, 148, 151, 164, 168, 169, 180, 186, 302, 307, 333, 335, 346, 353 à 358, 361, 366, 369, 371, 377, 379, 386, 390, 391, 401 à 407, 413, 422. — VII, 3 à 5, 29, 80, 81, 93, 100, 114, 118, 121 à 128, 134, 138, 139, 141 à 144, 162 à 164, 170 à 176, 189 à 200, 201, 202, 211, 215, 219, 223, 230, 231, 239, 240, 247, 249, 253, 263, 264, 266, 271 à 273, 286, 314, 319, 320, 322, 326. — VIII, 11, 12, 15, 25, 29, 37 à 44, 49 à 59, 63 à 67, 73, 80, 85, 91, 93, 98, 103, 108, 112, 113, 123 à 125, 143, 152, 162, 163, 206, 255, 257, 302, 305.
MARSIN (Comtesse de), III, 334. VI, 375. — VII, 319. — VIII, 113.
MARSIN (Régiment de), II, 372, 418. — IV, 326, 382. — V, 379, 382. — VI, 315, 354 à 359.
MARTEL, consul, I, 71.
MARTHEL (de), III, 116.
MARTHON, bourg, III, 206.
MARTHONIE (Henri de la), évêque de Limoges, IV, 228.
MARTIGNAT (M. de), II, 427.
MARTIN (Conseiller), III, 159, 323.
MARTIN (*Histoire de France*, par M. Henri), VIII, 221, 222.
MARTINEAU, conseiller, IV, 150.
MARTINEAU (M<sup>me</sup>), I, 197.
MARTINEAU (Samuel), évêque de Bazas, I, 391.
MARTINET, II, 418.
MARTINI, député, VIII, 122.
MARTINOZZI (Anne-Marie), I, 408. — V, 91. — VI, 112.
MAS-D'AGENAIS (Le), I, 417. — II, 377, 378, 380, 381, 382,

426, 429, 430, 435. — III, 217, 220, 222, 476. — IV, 382. — V, 156, 161, 162. — VI, 353. — VIII, 305.

Masnadeau (M. de), VI, 312.

Massa, localité, V, 57.

Masseret (Bourg, chapitre de), I, 42, 71.

Massiot (Conspiration de), V, 158, 316, 317, 318, 319, 322, 323, 324, 325, 366, 367, 373, 374. — VI, 12, 161, 190. — VIII, 109, 307.

Massin (M.), IV, 356.

Massip (de), conseiller, III, 159, 357, 358. — V, 31, 318, 380. — VII, 105, 223. — VIII, 12, 81.

Masson, VI, 161, 171.

Materne (M. de), V, 241, 242.

Matha (Comte de), IV, 92. — V, 352. — VII, 272. — VIII, 59.

Matha (Régiment de), III, 266, 481, 486.

Matharel (M. de), trésorier de l'armée, I, 381.

Mathefelon (M. de), III, 71, 86, 88.

Mathey (Marquis), V, 57.

Mathilde, duchesse de Toscane, V, 214.

Mathilde (Tapisserie de la reine), VI, 245.

Mathis (Marquis), VI, 165.

Maugiron (de), I, 21. — IV, 20.

Maumont et des Roziers. *Voy.* Rogier.

Maure (Père), carme, VI, 172.

Maure (Louis de Rochechouart, comte de), I, 215, 216, 384, 398. — II, 363. — III, 273, 276, 278, 279, 282, 284, 290, 331. — IV, 3, 331, 335, 349. — V, 6, 32, 35, 173, 175, 184, 188. — VI, 19, 64, 150, 180, 354, 401. — VII, 87, 107, 137, 140, 143, 163, 189, 269, 273. — VIII, 4, 38, 59, 99, 105, 108, 112, 124, 125, 256.

Maure (Comtesse de), V, 6, 8. — VI, 147.

Mauriac (Ville de), I, 93.

May (M. du), II, 434.

Mayenne (Duc de), I, 2, 210. — II, 277.

Mayence (Ville de), V, 201.

Mazancourt (M. de), VII, 214.

Mazancourt (Régiment de), I, 427. — VII, 213.

Mazarin (Cardinal), *Introduction*, 13, 14, 17. — I, 76, 80, 128, 148, 174 à 177, 180 à 187, 237, 241 à 267, 274, 276, 283, 290 à 294, 307, 317, 328 à 335, 349, 358, 360 à 368, 374, 386 à 389, 407, 422, 460. — II, 2 à 83, 106, 112, 114, 116, 119 à 127, 133 à 138, 141, 143, 166, 167, 187 à 190, 199, 209, 220 à 225, 233, 246, 251, 259, 260 à 263, 272, 289, 295 à 299, 302, 313 à 318, 325 à 330, 344, 347, 349, 350 à 353, 397, 399, 402, 403, 409. — III, 4, 62, 81, 83, 93, 136, 137, 154, 158 à 162, 170, 174,

194, 200, 204 à 207, 214, 220 à 226, 233 à 235, 241 à 245, 261, 273, 277, 282, 293, 301, 372, 373, 376, 380 à 390, 396, 398, 406, 418, 419, 425, 437, 454 à 459, 460 à 467, 489, 490. — IV, 2 à 7, 13, 16, 61, 78, 79, 94, 117 à 128, 137, 140, 163 à 170, 193 à 207, 236, 246, 350, 351, 357, 365, 366, 385, 404, 405, 411, 427, 446 à 449, 456. — V, 2, 24, 46, 52, 65 à 67, 84 à 92, 100, 104, 108, 113, 148, 161 à 165, 175, 193, 216, 224 à 229, 233 à 246, 250, 253, 290 à 297, 313, 322, 339, 384, 387, 408, 409, 415, 419, 422 à 428. — VI, 14, 23, 38, 40, 43, 44, 58, 77, 102, 108, 112, 113, 144, 145, 151, 159, 162, 173, 185, 195, 196, 203, 213, 215, 220, 223, 236 à 254, 261, 281 à 290, 295 à 298, 359, 371, 382, 418, 450. — VII, 10, 18, 21, 26, 47 à 54, 61 à 68, 76, 78, 81, 113, 121 à 127, 150 à 156, 164, 166, 179 à 190, 201 à 211, 254 à 257, 262, 278, 279, 281, 287, 299, 304, 305, 320, 336, 365, 406 à 413, 446. — VIII, 10, 24, 39, 40, 54, 56, 79, 80, 91, 95, 124, 132 à 141, 163, 166, 170 à 179, 185, 186, 191 à 194, 205 à 207, 216, 217, 223 à 231, 236, 241, 248, 263, 276, 280, 306, 313.

Mazarin (Palais), VI, 292, 295, 296. — VII, 257.

Mazarin (Régiment de), IV, 370.

Mazerolles (M. de), négociateur, VI, 365, 395, 396. — VII, 103, 245, 246, 249, 252, 284, 296.

Maubranche (Maison de), IV, 84, 85.

Meaux (Maison de), VII, 333.

Meaux (Ville de), II, 195.

Méchivier (M. de), V, 318.

Médicis (Catherine de), I, 17, 20, 36.

Médicis (Marie de), I, 98, 99, 329. — III, 42. — VI, 246.

Méditerranée (Mer), V, 200, 207. — VI, 385, 433. — VII, 12, 210.

Médoc (Pays de), I, 419. — III, 154, 332. — IV, 370, 392, 401. — V, 315. — VI, 39, 114, 125, 159. — VII, 81, 83, 87, 102, 161.

Mégisserie (Quai de la), II, 252.

Meigné, capitaine de vaisseau, IV, 385.

Meilhars (M. de). Voyez Beaupoil de Sainte-Aulaire.

Meillant (Château de), IV, 84, 103.

Meilleraye (Maréchal de la), I, 17, 105, 187, 193, 199, 421 423. — II, 131. — III, 155 455. — IV, 462. — VI, 298.

Meilleraye (Régiment de la), I, 427. — II, 418, 428. — IV, 370, 402, 415. — V, 58, 79, 119, 121, 136, 138, 139. — VI, 6, 34. — VII, 127, 128,

162, 208. — VIII, 245, 283, 284.

MELUN (Ville de), II, 154, 158, 161, 172, 174, 175, 176, 180, 210, 212, 229, 254, 394. — III, 25. — IV, 26, 86.

MÉLUSINE (La fée), III, 75.

MÉMOIRE concernant les affaires du prince de Condé, VII, 335.

MÉMOIRE pour servir aux affaires de Guyenne, VIII, 297.

MÉNAGE, bel esprit, I, 99, 128, 129, 140, 141.

MENARDEAU, conseiller, II, 324.

MÉNESPLET, fief, VI, 344.

MÉNILLET (M. de), chef d'escadre, V, 243, 244.

MENOU (M. de), exempt des gardes du prince de Conti, VIII, 132.

MENY (Antonio), vice-amiral, VI, 380, 391, 392.

MÉOTRIX (M. de), capitaine de vaisseau, III, 477, 478. — IV, 381, 382, 385, 387.

MER (Charles de la), III, 116.

MERCI (Ordre de la), VI, 159, 172. — VIII, 14.

MERCIER, VI, 175. — VIII, 106, 161.

MERCŒUR (Duc de), I, 108, 220, 332. — II, 336. — III, 61 à 63, 140. — IV, 448. — V, 49, 86. — VI, 78.

MERCŒUR (Duchesse de), VI, 107.

MERCŒUR (Régiment de), IV, 49, 55. — V, 74. — VII, 125.

MÉRILLE (M. de), précepteur du grand Condé, I, 104.

MERINVILLE (Comte de), lieutenant-général, V, 106, 143. — VI, 78. — VII, 261. — VIII, 123 à 125.

MERLAUD (André), sieur de Mondenis, VIII, 63.

MERLE, conseiller, II, 324.

MERLOU (Terre de), II, 140.

MERPIN, localité, I, 378. — IV, 414.

MÉRU (M. de), lieutenant, III, 487.

MESGRIGNY (Président de), II, 300.

MESME (Président de), II, 324, 354. — IV, 9.

MESNIL (M. de), IV, 385.

MESNIL-CORNUEL, localité, II, 179, 180, 205.

MESNIL-SIMON (Du), capitaine des gardes du prince de Conti, VI, 50. — VIII, 131, 132.

MESTIVIER (M. de), VII, 223. — VIII, 12, 122.

METZ (Ville de), I, 24. — V, 84, 90, 208. — VI, 103.

MEUDON, localité, I, 272. — II, 228.

MEUILLET (M. de), vice-amiral, IV, 467.

MEULAN (Ville de), II, 228. — III, 97.

MEUSE (La), rivière, IV, 196. — VI, 106.

MEUSNIER (Le), conseiller, II, 299.

MEYMAC (Abbaye de), IV, 238, 276.

MÉZIÈRES (Ville de), VI, 22.
MÉZIN (Ville de), V, 154, 155, 156.
MICHAULT, capitaine, IV, 466.
MICHELET (Œuvres de), VIII, 214.
MIGÈNES (Raguier, baron de), II, 292, 401.
MILAN (Ville de), I, 86. — V, 199. — VI, 293.
MILANAIS, V, 198, 201.
MILLY (Ville de), II, 161.
MINGELOUX, VI, 399.
MIOSSENS (Comte de), II, 149. — IV, 3. — VIII, 242.
MIOSSENS (Comtesse de), II, 145.
MINIMES (Ordre des), VI, 159, 172.
MIRABAUD, III, 239.
MIRABEL (M. de), III, 487.
MIRADOUX (Ville de), I, 396 à 439, 472.—III,153, 232, 260, 389, 470, 472. — IV, 280. — VIII, 206, 301.
MIRAL (M. du), V, 326.
MIRAT (M. de), conseiller au Parlement de Bordeaux, III, 155, 321, 322, 349, 351, 352. — IV, 291, 306, 309, 313, 323, 357, 359. — V, 316. — VII, 192, 245, 269.
MIREBEAU (Ville de), III, 363.
MIREMONT (Ville de), V, 79.
MIRON, maître des comptes, II, 266, 268.
MIRON, maître des requêtes, I, 197.
MIRON, prévôt des marchands, IV, 232.

MITRY (M. de), III, 485, 487.
MOEZE (Prairie de), IV, 372.
MOINERIE (M. de la), IV, 464.
MOISSAC (Ville de), I, 393. — V, 103, 163, 360. — VIII, 300.
MOLÉ (Président), I, 179, 185, 197, 199, 218, 247, 251, 268, 304, 305, 334. — II, 6, 58, 63, 331. — III, 128.
MOLÉ-SAINTE-CROIX (Édouard), évêque de Bayeux, II, 145, 324.
MOLIÈRE, I, 133.
MOLLE (M.), V, 360.
MOLLÈRE (Marie de), IV, 453.
MONACO (Principauté de), V, 195, 200.
MONCAUPET, capitaine, II, 428.
MONCEL (Monastère de), V, 90.
MONDEVERGNES (Compagnie de), IV, 62.
MONDIDIER (M. de), III, 116.
MONDREVILLE (M. de), II, 79.
MONEINS (de), lieutenant de roi, III, 150.
MONEDEY (de), premier maire de Bordeaux, III, 144.
MONFLAINE (M. de), II, 419.
MONGLAT (Marquis de), *Introduction*, 9. — II, 248, 319. — IV, 62. — V, 148. — VIII, 212.
MONHURS, localité, II, 435.
MONSIEUR (Gendarmes de), VIII, 284.
MONSIEUR. *Voy.* Orléans (Duc d').
MONTAFILANT, ingénieur, I, 427.

MONTAGU (Gérard de), III, 132, 133.

MONTANÇAIS (Château de), III, 285, 286, 294, 295. — IV, 405. — VIII, 206.

MONTANÇAIS (Combat de), IV, 404, 405. — VII, 334.

MONTARGIS (Ville de), I, 206, 308. — II, 67, 68, 70, 78, 79, 98, 105, 153, 156, 157, 159, 160, 161. — IV, 80, 94.

MONTAUBAN (Pierre de Berthier, évêque de), V, 100, 101, 104.

MONTAUBAN (Régiment de), V, 74.

MONTAUBAN (Ville de), I, 14, 393, 406. — II, 435. — III, 217, 232 à 234, 253, 397, 406, 407, 413, 490. — IV, 60. — V, 100, 106, 114, 115, 150, 325. — VI, 18, 21, 195. — VII, 23.

MONTAUSIER (Charles de Sainte-Maure, marquis, puis duc de), *Introduction*, 17. — I, 49, 130 à 138, 160, 367 à 370, 374, 380, 424 à 427, 430, 432, 434. — II, 39, 284, 363, 364. — III, 87, 88, 278 à 280, 283, 285 à 294, 300, 320, 472. — IV, 243, 248, 250, 402 à 420. — V, 79, 118 à 125, 131 à 137, 327. — VI, 58. — VII, 27. — VIII, 206.

MONTAUSIER (Julie d'Angennes, marquise, puis duchesse de), *Introduction*, 17. — I, 110, 130 à 138, 143, 152, 160 à 167. — III, 292, 293. — IV, 408, 417.

MONTAUSIER (Régiment de), III, 284. — IV, 370, 402, 414. — V, 119, 120, 138, 139. — VI, 6, 34, 152, 160, 168. — VII, 123, 207, 276.

MONTBAS (Barthon, vicomte de), II, 254, 310, 311, 343, 394. — IV, 9, 86, 88, 90 à 92.

MONTBAZON (Duchesse de), I, 234. — II, 45, 198. — III, 78. — IV, 157, 427.

MONTBOISSIER-CANILLAC (Baron de), V, 170.

MONTCASSEIN (M. de), VII, 204.

MONT-DE-MARSAN (Ville de), V, 166, 167, 170. — VI, 27, 33, 368. — VII, 266.

MONTEAU, procureur au Parlement, III, 308, 309, 336, 345, 350. — IV, 45, 46.

MONTENDRE (Charles-Louis de la Rochefoucauld, marquis de), I, 359, 365. — III, 284, 290.

MONTENDRE, localité, V, 122.

MONTÉLIMAR (Ville de), VII, 237.

MONTEREAU (Ville de), II, 159. — IV, 55.

MONTERON (Camp de), V, 77.

MONTESPAN (Marquis de), I, 407. — V, 19, 360.

MONTESPAN (Régiment de), I, 407.

MONTESQUIEU (M. de Secondat de), conseiller au Parlement de Bordeaux, III, 159, 168, 475. — V, 15, 285.

MONTESQUIOU (Baron de), capitaine des gardes, I, 83.

Montesson (Baron de), VII, 162, 195, 276.
Montesson (Comte de), IV, 377, 463. — VII, 162, 195, 278, 280, 287. — VIII, 3, 54, 66, 67, 123 à 125.
Montet (M. du), VII, 337.
Montfaucond (Renaud de), IV, 26, 32.
Montflanquin (Camp de), IV, 458.
Montflanquin (Ville de), III, 406, 412.
Montfort-l'Amaury, localité, III, 97.
Montfort-sur-Dordogne, I, 231.
Montgeon (Jean de), sieur du Haut-Puy de Fléac, VII. 333.
Montguillon (Marquis de), II, 418, 419.
Montguyon (Ville de), III, 273 à 279, 281, 282, 324.
Montignac-le-Comte (Ville de), VI, 62, 333 à 339, 341.
Montigny (M. de), III, 115, 116. — VI, 210.
Montlhéry (Bourg de), I, 304.
Montlhéry (Seigneurs de), III, 76.
Montluc (Françoise de), marquise d'Excideuil, I, 6.
Montluc (Maréchal de), I, 6. — VI, 415. — VIII, 200.
Montmartre (Couvent de), I, 32.
Montmartre (Renée-Françoise de Lorraine, abbesse de), IV, 442.
Montmédy (Ville de), III, 439.
Montmirail (Ville de), IV, 12, 47.
Montmorency (Anne de), connétable, III, 150.
Montmorency, baron de Lauresse, II, 238.
Montmorency (Bourg de), I, 145. — III, 132.
Montmorency (Charlotte-Marguerite de), I, 84, 147.
Montmorency (Duc de), I, 13, 23, 79, 83, 96, 129, 250.
Montmorency (François de), baron de Courtalin, III, 56, 58, 132. — VIII, 225.
Montmorency (Maison de), II, 140. — III, 76.
Montmorency (Marguerite de), IV, 235.
Montmorency (Marie de), V, 89.
Montmorency (Régiment de), I, 407. — III, 333. — VIII, 168.
Mont-Olympe, place forte, VI, 22.
Montpellier (Ville de), I, 152. — II. 126.
Montpensier (Anne-Marie-Louise de Bourbon, duchesse de), dite la *Grande Demoiselle*, Introduction, 9, 17. — I, 19, 22, 23, 30. — II, 45 à 102, 163, 164, 198, 200, 225 à 227, 243 à 251, 269, 270, 272, 275, 276, 282, 288, 293, 294, 339, 397, 400. — III, 66, 226. — IV, 16, 17, 134, 141, 151 à 156, 352, 450, 451. — VI, 244, 259, 262. — VII, 88. — VIII, 212, 240.

MONTPEZAT (Ville de), II, 377, 381. — V, 66.
MONTPINEAU, marchand, VII, 339.
MONTPONT, bourg, III, 324.
MONTPOUILLAN (Marquis de), I, 346. — III, 355, 386, 388. — V, 188, 189. — VI, 354, 402. — VII, 84, 102, 116, 122.
MONTPOUILLAN (Régiment de), II, 382. — III, 355. — V, 83, 152. — VI, 124, 146, 354.
MONTRÉSOR (Comte de), *Introduction*, 9. — I, 207, 275. — III, 89. — IV, 202, 406.
MONTREUIL (L'abbé de), I, 128.
MONTREUIL-BELLAY (Château de), VIII, 143, 312.
MONTREVEL (Comte de), I, 35.
MONTROND (Château et siège de), I, 90, 103, 224, 225, 233, 277, 285, 287 à 289, 296, 297, 323 à 326. — II, 341, 361. — III, 186, 429, 447, 458. — IV, 9 à 110, 303. — VI, 76, 416. — VII, 255. — VIII, 95, 206, 228, 297, 298.
MONTROND (État de), après le siège, VI, 416.
MONTROND (Plan du siège de), IV, 459.
MONT-ROLLAND DE SAINT-JEAN (M. de), IV, 373.
MONTSÉGUR (Ville de), II, 380, 429. — III, 192. — V, 161. — VI, 125, 146, 354. — VII, 342. VIII, 305.
MORAS, II, 428.
MORANT (Le chevalier), VII, 277.

MOREAU (M.), I, 138. — VII, 334.
MORÉ, II, 365.
MOREL, négociant, VIII, 281.
MORET (Comte de). *Voyez* Vardes (Marquis de).
MORET (Régiment de), II, 83.
MORIGNY (M. de), VII, 339.
MORIVIÈRE (M. de), III, 116
MORTAGNE (Port de), V, 124.
MORTEMART (Maison de), III, 92.
MORTEMART (Marquis de), I, 368. — II, 335.
MORTEMART (Marquise de), IV, 3.
MORTIMER (Colonel), V, 226, 227.
MOSCOVITES (Les), II, 338.
MOTTE (M. de la), III, 116. — VI, 358.
MOTTE-HOUDANCOURT (Maréchal de la), I, 209, 213. — III, 478. — V, 115, 142.
MOTTE-HOUDANCOURT (Régiment de la), II, 203.
MOTTE-FÉNÉLON (M. de la), I, 23.
MOTTE-VÉDEL (M. de la), colonel du régiment de Champagne, I, 402, 408, 411. — III, 388. — IV, 453.
MOTTEVILLE (Madame de), *Introduction*, 9. — I, 29. — VIII, 212.
MOTTI, VI, 170.
MOUCHA (M. de), IV, 285, 287.
MOULIGNON, localité, II, 317.
MOULINS (Ville de), I, 96, 333. — VI, 293, 416.
MOUNIER, conseiller, III, 464. — VII, 192, 193.

Mourier (M. du), III, 115, 116.
Mouron (Pont de), VII, 163.
Mousson ou Mouzon (Place de), IV, 180. — VII, 256.
Mugron, localité, VI, 147, 368.
Mun (Chevalier de), capitaine des gardes du duc de Candale, VII, 184, 204, 206 — VIII, 33, 37, 252, 253.
Muscadet (M.), III, 161, 462.
Muskrg (Régiment de), VIII, 284.
Munster (Traité de), I, 208. — III, 428. — VI, 439.

Namur (Ville de), VI, 134, 388. — VII, 90, 91, 255.
Nancy (Ville de), I, 185.
Nangis (Marquis de), II, 320, 321. — IV, 84.
Nantes (Édit de), Introduction, 16. — III, 233.
Nantes (Ville de), I, 318, 422. — III, 226, 229. — IV, 319. — VI, 438.
Nantouillet (François, marquis de), II, 237, 238. — IV, 48.
Naples (Ville de), I, 316. — IV, 377, 380, 428, 438, 444, 452. — V, 195, 198. — VI, 343.
Napoléon (Mémoires de), II, 92, 98, 100, 154, 236, 391.
Napolitains (Les), IV, 428. — VII, 115.
Narbonne (Jacques de), IV, 55.
Narbonne (Ville de), VI, 81, 120, 121. — VII, 155.

Nassau (Guillaume de), prince d'Orange, I, 73.
Naudé, bibliothécaire, VI, 293, 294.
Nauve (M. de la), VI, 293.
Navailles (Comte de), I, 332. — II, 176.
Navailles (Duc de), II, 236, 239, 240. — IV, 168. — VII, 336.
Navailles (Régiment de), II, 316. — IV, 370. — V, 139, 346. — VII, 213.
Navarre (Collège de), I, 45, 47, 48, 49, 50, 51. — VII, 183.
Navarre (Henri de). Voyez Henri IV.
Navarre (Jeanne de), I, 47. — III, 19.
Navarre (Régiment de), II, 340, 343.
Navarre (Royaume de), V, 195, 201.
Nazareth (Village de), I, 54, 58.
Né (Le), rivière, I, 378.
Nemours (Charles-Amédée de Savoie, duc de), I, 102, 108, 208, 272, 291, 306, 324, 348, 421, 437. — II, 5, 10, 12, 27 29, 43 à 45, 57, 68 à 78, 84 à 89, 103 à 109, 135 à 140, 230, 234, 240, 241, 251, 277, 281 à 290, 359, 396 à 398. — III, 186, 364, 426, 429, 430, 444 à 448. — IV, 236, 387. — VIII, 297, 298.
Nemours (Élisabeth de Vendôme, duchesse de), I, 272,

277. — II, 105, 245, 247, 282, 400.
NEMOURS (Régiment de), III, 266, 481.
NEMOURS (Ville de), II, 161.
NÉRAC (Château et ville de), II, 381, 382. — III, 220, 475. — VI, 195. — VII, 126.
NESLE (Marquis de), VII, 257.
NESMOND (Président de), II, 121, 124, 277. — III, 159. — IV, 336, 356, 357. — V, 318. VI, 173. — VII, 105.
NEUBOURG (Anne de), I, 145.
NEUCHAISE (Commandeur de), IV, 375, 377, 378, 395, 415, 462. — V, 243. — VI, 9. — VII, 123, 125, 127, 128. — VIII, 250.
NEUFCHASTEL (Ile de), VII, 339.
NEUFCHATEL (Ville de), VIII, 59.
NEUFVILLE DE VILLEROY (Ferdinand de), évêque de Saint-Malo, I, 391.
NEUFVILLE (François de), duc de Villeroy, III, 92.
NEUILLY, bourg, II, 168.
NEURSSE, IV, 320,
NEVERS (Ducs de), I, 66, 129.
NEVERS (Hôtel de), II, 115.
NICE (Ville de), V, 200.
NICOLAÏ (De), premier président de la Chambre des comptes, II, 118.
NICOLAÏ (Renée de), II, 132.
NIEULLE, localité, IV, 372.
NIEUPORT (M. de), VIII, 277.
NIEUPORT (Ville de), III, 442.
NILLEPORT (M. de), IV, 353.

NIMÈGUE (Traité de), V, 208, 209.
NIORT (Ville de), I, 317.
NISMES (Ville de), II, 126.
NIVERNAIS (Province de), I, 49. — IV, 48, 154.
NOAILHAC, localité, I, 54.
NOAILLES (Compagnie franche de), V, 121.
NOAILLES (Comte de), gouverneur de Perpignan, V, 415,
NOAILLES (Duché de), VI, 323.
NOAILLES (Jean, seigneur de), I, 64.
NOAILLES (Maison et seigneurie de), I, 54, 59 à 70, 184. — VI, 323.
NOAILLES (Maréchal de), Introduction, 3.
NOBLESSE DE FRANCE, I, 56, 118 à 122, 167 à 174, 217, 226, 245 à 250. — III, 1 à 138. — IV, 172. — VII, 198. — VIII, 195, 200 à 205.
NOGARET (Bernard de), V, 84.
NOGARET (Jacques de), V, 88.
NOGARET (Jean-Louis de), V, 88.
NOGENT-LE-ROI (Ville de), III, 94, 98, 99.
NOGENT-LE-ROTROU (Ville de), III, 59, 117.
NOIRMOUTIER (Duc de), I, 209, 213, 264, 425, 426, 428. — VI, 22.
NOIRMOUTIER (Régiment de), I, 428. — VII, 214.
NOILLAC (M. de), VII, 336.
NOINTEL (M. de), ambassadeur, VII, 184.

Nonce du Pape, V, 384. — VI, 23.
Nonette (La), rivière, II, 316.
Nontron (Ville de), V, 128, 129. — VI, 311, 316, 329, 344, 350.
Normandie (Jean, duc de), II, 374.
Normands (Les), III, 11. — IV, 213.
Normandie (Province de), I, 102, 140, 208, 213, 219. — II, 162. — III, 59, 143. — IV, 12, 159. — VI, 210, 385. VII, 136, 336. — VIII, 59, 68, 103.
Normandie (Régiment de), VII, 127, 128, 162, 208. — VIII, 245, 283.
Normandie (Troupes de), IV, 161, 162, 163, 181, 185, 191.
Nort, avocat et jurat, III, 158, 455, 464. — VIII, 109.
Nort (de), maréchal de camp, I, 338, 339.
Notre-Dame (Pont), II, 252.
Notre-Dame de Paris, I, 189 à 192.
Novion (de), président au Parlement, II, 144, 223, 224. — IV, 40.
Noyons (Ville de), II, 310. — VIII, 96.

Océan (L'), I, 58. — III, 225, 265. — IV, 373, 378. — V, 200, 207.
Odéon (Rue de l'), I, 271.
Ogier, membre du Parlement d'Angleterre, VI, 232, 441.

Oise (L'), rivière, II, 312, 313, 316, 317. — IV, 183, 185.
Oléron (Ile d'), II, 366, 368. — III, 225, 356. — IV, 310, 311, 317, 324, 332, 368, 371, 378, 389, 416, 462. — V, 122, 340, 349. — VI, 9, 11, 12, 112, 372, 383. — VII, 123, 150.
Oliergues (Seigneurie d'), I, 65.
Ollioules, bourg, III, 43, 44. — IV, 62.
Olonne (Comtesse d'), II, 200. — V, 92.
Olonne (Rade d'), IV, 376, 426.
Olympia (Signora), II, 31.
Ondédéi (L'abbé), évêque de Fréjus, I, 252 à 254. — II, 335.
Oppède (M. d'), président au Parlement de Provence, IV, 61.
Orange (Prince d'), Voyez Guillaume II.
Orange (Princesse d'), V, 220.
Oratoire (Couvent de l'), I, 151.
Orbitelle (Combat d'), I, 318.
Orbitelle (Ville d'), V, 195.
Orcet (M. d'), VI, 352.
Orénoque et de l'Orillane (Colonie de l'), V, 329.
Orfèvres (Quai des), I, 192.
Orival (M. d'), I, 428.
Orléans (Duc d'), Introduction 15. — I, 8, 180, 188, 233, 234, 247, 250, 278, 283, 289, 290, 300 à 303, 317, 406, 423.

— II, 7 à 146, 164, 189, 190 à 210, 218 à 297, 318, 334 à 355, 401, 404. — III, 95, 108, 112, 466, 470, 471. — IV, 2 à 19, 112, 115, 117, 130 à 159, 180 à 183, 210, 224 à 228, 236, 300, 339, 341, 352, 366, 403, 409. — V, 132, 174. — VI, 308. — VII, 336. — VIII, 217, 239.

Orléans (Duché d'), I, 31.

Orléans (Duchesse d') ou Madame, *Introduction*, 15. — I, 135, 242. — II, 198, 339. — IV, 132, 151, 450.

Orléans (États d'), III, 22.

Orléans (Maison d'), II, 45.

Orléans (Palais d'). *Voyez* Luxembourg (Palais du).

Orléans (Régiment d'), II, 77. — IV, 187.

Orléans (Ville d'), II, 47, 56 à 104, 119, 163, 204, 208, 226, 227, 243, 245, 281, 397. — III, 97, 226. — IV, 152.

Orléans-Longueville (Catherine et Marguerite d'), I, 98.

Orléanais (L'), I, 31. — III, 59. — VIII, 206.

L'Ormée, L'Ormière ou les Ormistes, *Introduction*, 14. — III, 154 à 178, 301 à 359, 363, 367, 402, 489, 490. — IV, 284 à 356, 392, 398, 399, 426, 443, 447. — V, 2 à 60, 173 à 189, 254, 305 à 326, 352, 354, 366, 367, 371, 374, 402. — VI, 3, 13, 14, 16, 34 à 71, 109, 113, 115, 133, 141, 143, 160 à 170, 179 à 184, 193, 364, 398, 400, 406, 413, 422. — VII, 2, 23, 74, 84, 94, 99, 100, 117, 134, 145, 147, 157, 182, 197 à 226, 293, 312 à 319, 324, 228 à 330. — VIII, 18 à 22, 85, 89, 100, 114, 163, 208, 209, 218, 221, 249, 303, 305.

Ormond (Marquis d'), VII, 122.

Ornano (Maréchal d'), I, 22, 26, 32.

Ornano (Maréchale d'), II, 114.

Orondate. *Voyez* Villars (Marquis de).

Osée Blanchard, capitaine de galère, IV, 388.

Ostende (Ville d'), I, 321. — III, 442. — VI, 259 à 261.

Orval (Château d'), IV, 102, 103.

Orval (Seigneurs d'), IV, 27 à 31.

Othon I$^{er}$, empereur d'Allemagne, V, 214.

Ouches (Baron des), III, 66.

Oudancour, marchand, VI, 270.

Over-Issel (Province d'), V, 220.

Ozorio (Don Joseph), gouverneur de Bourg, I, 232. VI, 4, 99, 365, 386. — VII, 93, 236, 262, 267, 277 à 285, 423. — VIII, 101, 306.

Ouzouer-sur-Trézé, bourg, II, 92. — IV, 258.

Oxford (Université d'), VI, 283, 293.

PAGET (M.), I, 370.
PAGNIS (Régiment de), VI, 106.
PAGNON, vice-sénéchal, VII, 83, 87.
PALAISEAU (Camp de), II, 170, 171, 172, 174, 177, 179.
PAIRIE DE FRANCE, I, 169 à 173.
PALAIS-ROYAL, I, 160, 185 à 200, 236, 266, 269, 271, 276, 282. — II, 52. — IV, 129. — VI, 290, 295. — VIII, 156, 277.
PALATIN (Prince). Voy. Rupert (Prince).
PALATINE (Anne de Gonzague, princesse), I, 100, 234 à 236, 261. — II, 36. — V, 384.
PALESTINE (La), I, 5. — IV, 215.
PALICE (Rade de la), I, 320. — IV, 376, 462.
PALISSE (De la), marquis de Saint-Géran, I, 277.
PALLUAU (Philippe de Clérembault, comte de), I, 323 à 326, 358. — II, 81. — IV, 9, 23, 38 à 108. — VI, 416. — VII, 255. — VIII, 299.
PALLUAU (Régiment de), VI, 7.
PAMFILI. Voyez Innocent X.
PAPE (Le), V, 198, 202, 211, 212, 384. — VI, 23. — VII, 216, 408.
PARAMPURE, localité, VII, 102, 194, 222, 236, 266.
PARC (M. du), V, 239.
PARCOUL, localité, VI, 33.
PARDAILLAN (Régiment de), VI, 316, 349.

PARDEJEU (M. de), IV, 379, 465. — VIII, 81.
PARLEMENT DE PARIS, I. 170, à 174, 237, 246 à 250. — II, 2 à 30, 116, 121 à 126, 132, 195, 219 à 223, 258 à 273, 299, 324 à 326, 348, 353, 402, — III, 143, 146, 155, 156, 456, 460, 467. — IV, 39, 40, 112, 128, 150, 172, 188, 210, 234, 240, 354, 359, 361, 374, 409. — VI, 78, 106, 308. — VII, 164. — VIII, 111, 195 à 205, 216, 218, à 222, 231.
PARMESAN (Tableaux du) VI, 242, 267.
PARIS (Chevalier de), VI, 29.
PARIS (Hôtel-de-Ville de), II, 111, 112, 118, 119, 149, 221 223, 231, 238, 245 à 247, 260, 261 à 299, 324, 354, 402. — IV, 6, 129, 139, 189, — VIII, 206.
PARIS (Liste des Colonels de), I, 452.
PARIS (Ville de), Introduction, 13, 14, 22, 23. — I, 70, 77, 86 à 95, 132, 140, 160, 166, 169, 175 à 178, 193, 198 à 302, 331, 334, 345, 350, 367, 370, 388 à 392, 406, 423, 437, 439. — II, 2 à 6, 20, 27 à 46, 67 à 75, 105, 110 à 119, 168 à 174, 177 à 397. — III, 32, 42, 56 à 61, 93, 95 à 107, 153 à 160, 224, 282, 293, 315, 365, 375, 377, 393, 456 à 462. — IV, 2 à 19, 44, 58, 80, 92, 93, 113 à

168, 177, 188, 190, 195, 200
à 212, 229, 280, 288, 293,
297 à 302, 311, 313, 315, 326,
328, 338, 339, 347, 352, 357,
365, 394, 433, 438, 449, 451.
— V, 6, 13, 20, 40, 42, 46,
51, 56, 63, 97, 98, 147, 173,
174, 310 à 313, 351, 375, 381,
383. — VI, 19, 23, 43, 77,
101, 107 à 113, 141, 154, 184,
207, 211, 213, 214, 286 à 289,
307, 319, 367, 438. — VII, 65,
75, 81, 97, 102, 105, 131, 165,
173, 248, 256, 258, 282, 292,
301, 306, 320, 336. — VIII,
10, 47, 92, 95, 97, 111, 126,
134, 136, 151, 176 à 180,
191, 205, 206, 213 à 219,
228 à 231, 239, 302, 305.

Paros (Marbres de), VI, 282, 283.

Parrage (Le), localité, III, 482.

Pascal, chanoine, VI, 357, 358.

Pas-de-Feuquières (Comte de), mestre de camp, IV, 187.

Pas-de-Marennes, localité, V, 120.

Pasirat, localité, VI, 346, 347.

Passage (Port du), V, 364. — VI, 7, 9, 76, 126, 132, 152, 377, 378, 385, 390, 394, 395. — VII, 101, 196, 210, 279, 323. — VIII, 51.

Patechec, capitaine-colonel de la garde bourgeoise, à Bordeaux, VII, 6.

Patrimoine de Saint Pierre, V. 214.

Pau (Ville de), VII, 154.

Paulet (Charles), I, 125, 181.

Paulet (M$^{lle}$), I, 125, 126.

Paulette (la), I, 103, 181, 183, 238. — III, 27, 43.

Paulhiac (Port et ville de), IV, 381, 382, 386, 443. — VII, 8.

Paulmy (d'Argenson, marquis de), III, 63 à 69.

Paysac (M. de), VI, 312, 330.

Pays-Bas (Les), III, 438. — IV. 173, 200. — V, 196, 199, 201, 209. — VI, 94. — VII, 51, 90, 93.

Pazayat (M. de), VI, 304, 305.

Pelon, maître des requêtes, IV, 357.

Pelletier (Julien), I, 50.

Pelletier (Le père Le), I, 91.

Pelnitz (Régiment de), II, 203.

Pembrocke (Lord), VI, 282.

Pène, bourg, V, 72.

Penn, VI, 439,

Pépin-le-Bref, III, 140. — IV, 213, 219, 222.

Péranisse (M. de), VII, 113.

Pérault (le Président), I, 289. — II, 118, 324.

Perche (Pays du), III, 117. — VIII, 193.

Percy (Lord), V, 420.

Perelongue (M. de), II, 427.

Pères de la Mission, I, 426, 427.

Pergan (Le), localité, I, 415.

Périgord (Noblesse du), III, 284.

Périgord (Province du), *Introduction*, 14. — I, 23, 35, 71,

TABLE GÉNÉRALE DES NOMS ET DES MATIÈRES. 401

75, 224, 231, 273, 277, 358, 359, 363, 366, 373, 426, 472. — II, 363, 414. — III, 142, 192, 216, 263 à 300, 313, 355, 468, 481. — IV, 250, 274, 404 à 418. — V, 78, 124 à 138, 169, 171. — VI, 62 à 78, 302 à 367. — VII, 82, 128, 164, 267, 288, 289. — VIII, 6, 167, 171, 304.
PÉRIGORD (Régiment de), III, 87, 229, 284. — VII, 128, 206.
PÉRIGUEUX (Ville de), I, 45, 71, 72. — III, 266, 289, 295, 316, 324, 482. — IV, 300, 334, 345. V, 78, 128, 183, 349. — VI, 317, 351, 360, 361, 384. — VII, 79 à 82, 269, 288 à 290. — VIII, 5, 104, 113, 165 à 176, 181, 304.
PÉRINIÈRE (M. de la), V, 16.
PÉRONNE (Ville de), II, 106, 166.
PÉROU (Le), V, 198.
PÉROU (Patagons du), monnaie, IV, 285.
PÉROUSE (M. de la), VI, 335.
PERPIGNAN (Ville de), II, 208. — V, 209. — VI, 81.
PERROCHEL (Guillaume de), maître des comptes, II, 118.
PERRON (Le cardinal du), V, 203.
PERSAN (Marquis de), gouverneur de Montrond, I, 296, 324. — IV, 36, 52 à 93. — VI, 106. — VII, 255, 339. — VIII, 95, 299.
PERSANS (Les), I, 142.
PERTUIS-BRETON, IV, 463.
PERTUIS-D'ANTIOCHE, IV, 463.

PÉRUSSE DES CARS (Maison de), II, 342.
PESCHE ou PEUSCHE, grand séditieux et insulteur public, II, 112. — VII, 102, 134, 135.
PETEAU, conseiller, II, 299.
PETTY (William), VI, 282.
PEUGUE (Le), ruisseau, III, 148.
PEY-BERLAND, archevêque de Bordeaux, III, 147.
PÉZENAS (Ville de), VIII, 62, 132, 133, 140, 312.
PIERRE, roi d'Aragon, I, 40.
PHELIPPON, chef ormiste, III, 163, 345.
PHILIPPE II, Auguste, I, 308. — III, 142. — VI, 245.
PHILIPPE III, le Hardi, III, 142.
PHILIPPE IV, le Bel, I, 47, 169. — III, 17, 19, 144.
PHILIPPE V, le Long, I, 170. — III, 19. — IV, 28.
PHILIPPE VI, de Valois, II, 374. — III, 19.
PHILIPPE IV, roi d'Espagne, III, 180, 479. — IV, 324.
PHILIPPSBOURG (Ville de), II, 195, 201, 202, 203, 211, 223, 240, 241, 375 à 377. — VII, 27.
PIBRAC (Régiment de), IV, 382.
PICARDIE (Province de), I, 85, 425. — II, 255, 307. — III, 59. — IV, 159, 166, 167. — V, 291. — VI, 448. — VII, 256. — VIII, 192, 206.
PICARDIE (Régiment de), I, 420, 425 à 427. — II, 168, 240,

VIII.                                    26

308, 315. — III, 493. — IV, 161 à 163. — V, 164.

PICHON, maire de Saintes, II, 364.

PICHON (Président), III, 158, 161, 177, 335, 349, 351 à 363, 457, 462, 466, 471. — IV, 287, 291, 309, 360, 362. — VII, 266.

PICHON, prieur du Mas, II, 379, 426, 427. — III, 160, 461, 471.

PIÈCE ORIGINALE portant l'ordre de tirer le canon de la Bastille sur l'armée du roi, VIII, 239.

PIÉMONT (Le), I, 109. — IV, 55, 56. — V, 198.

PIENNES (de), marquis de Mainvilliers, VI, 141.

PIERRE-ENCISE (Château de), I, 73, 209. — VI, 45. — VIII, 26.

PIERRE (M. de la), IV, 86, 87.

PIERREPONT (M. de), I, 426.

PIERRY, messager, VII, 268.

PILES (Château de), V, 84, 152, 188.

PILES (M<sup>me</sup> de), I, 140.

PILLE-VOISIN, localité, IV, 41.

PILLOT, VIII, 161.

PILOYS (M. de), III, 382.

PIN (Le château du), IV, 253.

PINARD (Claude) vicomte de Combilsy, baron de Cramail, IV, 237.

PINEAU, IV, 320, 388.

PINETON DE CHAMBRUN, ministre protestant, *Introduction*, 4.

PIOMBINO (Ville de), V, 195.

PIONSAC (Compagnie de), IV, 52.

PIONSAC (Comte de), IV, 71.

PISSEBŒUF (M. de), VI, 175. — VIII, 161.

PITHOU (Pierre), conseiller, II, 299. — IV, 172, 173.

PLANCHE (François de la), VI, 246.

PLANCHETTE (M. de la), III, 325.

PLANTAGENET (Henri), III, 141.

PLASSAC OU PLAZAC, localité, VI, 335. — VII, 266. — VIII, 123, 140, 143.

PLESSIS-BELLIÈRE (Jacques de Rougé, marquis du), *Introduction*, 17. — I, 338, 350, 357, 380, 424 à 435. — II, 363 à 369. — III, 87, 88, 126 à 131, 184, 223 à 250, 265, 281, 282, 356, 406, 463, 472. — IV, 10, 144, 310, 331, 332, 369 à 373, 388, 401, 408, 414 à 422. — V, 64, 70 à 84, 108 à 121, 142 à 152. — VI, 78. — VII, 211 à 215, 406.

PLESSIS-BELLIÈRES (Régiment du), IV, 414.

PLESSIS-GUÉNÉGAUT (M. du), secrétaire d'État, II, 115, 145. — VI, 440.

PLESSIS-PRASLIN (César de Choiseuil, maréchal du), I, 224, 300.

PLESSIS (Chevalier du) II, 341. — V, 56. — VIII, 263.

PLESSIS-PRASLIN (Régiment du), II, 240, 241. — IV, 56, 91.

PLEUMARTIN (Maison Ysoré de), VII, 334.
PLEURS (Régiment de), II, 203.
PODENSAC (Ville de), III, 143.
POILLAC (M. de), I, 425.
POIRODEAU, II, 365.
POISSY (Ville de), II, 173, 228, 229, 245, 247.
POITIERS (Ville de), I, 5, 328, 336, 359 à 370, 375, 376, 386, 389 à 392, 421. — II, 2, 5, 106, 192. — III, 64 à 80, 134, 136, 226, 229. — IV, 238, 246. — V, 426.
POITOU (Province de), *Introduction*, 14. — I, 215, 225, 273, 278, 314 à 349, 373, 394, 432 à 439. — II, 2, 414. — III, 60 à 63, 82 à 89, 114, 120 à 130, 192. — IV, 42, 404, 408. — V, 150, 357. — VI, 52. — VIII, 24, 203, 305.
POITOU (Régiment de), I, 427, 428. — VII, 213.
POL (Chevalier), III, 478.
POLASTRON (M. de), IV, 371.
POLOGNE (Roi et royaume de), I, 129. — II, 78 — III, 198. — V, 43.
POMEREU (La présidente de), I, 302. — IV, 203.
POMMEROL (M. de), VI, 352.
POMMIERS (Bastion des), IV, 76, 110.
POMPADOUR (Château et maison de), IV, 245, 265. — VI, 308 à 311, 319.
POMPADOUR (Geoffroy, seigneur de), IV, 247.
POMPADOUR (La marquise de), VI, 310.
POMPADOUR et de Ris (Philibert marquis de), II, 284, 286, 390. — IV, 245 à 248, 263 à 270, 406. — VI, 300 à 330, 349.
POMPADOUR (Marie de), IV, 406.
POMPÈGUE (M. de Montesquiou de), VI, 29.
PONANT (La mer du), IV, 468.
PONCHES (de Boufflers, vicomtesse de), II, 114.
PONS OU PONTS, localité, I, 351, 378, 424. — III, 277. — IV, 414.
PONS (Manoir de), V, 133, 135.
PONS (M$^{lle}$ de), I, 108. — IV, 427, 449.
PONS (Marquis de), I, 146.
PONS (Marquise de), I, 220. — VIII, 213.
PONT (Château de), IV, 153.
PONT (Pierre du), tapissier, VI, 246.
PONTAC (Président de), III, 207, 208, 214, 217, 219, 237, 252, 253, 343, 349, 351, 380, 395, 397. — V, 15, 66, 70, 75, 76, 148 à 150, 159, 160. — VII, 84, 196, 265, 269. — VIII, 80, 78, 122.
PONTAC (Présidente de), VI, 184.
PONT-A-MOUSSON (Ville de), I, 185.
PONT-A-VERRE, localité, II, 312. — IV, 161.
PONT-DE-L'ARCHE (Ville de) I, 219.

PONT-DE-VEYLE, localité, V, 78.
PONTGIBAUD (Baron de), I, 17.
PONT-L'ABBÉ, localité, V, 119.
PONTOISE (Ville de), II, 299 à 310, 324 à 334, 352, 354, 403. — III, 25, 26, 133. — IV, 9, 11, 135, 139, 150, 240, 271, 361. — V, 17. — VI, 78.
PONT-NEUF (Le), à Paris, I, 193, 194. — II, 112 à 115, 252.
PONT (Porte du), à Bordeaux, VIII, 169.
PONT-SUR-YONNE, localité, I, 334. — II, 159.
PORTAIL (conseiller), II, 220, 248, 299. — IV, 150.
PORTE (M. de la), III, 270, 276, 486.
PORTE (La), valet de chambre du roi. — II, 66, 67, 167, 208, 209.
PORT-VENDRE (Ville de), VII, 155.
PORT-SAINTE-MARIE, localité, II, 370 à 375, 415 à 421. — V, 74, 111, — VIII, 302.
PORT-SAINT-JEAN (Quartier du), à Bordeaux, VI, 173, 175. — VII, 315. — VIII, 315.
PORTSMOUTH (Ville de), V, 296. — VI, 432. — VII, 51.
PORTUGAL (L'ambassadeur de), IV, 292. — V, 298. — VI, 311, 440. — VII, 266.
PORTUGAL (Roi et royaume de) IV, 286, 301, 316 à 319, 323. — V, 195, 221, 222, 299. — VI, 298, 200, 233, 234, 445. — VII, 14, 16, 303, 304. — VIII, 278.
POT-A-BEURRE (La tour du), IV, 75, 76, 105, 107, 109, 110. — VI, 416.
POTIER, duc de Tresme et de Gèvres, III, 92.
POTIER de Novion (Président), II, 29.
POUDREAU (M. de), II, 172.
POUGET de la Gazaille de Nadaillac (M. du), VI, 356.
POUYADE (M. de la), V, 128.
POYANE (marquis de), I, 416. — IV, 332. — VI, 364. — VII, 154, 266.
POYANE (Régiment de), VI, 369.
POYSIEUX, localité, IV, 41.
PRADELLE, IV, 203.
PRADINE, II, 58, 402.
PRADE ou PRADES, prêtre et ormiste, IV, 291, 320. — V, 15, 28, 31, 38, 46. — VIII, 209.
PRANDEL (M. de), II, 428.
PRASLIN (Le marquis du Plessis), II, 320, 321 339, à 344, 432, 434.
PRAT (François du), Baron de Thiers, I, 36.
PRAT (Guillaume du), I, 93.
PRAT (Philippe du), dame d'Assy, I, 36.
PRÉAU (M<sup>lle</sup> de), V, 7.
PRÉE (Fort de la), IV, 376, 462.
PRÉFONTAINE, intendant de M<sup>lle</sup> de Montpensier, IV, 153.
PRESTON, VI, 445. — VII, 25. — VIII, 266, 278.

PRÉVERANGES, localité, IV, 127.
PRÉVOT (Le), chanoine, IV, 127.
PRINCE (M. le). *Voy.* Condé (prince de).
PROTESTANTS, pendant la Fronde (Les), II, 125 à 127. — III, 232 à 235. — V, 31 à 35, 186, 191, 227, 229 à 233, 248 à 289. — VI, 195, 196. — VII, 9, 10, 31. — VIII, 22, 23.
PROVENCE (États de), *Introduction*, 2, 16. — I, 8, 258, 296, 299.
PROVENCE (Comtes de), III, 91.
PROVENCE (Noblesse de), IV, 61.
PROVENCE (Province et gouvernement de), II, 136. — III, 435, 446. — IV, 60 à 62, 140, 141, 206, 207, 247, 295, 447, 448. — V, 49 à 53, 74, 98, 342, 384. — VI, 45, 74, 78. — VII, 155. — VIII, 206, 298, 310.
PROVINCES - UNIES de Hollande (Les), V, 219, 220, 221, 223, 244. — VII, 14, 16, 17, 20, 301, 303, 306, 307. — VIII. 156, 183.
PRUGNE (M. de la), VI, 28, 29, 32.
PRUNIER, messager, V, 42.
PRUSSE (La), III, 54. — IV, 297.
PUCELLE d'Orléans (La), II, 62.
PUISEAUX, localité, II, 160, 161.
PUYBEILLARD, bourg, I, 432. — III, 61.
PUYMÈGE (M. de), VI, 305.

PUYROSIE, consul, VI, 357.
PUYVALAISSE (M. de), VI, 305.
PYRÉNÉES (Les), *Introduction*, 14. — I, 128, 277, 314. — IV, 402. — V, 116, 141, 184, 185, 195, 200, 207. — VI, 84. — VII, 155.

QUATRE-NATIONS (Collège des), VI, 296.
QUATRE-SOUS (M.), conseiller, I, 205.
QUÉLIN (M.), conseiller, II, 148.
QUERCY (Province de), I, 58. 59, 71, 277, 313, 393. — III, 142, 248, 379, 401. — V. 170.
QUESNE (M. du), IV, 464.
QUIMPER-CORENTIN (Ville de), IV, 157.
QUINZE-VINGTS (Jardin des), I, 116.
QUINSAC, bourg, VI, 152.
QUIREBAT, capitaine de vaisseau, IV, 463.

RABAT (Marquis de), II, 434. — V, 169.
RABELIÈRE (M. de la), I, 428.
RACAN (Marquis de), I, 128, 135.
RACINE, I, 130.
RAGOIS DE BRETONVILLIERS (Marie le), II, 118.
RAMBOUILLET (Hôtel de), *Introduction*, 11, — I, 81, 103 à 161, 367. — II, 285. — III, 292. — IV, 408. — V, 85, 327.
RAMBOUILLET (Catherine de

Vivonne, marquise de), I, 109, 125 à 133, 161.

RAMBOUILLET (M̂lle de), Julie d'Angennes, I, 116, 132 à 135.

RAMBOUILLET (marquis de), I, 109.

RANNÈS (M. de), VI, 352,

RANOT, IV, 44.

RAPHAEL (Tableaux de), VI, 242, 252, 267, 273, 276, 278, 284.

RAPINE (Florimond), III, 30. — IV, 230, 231, 234.

RASLE (Le), IV, 169.

RASTIGNAC (Maison de Chapt de), II, 281.

RATISBONNE (Ville de), VI, 438.

RAYMOND, commandant de la garde bourgeoise, VII, 191.

Ré (Ile de), II, 368. — III, 225. — IV, 368, 375 à 378, 462. — VI, 9, 37, 228. — VII, 150.

REBREFORT (M. de), III, 116.

RECHAU (M. du), II, 169.

RECOLLETS (Ordre des), VI, 172, 364. — VII, 284.

REDON, gouverneur de Montignac, VI, 317, 335 à 338.

REFUGE (M. de), III, 116.

REGNEFORT (M. de), VII, 164.

RELATION de ce qui s'est passé dans l'armée de Guyenne, II, 413.

RELATION de ce qui s'est passé à Agen, II, 420.

RELATION de la bataille navale entre les armées de France et d'Espagne, IV, 461.

REINE (Régiment de la), IV, 56, 94. — V, 83, 152.

REINE (La). Voy. Anne d'Autriche.

REINE (Cours la), II, 233.

RÉMOND ou RÉMON (M. de), I, 414. — III, 358, 471. — IV, 288.

RENAUDOT (Théophraste), Introduction, 5. — V, 338.

RENARD (Jardin de), II, 399. — VIII, 197.

RENARD (Jacques), conseiller, II, 299.

RENARD, traiteur, VI, 254, 270, 288.

RENNEVILLE (M. de), II, 176.

RÉOLE (Ville de la), II, 377, 378. — III, 192, 282, 332, 333, 475. — IV, 272. — V, 160. — VI, 370, 371. — VIII, 81, 162.

REPAIRE (M. du), VI, 356.

RÉPUBLIQUE (Plan de) en France, V, 256. — VII, 51, 145, 303.

RÉTHEL (Ville de), I, 224. — II, 316. — IV, 158, 168, 180, 181. — VI, 106, 107, 195, 196. — VII, 254 à 256, 338. — VIII, 95.

RETZ (Jean-François-Paul de Gondi, cardinal de), Introduction, 9. — I, 191, 231, 244, 266, 460. — II, 6 à 69, 110, 111, 120 à 138, 184, 195 à 225, 244 à 341. — III, 4, 233. — IV, 115, 117, 127, 140, 149, 157, 201 à 206, 236, 351. — V, 46, 52, 212, 383 à 385. — VI, 21 à 25, 77, 101. —

VII, 336. — VIII, 204, 212, 217, 230.
Retz (Duc de) I, 209. — VI, 18, 22, 25.
Revol (M. de), IV, 51.
Rheims (Ville de), I, 215, 263, 267, 333. — II, 191. — IV, 161, 194, 426. — VI, 106, 245. — VII, 254, 255.
Rhin (Le), I, 215, 251. — III, 371. — V, 200, 207, 208, 209.
Rhodes (Louise de Lorraine, marquise de), I, 302.
Rhône (Le), I, 299. — VIII, 298.
Ribemont (Camp de), VII, 258.
Ribemont (Ville de), VIII, 87, 91, 95, 96.
Ribérac (François d'Aydie, vicomte de), III, 266, 267, 482, 483, 487.
Ribeyre (M.), V, 144.
Riboullot, capitaine de marine, IV, 466.
Richard Cœur-de-Lion, IV, 215, 243.
Richardière (M. de), II, 419. — III, 266, 481, 484.
Richaud, ingénieur, VII, 274, 276.
Riche Laboureur (cabaret du), II, 147.
Richelieu (Cardinal de), I, 9, 12 à 33, 73, 80, 88, 89, 96, 102, 106, 128, 130, 146 à 148, 174, 180, 250, 258 à 262, 272, 274, 293, 318, 343. — II, 129, 348, 349, 409. — III, 28,
40, 42. — IV, 95, 173, 195, 248, 426. — VI, 290. — VIII, 236.
Richelieu (Duc de), I, 108, 146, 220.
Richelieu (Marquis de), II, 206, 349.
Richemond (Château de), IV 406.
Ricous (M. de), VI, 102.
Rieulé (Comte de), III, 413.
Rieux (Anne-Elisabeth de Launoy, comtesse de), II, 113.
Rieux (Charles de Lorraine comte de), II, 290 à 293 396 à 402. — IV, 358, 439.
Rigalle (M. de la), III, 487.
Rions (ville de), II, 431. — III, 143, 333, 467, 475. —IV, 161, 320, 333, 382, 400. — V, 233. — VI, 64, 362, 371. — VII, 95.
Rioullet, médecin, II, 364.
Rives (M. des), III, 487.
Rivière (L'abbé de la), I, 180, 212, 300.
Rivière (La), officier d'artillerie, VII, 276.
Robert, chef ormiste et Jurat, III, 163, 345. — IV, 337 à 344. — VII, 4, 5.
Robert de Bavière (Prince). *Voy.* Rupert (Prince).
Robert, peintre, I, 134, 138.
Robineau, IV, 414.
Roche (La), dit Bastru-le-Rousseau, III, 159.
Roche (M. de la), III, 21, 323. — IV, 288, 319, 466.

Roche (M. de), III, 349. — VII, 275.

Roche-Chalais (La), localité, VI, 346.

Rochechouart (Maison de), I, 184. — II, 300. — III, 92. — *Voy.* aussi Mortemart.

Rochechouart (Ville et château de), IV, 246.

Roche-Corbon (M. de la), I, 302, 303.

Rochefort (Comte de), III, 76, 485, 487, — VI, 444. — VII, 104, 338.

Rochefort (marquis de), II, 399.

Rochefort (M$^{me}$ de), III, 75, 197.

Rochefort (Régiment de), III, 267, 283, 483, 484, 485.

Rochefort, valet de chambre, II, 72.

Rochefoucauld (Andrée de Vivonne, duchesse de la), III, 334, 361 à 365.

Rochefoucauld (Château de la), I, 465.

Rochefoucauld (Duc de la), l'auteur des *Maximes*, Introduction, 9. — I, 80, 99, 108, 124, 128, 221 à 232, 258, 272, 274 à 338, 407, 418. — II, 72, 74, 85, 103, 112, 129, 135 à 241, 250, 251, 277, 282, 289, 331, 332, 359, 361. — III, 158, 185 à 187, 340, 361 à 364, 426 à 430, 443 à 465. IV, 136, 150, 196, 352. — V, 37, 125, 130. — VI, 47, 57, 106, 315. — VII, 136, 197, 336. — VIII, 24 à 27, 133, 212, 217.

Rochefoucauld (M$^{me}$ de la), I, 99.

Rochefoucauld (Maison de la), II, 310. *Voy.* aussi Estissac.

Roche-Giffart (Henri de la Chapelle, marquis de la), II, 238. — VII, 104.

Rocheguion-sur-Seine (La), III, 99.

Rochelle (Jacques Raoul, évêque de la), IV, 463.

Rochelle (Ville de la), I, 337, 339, 340, 342 à 355, 357, 433. — III, 466. — IV, 60, 365, 370 à 395, 401, 415, 462. — V, 137, 139, 252, 255, 357. — VI, 3 à 7, 195, 396. — VII, 9, 245. — VIII, 283.

Rochemon (Le sieur), VII, 268.

Roche-Posay (Château de la), III, 72, 86, 87, 89.

Roche-Posay (Marquis de la), III, 63 à 90, 226, 229.

Roches (M. des), III, 267, 484.

Roches-Baritaud (M. des), de maison de Châteaubriant, I, 433. — III, 61. — VI, 315.

Rocroy (Bataille et ville de), I, 106, 146, 148, 272, 293. — II, 109. — VI, 106, 108. — VIII, 205.

Rodes (M. de), II, 427.

Rodrigues (Don), II, 189.

Rodriguez (Antoine), IV, 467.

Rodorel, zélé royaliste, VII, 317. — VIII, 36, 106, 122, 161, 254.

Roffignac, bourg, V, 78.

ROFFIGNAC (M. de), IV, 262.
ROGIER, comte de Beaufort, seigneur de Maumont, etc. (Guillaume), I, 63.
ROGIER de Beaufort (Pierre), pape, I, 42.
ROGIER de Beaufort, vicomte de Turenne, I, 64.
ROGIER (Hugues), cardinal, I, 42.
ROHAN (Duchesse de), V, 6.
ROHAN (Maison de), I, 345. — III, 76, 77.
ROHAN (Marie de), duchesse de Chevreuse, I, 17, 234, 236.
ROHAN-CHABOT (Duc de), I, 420, 421, 422. — II, 28, 55, 56, 68, 129 à 136, 164, 245, 277, 292, 401. — IV, 131, 137, 150, 151.
ROHAN-GUÉMÉNÉE (Prince de), II, 136, 267. — III, 116.
ROI (Le). *Voy.* Louis XIV.
ROI D'ANGLETERRE. *Voy.* Charles I$^{er}$ et Charles II.
ROLIN, secrétaire du prince de Conti, VII, 338.
ROLLAND, zélé royaliste, VII, 317.
ROLLAND (M. de), capitaine, II, 427.
ROMAIN (Père), VIII, 11.
ROMAIN (Tableaux de Jules), VI, 242, 266, 284, 287.
ROMAINS (Les), I, 142. — III, 14, 15, 139.
ROMAINS (Roi des), V, 204, 213, 214, 215. — VI, 438. — VII, 302.
ROMAINVILLE (M. de), III, 308. — V, 16.

ROME (Cour et ville de), *Introduction*, 15. — I, 54, 74, 75, 78, 253, 389. — II, 31, 32, 33, 41, 127. — III, 4, 233. — IV, 140, 201 à 206, 427. — V, 195, 202, 203, 204, 214, 230. — VI, 19, 21, 23, 282, 293, 438. — VII, 75, 216. — VIII, 26, 144, 145, 231.
ROMEGOUX, village, V, 146.
ROMORENTIN (Ville de), III, 97.
RONCHEROLLES (Marquis de), VII, 166.
ROQUE (Chevalier de la), I, 320. — III, 372. — IV, 290.
ROQUE (La), consul, II, 379, 426. — IV, 317. — V, 72.
ROQUE (M. de la), maréchal de bataille, VI, 359.
ROQUEDETAU, localité, III, 453.
ROQUE-DE-VAUX, localité, IV, 386.
ROQUEFORT (Gouvernement de), VIII, 104.
ROQUEFORT, localité. — VI, 26, 27, 28, 29, 30, 31, 62, 64, 82, 364. — VII, 342. — VIII, 113.
ROQUE-GASSION (M. de la), VIII, 170.
ROQUELAURE (Chevalier de), IV, 3. — V, 59. — VII, 214.
ROQUELAURE (de), marquis de Biran, II, 335.
ROQUÉPINES (Régiment de), II, 83. — VI, 349.
ROQUES-SAINT-CHAMARAND (M. de la), V, 143.
ROQUES-SAINT-CHAMARAND (Ré-

giment de la), VI, 349. — VIII, 284.
ROQUESERVIÈRE (M. de), III, 219. — VII, 121.
ROQUETTE (L'abbé), IV, 345, 353.
ROSE (M.) maréchal de camp., III, 249, 251, 383, 384.
ROSTAING (François de), comte de Bury, II, 284, 286.
ROSSANO (Princesse de), II, 31.
ROTROU (M. de), I, 128.
ROUANNÈS ou ROUANNOIS (Duc de). *Voy.* Gouffier.
ROUANNÈS (Gendarmes de), VIII, 284.
ROUANNÈS (Régiment de), III, 266, 283, 481 à 486. — IV, 49, 56. — V, 120, 121, 138, 139. — VI, 7, 346, 347. — VII, 128. — VIII, 284.
ROUEN (Ville de), II, 299, 302, 337. — VI, 257, 279, 280, 287.
ROUERGUE (Le), I, 277. — III, 41, 396, 401. — IV, 251, — VI, 78.
ROUFFIAC, localité, 379.
ROUGIERI, marchand de Toulouse, IV, 38.
ROUILLAC (Régiment de), V, 152.
ROUIS (M. de), VI, 147.
ROUSSEAU, capitaine, VI, 160, 174.
ROUSSELLE (Quartier de la), VI, 173, 175. — VII, 315.
ROUSSILLON (Le), I, 105. — V, 110, 142, 144. — VI, 78, 120, 121. — VII, 155.

ROUX, receveur, VI, 170, 174, 364.
ROYALE (Place), II, 246, 255.
ROYAN (Port de), IV, 400, 401. — V, 126. — VI, 3. — VII, 8, 323. — VIII, 52, 57, 80.
ROYE, localité, II, 255.
ROYER (M. Le), IV, 259, 261, 262.
ROZE (Ville et port de), V, 115, 200. — VI, 81, 165. — VII, 211 à 214.
RUAT, officier, VII, 268.
RUBEL (M. de), II, 165.
RUE (Château de la), V, 188.
RUEIL (Village de), IV, 139.
RULLY (Camp de). *Voy.* Bully.
RUPÉ (M. de), VII, 289.
RUPERT ou ROBERT (Prince), V, 221, 222, 299. — VI, 285. — VII, 13, 57, 59. — VIII, 156, 262, 264.
RUPIN, VI, 333, 334, 335.
RUSSIE (La), V, 208.

SABLÉ (Marquise de), I, 129.
SABLES D'OLONNE (Rade des), IV, 376, 462.
SABLONNIÈRE (Marquis de la), II, 189.
SABOURDIN, archidiacre, VI, 370.
SACHETTI (Cardinal), II, 31.
SAINCLAT, conseiller, VI, 357.
SAINT-ABRE (M. de), maréchal de camp, III, 256, 265, 283, 481. — IV, 455. — V, 74. — VI, 334.
SAINT-AGOULIN (M. de), diplo-

mate, III, 324, 447. — IV, 278, 285, 295, 299, 304, 333, 430, 431, 432, 433, 434. — V, 57, 177, 340, 343, 344, 345, 346, 350, 363, 366. — VI, 6, 12, 20, 74, 83, 92, 116, 117, 127, 136, 142, 381, 386, 390, 391, 394. — VII, 101, 113, 117, 225, 228, 230, 238, 241, 243, 248. — VIII, 99.

SAINT-AGLIS (Camp de), VII, 258. — VIII, 95.

SAINT-AIGNAN, localité, I, 386

SAINT-ALVÈRE (Château de), III, 267.

SAINT-AMAND (M. de), III, 221.

SAINT-AMAND (Ville de), V, 29 à 105.

SAINT-ANDRÉ (Cathédrale de), II, 287, — III, 477. — VI, 54, 56. — VIII, 14, 157.

SAINT-ANDRÉ (Chapitre de), VII, 99.

SAINT-ANDRÉ (Maréchal de), VI, 289.

SAINT-ANDRÉ (M$^{lle}$ de), II, 365.

SAINT-ANDRÉ (du Puy-Montbrun, marquis de), II, 186, 191, 193. — VI, 78.

SAINT-ANDRÉ DE CLERMONT (Abbaye de), IV, 60.

SAINT-ANDRÉ DE CUBZAC OU SAINT-ANDRÉAS (Bourg de), I, 382 à 384. — VIII, 300.

SAINT-ANDRÉ-MONTBRUN (Régiment de), VI, 315, 351.

SAINT-ANGE, V, 323, 324.

SAINT-ANTOINE (Abbaye de), II, 240.

SAINT-ANTOINE (Faubourg), I, 78. — II, 132, 146, 233, 234, 236, 237, 238, 253, 282, 284, 322, 359, 398. — III, 131, — IV, 17. — V, 125. — VII, 136, 333. — VIII, 206.

SAINT-ANTOINE (Porte), II, 234, 239, 242, 247.

SAINT-ANTOINE (Rue), II, 249, 252.

SAINT-AROSNAY (M. de), II, 427.

SAINT-ASTIER (Ville de), III, 266, 267, 269, 273, 481, 483, 485.

SAINT-AULAYE, localité, VI, 33.

SAINT-BENOIT (Ordre de), IV, 214.

SAINT-BONNET-LA-RIVIÈRE (Château de), VI, 323.

SAINT-CHAUMONT (La marquise de), *Introduction*, 17.

SAINT-CLAIR (Le chevalier de), III, 486.

SAINT-CLÉMENT (M. de), VIII, 161.

SAINT-CLOUD, localité, II, 149, 218, 227, 228, 229, 322, 403. — IV, 17, 141, 176.

SAINT-CYR (M. de), V, 10.

SAINT-DENIS (Eglise de), II, 237.

SAINT-DENIS (Rue et Faubourg), I, 83, 167, 242. — II, 149, 151, 176, 218 à 234, 252, 301, 338, 394. — IV, 4, 129. — V, 383.

SAINT-DENIS (Ville de) VIII, 310.

SAINT-DIZIER (Ville de), IV, 160, 191, 192, 303.

SAINT-ÉLOI (Église de), VIII, 128,

SAINT-ÉMILION (Ville de), III, 143.

SAINTES OU XAINTES (L'évêque de). *Voy.* Bassompierre.

SAINTES OU XAINTES (Ville de), I, 316, 336, 352 à 358, 363, 372 à 378, 397, 424, 430 à 436. — II, 363 à 366. — III, 231, 247, 250, 448, 465, 472. — IV, 331, 369, 410, 416, 418. — V, 89. — VI, 11, 12, 34, 58, 406, 411. — VII, 280. — VIII, 206.

SAINT-ESPRIT (Ordre du), *Introduction*, 2, — I, 5, 8. — II, 265. — VI, 103, 105.

SAINT-ÉTIENNE, valet de chambre, VII, 337.

SAINT-ÉTIENNE DE RHEIMS (Abbesse de), I, 110.

SAINT-EUTROPE (Faubourg de), à Saintes, I, 426.

SAINT-ÉVREMONT (Charles Marguetel de Saint-Denis de), I, 128, 159. — II, 303, 304, 337.

SAINT-FARGEAU (Château de), II, 99, 100, 156, 157, 392, 393. — IV, 154, 155. — VI, 244.

SAINT-FRONT, cathédrale de Périgueux, VI, 321. — VIII, 169.

SAINT-GELAIS (Anne-Armande de), II, 335.

SAINT-GENIEZ (Régiment de), I, 425, 426, 428.

SAINT-GÉRAN (Marquis de), IV, 86.

SAINT-GERMAIN (Faubourg), II, 228. — IV, 450.

SAINT-GERMAIN (M. de), VII, 339.

SAINT-GERMAIN BOISSIÈRES (Régiment de), III, 422. — VI, 316, 335.

SAINT-GERMAIN D'APCHON (M. de), I, 405. — V, 114.

SAINT-GERMAIN D'APCHON (Régiment de), VIII, 284.

SAINT-GERMAIN-DES-PRÉS (Abbaye de) I, 167.

SAINT-GERMAIN (Ville de), I, 71, 193, 201 à 209. — II, 133, 141, 149, 166, 173, 176. — III, 27, 87. — IV, 14 à 17, 129, 139 à 143. — VI, 286.

SAINT-GERMAIN-BEAUPRÉ (Le marquis de), VI, 352.

SAINT-GERVAIS, bourg, III, 410.

SAINT-GILLES (M. de), VI, 352. — VII, 338.

SAINT-HIPPOLYTE (M. de), II, 72, 74.

SAINT-HONORÉ (Porte), II, 245, 247.

SAINT-JACQUES DE LA BOUCHERIE (Église de), II, 219.

SAINT-JAL (Vicomte de), VI, 303, 305.

SAINT-JAMES (Palais de), VI, 241.

SAINT-JEAN (M. de), II, 418, 428.

SAINT-JEAN (Rade de), VI, 227.

SAINT-JEAN-D'ANGELY (Ville de),

I, 13, 316, 336, 355, 357, 360, 361. — II, 366. — III, 219. — IV, 369.
SAINT-JEAN-DE-LOSNE (Ville de), I, 292. — VI, 76.
SAINT-JEAN (Terme de la), IV, 190.
SAINT-JEAN (Le Curé de), à Paris, II, 265.
SAINT-JOHN, député hollandais, VIII, 272.
SAINT-JUSTIN (Ville de), VI, 29, 30, 368.
SAINT-LANDRI (Rue de), I, 191.
SAINT-LAURENT, bourg, II, 371.
SAINT-LAURENT (Fête de), IV, 356.
SAINT-LEU-TAVERNY (Église de), III, 133.
SAINT-LOUP (M<sup>me</sup> de), V, 91.
SAINT-LUC (Le marquis de), Introduction, 17. — I, 393 à 416, 483. — II, 369, 421, 430 à 435. — III, 232 à 235, 256, 257, 371, 378, 386, 393 à 414. 457 à 470. — V, 100 à 114, 150, 163, 165. — VIII, 300.
SAINT-LUC (Régiment de), I, 399, 407. — V, 76. — VIII, 302.
SAINT-LUCAS (Le cap), VI, 489.
SAINT-MACAIRE (Ville de), III, 143, 333, 475. — V, 160. — VI, 371, 384. — VII, 77.
SAINT-MAIXENT (Église de), III, 349.
SAINT-MAIXENT (Le curé de), III, 343, 349.
SAINT-MALO (Ville de), VI, 268.

SAINT-MARCEAU OU MARSAULT (Charles de), IV, 228.
SAINT-MARCEL, faubourg, II, 228, 248, 252. — IV, 17.
SAINT-MARS (M. de), III, 189.
SAINT-MARTIAL, apôtre, III, 140.
SAINT-MARTIAL (L'abbé de), I, 71.
SAINT-MARTIN, église, I, 72.
SAINT-MARTIN, faubourg, II, 229, 233.
SAINT-MARTIN (La), V, 175, 176.
SAINT-MARTIN (M. de), V, 16. — VII, 331. — VIII, 46.
SAINT-MARTIN (Régiment de), V, 55.
SAINT-MARTIN-DE-RÉ (Ile de), IV, 385.
SAINT-MARTIN DE TOURS (Abbaye de), I, 167.
SAINT-MAUR (Château de), Introduction, 13. — I, 77 à 81. 269 à 288. — II, 419. — III, 464.
SAINT-MAUR (Régiment de), V, 59.
SAINT-MAURICE (Église de) VI, 322.
SAINT-MAURICE, localité, VI, 368.
SAINT-MAUVIÈRE DE TENIER (M. de), II, 427.
SAINT-MÉDARD (M. de), VII, 84, 117.
SAINT-MÉGRIN (Jacques d'Estuer ou Stuart, marquis de), I, 146. — II, 149, 151, 236, 237.
SAINT-MÉGRIN (M<sup>lle</sup> de), II, 146.
SAINT-MÉGRIN (Régiment de),

I, 407. — II, 149, — III, 422.
SAINT-MICAUT (M. de), gouverneur de Bazas, V, 147, 151, 169. — VI, 28 à 29, 363, 370, 371.
SAINT-MICHEL, quartier de Bordeaux, VI, 160, 161, 170. — VIII, 20.
SAINT-MIHEL (Ville de), IV, 197.
SAINT-NECTAIRE (M. de), VII, 122.
SAINT-PAUL (Le comte de), V, 46.
SAINT-PHILIBERT (M. de), III, 115, 116.
SAINT-PIERRE DU MAS (Prieuré de), V, 39.
SAINT-PIERRE (Le curé de), VI, 36, 177. — VII, 87. — VIII, 307.
SAINT-PIERRE-LE-MOUSTIER (Ville de), IV, 231.
SAINT-PRIVÉ, localité, II, 156, 158.
SAINT-PROJET (Le curé de), VI, 37.
SAINT-PRYE (Le curé de), III, 132.
SAINT-QUENTIN (Ville de), III, 493. — VIII, 96, 97.
SAINT-REMY (Clocher de), VIII, 20.
SAINT-REMY (Le curé de), VI, 177.
SAINT-REMY (Terme de la), IV, 190.
SAINT-ROBERT (Bourg de), IV, 248. — VI, 307 à 324.
SAINT-ROBERT (Combat de), VI, 312 à 349, 458. — VIII, 206.

SAINT-ROMAIN (M. de), V, 359, 406. — VII, 278, 280. — VIII, 3.
SAINT-SABINEAU (Bourg de), VII, 289.
SAINT-SATUR (Bourg de), IV, 27.
SAINT-SAUVEUR (Église de), V, 103.
SAINT-SAVINIEN (Bourg de), I, 355, 357, 361, 424.
SAINT-SÉBASTIEN (Ville de), I, 320, 321. — III, 326, 443, 454 à 460. — IV, 316, 342, 358. — V, 24, 25, 180, 253, 258, 384. — VI, 73, 87 à 130, 362, 382 à 407. — VII, 94, 103, 113, 133, 149, 153, 210, 249, 263, 280, 285. — VIII, 54, 81, 89, 187, 306.
SAINT-SEURIN (Chapitre et église de), VII, 99, 190, 236.
SAINT-SEURIN (M$^{lle}$ de), II, 365.
SAINT-SEURIN (Ville de), I, 434, II, 368. — V, 123, 126, 133, 134, 147. — VI, 64.
SAINT-SEVER (Ville de), VI, 27, 33, 368.
SAINT-SIÈGE (Le), III, 40, — IV, 206. — VII, 216.
SAINT-SIMON (Le duc de), père de l'auteur des *Mémoires*, Introduction, 3, 9. — I, 54, 120. — II, 226. — III, 362.— IV, 86, 370, 407. — V, 137 à 139. — VI, 15, 20, 39, 151, 171, 185, 194, 196, 419. — VII, 155, 160, 287, 354. — VIII, 52, 54, 91, 92, 231.
SAINT-SIMON (Le curé de), VI, 37.

SAINT-SIMON (Régiment de), VI, 347.
SAINT-SORNIN, village, II, 367.
SAINT-SPIRE (L'abbé de), II, 287.
SAINT-THAURIN (Abbaye de), II, 332.
SAINT-THIBAULT, localité, II, 394. — IV, 90, 91.
SAINT-THOMAS (M. de), V, 251, 252, 253.
SAINT-THOMAS-DU-LOUVRE (Rue), I, 114.
SAINTONGE (Noblesse de), III, 284.
SAINTONGE (Province de), Introduction, 14. — I, 278, 314, 337, 396, 411, 433. — II, 2, 5, 69, 136, 363, 364, 414. — III, 129, 142, 192, 247, 465, 467. — IV, 368, 394, 403, 414. — V, 59, 64, 117, 122 à 144, 357. — VI, 6, 78. — VII, 27, 211, 334. — VIII, 193, 206.
SAINTOT (M. de), VI, 293.
SAINT-TROPEZ (Ville de), IV, 62.
SAINT-VALLIER (M. de), III, 227.
SAINT-VIANCE (M. de), VI, 304, 305, 312.
SAINT-VICTOR (Faubourg), II, 322. — IV, 17, 131.
SAINT-YBARD (Henri des Cars, seigneur de), I, 207. — II, 336 à 338. — IV, 132. — V, 375.
SAINTE-AULAIRE (Château de), I, 7.
SAINTE-AULAIRE (Henri de Beaupoil de), I, 6. — *Voy.* aussi Beaupoil.

SAINTE-AULAIRE (*Histoire de la Fronde*, par le comte de), *Introduction*, 9. — VIII, 214.
SAINTE-AULAIRE (Louis de Beaupoil de), marquis de Lanmary, II, 118.
SAINTE-BAZEILLES (Ville de), II, 380, 381, 429. — V, 73, 108, 109.
SAINTE-CHAPELLE (La), IV, 238.
SAINTE-CLAIRE (Religieuses de), VII, 213.
SAINTE-COLOMBE (M. de). *Voy.* Marin.
SAINTE-CROIX (Les pères et le prieur de), VI, 172.
SAINTE-CROIX (Marquis de), VII, 194, 210, 225 à 236, 246, 263, 268, 321. — VIII, 52, 105, 123, 309.
SAINTE-CROIX, quartier de Bordeaux, VI, 160.
SAINTE-EULALIE (Église), III, 161, 164. — V, 3. — VI, 363. — VIII, 163.
SAINTE-EULALIE (Faubourg), IV, 242, 253.
SAINTE-FOY (Gouvernement et ville de), II, 381. — III, 459, 475. — IV, 300, 334. — V, 347. — VI, 358, 384, 409. — VII, 228. — VIII, 104, 165.
SAINTE-HÉLÈNE (L'île de), II, 98.
SAINTE-HERMINE (Dame de), IV, 27.
SAINTE-GLOSSINE (Couvent de), V, 90.

416 TABLE GÉNÉRALE DES NOMS ET DES MATIÈRES.

SAINTE-LAURENCE, localité, V, 28.
SAINTE-LIVRADE, bourg, III, 410.
SAINTE-MARIE-TAILLEBOIS (M. de), VII, 136.
SAINTE-MAURE (Catherine de), II, 284.
SAINTE-MAURE (Le comte de), IV, 186, 187.
SAINTE-MAURE (Le marquis de), I, 138. — II, 76, 80.
SAINTE-MENEHOULD (Traité de), I, 87.
SAINTE-MENEHOULD (Ville de), IV, 160, 180 à 190, 200. — V, 385. — VII, 338.
SAINTE-MESME (Camp de), IV, 9, 10, 13. — VI, 31, 368.
SAINTE-MESME (Régiment de), VIII, 283.
SALIGNAC, bourg, VI, 307.
SALINIÈRES (Port des), VII, 192.
SALINIÈRES (Porte des), VIII, 249.
SAILLANT (Château du), VI, 323.
SALLE (M. de la), II, 3, 5. — III, 493. — VI, 337.
SALNOVE ou SALNEUVE (M. de), officier de marine, IV, 381 à 386. — VI, 405. — VII, 94, 101, 113, 133, 148, 224, 225, 233, 268, 323, 331.
SALOMON, conseiller, III, 168, 475.
SALOMON, maréchal des logis, VI, 354.
SALPÊTRIÈRE (Camp de la), IV, 18, 20.
SAMBRE (La), rivière, VI, 106.

SAMUEL ROBERT (Journal épistolaire de), IV, 371, 373. — VII, 334.
SANCERRE (Comte de), IV, 27.
SANCERRE (Ville de), IV, 90, 91.
SANCY (Charlotte de), marquise de Breauté, I, 99.
SANDRAS DES COURTILS, V, 240.
SANHÉDRIN DES JUIFS, VII, 47.
SAÔNE (La), rivière, VII, 167.
SARDAIGNE (La), V, 198.
SARDINIÈRE (M. de la), II, 428.
SARLAT (Ville de), I, 71. — V, 166 à 170. — VI, 27, 50, 62, 302 à 317, 340 à 360. — VII, 288. — VIII, 305.
SARLATE, chef de bohémiens, III, 271.
SARSAY (Marquis de), I, 457.
  *Voyez* aussi pour rectification : JARSAY (Marquis de).
SARRANGUES (M. de), V, 316.
SARRASIN, ingénieur, IV, 35.
SARRASIN (Mme), VII, 165.
SARRASIN, secrétaire des commandements du prince de Conti, I, 128, 139, 140 à 151. — III, 185, 188, 305, 308. — IV, 275, 345 à 354, 443. — V, 326 à 328, 369. — VI, 48, 53, 69, 70. — VII, 165, 177. — VIII, 13 à 26, 129 à 138, 142, 309.
SARRASINS (Les), I, 2, 5, 166. — III, 14, 140. — IV, 212, 213.
SAULIÈRE (M. de), VI, 337.
SAULNE (Chevalier de la), II, 428.
SAUMUR (Château de), I, 339,

382, 421. — II, 47, 130, 364. — III, 97.
SAUVEBEUF (Marquis de), I, 229, 353, 359. — II, 384, 433, 434. — III, 266, 378, 408. — V, 63 à 84, 108, 113, 143, 152 à 159, 411. — VI, 334, 344, 355. — VII, 128, 149, 267, 288 à 290. — VIII, 6, 167, 170, 206, 245.
SAUVEBEUF (Régiment de), III, 481, 483, 484. — V, 76, 80. — VII, 205.
SAUVELADE (Abbaye de La), III, 250.
SAUVETAT (Place de la), III, 282.
SAVOIE (Duc de), V, 201.
SAVOIE (La), I, 11. — V, 198.
SAVOIE (Le prince Thomas de), I, 228. — IV, 142, 144.
SAVARY, conseiller, II, 266.
SAVERNE (Combat de), I, 8.
SAVIGNAC, bourg, VI, 350.
SAXE (Maison de), V, 215.
SAXEBERY, agent de Cromwell, V, 255.
SCARRON, premier mari de M<sup>me</sup> de Maintenon, I, 128, 130, 143. — II, 58. — V, 328.
SCHOMBERG (Charles de), duc d'Halwin, maréchal de France, II, 342. — IV, 223, 252.
SCUDÉRY (M<sup>lle</sup> de), I, 126, 129, 130, 135, 136, 141, 159.
SÉBASTIEN (Le père), VI, 172.
SEDAN (Principauté et ville de), I, 73 à 77, 209, 296, 300, 333. II, 137, 225, 332. — IV, 3,
117, 118, 125, 165, 193, 194. — VI, 104, 105. — VII, 413. — VIII, 179.
SEGONZAC (Col de), VI, 328.
SÉGOVIE (Château de), IV, 424, 429, 431.
SÉGUIER (Anne), I, 36.
SÉGUIER (Le chancelier), I, 197 à 199, 251. — II, 44, 277, 333, 334, 401. — IV, 172. — VII, 8.
SÉGUIER (Dominique), évêque de Meaux, I, 198.
SÉGUIN, II, 181.
SÉGUR (Le vicomte de), VI, 308, 309.
SEINE (La), II, 44, 149, 174, 179, 200, 210, 212, 214, 216, 227 à 229, 243, 252, 254, 311, 343, 395. — IV, 19 à 21, 131, 143, 183.
SENLIS (Ville de), II, 316. — III, 97, 493. — IV, 158.
SENNETERRE ou SAINT-NECTAIRE (Le maréchal de), II, 132.
SENS (Archevêché de), IV, 449.
SENS (Ville de), I, 335. — II, 159, 174, 176, 343. — III, 209, 210.
SÉRIGNEUX (M. de), VI, 29.
SERISE (M. de), VII, 337.
SÉRITÉ (M. de), III, 361.
SERLIO, peintre, VI, 246.
SERRE (La), rivière, II, 317.
SERRE (Le comte de la), I, 407. — IV, 320. — VI, 315. — *Voy.* aussi *Aubeterre.*
SERRE-CHABOT (M. de la), VI, 316, 330, 353.
SERRIMOND, II, 365.

SERVIEN (Abel), marquis de Sablé, I, 208, 268, 276. — II, 334, 335. — IV, 203. — V, 383. — VI, 19, 173, 185, 198, 201 à 207. — VII, 340. — VIII, 53.
SESSAR (Le marquis de), IV, 64, 65.
SEUDRE (La), rivière, IV, 373, 388, 389. — V, 120.
SEURRE (Ville de), VII, 166.
SÈVE (M. de), conseiller, II, 324.
SÉVIGNÉ (Le chevalier Renaud de), I, 217.
SÉVIGNÉ (La marquise de), Introduction, 5, 16. — I, 51, 127, 130, 322. — IV, 247.
SÉVIGNÉ (M<sup>lle</sup> de), I, 161.
SÉVILLE (Ville de), III, 326. — IV, 295. — VII, 295.
SÉVIN (M.), IV, 173.
SICILE (La), V, 195, 198.
SIFOURS, localité, IV, 62.
SIGOURNAY (Le baron de), III, 115.
SILLERY (L'abbé de), I, 299. — VI, 45. — VIII, 26 à 28, 144, 217, 298.
SILLERY (Le marquis de), I, 229. — II, 136. — III, 443. — V, 322, 351, 367. — VI, 45. — VII, 336. — VIII, 26 à 28, 114, 217.
SIRON (M. de), VII, 258.
SIROT (Le baron de), II, 78.
SISSOLE, localité, VII, 339.
SISTERON (Ville de), IV, 63.
SOBART (Don Juan de), VII, 101.

SOISSONS (Le comte de), I, 17, 23, 30, 33, 102. — IV, 426.
SOISSONS (Gouvernement et ville de), I, 35. — II, 191, 192, 307, 312. — IV, 161, 183, 185.
SOLEMNIAC (L'abbé de), I, 43.
SOLSONNE (Combat de), I, 7.
SOMME (La), rivière, VIII, 96.
SOMMERSET-HOUSE (Palais de), VI, 241, 242.
SOMMERY (M. de), II, 68.
SOPHIE (La princesse), I, 140.
SORBONNE (La), I, 45, 48, 51.
SOUABE (Maison de), V, 215.
SOUBISE, localité, IV, 372, 413. — V, 119.
SOUILLAC (Ville de), I, 71.
SOURDIS (Cardinal de), IV, 233.
SOURDIS (Marquis de), I, 386. — II, 59, 65. — IV, 152.
SOUVRÉ (Commandeur de), VI, 250, 289.
SOUVRÉ (Marquis de), IV, 3, 47.
SOYONS (Prince de). *Voy.* Cosnac (Daniel de).
SPA (Ville et eaux de), I, 100. — VII, 92, 133, 256, 257. — VIII, 226.
SPIRE (Évêché de), III, 195.
SPIRINCK, ambassadeur de Suède, V, 237.
STAFFORD, localité, I, 395 à 398, 413 à 415, 417. — III, 470. — IV, 280.
STENAY (Ville de), I, 233, 292, 296, 314, 348, 421, 437. — II, 197. — III, 431, 436 à 460. — IV, 182, 199, 349. — VI,

## TABLE GÉNÉRALE DES NOMS ET DES MATIÈRES. 419

24, 76, 101, 106, 113, 121, 146. — VII, 255, 256. — VIII, 58, 100, 297.

STOCKHOLM (Ville de), IV, 374, 375.

STOUPE, agent de Cromwell, I, 294.

STRASBOURG (Ville de), V, 208.

STRICKLAND (Le chevalier Guillaume), VII, 45. — VIII, 272.

STROZZI (Le comte Philippe), VI, 315, 336, 353.

STROZZI (Régiment de), VI, 315, 336, 351.

STUARTS (Maison des), V, 219, 224, 234, 250, 290 à 298.

SUÈDE (Christine, reine de), IV, 285. — VI, 208, 438. — VIII, 259, 271, 273.

SUGER (L'abbé), III, 141.

SUISSES (Gardes), VIII, 283.

SUISSE (La), I, 1, 340 à 342, 372. — II, 150, 158, 296, 297. — IV, 145. — V, 201. — VII, 16.

SULLY (Agnès de), IV, 27.

SULLY (Charlotte Séguier, duchesse de), I, 198, 199. — II, 113, 200.

SULLY (Château de), II, 64, 66, 80, 82, 364. — IV, 26, 28, 29.

SULLY (Duc de), I, 11, 86 à 90, 287, 288. — II, 44, 164. — III, 334. — IV, 26, 27, 32 à 36, 103, 106.

SULLY (Marie de), IV, 27, 28, 29.

SURESNES (Village de), II, 222, 227. — IV, 17, — VII, 337.

SURREY (Comté de), VI, 282.

TAAFFÉ (Lucas), VI, 445.

TAGE (Le), fleuve, V, 222.

TAILLADES (M. des), IV, 429.

TAILLEBOURG (Château et ville de), I, 316, 336, 352 à 358, 424 à 436. — II, 136, 366. — III, 247, 250.

TAILLEFER (Porte de), VIII, 169.

TALBOT, agent de recrutement, VIII, 274.

TALBOT, général anglais, III, 147.

TALBOT, religieux, VI, 445.

TALLEMANT, maître des requêtes, VII, 210.

TALLEMANT DES RÉAUX, *Introduction*, 3. — I, 35, 125, 126, 135, 152. — II, 147, 148. — IV, 225. — V, 91. — VII, 333.

TALLEYRAND (André de), comte de Grignols, III, 284.

TALLEYRAND (Daniel de), prince de Chalais, I, 6, 8.

TALLEYRAND (Eléonore de), I, 6, 8.

TALLEYRAND (Henri de), comte de Chalais, I, 13.

TALMONT (Port et ville de), I, 320, 336, 376, 377. — II, 367, 368. — VII, 8.

TALON, procureur général, *Introduction*, 9. — I, 206, 329. — II, 15, 29, 30, 116. — IV, 40, 80. — VIII, 212.

TAMBONNEAU, conseiller, II, 324.

TAMBOUR (Le), ouvrage de défense, IV, 77.

TAMISE (La), III, 149. — VI, 200, 283. — VIII, 265.
TARANQUE (M. de), conseiller, III, 455. — IV, 284, 291, 306.
TARASCON (Ville de), I, 40. — IV, 62.
TARENTE (Henri-Charles de la Trémoille, prince de), Introduction, 9. — I, 315, 316, 336, 396, 424. — II, 136, 241, 249, 290, 291, 400, 401. — III, 126, 130, 131, 277, 358, 449, 465. — IV, 197, 198. — VI, 106. — VII, 108, 336.
TARIFS des droits d'entrée et de sortie à Bordeaux, VIII, 295.
TARN (Le), rivière, I, 393.
TARRAGONE (L'archevêque de), I, 40.
TARRAGONE (Ville de), III, 479.
TARTAS (Ville de), II, 377, 381. — V, 167. — VI, 27, 29, 33, 82, 364, 368. — VII, 134, 205. — VIII, 55, 65, 104, 113, 142, 166, 311.
TAUDIN, tribun de l'Ormée, VI, 160, 174.
TAVANNES (Le comte de), Introduction, 9. — I, 272, 277, 314, 342. — II, 45, 68, 85, 86, 92 à 94, 103, 110, 153, 205, 207, 208, 228, 230, 294, 295. — IV, 86, 133, 134, 198. — VIII, 212.
TAXTE (M. de), II, 427.
TAYAC, village, VII, 274.
TEILH (M. du), VI, 32.

TELLIER, maître des comptes, IV, 449.
TEMPLE (Faubourg du), II, 229.
TENAILLE (La), ouvrage de défense, IV, 110.
TERMÉLI (M$^{lle}$ de), VI, 45, 46.
TERMES, bourg, VI, 100.
TERRASSON (Ville de), I, 71, 229, 412. — VI, 62, 307 à 350.
TERRE-NEUVE, IV, 388.
TERRE-SAINTE (La), V, 198.
TERTRE (Le), montagne, VI, 416.
TESTE-DE-BUCH (La), V, 4. — VI, 100, 370. — VII, 25, 94, 101, 124, 127, 149, 152 à 160, 194 à 196, 206, 222, 268. — VIII, 9, 309.
TEXEL (Le), VIII, 269, 273.
THAUMIERS (Château de), IV, 87.
THÉNON (Bourg de), VI, 335.
THÉOBON (de Rochefort de Saint-Angel, marquis de), I, 407. — III, 355, 403. — IV, 300, 330. — V, 45, 56. — VI, 195. — VII, 206, 218, 226, 269, 305.
THÉOBON (Régiment de), I, 407.
THÉMINES (Maréchal de), I, 88.
THÉRÈSE (Sainte), I, 98.
THERSAULT (M. de), V, 144.
THIBAULT (M. de), IV, 309, 379, 465.
THIVIERS (Ville de), V, 129.
THODIAS (Chevalier de), premier Jurat de Bordeaux, III, 308, 329, 335, 339, 346, 349, 360. — V, 32, 39, 334, 367. — VI,

172, 364. — VII, 4, 5, 7, 134, 270, 315, 324, 328, 354. — VIII, 18, 23, 38, 58, 76, 84, 89, 102, 106, 122, 162, 256, 257.

THODIN ou TAURIN, VII, 4, 6.
THORÉ (Le président), II, 220.
THOREAU, doyen de l'église de Poitiers, I, 391.
THOU (de), I, 13, 80. — IV, 150.
THURÉ, bourg, III, 114.
THUROLLES (M. des), IV, 379, 388, 465.
TIERS-ETAT ou BOURGEOISIE, I, 167 à 174, 246 à 250. — III, 1 à 138. — IV, 113, 172 à 175. — VIII, 195, 208 à 210.
TIERS-PARTI, II, 124 à 128.
TILLADET (Gabriel de Cassagnet, marquis de), III, 196, 199, 202, 222.
TILLET, capitaine du Chapeau-Rouge, III, 350.
TITIEN (Tableaux du), VI, 242, 276, 277, 284.
TOLÈDE (Ville de), IV, 214.
TONGSTAT, député de la Frise, VIII, 273.
TONNAY-CHARENTE (Bourg de), I, 339, 342, 351 à 357. — IV, 369, 371. — VI, 11.
TORCHON, juge de la Bourse, V, 315.
TORRE (Hieronimo de la), III, 429, 430, 445, 447. — IV, 432, 435. — V, 27, 28.
TOUCHAY, village, IV, 42.
TOUCHE (M. de la), III, 116, 487. — VII, 79.

TOUCHEPRÉ (M. de), III, 78.
TOUCHET (Marie), IV, 60.
TOUL (Ville de), IV, 191. — V, 208.
TOULON (Ville de), IV, 62, 63. — V, 49, 53. — VI, 211. — VII, 155, 210, 245.
TOULONGEON (Le comte de). *Voyez* Gramont.
TOULOUSE (Comtes de), III, 91.
TOULOUSE (Parlement de), III, 469. — IV, 360.
TOULOUSE (Ville de), *Introduction*, 22. — I, 129, 406. — III, 216, 232, 247, 251, 253, 475, 479. — IV, 212, 293, 361. — V, 88, 102, 154, 161. — VI, 82, 319.
TOUR (Jacques de la), VII, 248.
TOUR (Maison de la), I, 65 à 67.
TOUR (M. de la), II, 428. — III, 468.
TOUR-D'AUVERGNE (Maison de la), I, 66, 71 à 74.
TOUR-BLANCHE (Quartier de la), III, 270, 486. — IV, 413. — VII, 164.
TOUR-DU-BOUC (Place de la), IV, 63.
TOUR (Isabeau de la), IV, 29.
TOURAINE (Province de), I, 31, 99. — III, 59, 67, 70, 89, 140. — IV, 157. — VIII, 203.
TOURMENTE (La), cours d'eau, I, 58.
TOURNELLE (Chambre de la), II, 28, 29.
TOURNELLES (Palais des), VI, 246.

Tours (Ville de), I, 174, 387. — III, 65, 123, 128, 136, 170, 174. — VI, 245.
Tour-Signy (M. de la), III, 115, 116.
Tourville (M. de), VI, 148. — VII, 109, 337.
Tourville (M<sup>me</sup> de), dame d'honneur de la princesse de Condé, I, 227, 230. — IV, 329, 330. — V, 7. — VI, 375. VIII, 36, 255.
Toury, village, II, 57.
Touteville (M. de), IV, 203.
Tracy (M. de), exempt des gardes du corps, II, 206.
Tracy (Alexandre de Prouville (1), marquis de), lieutenant-général, II, 436. — III, 217, 235, 238, 252, 273, 396, 413, 420. — V, 69 à 81, 104, 107, 109, 142 à 145, 156, 157. — VI, 152, 362. — VII, 125.
Tracy (Régiment de), II, 169.
Traité du prince de Condé avec le roi d'Espagne, III, 425.
Traité de paix de Bordeaux, VIII, 57, 111.
Travers (M. de), III, 159, 358.
Trancas (M. de), ambassadeur bordelais, III, 115. — IV, 338, 356. — V, 318. — VII, 4, 7, 22, 105, 148, 265, 273, 295, 296, 346. — VIII, 84, 89, 92, 93, 114, 181, 182.
Tranchade (Château de la), I, 367.

Treignac (Ville de), IV, 212.
Treize-Cantons (Les), II, 296, 297.
Trélon (Le chevalier de), III, 246.
Tremblade (Iles de la), I, 352. — IV, 388.
Trémoille (Charlotte de la), I, 84.
Trémoille (Duc de la), I, 215, 217, 316, 338, 376. — III, 126, 127, 128, 131.
Trémoille (Guy de la), IV, 28.
Trémoille (Henri-Charles de la). Voy. Tarente.
Trémoille (Maison de la), II, 291. — IV, 28, 29.
Tresne (Le président de la), VII, 316. — VIII, 106, 122.
Trével, IV, 320.
Trèves (Ville de), V, 201.
Troc (M. de), VI, 360.
Tromp (L'amiral), IV, 396. — V, 221. — VI, 37, 227, 228, 432, 436. — VIII, 268, 273.
Trompette (Château), I, 419. — III, 148, 163. — VI, 341. — VIII, 165.
Trousse (M. de la), I, 124.
Troyes (Ville de), II, 343. — IV, 191. — VI, 245.
Truchon, juge de la Bourse, VII, 4, 5.
Trustat, VII, 4, 6.
Try (Château de), I, 220, 228.
Tubeuf (Le président), II, 324. — V, 145. — VI, 290, 294.

(1) C'est par erreur que nous lui avions attribué dans une Note le nom patronymique de Destut.

TUILERIES (Château et jardin des), II, 226, 243, 288, 399. — VI, 288.
TULLE (Évêché de), VII, 124.
TULLE (Évêque de). Voy. Guron.
TULLE (Ville de), I, 4, 71. — IV, 220, 221, 222, 229, 249, 250, 254, 258, 266, 267.
TURENNE (Duc de Bouillon, vicomte de), I, 8 à 10, 61 à 72, 296.
TURENNE (Maréchal de), Introduction, 17. — I, 73, 78, 106, 108, 215 à 224, 272, 286, 299 à 327, 348. — II, 70 à 333, 391 à 393, 403. — III, 181, 225, 250, 283, 371, 393, 404, 436 à 441, 494. — IV, 8 à 23, 86, 91 à 96, 111, 125 à 138, 158, 160 à 163, 171 à 200, 258, 271, 272, 394. — V, 63, 97, 168, 291, 404. — VI, 100. — VII, 123, 127, 254 à 262, 409 à 413. — VIII, 51, 95, 144, 154, 166.
TURENNE (Rodulphe, vicomte de), I, 62.
TURENNE (Régiment de), II, 206, 236.
TURENNE (Vicomté et château de), Introduction, 11, 79. — I, 36, 58 à 74, 225 à 230. — III, 459. — IV, 210. — VI, 323.
TURENNE-D'AYNAC (Branche de), I, 63.
TURCS (Les), I, 74. — V, 198, 200, 210.

TURGOT, I, 2, 185.
TURIN (Siège de), I, 327, 328.
TURIN (Ville de), IV, 86.
TURPIN, évêque, IV, 213.
TURQUIE (La), IV, 225.
TUTELLE (Piliers de), III, 140.

UNION des cours souveraines, I, 182.
UNION des habitants de Bordeaux, III, 307, 318, 323.
UNION de la Noblesse, III, 100. — VIII, 204.
UNION des notables bourgeois, VIII, 18, 21.
UNION du Tiers-État, III, 104, 107, 108, 109, 112, 113.
UNIVERSITÉ DE PARIS, I, 45, 46.
URBAIN II, pape, IV, 214, 243.
URBAIN V, pape, V, 40.
URFÉ (d'), I, 124.
URSINS (Princesse des), Introduction, 3, 5, 16. — I, 32.
USSEL (Ville d'), IV, 267 à 269.
UTRECHT (Province d'), V, 219.
UZERCHE (Ville d'), Introduction, 22. — I, 4, 70, 71. — IV, 210 à 258, 404. — VI, 308.
UZÈS (Duchesse d'), I, 138.
UXCELLES (Marquis d'), VII, 166.
UXELLODUNUM, IV, 212.

VACHER (Le), trésorier de l'armée des Princes, III, 361. — IV, 286. — V, 16, 28, 321, 343, 345, 360 à 364. — VI, 405, 407, 412. — VII, 107, 114.
VAILLAC (Le comte de), II,

423. — III, 411. — V, 73, 143. — VII, 267.
Vaillac (Régiment de), I, 407, 412, 416, 418.
Vailly, localité, II, 192.
Valbouet (M. de), V, 128.
Valençay (Le bailli de), ambassadeur, II, 32 à 34. — III, 325. — IV, 141. — VII, 216.
Valençay (Le prince de), I, 407.
Valençay d'Estampes (Le marquis de), IV, 44, 46, 86, 90, 92.
Valence et Die (Évêché de), Introduction, 4. — II, 332. — VIII, 176.
Valette (La), localité, IV, 62.
Valette (L'abbé de la), I, 71.
Valette (Cardinal de la), I, 24. — IV, 248.
Valette (Chevalier de la), I, 229, 231.
Valette (Gaston de Foix de la). Voy. Candale (Duc de).
Valin (Commandeur de), III, 194.
Vallier (Fort de), VII, 94, 161, 162. — VIII, 309.
Vallières (Duc de la), I, 138.
Vallenstein ou Valstein (Conspiration de), I, 142. — V, 327.
Valois (Charles de), IV, 60.
Valois (Henri de), IV, 60.
Valois (Duc de), II, 23, 58, 338, 345. — IV, 152.
Valois (Louis-Emmanuel de). Voy. Angoulême (Duc d').

Valois (Maison de), I, 83.
Valois (Régiment de), II, 27, 293.
Valon, maréchal de camp, II, 58, 68, 85, 103, 153, 250, 293 à 295.
Van-Düguen (Jacques), IV, 390, 391.
Vandé, bourgeois, VII, 4, 6.
Vandy (M$^{lle}$ de), V, 7. — VI, 402. — VII, 84, 102, 116.
Van-Dick (Tableaux de), VI, 285 à 287.
Vange (Régiment de), II, 203.
Van-Lemput, peintre, VI, 243.
Van-Tromp. Voy. Tromp (L'amiral).
Veraguas (Duc de), VII, 153, 225.
Vardes (Marquis de), comte de Moret, II, 154 à 162. — III, 197, 209 à 214.
Vassal (M. de), VI, 356.
Vassan, conseiller, II, 220.
Vassilac, bourg, VII, 289.
Vatteville ou Batteville (Le baron de), amiral de la flotte espagnole, I, 319, 320, 396, 397, 438. — III, 158, 168, 178, 179, 317, 319, 324, 325, 358, 431, 432, 443, 444, 453, 454, 468, 477. — IV, 285, 286, 294, 295, 302, 317 à 326, 358, 382 à 387, 399, 431 à 443. — V, 24 à 29, 39, 48, 57 à 61, 83, 147, †77 à 185, 306, 315 à 322, 332, 333 à 364, 377, 378, 381. — VI, 4, 8, 9, 40, 41, 74, 88 à 91, 123 à

TABLE GÉNÉRALE DES NOMS ET DES MATIÈRES.   425

126, 137, 362, 377 à 380, 389 à 396. — VII, 94, 101, 110, 133, 194, 224 à 228, 235, 238, 246, 263, 268. — VIII, 52, 99, 101, 306.

VAUBECOURT (Nicolas de Nettancourt, comte de), I, 333. — II, 168. — IV, 134, 188, 196, 199.

VAUCOLLE (F. de), III, 116.

VAUCOULEURS (Village de), IV, 196.

VAUDETAR (François de). Voy. Persan (Marquis de).

VAYRES (Château de), VIII, 8, 16, 116.

VÈLE (La), rivière, II, 317.

VÉLLAC, trésorier, VII, 83, 87.

VENAISSIN (Comtat), I, 64.

VÉNÉ (M. de), VI, 353.

VENDÉE (La), III, 60.

VENDÔME (Chevau-légers de), VIII, 284.

VENDÔME (Gendarmes de), VIII, 284.

VENDÔME (Duc de), grand-amiral et général en chef de l'armée royale, Introduction, 17. — I, 23, 26, 174, 332. — II, 336. — III, 226, 229. — IV, 10, 144, 375 à 380, 388, 394, 395, 402, 403, 416, 462, 463. — V, 43, 86, 91, 356 à 358, 381, 435. — VI, 5 à 11, 34, 38, 41, 63, 65, 78, 99, 114, 115, 123 à 127, 151, 160, 162, 171, 188, 234, 318, 361, 385, 395, 396, 399, 441. — VII, 63, 77, 78, 84, 94, 96, 121 à 128, 148, 151 à 179, 182, 189 à 196, 203 à 210, 218, 222, 236, 260 à 266, 274 à 286. — VIII, 2 à 8, 14 à 16, 31 à 40, 50 à 56, 62 à 80, 87, 88, 100 à 111, 122 à 125, 139 à 146, 153, 157 à 161, 167, 171, 172, 177, 179, 186, 187, 206, 222, 243, 247, 250, 253, 257, 284, 307.

VENDÔME (Régiment de), IV, 62. — VI, 6. — VII, 123, 128, 276, 281. — VIII, 288.

VENDÔMOIS (Le), III, 97.

VENISE (République de), V, 199, 209.

VENTADOUR (Bernard de), I, 61.

VENTADOUR (Blanche de), IV, 235.

VENTADOUR (Comté, vicomté et duché de), I, 62. — IV, 235, 267.

VENTADOUR (De Lévis, duc de), IV, 235, 270.

VENTADOUR (Louis, comte de), IV, 235.

VERBAQUET, messager, V, 57.

VERBERIE (La), localité, IV, 161.

VERDELIN (Marie de), VII, 334.

VERDIER (M. du), IV, 252, 262, 266.

VERDUN (Ville de), I, 292.

VERDUN-SUR-SAÔNE, VI, 76.

VÈRE. Voy. Pont-à-Vère.

VERGNE (Château de la), I, 465.

VERGNE (M. de la), III, 485.

VERGOIN, officier, II, 428.

VERNEUIL (Marquise de), I, 11.

VERNON (Ville de), III, 99.

VERRIÈRE (Louis-César Séguier de la), II, 344.
VERSAILLES (Château de), I, 6. — III, 94.
VERT (Le), rivière, III, 483.
VERTEUIL (Château de), I, 315, 465. — VIII, 24, 133.
VERTH (D'Abzac, marquis de), VI, 300, 301.
VERVINS (Ville de), IV, 182, 200. — VI, 100.
VÉSUVE (Le), I, 55.
VÉZÈRE (La), rivière, I, 412. — IV, 211, 254. — VI, 302, 307, 323, 336, 349, 350.
VIC (Dominique de), archevêque d'Auch, V, 165.
VIC (Plaine de), VII, 212.
VICTORIA, localité, IV, 82, 432, 436, 437, 443.
VIDILLE (M. de), VII, 211.
VIE (M. de la), VI, 144, 171. — VII, 221, 266.
VIENNE (La), rivière, I, 324. — IV, 189.
VIEUVIE (M. de), II, 336.
VIEUVILLE (Le marquis de la), IV, 189.
VIGEAN (Mlle du), I, 145, 148, 319. — II, 237.
VIGEAN (Poussard, marquis du), I, 145, 319.
VIGNEROT (Marie-Madeleine de), marquise de Combalet, II, 348.
VIGNEUL (M. de), I, 271.
VIGNEUX (M. de), IV, 378, 464.
VIGNY, localité, IV, 271.
VILARS, chef de l'Ormée, III,
163, 166 302, à 309, 322, 328, 334, 343, 345, 351, 352, 358. — IV, 293, 305 à 307. V, 15, 16, 317. — VI, 109 à 115, 140, 141, 153, 155, 159, 166 à 168, 184, 190, 401. — VII, 4, 5, 71 à 75, 84, 102, 117, 134, 135, 143, 146 à 148, 192, 193, 315, 318, 326, 328, 330. — VIII, 10, 12, 22, 84, 89, 93, 94, 141, 142, 163, 164, 209, 218, 240, 307.
VILETTE (M. de la), I, 354.
VILLAIZE (Le père), VI, 171.
VILLANDRAUD (Château de), VII, 369.
VILLARS (Marquis de), II, 68, 283 à 286, 294, 397, 398. — III, 189,
VILLATE (M. de la), IV, 371.
VILLE (Régiment de), IV, 10.
VILLEBON (Château de), IV, 32.
VILLECHER, localité, I, 70.
VILLE-JUIF, bourg, II, 117.
VILLEMORE (Terre de), IV, 172 Voy. Séguier (Le chancelier).
VILLENEUVE (M. de), II, 169. — IV, 293. — VI, 369.
VILLENEUVE (Régiment de), III, 266, 481, 483, 484, 485.
VILLENEUVE-D'AGEN, I, 414.—III, 297, 298, 301, 341, 355, 370 à 407, 475. — IV, 274, 300, 310, 319, 325 à 331, 416, 419. — V, 17, 45, 55, 56, 72, 81, 148, 160. — VI, 30, 31, 61, 370. — VII, 205, 267. — VIII, 80, 104, 165, 206, 305.
VILLENEUVE-SAINT-GEORGES, II,

199, 200, 210, 214. — IV, 20, 94, 111, 125, 138. — V, 51.
VILLEPREUX (M. de), VI, 161.
VILLEQUIER (Marquis de), IV, 205.
VILLÈNE (Marquis de), II, 60.
VILLEROY (Maréchal de), II, 166. — IV, 144, 164.
VILLEROY, localité, II, 154.
VILLETIÈRE (Régiment de la), I, 407.
VILLEVERT (Régiment de), III, 283. — V, 121, 139.
VILLIERS (Étang de), IV, 42.
VILLIERS-EN-BIÈRE, localité, II, 192.
VILLIERS-VILECUIT (M. de), III, 115, 116.
VILLOUTREYS (M. de), V, 120, 121.
VINCENNES (Château et bois de), I, 26, 88, 222, 224, 271. — II, 255, 276, 339, 362. — III, 155, 456. — IV, 138, 205. — VI, 24.
VINCENT-DE-PAUL (Saint), VIII, 190, 192, 193.
VINEUIL (M. de), III, 189. — V, 385. — VI, 102, 106. — VII, 336, 338.
VIOL, près Cadillac, III, 334.
VIOLE (Abbé), V, 17. — VI, 23.
VIOLE (Président), I, 202, 264, 291, 436. — II, 136, 361, 401. — III, 179, 340, 477. — IV, 150, 151, 183, 283, 299. — V, 11, 14, 53. — VI, 111, 112, 148. — VII, 109, 336.

VIOLETTE, trésorier de France, I, 333. — VI, 293.
VIRELADE-SALOMON (M. de), III, 159, 473. — VII, 313, 316. — VIII, 23, 40, 122, 250.
VIRTEMBERT (Régiment de). Voy. Wurtemberg.
VITESCALLE (Port de), VII, 274.
VITHAREL-LE-MUR, banquier, V, 227.
VITRY (Ville de), IV, 160, 183, 186, 190, 194.
VIVARAIS (Le), Introduction, 16. — II, 126.
VIVENS (Le chevalier de), I, 379. — III, 403 à 411, — V, 65.
VIVONNE (Catherine de). Voy. Rambouillet (Marquise de).
VLADISLAS IV. Voy. Wladislas.
VOID (Ville de), IV, 197.
VOISIN (Le conseiller), III, 155. — IV, 357. — V, 326. — VIII, 109, 116.
VOITURE, I, 122, 128, 130, 139, 145, 146, 149, 150 à 155.
VOLTAIRE (Siècle de Louis XIV par), Introduction, 2. — VIII, 213.
VOULDY (M. du), VI, 352.
VORMEZ (Régiment de), VII, 100.
VRUYSDS, officier, IV, 391.

WAIFFRE, duc d'Aquitaine, IV, 213.
WALLONS (Les) troupes, III, 442. — VII, 115.
WASSIGNY (Camp de), VII, 413.

WESTMINSTER (Abbaye et palais de), I, 129. — VII, 68.
WESTPHALIE (Paix de), I, 205, 295. — III, 195. — V, 205, 208.
WHITEHALL (Palais de), VI, 204, 241, 242.
WIGHT (Ile de), VI, 225, 226, 432,
WILLERS-WILLERS, amiral hollandais, VI, 436.
WITTE (de), amiral hollandais, VIII, 269, 273.
WLADISLAS, roi de Pologne, I, 100. — III, 198.
WORCESTER (Bataille de), V, 220,
WRIGHT, peintre, VI, 243.
WURTEMBERG ou VITEMBERG (Duc de), II, 319. — IV, 11 à 14, 118, 126, 131, 138, 182, 200.
WURTEMBERG (Régiment de), II, 165. — VII, 338.

XAINTES (Ville de). *Voyez* Saintes..

YARMOUTH (Port de), VI, 436. — VIII, 273.
YÈRES (Abbesse d'), I, 110.
YÈRES, rivière, II, 214, 215. — IV, 21.
YON, ancien échevin, II, 266.
YONNE (L'), rivière, II, 83, 153, 157, 158, 321, 343.
YORCK (Duc d'), II, 218, 235, 243, 284, 305. — IV, 397. — V, 294, 420. — VI, 210, 397. — VIII, 184, 274, 276, 281.
YPRES (Ville d'), IV, 54.
YVIERS, bourg, V, 164.

ZAMET, financier, I, 15.
ZÉLANDE (Province de), V, 219.
ZUTPHEN (Province de), V, 219.

FIN DE LA TABLE GÉNÉRALE DES NOMS ET DES MATIÈRES.

# TABLE GÉNÉRALE

## DES NOMS DES PERSONNES

QUI ONT DONNÉ DES COMPTES RENDUS DE CET OUVRAGE OU FOURNI A L'AUTEUR DES INDICATIONS UTILES.

---

ARTIGES (M. l'Abbé), VIII, 316.
ASSE (M. Eugène), IV, 474. — V. 448.

BAILLON (Le comte de), V, 296.
BARTHELEMY (M. de), IV, 475.
BOISLISLE (M. Arthur de), V, 442.
BOURGEOIS (M.), V, 445. — VII, 458. — VIII, 319.
BOUTARIC (M.), membre de l'Institut, V, 407.
BRÉMOND D'ARS (Le comte A. de), VII, 333.

CARDON (M. Philippe), VI, 463. — VII, 459.
CAZEAU (M.), III, 498.
CHABANS (La marquise de), VII, 342.
CHAMPAGNY (Le comte de), de l'Académie française, VII, 459.

CHANTÉRAC (Le marquis de), IV, 455.

DELAUNAY (M. Ferdinand), VII, 458. — VIII, 315.
DOTTAIN (M.), IV, 473.

FEUGÈRE (M.), professeur suppléant au Collège de France, VI, 463.

GANDY (M. Georges), III, 495. — IV, 476. — V, 444, 447, — VI, 460. — VII, 460. — VIII, 318.
GEORGERÈS (M.), bibliothécaire de la ville de Bordeaux, Introduction, 8.
GILLE (M. Philippe), VII, 462.
GORSE (M.), VII, 462.
GRAND (M.), VII, 463.

LACROIX (M. Octave), III, 496.

Landrolle (M.), IV, 475.
La Perche (M. Paul), VII, 463.
Lavoix (M. Henri), conservateur des médailles à la Bibliothèque nationale, III, 497.
Lescure (M. de), V. 446.
Locmaria (Le comte de), *Introduction*, 8.

Magnard (M. Francis), IV, 475.
Mongin (M. J.), III, 497.

Paulin Paris (M.) membre de l'Institut, *Introduction*, 3. — VI, 459. — VII, 333, 457.
Pavet de Courteilles (M.) membre de l'Institut, VI, 496. — VIII, 315.

Ravenel (M.), conservateur de la Bibliothèque nationale, I, 254, 257, 262.
Riancey (M. Henri de), III, 496.
Richard (M.), VI, 326.

Saint-Chéron (M. de), V, 442. — VI, 461. — VII, 461.
Sainte-Beuve (M.), de l'Académie française, III, 495.
Sepet (M. Marius), IV, 112, 477. — V, 445. — VII, 461. — VIII, 318.

Tamisey de Larroque (M.), correspondant de l'Institut, III, 496. — IV, 454, 474. — V, 148, 441. — VI, 459. — VII, 342, 459, 460. — VIII, 316.
Teste (M. Louis), VII, 462.

Verneilh (Le baron de), VI, 345. — VII, 342. — VIII, 36.
Villefosse (M. Antoine Héron de), conservateur-adjoint au Musée du Louvre, II, 66. — VI, 298. — VII, 461, 462.

# TABLE DES CHAPITRES

DU VIII<sup>e</sup> VOLUME

AVIS AUX LECTEURS................................... v

## CHAPITRE LXIX

Siège de Libourne. — La garnison prise de vin capitule à des conditions peu honorables. — M. de Majac disculpé par Lenet et par le comte de Maure. — Inopportunité d'entreprendre le siège de Périgueux. — Instructions royales aux ducs de Vendôme et de Candale pour s'emparer de Bordeaux de vive force. — Ordre d'attaquer sur trois points différents. — Le marquis de Sauvebeuf chargé de conduire des renforts aux armées royales. — Fonds pour les dépenses de cette entreprise. — Rôle important réservé au comte d'Estrades dans l'attaque de Bordeaux. — Instructions aux deux généraux en chef pour ne pas accorder des conditions trop indulgentes aux habitants de Bordeaux. — Opérations pour cerner Bordeaux de plus près : attaque du château de Vayres; prise de la Teste-de-Buch et du château de Certes. — L'ardeur des partisans de la paix augmente dans Bordeaux. — Lenet suspecte et dénonce tout le monde au prince de Condé; il est suspecté lui-même. — Sa lettre inédite au prince de Condé, du 17 juillet. — Conseil du comte de Marsin d'arrêter le prince de Conti. — Il signale Daniel de Cosnac et Sarrasin comme les dangereux conseillers de ce prince. — Le chevalier de Feuquières donne avis à Daniel de Cosnac de ces projets. — Prudence de la conduite du prince de Conti; il reçoit une députation des couvents et fait exposer le Saint-Sacrement dans la cathédrale de Saint-André. — Daniel de Cosnac et Sarrasin redoublent d'efforts pour dépopulariser Marsin et pour encourager le parti de la paix. — L'évêque de Tulle et le P. Berthod se rendent à bord du vaisseau amiral. — Le parti belliqueux dresse une batterie sur les rives du fleuve. — Le 17 juillet, la bourgeoisie se saisit de l'Hôtel-de-Ville. — Le colonel Balthazar sort de Bordeaux. — La batterie des Bordelais est foudroyée. — Le 19 juillet, les assemblées de la Bourse et du Palais se fondent en une seule. — Assemblée générale à la Bourse, opposition inutile du chevalier de Thodias, discours de Lauvergnac, résolutions prises. — Députation au prince de Conti. — Ce prince se déclare ouvertement en faveur de la paix. — Manifestations enthousiastes dans la ville de Bordeaux. — Les chefs de la populace gagnés. — Le P. Itier, Dussaut et Fillot mis en liberté, le 20 juillet. — Proclamation de l'*Union*. — L'Ormée abolie. — La couleur blanche arborée, la couleur verte foulée aux pieds. — Tentative de réaction, le 21 juillet; conseillers intimidés. — Nouvelle assemblée à la Bourse; désaveu de l'ambassade envoyée en Angleterre; déclaration au nom des protestants. — Choix de trois envoyés pour s'aboucher avec le duc de Candale. — Arrivée de Gourville à Bordeaux. — Diversité de l'accueil qu'il y reçoit. — Son adresse auprès de Daniel de Cosnac. — Le prince de Conti remet à Daniel de Cosnac le brevet de premier gentilhomme de sa chambre. — Gourville choisi pour traiter avec le duc de Candale. 1

CHAPITRE LXX

L'ère des négociations. — Suite de la rivalité des ducs de Vendôme et de Candale. — Deux députations envoyées: l'une au duc de Candale, l'autre au duc de Vendôme. — Le chevalier de Mun apporte au prince de Conti une lettre du duc de Candale. — Lettre du duc de Vendôme à la bourgeoisie, du 23 juillet. — Les aventures de Butin, porteur de cette lettre. — Manifestations de la bourgeoisie à l'assemblée de la Bourse. — Lettre du duc de Candale au cardinal Mazarin, du 23 juillet. — Désir de Lenet au sujet de

TABLE DES MATIÈRES. 433

l'initiative de la paix par le prince de Condé. — Projet inconsidéré du prince de Conti de s'échapper secrètement de Bordeaux avec les princesses. — Daniel de Cosnac découvre ce projet et le lui fait abandonner. — Il est en but à de vives attaques comme promoteur des événements. — Gourville, de retour de sa mission, fait connaître les excellentes dispositions du duc de Candale. — Arrivée de la flotte espagnole à l'embouchure de la Gironde. — Lettre inédite du duc de Saint-Simon au comte de Servien, du 24 juillet. — Le duc de Saint-Simon ambitionne le gouvernement de la ville de Bordeaux, et, à son défaut, celui de la ville de Bourg. — Le tardif secours de l'Espagne est impuissant à ranimer dans Bordeaux le parti de la guerre. — Lenet et Marsin, dans l'intérêt de leur sûreté, présentent leur justification à l'assemblée de la Bourse. — Conseil de guerre à bord du vaisseau amiral du duc de Vendôme. — Le P. Itier conduit au duc de Vendôme. — Articles préliminaires du traité de paix signés par le duc de Candale, rapportés par Gourville. — Texte de ces articles, du 24 juillet. — Ces articles sont remis entre les mains de Daniel de Cosnac. — Le duc de Candale se résout à aller trouver lui-même le duc de Vendôme pour lui faire approuver ces articles. — Autres propositions préliminaires apportées au duc de Vendôme par une députation de la bourgeoisie. — Texte de ces propositions. — Le duc de Vendôme fait le plus mauvais accueil à ces propositions. — Les membres de la députation appartenant à la bourgeoisie désavouent ces propositions. — Lettre du duc de Vendôme au cardinal Mazarin, du 24 juillet.................................... 30

## CHAPITRE LXXI

Daniel de Cosnac envoyé en mission par le prince de Conti auprès du duc de Vendôme. — Présence du duc de Candale. — Propositions apportées par deux députés de la ville de Bordeaux. — Émotion causée dans Bordeaux par la vue du duc de Candale. — Lettre inédite de l'abbé de Guron, évêque de Tulle, au cardinal Mazarin, du 27 juillet. — Rédaction en trente-cinq articles du projet de traité de paix. — Lettre inédite du roi au duc de Candale, du 27 juillet. — Prescriptions rigoureuses de la cour. — Mémoire contenant les intentions du roi touchant la réduction de la ville de Bordeaux, du 28 juillet. — Mémoire particulier et secret pour les ducs de Vendôme et de Candale, du 28 juillet. — Appréhensions du cardinal Mazarin; sa lettre inédite au duc de Saint-Simon, du 29 juillet. — Le conseiller Trancas. — Illusions du prince de Condé; ses deux lettres inédites au prince de Conti et à Vilars, du 29 juillet. — Opérations militaires du prince de Condé. — Lettre inédite de Caillet à Lenet, du 29 juillet. — Le prince de Condé donne à Lenet la confiscation des biens du président de Pontac. — Dépêche inédite de Lenet à M. de Saint-Agoulin, du 28 juillet. — Dépêche inédite de Lenet au prince de Condé, du 29 juillet. — Suite des négociations pour la paix. — Les ducs de Vendôme et de Candale repoussent certaines conditions demandées. — L'assemblée de la Bourse accepte les restrictions apportées, à l'exception d'une seule. — Réponse du duc de Vendôme faisant connaître le contenu d'une lettre interceptée. — Cette fermeté fait taire toute opposition dans l'assemblée de la Bourse du 30 juillet. — Les suspects sont chassés de l'assemblée. — Toutes les modifications apportées aux articles du traité de paix sont acceptées. — Texte du traité de paix. — Les généraux envoient ce traité au roi pour le soumettre à sa ratification. — Lettre inédite du duc de Vendôme au cardinal Mazarin, du 30 juillet. — Lettre inédite de l'abbé de Guron au cardinal Mazarin, du 31 juillet. — Proclamation de la paix à Bordeaux, le 31 juillet.................................................... 70

## CHAPITRE LXXII

Journée du 1$^{er}$ août; messe solennelle célébrée à l'église de Saint-Éloi. — Entrevue du prince de Conti et du duc de Candale. — Journée passée par le prince de Conti chez M$^{me}$ de Calvimont. — Consultation sur le projet d'enlever M$^{me}$ de Calvimont. — Départ de M$^{me}$ de Calvimont portée en trousse par un exempt des gardes du prince. — Mystère fait à Daniel de Cosnac de cet enlèvement. — Sarrasin et du Mesnil se décident à le lui apprendre. — Projet de Gourville de conduire le prince de Conti à Verteuil chez le duc de La Rochefoucauld. — Repas donné par Daniel de Cosnac au prince de Conti. — Ressources de la ville de Bordeaux contre la famine. — Adieux du prince de Conti à la duchesse de Longueville. — Faux bruits sur la nature de cette entrevue ; document inédit. — Lettre inédite du marquis de Bougy au cardinal Mazarin touchant l'influence que pourrait exercer Daniel de Cosnac sur un mariage pour le prince de Conti, du 1er août. — Mémoire chagrin du duc de Vendôme au cardinal Mazarin, du 1er août. — La rivalité des ducs de Vendôme et de Candale s'accuse de nouveau au sujet du gouvernement de la Guyenne ; document inédit. — Sortie du prince de Conti de Bordeaux, le 2 août. — Le duc de Candale montre au prince de Conti son armée rangée en bataille. — Influence exercée par cet aspect sur le prince de Conti. — Le prince de Conti se rend au château de Cadillac. — Sortie de Bordeaux, le 2 août, de la duchesse de Longueville, de la princesse de Condé, du duc d'Enghien, du comte de Marsin et de Lenet. — Lettre inédite du roi aux ducs de Candale et de Vendôme, du 2 août. — La remise de la place de Damvilliers est une des conditions posées au prince de Conti. — Réflexions sur les prescriptions envoyées par la cour. — Connexité de la Fronde bordelaise avec l'Espagne et l'Angleterre. — Correspondance inédite du ministre de France en Angleterre. — Effet produit sur Cromwell par la pacification de la Guyenne. — La pénurie du Trésor ne permet pas de continuer les enrôlements d'Irlandais et d'Écossais. — Entrée solennelle à Bordeaux des ducs de Vendôme et de Candale, le 3 août. — *Te Deum* à l'église métropolitaine de Saint-André. — Sermon par le P. Itier. — Le P. Itier nommé à l'évêché de Glandèves. — Splendide souper à l'hôtel de la Bourse. — La journée du 4 août est encore consacrée aux réjouissances.................................. 127

## CHAPITRE LXXIII

Les Jurats de Bordeaux sont obligés de se démettre de leurs fonctions. — Élection de nouveaux jurats. — Expulsions faites par la nouvelle Jurade. — Mission de Rodorel. — Articles du traité de paix rejetés ou inobservés par la cour. — Exceptions à l'amnistie. — Jugement inédit du cardinal Mazarin sur le comte de Marsin et sur le colonel Balthazar. — Différence du sort de Vilars et de Dureteste. — Refus de l'enregistrement de l'amnistie par le Parlement de Guyenne. — Reconstruction des châteaux Trompette et du Hâ. — Capitulation de Bergerac, de Sainte-Foy et de Villeneuve-d'Agen. — Traitement rigoureux infligé à cette dernière ville. — Destruction des fortifications de Tartas. — Le duc de Candale prend ses dispositions pour assiéger Périgueux. — Le marquis de Chanlot, gouverneur de Périgueux, découvre une conspiration de Bodin, procureur du roi, pour livrer la ville. — Sanglante échauffourée; Chanlot est tué. — Bodin ouvre les portes au comte de Chavagnac. — L'entrée de Périgueux refusée au marquis de Sauvebeuf. — Le duc de Candale fait pendre quatre habitants. — Indiscipline d'un corps de troupes du duc de Vendôme mise en relief par le duc de Candale. — Le duc de Candale obligé de se défendre contre de malveillantes insinuations. — Sa lettre inédite au cardinal Mazarin, du 19 septembre. — Récompenses accordées ou refusées à l'abbé de Guron de Rechigne-Voisin, à Daniel de Cosnac, au P. Itier et au P. Berthod. — Lettre inédite, du 31 août 1653, du cardinal Mazarin au duc de Vendôme. — Lettre inédite du cardinal Mazarin au P. Itier, du 31 août 1653. — Lettre inédite du P. Berthod au cardinal Mazarin, du 23 septembre 1653. — Les trois députés envoyés par la ville de Bordeaux en Angleterre sont exclus de l'amnistie. — Attitude de l'Angleterre vis-à-vis de la France après la paix de Bordeaux. — L'Angleterre rendue plus intraitable par une victoire navale sur les Hollandais. — Désir de médiation de la reine Christine de Suède. — Projet de traité entre la France et l'Angleterre inutilement rédigé par M. de Bordeaux. — Correspondances diplomatiques. — La patience recommandée à M. de Bordeaux par M. de Brienne et les concessions offertes par le cardinal Mazarin. — La flotte espagnole quitte sans combat son mouillage à l'embouchure de la Gironde, à l'approche de la flotte du duc de Vendôme. — Le gouvernement de la Guyenne refusé à la compétition des ducs de Vendôme et de Candale. — Ce gouvernement est rendu au duc d'Épernon. — Le comte d'Estrades nommé maire perpétuel de Bordeaux. — Destruction des registres du Parlement...................... 159

## CHAPITRE LXXIV

### CONCLUSION DE LA PÉRIODE DE LA FRONDE

Rôle de saint Vincent-de-Paul pendant la Fronde. — Parallèle entre la Ligue et la Fronde. — La synthèse et l'analyse de la Fronde. — Distinction de quatre Frondes différentes. — La Fronde du Parlement et de la bourgeoisie. — La Fronde de la noblesse. — La Fronde des Princes. — La Fronde démocratique et républicaine. — Étude comparative de ces quatre Frondes. — La fausse monnaie historique de la Fronde. — Examen critique des ouvrages publiés sur la Fronde : *l'Esprit de la Fronde*, par Mailly; le *Siècle de Louis XIV*, par Voltaire ; appréciation de Michelet sur le caractère de la Fronde; *l'Histoire de la Fronde*, par le comte de Sainte-Aulaire ; *l'Histoire de France sous le ministère du cardinal Mazarin*, par M. Bazin ; *l'Histoire de France*, par M. de Genoude ; *l'Histoire de France*, par M. Henri Martin; *l'Histoire de la République d'Angleterre*, par M. Guizot; *Madame de Longueville pendant la Fronde*, par M. Cousin ; la *Misère au temps de la Fronde*, par M. Feillet ; *l'Histoire de France*, par M. Dareste; *l'Histoire du règne de Louis XIV*, par M. Gaillardin ; *le cardinal de Retz et l'affaire du chapeau*, par M. Chantelauze. — L'auteur de ces *Souvenirs du règne de Louis XIV* a cherché la vérité et non la popularité qui assure à tout écrivain un succès facile. — La Fronde par son échec est devenue la date de la transformation de la monarchie. — Quelles sont les causes de l'avortement du principe fondamental de la Fronde? — Le suicide de la vieille monarchie française. — Le triomphe du pouvoir absolu conduisant à la ruine de la royauté et au triomphe de la démocratie. — Dernières paroles d'un roi de France. — Utilité des études historiques pour le relèvement de la France...................... 189

# APPENDICE

## DU VIIIe VOLUME

### NOTE PREMIÈRE.
#### POUR LE IIe VOLUME, CHAPITRE XVII.

Ordre de faire tirer le canon de la Bastille sur l'armée du roi, 2 juillet 1652................................................. 239

### NOTE DEUXIÈME.
#### POUR LE Vme VOLUME, CHAPITRE XL.

Lettre du duc de Candale au cardinal Mazarin, 8 septembre 1652. 241

### NOTE TROISIÈME.
#### POUR LES CHAPITRES LXIX ET LXX.

Lettre du roi au duc de Vendôme, 15 juillet 1653.............. 243
Lettre du roi au comte d'Estrades, 15 juillet 1653............. 247
Lettre du roi aux ducs de Vendôme et de Candale, 15 juillet 1653. 247
Mémoire adressé au cardinal Mazarin, 22 juillet 1653........... 248
Relation du voyage que le sieur Butin, secrétaire des commandements du duc de Vendôme, a fait à Bordeaux par ordre de Son Altesse, 23 juillet 1653......................................... 253

### NOTE QUATRIÈME.
#### POUR LE CHAPITRE LXXIII.

Dépêche de M. de Bordeaux à M. de Brienne, du 4 août 1653.... 258
Dépêche de M. de Bordeaux à M. de Brienne, du 7 août 1653.... 261
Dépêche de M. de Bordeaux au cardinal Mazarin, du 11 août 1653. 263
Dépêche de M. de Bordeaux à M. de Brienne, du 14 août 1653... 267
Dépêche de M. de Bordeaux à M. de Brienne, du 18 août 1653... 272
Dépêche de M. de Bordeaux au cardinal Mazarin, du 28 août 1653. 276
Dépêche de M. de Bordeaux à M. de Brienne, du 1er septembre 1653............................................................ 277
Dépêche du cardinal Mazarin à M. de Bordeaux, du 13 septembre 1653............................................................ 280

## NOTE CINQUIÈME.

#### POUR LE CHAPITRE XLXXIII.

État des troupes des armées de Guyenne que le roi a résolu de faire acheminer par deçà sous la charge du sieur de Bougy, lieutenant-général pour Sa Majesté en ses armées, 6 août 1653. 283

État des grands navires du roi en 1653........................ 285

## NOTE SIXIÈME.

#### POUR L'ENSEMBLE DES VOLUMES PUBLIÉS.

État général du revenu du royaume de France. 1649........... 287

## NOTE SEPTIÈME.

#### POUR L'ENSEMBLE DES VOLUMES PUBLIÉS.

Recettes provenant du revenu général des tailles, etc.......... 290

## NOTE HUITIÈME.

#### POUR L'ENSEMBLE DES VOLUMES PUBLIÉS.

Tarifs des droits d'entrée et de sortie qui se payaient à Bordeaux l'an 1651, 1652 et encore en cette année 1653.......... 295

## NOTE NEUVIÈME.

#### POUR L'ENSEMBLE DES VOLUMES PUBLIÉS.

Mémoires pour servir aux affaires de Guyenne et qui font voir les raisons pourquoy Monseigneur le prince de Conty a abandonné le party de son frère.................................. 297

## APPRÉCIATIONS DIVERSES.

Sur ces *Souvenirs du règne de Louis XIV*..................... 315

# RÉCAPITULATION DES TABLES

Table générale des documents inédits pour l'ensemble des huit volumes publiés.......................... 321
Table générale des noms et des matières pour l'ensemble des huit volumes publiés.......................... 327
Table générale des noms des personnes qui ont donné des comptes rendus de cet ouvrage ou fourni à l'auteur des documents utiles pour l'ensemble des huit volumes publiés............................................. 429
Table des chapitres du VIII° volume.................. 431
Table de l'Appendice du VIII° volume................ 438

FIN DU VIII° VOLUME ET DERNIER DE LA PREMIÈRE SÉRIE
DES SOUVENIRS DU RÈGNE DE LOUIS XIV.

### ERRATUM

Page 236, ligne 9, *au lieu de* prescription, *lisez :* proscription.

www.ingramcontent.com/pod-product-compliance
Lightning Source LLC
Chambersburg PA
CBHW071106230426
43666CB00009B/1841